# IN SINU JESU

### Wenn das Herz zum Herzen spricht
### Aufzeichnungen eines Priesters im Gebet

*Verfasst von einem benediktinischen Mönch*
*Mit einer Einführung eines benediktinischen Oblaten*

*Aus dem Amerikanischen übersetzt von einer benediktinischen Oblatin*
*Herausgegeben von Daniel Kretschmar und Rupert Santner*

PATRIMONIUM-VERLAG 2019

Impressum

1. Auflage 2019
© 2019 Patrimonium-Verlag
In der Verlagsgruppe Mainz
Alle Rechte vorbehalten
Printed in Germany

Herausgegeben von Daniel Kretschmar und Rupert Santner
Aus dem Amerikanischen übersetzt von einer benediktinischen Oblatin
nach der Originalausgabe
© Angelico Press, 2016, Brooklyn, NY (USA)

Erschienen in der Edition »Patrimonium Theologicum«

Patrimonium-Verlag
Verlagsgruppe Mainz
Süsterfeldstraße 83
52072 Aachen
www.patrimonium-verlag.de

Gestaltung, Druck und Vertrieb
Druck & Verlagshaus Mainz
Süsterfeldstraße 83
52072 Aachen
www.verlag-mainz.de

Umschlagsgestaltung:
Maria Gfrerer - Spotstone Agency

ISBN-10: 3-86417-117-2
ISBN-13: 978-3-86417-117-8

# Inhaltsverzeichnis

| | |
|---|---|
| Vorwort zur deutschen Ausgabe von *In Sinu Jesu* | 6 |
| Gedanken zum Verhältnis von geweihtem Amt und dem Priestertum der Gläubigen | 9 |
| Empfehlung Leo Raymond Kardinal Burkes für *In Sinu Jesu* | 11 |
| Einige Bemerkungen zum Gebrauch des Registers | 11 |
| Einführung eines benediktinischen Oblaten | 12 |
| Einige Anmerkungen zu dieser Ausgabe | 15 |
| *In Sinu Jesu* | 17 |
| Anhang I: Gebete aus *In Sinu Jesu* | 339 |
| Anhang II: Worte über diese Worte – Exzerpte aus *In Sinu Jesu* | 355 |
| Personen- und Sachregister | 362 |
| Liturgische Fest- und Heiligengedenktage | 379 |
| Verzeichnis der Tage | 381 |

**Vorwort zur deutschen Ausgabe von *In Sinu Jesu***

DIE FREUNDSCHAFT MIT GOTT ist ein Geheimnis zwischen Ihm und der einzelnen Seele. So viele Seelen es gibt, so viele Arten der Freundschaften mit Gott gibt es. Jede ist einzigartig, denn Gott ist der Eine. Jede Freundschaft mit Ihm ist darum eigen und unverwechselbar, und außerhalb der Wahrheit, die Er ist, kann es keine echte Freundschaft mit Ihm geben. Wenn man etwas von der Liebe Gottes zu Seinen Geschöpfen, zu den Menschen verstehen will, muss man das Wunder der Menschwerdung betrachten. Gott, der alles aus dem Nichts erschaffen hat, nimmt Knechtsgestalt an, um bei den Seinen zu sein. Er wird Mensch, um die Menschheit von der Erbsünde zu erlösen: Und weil Er weiß, dass der Mensch schwach ist und ohne Seine Gegenwart nicht sein kann, hat Er das Geheimnis Seiner wirklichen Gegenwart im Allerheiligsten Sakrament des Altares hinterlassen. Verborgen strahlt in der schlichten Gestalt der konsekrierten Hostie die Herrlichkeit und Demut Gottes auf. Hier offenbart Er Sein Antlitz und lädt die Menschen ein, zu Ihm zu kommen. Zuallererst ruft Er Seine Priester, denn sie sind es, durch die Er Sein Heilshandeln in der Welt fortsetzt. Sie sind Sein verlängerter Arm in die Zeit. In ihnen und durch sie wirkt Er wahre Wunder und sie sollen die Künder Seiner Gnade und Liebe hinein in diese Welt sein.

Schon in alter Zeit hat Gott sich das Volk Israel geschaffen, um vor der Welt zu offenbaren, dass es nur einen Gott gibt, der angebetet werden will, weil Er der Schöpfer von allem ist. Gott macht Israel zu einem königlichen und priesterlichen Volk, das zum Dienst vor Ihm und zur wahren Anbetung berufen ist. Es ist ausgezeichnet vor allen anderen Völkern und Nationen, weil es den Namen des Herrn anrufen darf. Im kultischen Zentrum, dem Jerusalemer Tempel, kulminiert dieser anbetende Dienst, und hier werden Ihm die Opfer dargebracht. Hier ist Gott zugegen, hier hört Er auf die Gebete seines Volkes. Von hier strahlt die Heiligkeit aus, und jeder, der sich Gott naht, kann Gnade und Vergebung finden. Und doch war dieses anbetende priesterliche Volk mit seinem priesterlichen Stamm nur ein schwaches Vorausbild des Kommenden. Gott, der im Geist und in der Wahrheit angebetet werden will, hat in der Kirche den Neuen und Ewigen Bund gestiftet und in der dauerhaften Gegenwart des Erlösers im Sakrament Seiner Liebe die Gegenwart Seiner Herrlichkeit im Tempel noch überboten. In der Taufe empfängt der Christ die Gottesfreundschaft und die Kraft, Ihn anzubeten, und in der Kirche und von ihr lernt er den Glauben und dadurch die Nähe und Größe Gottes, der sich herabgelassen hat, um bei den Seinen zu sein. Im Priestertum wird der Mensch in die Heilswirklichkeit Gottes hineingenommen, indem er die bleibende Gegenwart in der Eucharistie realisiert und somit den Herrn wahrhaft in diese Zeit holt.

*In Sinu Jesu* berichtet von der heilenden und befreienden Erfahrung dieser Gottesfreundschaft. Herausgerufen aus dem Alltagstrott und durch die Gnade lange vorbereitet, erfährt ein Priester und Mönch die unauslotbare Tiefe der göttlichen Liebe. Der Herr ruft ihn. Er wirbt um ihn und wünscht nichts sehnlicher als sein Einverständnis, damit Er den Abgrund seiner Seele reinigen und heiligen kann. Jesus ruft zuerst Seine Priester, weil sie am Altar das Geheimnis schauen und das Geschaute den Menschen bringen sollen. Er ruft sie, weil sie Seine bevorzugten Freunde sein sollen, die an Seiner Seite gleich dem hl. Johannes ruhen und denen Er die Geheimnisse Seines Herzens offenbaren möchte. Dieser freundschaftliche Austausch reinigt, heiligt, stärkt und erfüllt sie, damit sie ihr Amt in rechter Weise ausüben und das Angesicht Gottes in dieser Welt zum Strahlen bringen können.

*In Sinu Jesu* ist aber nicht nur eine Einladung an die Priester. Vielmehr sind die Worte, die der Herr spricht, an jeden Menschen guten Willens gerichtet. Es ist die Einladung, nicht dem Vergänglichen nachzujagen, sondern das Ewige und Unvergängliche zu suchen – eine Einladung, das Ziel zu betrachten: Gott. Gott will in das Herz des Menschen einkehren und es mit Gnaden überhäufen. Er will jeden Menschen die wahre Anbetung lehren; im vertrauten und liebenden Umgang, ohne großen Aufwand, ohne übermäßige Leistung, allein die Zeit will Er geschenkt bekommen, um die Seele zu heiligen und dem Herzen das Siegel Seiner Liebe einzuprägen. So spricht Jesus folgende bezeichnende Worte: »Anbetung muss ein Bedürfnis deiner Seele werden, so wie Essen und Trinken und Schlafen Bedürfnisse deines Körpers sind. Komm oft zu Mir und verweile im Licht Meines eucharistischen Angesichts, auf dass Ich dich heiligen und alles in dir bewirken kann, was Ich in dir finden möchte.« Es geht also nicht darum, was der Einzelne persönlich möchte, sondern was Gott in Seiner weisen Vorsehung festgelegt hat. Wenn sich eine Seele von Ihm formen lässt, wird sie transparent für die Ewigkeit, und sie wird zugleich glücklich, denn allein Gottes Willen zu erfüllen macht Freude. Und diese wahre Freude kann die Welt nicht schenken.

Darüber hinaus gibt der Herr Jesus Christus dem aufmerksamen Leser Seine heilige Mutter Maria an die Hand. Maria ist das vollkommenste Geschöpf und Widerhall des göttlichen Wortes. In ihr hat das ewige Wort des Vaters Fleisch angenommen, sie ist der lebendige Tabernakel. In ihr strahlt das göttliche Geheimnis auf, und sie möchte jeden Menschen an der Hand zu Jesus und durch Ihn zum himmlischen Vater führen. Maria stellt sich niemals zwischen den Menschen und Gott, sondern sie verweist auf Ihn und offenbart, indem sie den Blick durch sich hindurch auf Gott lenkt, die Größe der göttlichen Gnade und Barmherzigkeit. An der Hand Mariens wird der Mensch direkt zu Gott geführt, um im geöffneten göttlichen Herzen alle Sehnsucht gestillt zu bekommen. Die Muttergottes ist in besonderer Weise Mutter der Priester, aber sie ist zugleich die Mutter aller und liebt jeden Einzelnen mit großer Liebe.

Wenn man nun *In Sinu Jesu* nicht als einfaches Buch liest, sondern es zur Grundlage der Betrachtung macht, zieht es die Seele schnell hinein in das Wunder der Gegenwart Gottes. Es lässt die Würde des Priestertums neu aufstrahlen und ermahnt förmlich, für die Priester zu beten, weil durch sie jedem das Heil offensteht. Wenn man einen Priester betrachtet, schaut man zugleich auf Jesus Christus, denn aus seinem Angesicht leuchtet Er, der mir begegnen will. Die Priester sind gerufen, als Hirten voranzugehen, und darum wird es gut sein, wenn sie den Weg zum Tabernakel finden. Von dort aus empfangen sie ihre Kraft, und dorthin sollen sie die Menschen einladen, damit gemeinsam Gott angebetet wird, der der Welt das Heil geschenkt hat.

Mit der Herausgabe der deutschen Ausgabe ist es unser aufrichtiger Wunsch, dass diese Worte die Herzen entzünden und dass die darin zugrunde liegende Wahrheit des Glaubens viele zur Umkehr bewegt. Es ist eine Einladung, Gott nicht außer Acht zu lassen, sondern sich Ihm zu nahen, denn Er ist kein ferner Gott. Er ist verborgen da und sehnt sich nach jedem Menschen, dessen Innerstes Er durch und durch kennt. Möglicherweise rüttelt dieses Buch auf und erschließt neue Tiefen des Glaubens, möglicherweise vertieft es bereits Bekanntes und schon Erfahrenes. Immer aber legt es Zeugnis ab von der Liebe Gottes zu einer Seele, die verirrt war und durch Seine Gnade zurückgekehrt ist. Es legt Zeugnis davon ab, dass Heiligkeit kein Bravourstück für geistliche Meister, sondern vielmehr Berufung eines jeden einzelnen Menschen ist.

Die Herausgeber

## Gedanken zum Verhältnis von geweihtem Amt und dem Priestertum der Gläubigen

*In Sinu Jesu* zeigt ungeahnte Tiefen des Priestertums: Tiefen, die für viele, Priester wie auch Laien, noch sehr verborgen waren. Das Geschenk des Priestertums erstrahlt hier in einer neuen Weise und bewegt sehr direkt und tief. Dem Priester sagt es viel mehr als dem Laien, aber dennoch dürfen beide, Priester wie Laien, davon auf ihre Weise empfangen. Es ist eine Bereicherung für den Priester, weil er die besondere Liebe des Herrn zu seinen Priestern unverhüllt und zärtlich empfangen darf. Zugleich ist es eine spirituelle Stärkung jedes Laien, diese Liebe Christi erahnen zu dürfen, welche durch den Priester und die Sakramente hindurch jedem Menschen zukommen will.

Christus ist der einzige Mittler zum Vater und ruft in diese Mittlerschaft seine Vertreter hier auf Erden. Durch das Wirken Christi im Priester kommt das Opfer Christi, des Hohenpriesters, dem ganzen Leib der Kirche zu, welche daraus täglich schöpft und sich ernährt, um auf dem Weg des Heils weitergehen zu können. Dieses Opfer, welches der Welt Heil und Erlösung schenkt, verbindet sich mit dem Priester *in persona Christi*, um durch die Freiheit des menschlichen Handelns hindurch wirksam zu werden. Christus wirkt dabei am Priester wie auch an der ganzen Kirche, und alle empfangen als ein geeinter Leib das Opfer des Herrn. Der Priester steht dabei in einer zweifachen Weise vor Gott, indem er zuerst selbst den Leib Christi empfängt und dann gerufen ist, den Gläubigen die Eucharistie zu reichen. Die Eucharistie ist das Spiegelbild des Leibes, in welchem die Kirche den Herrn täglich finden darf und in welchem sie auch sich selbst in verwandelter Weise findet, weil das Allerheiligste Sakrament jedes Glied der Kirche verwandelt. Obgleich Priester und Laien nicht in gleicher Weise damit verbunden sind, gilt die Liebe Christi, die aus diesem Sakrament strömt, jedem Menschen in voller Form.

In diesen sakramentalen Handlungen kommt der Welt die Fülle der Gnaden zu, welche Christus Seiner Kirche anvertraut hat. Deshalb gilt es heute einmal mehr, als Gemeinschaft der Gläubigen diesen Schatz zu bewahren und nach Kräften zu verteidigen. Jeder ist auf seine Weise gerufen und mitverantwortlich, das sakramentale Leben der Kirche zu schützen und zu stärken. Das bevorzugte Mittel dafür ist die Anbetung, was aus den Zeilen von *In Sinu Jesu* entnommen werden kann: die Anbetung der Eucharistie als Vollzug der Beziehung des Menschen zu Gott, in welcher der Mensch, so wie er ist, durch Christus hindurch sich selbst und die Welt dem Vater bringen darf. Ohne sie wird der ganze Leib – die Kirche – früher oder später verhungern. Jeder Getaufte empfängt ja durch die Hände des Priesters die Eucharistie, welche das höchste allgemeine Gut der Kirche ist. Insofern ist auch jeder mit dafür verantwortlich, diesen Schatz zu bewahren.

Der Priester steht ja nicht allein vor Gott, sondern ist Teil der Kirche, welche er durch Christus dem Vater bringen darf. Als Teil des Leibes braucht er die Unterstützung Aller, damit er verbunden mit ihnen das Opfer segensreich vollziehen kann. Daher ist es an der Zeit, die Priester im Gebet und vor allem in der eucharistischen Anbetung immer wieder vor Gott zu bringen, damit sie die Beziehung mit Christus in ihrer Fülle weiterhin leben können. Denn »getrennt von Mir könnt ihr nichts vollbringen« (Jo 15,4), erinnert uns Christus. Aus den Seiten dieses Buches kann vernommen werden, dass es offensichtlich ein großes Anliegen des Herrn ist, in rechter Weise für Priester zu beten und zu sorgen. Möge der ganze mystische Leib Christi, Seine ganze Kirche, in tiefer Verbindung mit Christus leben und gemeinsam Sorge tragen, dass die Einheit im Leib und mit Christus nicht zerbricht, sondern stets erneuert und bestärkt wird.

## Empfehlung Leo Raymond Kardinal Burkes für *In Sinu Jesu*

Die unermessliche und nimmermüde Liebe Gottes, die uns im durchbohrten glorreichen Herzen Jesu offenbart und in der heiligen Eucharistie stets gegenwärtig ist, muss die Grundlage des Lebens eines jeden Priesters sein. In Sinu Jesu erzählt von den Gnaden, die im Leben eines Priesters durch die heilende und stärkende Kraft der eucharistischen Anbetung erfahren wurden. Gleichzeitig geht von diesem Buch ein dringender Aufruf an alle Priester – und durchaus auch an alle Christen – aus, sich durch die Anbetung des Allerheiligsten Sakraments und die Weihe an das unbefleckte Herz Mariens, der Mittlerin aller Gnaden, in Heiligkeit erneuern zu lassen. Ich hoffe inständig, dass *In Sinu Jesu* viele Priester inspirieren wird, immer glühendere Anbeter des eucharistischen Antlitzes Jesu zu werden und dadurch die Kraft und den Mut zu schöpfen, inmitten unserer zutiefst säkularisierten Welt das Angesicht Christi zu zeigen.


## Einige Bemerkungen zum Gebrauch des Registers

Das Register im Anhang des Buches soll das Suchen nach Begriffen, deren Gebrauch und Entwicklung erleichtern und zum Betrachten einzelner Gedanken einladen. Die Seitenzahl folgt dabei dem englischen Original und ist als Referenz am äußeren Rand der deutschen Ausgabe angebracht. Somit ist ein leichtes Finden wie auch ein Vergleich mit dem englischen Original gut machbar. Des Weiteren findet sich eine alphabetische Liste der liturgischen Feste und ein chronologisches Verzeichnis der Wochentage. Alles soll das tiefere Durchdringen der Botschaft von *In Sinu Jesu* unterstützen.

## Einführung eines benediktinischen Oblaten

DIESES BUCH ist das erschütternde Zeugnis einer Freundschaft, die alle irdischen Maßstäbe übersteigt. Auf seinen Seiten sehen wir, wie unser Herr Jesus einen Priester mit der Unermüdlichkeit eines himmlischen Spürhunds und gleichzeitig mit der exquisiten Sanftheit eines Menschen verfolgt, der die Liebe seines Herzens gewinnen will; mit der nicht aufzuhaltenden Unbeirrbarkeit von jemandem, der diesem Priester seine Barmherzigkeit zeigen möchte; und mit dem Mitgefühl dessen, der Heilung und Frieden bringt.

Das Buch ist auch ein überdeutliches Zeugnis dafür, dass Gott, wenn Er aus vielen Menschen einen erwählt – wenn Er einen Abraham oder einen Moses erwählt, die heilige Jungfrau Maria oder die Gründer monastischer Bewegungen und religiöser Orden –, dass Er das immer tut, um viele zu segnen, um ein Volk zu prägen, eine Nation zu formen. Er wirkt Außergewöhnliches an einem, damit Sein Wort auf zahllose Seelen ausstrahlen kann, damit wir uns mit erneuertem Eifer und Elan um Seine Gunst bemühen können. Er erwählt den Einen nicht aus willkürlicher Vorliebe und nicht als isolierte Ausnahme, sondern als einen demütigen Mittelpunkt, um den herum ein großer Kreis geschlagen wird; als lodernde Feuerstelle, an der sich viele versammeln können, um gewärmt zu werden und Gefährten zu finden.

Wir könnten das geradezu als Prinzip der Inkarnation bezeichnen: Gott rettet uns weder einseitig noch pauschal, und er spricht nicht undeutlich oder willkürlich. Er kommt zu uns als ein Mensch, als dieser Mensch, mit Seiner eigenen Stimme, mit deutlich ausformulierten Worten, mit einer klaren Lehre und Geboten für unser Leben, auf die wir mit den Möglichkeiten reagieren müssen, mit denen Er uns für diese Antwort ausgestattet hat. Er kommt mit dem Angebot Seiner Freundschaft und lädt uns ein, sie zu erwidern. Trotz unserer Kleinheit, unserer Schwäche und unserer Unwürdigkeit erwählt Er uns als Sein Eigentum und gibt uns Seine kostbaren, übergroßen Versprechen, dass wir aus der Verderbnis dieser Welt entkommen und an Seiner göttlichen Natur Teil haben können (vgl. 2 Petr 1,4).

Im Jahr 2007 begannen unser Herr und unsere Liebe Frau zum Herzen eines Priesters zu sprechen, der ihr Eingreifen bitter nötig hatte – und das trifft ja in unserer spirituellen Armut auf uns alle zu. Der Priester wurde aufgefordert, niederzuschreiben, was er hörte, zunächst natürlich zu seinem eigenen Nutzen, doch zunehmend auch zum Nutzen anderer, die von diesen Worten berührt werden, in ihnen Licht und Kraft finden sollten.¹ Was die Entstehung des auf diesen Seiten abgedruckten Manuskripts angeht, so teilte der besagte Priester mir Folgendes mit:

*Hier ist der Text, wie ich ihn im Lauf der Jahre aus den Notebooks übertragen habe, mit deren Abfassung ich im Jahr 2007 begonnen habe. Vokabular und Stil sind von mir, doch die Substanz dessen, was ich schrieb, kam während des Gebets, ohne irgendwelche Anstrengung oder vorausgehende Überlegungen meinerseits. Es kam eine innere Bewegung auf, zu schreiben, und ich schrieb, bis die Inspiration aufhörte. Nach dem Schreiben ergab sich die Gnade einer stillen Vereinigung mit unserem Herrn oder unserer Lieben Frau. Bei einigen wenigen Gelegenheiten kamen »Worte« von Heiligen oder heiligmäßigen Menschen.*

*Ich hatte zeitweise Zweifel an der Authentizität dessen, was da geschah, doch mein spiritueller Vater sah in dem Geschehen während des überwiegenden Anteils der hier thematisierten Periode eine gratia gratis data. Ich kann nur sagen, dass die Worte friedvoll kamen, schnell und anstrengungslos. Damit meine ich nicht, dass die Worte aus mir selbst kamen, sondern vielmehr aus dem, was ich als objektive und dabei sehr nahe Anwesenheit unseres Herrn empfand, die unmittelbar mit Seiner wirklichen Gegenwart im Allerheiligsten Sakrament verknüpft war. Es war eben genau in Seiner eucharistischen Anwesenheit, wo diese Unterredungen mit unserem Herrn sich entfalteten und mich immer mehr in das Licht Seines Angesichts und in das Feuer Seines Herzens zogen.*

*Ich bin mir bewusst, dass einige Sätze sehr lang sind. Das ist nicht typisch für die Sprechweise unseres Herrn, denn Er teilt sich nicht in literarischer Form mit. Die Worte kommen schnell, aber sie kommen als Realitäten, die sich sukzessive einprägen. Ich weiß nicht, wie ich es anders ausdrücken soll.*

*Meine persönliche Frömmigkeit ist eigentlich wesenhaft liturgisch orientiert. Seit bei mir jedoch eine schwere Erkrankung festgestellt wurde, verspürte ich eine starke Anziehung zur Anbetung des Allerheiligsten Sakraments, zur Sühne für Priester und vor allem zum Geheimnis des Angesichts unseres Herrn, wie es hinter den sakramentalen Schleiern verborgen ist. Das*

---

1  Wenn wir den Text anschauen, dann stellen wir fest, dass unser Herr klar und immer wieder zum Ausdruck bringt, was Er mit diesen Worten bezweckt. Eine Zusammenstellung entsprechender Textstellen findet sich in Anhang II.

*gibt es bereits in der Tradition, allem voran im* Adoro te *des heiligen Thomas.*

*Die Texte haben in meinem eigenen Leben und im Leben anderer Frucht getragen, vor allem im Leben jener Priester, mit denen ich sie – auf Empfehlung meines spirituellen Vaters hin – geteilt habe. Trotz meiner Zurückhaltung und meinem Wunsch nach Anonymität im Hinblick auf dieses Tagebuch wurde mir von unserem Herrn wiederholt gesagt, dass Seine Worte zur Segnung, Unterweisung und Tröstung für viele heutige Christen dienen sollen – vor allem aber für Seine geliebten Priester.*

*Mit dankbarem und erwartungsvollem Herzen übergebe ich dieses Tagebuch in die Hände all jener Leser, die unser Herr und unsere Liebe Frau bereits dafür ausersehen haben, und verbinde es mit meinem Gebet, dass es überreiche Frucht tragen möge, und mit meinem priesterlichen Segen.*

Angesichts der Übereinstimmung dessen, was hier dargelegt wird, mit den Lehren der Heiligen Schrift, der katholischen Tradition und der Werke bekannter Mystiker ist es überaus angemessen, dass *In Sinu Jesu* jetzt vollständig publiziert wird, was dem immer wieder wiederholten Hinweis unseres Herrn entspricht, dass diese Worte viele Seelen erreichen sollen. Wir wissen aus der Geschichte anerkannter Privatoffenbarungen, dass unser Herr und unsere Liebe Frau ganz besonders in Zeiten kirchlicher Krisen, in Zeiten der Weltlichkeit, Lauheit, Treulosigkeit, intellektueller Verwirrung oder spiritueller Ängste eingreifen. Sie sprechen von Wahrheiten zu uns, die verdunkelt oder direkt geleugnet wurden; sie lehren uns Haltungen, Tugenden und Praktiken, die vergessen, geringgeschätzt, falsch verstanden oder nur mangelhaft gepflegt wurden. Sie sind einfühlsame Lehrer und sichere Führer, unfehlbar in ihrer Diagnose, unmissverständlich in ihren Ratschlägen. In das Herz unserer heutigen Situation, in unser Mäandern als Pilger auf dem Weg zur Ewigkeit, und in die Sackgassen, in die sich unsere Gesellschaft und Kultur manövriert haben, bringen Jesus und Seine allreine Mutter ihre himmlische Aufmerksamkeit, die läuternde Helligkeit ihres Blicks, die unerschöpfliche Tiefe ihrer Weisheit und die Glut ihrer Liebe. Sie wollen uns in unserer Zeit nicht als Waisen zurücklassen, sondern richten eine Botschaft an uns, die nie dem feststehenden Bestand an öffentlicher Offenbarung etwas hinzufügt oder wegnimmt, aber doch neues Licht, neuen Glanz auf alte Wahrheiten und den Weg der Heiligkeit wirft. Die Seiten von *In Sinu Jesu* sind von intensiver Leuchtkraft und einer herzerwärmenden Inbrunst. Sie bewegen sich zwischen vielen fundamentalen Aspekten des geistlichen Lebens hin und her und tauchen tief in sie ein: Gott lieben und von Gott geliebt werden; die Praxis des Gebets in all seinen Dimensionen; die einzigartige Macht der Anbetung; eine vertrauensvolle Ergebung in die göttliche Vorsehung; der hohe Wert des Schweigens; die Würde des liturgischen Gebets und der Sakramente; das Mysterium des heiligen Messopfers; priesterliche Identität und apostolische Fruchtbarkeit; die Rolle der heiligen Jungfrau Maria und der Heiligen in unserem Leben; Sünde, Verwundetsein, Gnade, Heilung und Läuterung; das Warten auf den Himmel und die heiß ersehnte Erneuerung der katholischen Kirche hier auf Erden. So viele tröstende und herausfordernde Wahrheiten, die in unserer Zeit bitter nötig sind, werden angesprochen und fordern die Reaktion unseres Herzens heraus; sie beschwören uns umzukehren und ermahnen uns, ein neues Leben zu beginnen.

Dieses Buch hat mein Leben und das Leben vieler anderer verändert, die es gelesen haben. Durch seine Worte hat sich unser Wissen erweitert und unsere Liebe vertieft: zu unserem Herrn Jesus Christus, Seiner allheiligen Mutter, und zu Seinem »Ewigen, allumfassenden Reich, einem Reich der Wahrheit und des Lebens, einem Reich der Heiligkeit und der Gnade, einem Reich der Gerechtigkeit, der Liebe und des Friedens« (Präfation zum Christkönigsfest). Möge diese Veröffentlichung von *In Sinu Jesu* auf alle Leser so segensreich wirken.

## Einige Anmerkungen zu dieser Ausgabe

Die wenigen Fußnoten im Originalmanuskript sind durch die Hinzufügung von »Autor« gekennzeichnet; alle anderen Fußnoten stammen vom Herausgeber. Das Manuskript enthält sehr viele direkte Zitate aus der Heiligen Schrift oder auch Anspielungen daran. Diese sind, wo es als hilfreich für den Leser angesehen wurde, angegeben, vor allem als Material für eine *lectio divina* in Verbindung mit dem Text. Bekanntere biblische Bezüge, Anspielungen und Paraphrasen hingegen sind so zahlreich, dass es unmöglich wäre, sie alle aufzuführen, ohne den Text ungebührlich aufzublähen.

Viele weniger bekannte Freunde und Freundinnen Gottes, so etwa Mutter Yvonne-Aimée, werden auf diesen Seiten erwähnt. Erscheint ihr Name zum ersten Mal, findet sich in den Anmerkungen ein knapper biographischer Abriss. Um die jeweiligen Anmerkungen zu finden, schaut man im Register hinten im Buch nach und schlägt die erste dort aufgeführte Seite auf. *Worte des Priesters sind kursiv gesetzt*; nicht kursive

Absätze enthalten – neben den Worten des Herrn – die Worte eines anderen Sprechers / einer anderen Sprecherin. Der Text gibt das Geschriebene wieder, allerdings werden Eigennamen bestimmter Individuen oder Orte durch »N« bzw. »—« ersetzt. Absätze, die sich im Einzelnen mit einer konkreten Person oder konkreten Umständen befassen, wurden manchmal weggelassen, wenn damit zu rechnen war, dass sie zu dunkel oder für eine breitere Leserschaft nicht sachdienlich waren. *Anhang I* versammelt sämtliche Gebete, die sich über den Text verstreut finden, und erklärt, wie der Sühnerosenkranz, die »Aufopferung des Kostbaren Blutes für Priester«, gebetet wird. *Anhang II* enthält Auszüge aus *In Sinu Jesu* über die Absicht, die unser Herr mit diesen Worten verfolgte.

# In Sinu Jesu

Wenn das Herz zum Herzen spricht
Aufzeichnungen eines Priesters im Gebet

*Erat ergo recumbens unus ex discipulis ejus
in sinu Jesu, quem diligebat Jesus.*

Einer von Seinen Jüngern lag an der Seite Jesu;
es war der, den Jesus liebte.

Joh 13,23

## Mittwoch, 3. Oktober 2007
## Seliger Columba Marmion, O.S.B.[2]

*Nur Schmähung und Leid hat Mein Herz zu erwarten.*
*Da schau Ich aus, ob einer Mitleid mit Mir habe –*
*niemand kommt. Einen Tröster suche Ich –*
*keinen find Ich.*[3]

PSALM 69,21

Als unser Herr die Eucharistie einsetzte, sah er Ablehnung und Leiden voraus – die Leiden einer Liebe, die verwundet und ausgeschlagen wird. Noch immer wartet Er auf ein wenig Mitgefühl von Seiten Seiner Priester. Heute sucht Er mehr denn je zuvor Priester, die Ihn trösten, Priester, die Ihn anbeten und Sühne leisten.

Bevor ich zum Kloster aufbrach, öffnete ich das Buch von Dom Vandeur,[4] das mir Schwester N. geschickt hatte, und ich las: »Mach mich ganz und gar zu Deinem Priester, so wie der heilige Johannes es war, Dein geliebter Jünger, der am Fuß Deines Kreuzes stand, dem Baum des Lebens.«

Diese Formulierung beschreibt perfekt den Ruf, den ich vor dreißig Jahren empfing, einen Ruf, auf den ich damals nicht zu reagieren wusste; oder ich war jedenfalls unfähig, in vollem Umfang darauf zu reagieren. Es gab in mir zu viele Hindernisse, zu viele Wunden, die noch

---

2  Dom Columba Marmion (1. April 1858 – 30. Januar 1923) war ein irischer Benediktinermönch, der dritte Abt der belgischen Abtei Maredsous. Am 3. September 2000 wurde er von Papst Johannes Paul II. seliggesprochen. Er ist der Verfasser mehrerer bedeutender, von einer innigen Beziehung zu Christus geprägter Klassiker der spirituellen Literatur, die – in einem poetischen, aus Bibel und Tradition gewobenen Stil – tiefe Einsichten in das spirituelle Leben geben: *Christus, das Leben der Seele; Christus in seinen Geheimnissen; Christus, unser Ideal; Christus, das Ideal des Priesters; Die Verbundenheit mit Gott: Briefe.*
3  Offertorium der Messe zum Fest des Heiligsten Herzens Jesu. – Autor.
4  Dom Eugène Vandeur (1875–1967) trat in die benediktinische Gemeinschaft von Maredsous in Belgien ein; er legte seine feierliche Profess im Jahr 1897 ab und wurde 1899 zum Priester geweiht. Er wirkte als Lehrer an der Abteischule und hielt zahllose Tagungen ab, vor allem zur Messe und zur Liturgie; am Ende seines Lebens hatte er Dutzende Bücher veröffentlicht und Tausende Briefe geschrieben. Er war für zahlreiche apostolische Initiativen in Frankreich verantwortlich, die vor allem auch die Laien einbezogen, die er dazu ermunterte, tief aus den Quellen monastischer Spiritualität zu schöpfen. Er vollendete den Lauf seines irdischen Daseins als ein »leicht zugänglicher Einsiedler« (Dom Marc Melot).

nicht geschlossen waren und auf Heilung warteten – auf die Heilung durch die Hände Marias, die Heilung mit dem kostbaren Blut Jesu.

2   Ich wünsche Mir Priester, die für jene Priester anbeten, die nicht anbeten; Priester, die Sühne leisten für die Priester, die nicht Sühne leisten, weder für sich selbst noch für andere. Ich wünsche anbetende und sühnende Priester.

*An diesem Abend kam es mir, bevor ich zu Bett ging, so vor, als wolle der Herr, dass diese Priester für ihre Anbetungszeit eine Stola anlegen: als Zeichen ihrer Solidarität mit allen Priestern der Kirche. Ich fragte dann den Herrn:* »*Wünschst Du, dass ich morgen damit beginne?*« *Er antwortete mir:*

Nein, nicht jetzt gleich, aber bald soll es so sein.

### Donnerstag, 4. Oktober 2007
### Heiliger Franziskus von Assisi

*Schon seit einiger Zeit hat der Herr in mir das Bedürfnis geweckt, donnerstags als Dank für die heilige Eucharistie Anbetung zu halten, und auch als Dank für das Mysterium des Priestertums.*
   *Nach der Messe legte ich dem Kaplan des Klosters meine Beichte ab. Er bestätigte mir bestimmte Dinge, die mit den Widerständen gegen die Gnade zusammenhingen, die ich gebeichtet hatte. Er verwies mich an die Heiligen, was genau zu der starken Anziehungskraft passt, die die Freundschaft mit den Heiligen schon mein Leben lang geprägt hat.*
   *Während meiner Danksagung – ich glaube, als ich den Herrn fragte, ob diese Berufung zu priesterlicher Anbetung und Sühneleistung mich allein betraf, oder ob ich sie mit anderen zusammen leben sollte – meine ich, Ihn sagen gehört zu haben:*

Nein, Ich werde dir Brüder und Söhne geben.

*Ich muss hinzufügen, dass das Buch von Dom Vandeur, das mir unaufgefordert geschickt worden war, exakt in dem Augenblick eintraf, als ich mich darauf vorbereitete, mit diesen Exerzitien anzufangen, und dass es ganz genau den eucharistisch-priesterlichen Ruf beschreibt, von dem ich glaube, dass ich ihn von unserem Herrn, Priester, Opfer und Altar vernehme. Ich weiß nicht, wo, oder wann, oder wie dieser Ruf umge-*

setzt wird. Ich weiß nur, dass es ein dringender Ruf ist, und dass die Zeit drängt. Ich meine einen kleinen monastischen Kern zu sehen mit Priestern – Anbetern – Sühneseelen, die sich dazugesellen, und dass es viele sein werden.

Ich wusste seit einiger Zeit, dass ich etwas für die Heiligung und spirituelle Heilung von Priestern tun wollte. Es sollte ein Werk spiritueller Gastlichkeit für Priester sein, an einem Ort, der seine Ausstrahlung durch die eucharistische Anbetung erhielt, und wo die Schönheit der heiligen Liturgie zusammen mit dem gesungenen Offizium sich wie heilender Balsam auf die Wunden der Priester legen sollte, die empfangen wurden. Ich weiß nicht, ob das im gemeinsamen Wirken mit einer Schwesterngemeinschaft geschehen wird oder nicht. Ich wage nicht allzu weit vorauszuplanen, aber ich kann es auch nicht völlig ausschließen.

Der Ort soll schön sein und einladend, alles soll hervorgehen aus dem Strahlen des ausgesetzten Heiligsten Sakraments. Ich meinte zu verstehen, dass dort Priester sein würden, die anbeteten und für Priester Sühne leisteten, und zu diesen sollten auch einige reuige, in der Gnade wiederhergestellte Priester gehören. Charismen und Gnaden würden dort in großer Fülle verliehen. Die Jungfrau Maria, meine Mutter der Immerwährenden Hilfe, die Mittlerin aller Gnaden, wird sich um alle Einzelheiten kümmern, so wie sie es schon im Haus des heiligen Johannes getan hat, als sie bei ihm lebte.

Mich aufhalten vor dem eucharistischen Antlitz Jesu im Namen Seiner Priester, sie Seinem offenen Herzen darbieten.

## 5. Oktober 2007
## Erster Freitag des Monats
## Heilige Faustina und Seliger Bartolo Longo

*O Jungfrau Maria, meine Mutter der Immerwährenden Hilfe, meine Hände sind in deinen Händen, und mein Herz ist in deinem Herzen, und das gelte für immer.*

> *Bewahre mich in der Wahrheit. Segne mich in der Wahrheit.*[5]
> *Bei Ihm ist Erlösung in Fülle.*
> »ET COPIOSA APUD EUM REDEMPTIO.«
> PSALM 129 [130],7

---

5  Vgl. Joh 17,19.

*Die geistliche Heilung von Priestern in den Fesseln des Bösen, die geistliche Erleuchtung von Priestern, die im Dunkeln leben, die geistliche Heilung von verwundeten Priestern – all das durch Anbetung des Allerheiligsten Sakraments, durch die Aussetzung von Priestern vor dem eucharistischen Antlitz Jesu, durch die Aufopferung von Priestern an Sein offenes Herz in der Eucharistie.*

Ich habe, vielleicht zum ersten Mal in meinem Leben, das Gefühl, vollständig in der Wahrheit zu sein. Mein ganzes Leben hat mich auf diese Mission vorbereitet, auf diesen Ruf zur Anbetung und zur Sühne – Sühne durch einen Priester, oder durch mehrere Priester. Alles Schlimme, das mir widerfahren ist, das ich erlitten habe, das ich anderen zugefügt habe, wird so erlöst werden – nicht durch mich, sondern durch den, der in der Eucharistie immer wirkt, der die Sünder und die durch die Sünde Verwundeten aus der Sünde erlöst.

»Et copiosa apud Eum redemptio«

»Apud«, das heißt: nahe bei Ihm in der Eucharistie.

Im Rahmen eines klassischen benediktinischen Lebens, das aber noch zusätzlich durch den glühenden Schmelzofen der Liebe erwärmt ist – durch das ausgesetzte Allerheiligste.

Ich muss diesen Abschnitt in Europa verwenden, wenn ich zu denen spreche, deren Autorität ich unterstellt bin. Es ist bereits alles im väterlichen Herzen Gottes vorbereitet – in der Brust des Vaters, im durchbohrten Herzen des Sohnes, und in der Weisheit des in Maria wohnenden Heiligen Geistes. Bewahre Du mich in der Wahrheit; segne mich in der Wahrheit.

Die Diagnose meiner Krankheit war Vorzeichen dieses Rufs. Von dem Augenblick an begann unser Herr, im Blick auf diesen Plan Seiner barmherzigen Güte mein Herz umzupflügen.[6] Maria hat diese Gnade für mich erwirkt; sie wollte, dass ich für sie ein zweiter heiliger Johannes werde, dass ich in ihrer Nähe lebe und in der Anbetung der hochheiligen Eucharistie. Es war ja tatsächlich der heilige Johannes, der zusammen mit der Jungfrau Maria anbetete und für die anderen Apostel Sühne leistete. Johannes und Maria, und in der Mitte zwischen ihnen das offene Herz und das gnädige Antlitz Christi, von Jesus, dem Hausherrn.

In der Eucharistie bleibt Christus, obwohl er ganz in der Herrlichkeit lebt, auf ewig Priester und Opfer. Das Opfer, als das Er selbst sich dem Vater darbringt, vollzieht sich unablässig. Maria und Johannes werden hinter Ihm mit in dieses Opfer hineingenommen, und ich folge

---

6 Die Vorstellung war, dass mein Herz umgepflügt wurde wie ein Bauer ein Feld umpflügt – ich kann es nicht angemessen ausdrücken. – Autor.

*ihnen in dieser Bewegung, und ich bringe eine große Anzahl von Priestern mit, die anbeten und sühnen.*
*Bewahre mich in der Wahrheit. Segne mich in der Wahrheit.*
*Psalm 69 offenbarte sich mir als Wieder-Lesen, als Erschließung meines Lebens: meiner Vergangenheit, meiner Gegenwart und meiner Zukunft.*
*Die Jungfrau Maria schaut auf die kleinsten Einzelheiten. Nichts entgeht ihrer Aufmerksamkeit. Sie ist eine Mutter.*

**Samstag, 6. Oktober 2007**
**Heiliger Bruno**

*Gestern Abend bat ich unseren Herrn inständig, meine Seele zu »johannisieren«.*

**Montag, 8. Oktober 2007**

*Vor Seinem Angesicht.*

Handle mutig, kühn, mit Zuversicht. Handle als ein Mann, ein Mann Gottes, ein Mann, der nach Christus gebildet ist, ein Mann, gesalbt vom Heiligen Geist. Handle außerdem als Vater, ein Vater für die Armen, ein Vater für die Kleinen, ein Vater für die Sünder, und ein Vater für die Priester, die Ich dir senden werde.

Handle als Seelenarzt. Ich werde dir zeigen, wie die Wunden des Herzens zu verbinden sind, auch noch die empfindlichsten, und wie für jene zu sorgen ist, die Ich dir senden werde, damit du sie in Meinem Namen heilst, indem du sie mit Meinem Herzen liebst.[7]

Ich werde zu dir sprechen, Ich werde zu deinem Herzen sprechen, auf dass du Meine Stimme hörst, zur Freude deines Herzens. Du wirst Meine Stimme vor allem dann hören, wenn du vor Mein Angesicht kommst, wenn du Mein eucharistisches Angesicht anbetest und Meinem offenen Herzen nahe bist. Ich werde zu deinem Herzen sprechen, so wie Ich zum Herzen Meines geliebten Jüngers Johannes, dem Freund Meines Herzens und Priester Meines offenen Herzens gesprochen habe.

Es war gut, dass du an den Erzbischof geschrieben hast. Ich werde sein Herz berühren. Er wird dir helfen, du wirst nichts zu befürchten

---

7   Ps 147,3; Mt 10,8; Mk 3,15; 6,13;16,17–18; Lk 9,1; 10,17; 13,32.

haben. Er wird dir ein Freund, ein Vater sein. Ich habe dafür gesorgt, dass du den Kaplan hier getroffen hast, damit du einen Priester kennenlernst, der Meinem Herzen entspricht, einen demütigen, freundlichen Priester, einen Priester, der durch und durch von Meiner Barmherzigkeit und Güte geprägt ist.

Jetzt spreche Ich zu dir, weil du Meine Stimme hören sollst. Du sollst spüren, dass Ich nahe bin. Es ist Mein Herz, das zu dir spricht. Mein Herz spricht zu deinem Herzen, so dass du von Meinen Worten leben kannst, die Geist und Leben sind.[8]

Mutter Yvonne-Aimée ist ganz in deiner Nähe.[9] Sie ist es, die für dich große Gnadengaben aus Meinem Herzen erhalten hat. Sie ist es, die erreichte, dass du nach Frankreich zurückkehren wirst. Sie wird dich nie im Stich lassen. Du bist für sie ein geliebter Sohn.

Auch Dom Marmion hat sich für dich eingesetzt, und noch weitere zahlreiche Heilige, die du kennst und liebst.

Der heilige Peter Julian Eymard[10] sieht in dir einen Jünger. Er wird dir einen Anteil an seinem Geist mitteilen. Du wirst daraus leben, und du wirst auch andere dazu bringen.

Dom Vandeur wird für dich ein Fürsprecher und eine Stütze sein. Du wirst seine Schriften zum Nutzen vieler Seelen aus der Vergessenheit retten.

---

8   Joh 6,64.
9   Mutter Yvonne-Aimée von Jesus (Yvonne Beauvais, 16. Juli 1901 – 3. Februar 1951) war eine Augustiner-Chorherrin, Malteserin von der Barmherzigkeit Jesu, aus dem Kloster Malestroit in der Bretagne. Ihr Leben war überreich an bittern Leiden (wozu auch gehörte, dass sie von drei Männern überfallen und misshandelt worden war) und den erstaunlichsten Gnadengaben, vor allem in ihren lebenslangen Bemühungen um entmutigte, verzweifelnde oder ausgestoßene Priester. Ein einflussreicher Priester und Autor, Abbé Gaston Courtois, suchte bei ihr Rat und vertraute ihr Priester an, die einer Konversion bedurften. Dom Germain Cozien, Abt von Solesmes von 1921–1959, bemerkte über Mutter Yvonne-Aimée, sie habe »ein großes Gespür für das Gebet, für liturgische Schönheit, für den Lobpreis Gottes in der Schule der Kirche« gehabt.
10  Der heilige Peter Julian Eymard (4. Februar 1811 – 1. August 1868) wurde 1834 zum Priester der Diözese Grenoble geweiht und schloss sich später der Gesellschaft Mariens an. Als sein Verständnis der Verehrung des Allerheiligsten Sakraments zunahm und seine Verehrung sich vertiefte, verließ er die Maristen und gründete die Kongregation vom Allerheiligsten Sakrament, und zusammen mit Marguerite Guillot die Diener des Allerheiligsten Sakraments. Seine Schriften über die Realpräsenz, die eucharistische Anbetung, über häufige Kommunion und liturgische Frömmigkeit finden großen Anklang.

Ich spreche jetzt zu dir, weil es wichtig ist, dass du Meine Stimme hörst und spürst, dass Ich dir nahe, sehr nahe bin.[11] Ich bin der Freund deines Herzens, der beste Freund von allen; und dich nenne Ich Meinen Freund, den Freund Meines Herzens, ganz so wie Johannes.

Beginnend mit dem heutigen Tag übertrage Ich dir eine besondere Fürbitt-Gnade für die Seelen, die Ich zu dir schicken werde. Du wirst auch für all jene Fürbitte einlegen, die Ich dich in deinem Gebet sehen lasse. Bete – bete mit Zuversicht und Kühnheit, und Ich werde dein Gebet jedes Mal erhören.

## Mittwoch, 10. Oktober 2007

*O mein Jesus, ich begebe mich im Geist vor Dein eucharistisches Angesicht, um Dich anzubeten, um Sühne zu leisten, um Dir all das zu sagen, was Dein Geist der Liebe in meinem Herzen aufkommen lässt. Ich komme, um Dich anzuschauen. Ich komme, um Dich zu hören. Ich komme, um von Dir alles zu empfangen, was Dein offenes Herz mir sagen und geben möchte. Ich danke Dir, dass Du mich Dir so nahekommen lässt. Ich rühme Deine Barmherzigkeit. Ich bekenne die heilende Kraft Deines kostbaren Blutes. Amen.*

*O süße Jungfrau Maria, ich bin dein Kind. Behalte meine Hände in deinen Händen und mein Herz in deinem Herzen, den ganzen Tag lang und auch noch in der Nacht. So möchte ich leben und sterben. Amen.*

Der Mensch, der Mein eucharistisches Antlitz suchen möchte, der Meinem offenen Herzen nahe zu sein wünscht, ist nie weit vom Tabernakel entfernt. Ich lasse seinen Geist dorthin gelangen, wo Ich bin. Ich begrüße seinen Wunsch, in Meiner Gegenwart zu verweilen. Ich gebe ihm die Gnade Meiner Gegenwart im geheimsten Teil seiner Seele. Dort wird er Mich finden, und dort wird er Mich anbeten können.

*Gestern sagte mir der Herr, dass Er die latenten Kräfte meines Priestertums lösen wird, zum Nutzen für die Seelen und zum Ruhm Seines Namens. Er forderte mich auf, zu segnen, viel zu segnen, keine Scheu zu haben, Menschen meinen Segen zu geben, ja ihnen sogar meinen Segen anzubieten. Durch den priesterlichen Segen werden die Schätze an barmherziger Güte, die in Seinem Herzen beschlossen sind, in die*

---

11  Dtn 30,14.

*Seelen und über die Menschen fließen, die durch die Hand des Priesters gesegnet werden.*

Der priesterliche Segen ist ein sehr wirksames Mittel, um das Gute über das Böse triumphieren zu lassen, die Liebe über den Hass, die Barmherzigkeit über das Gericht. Und genauso erfreut Mich auch jener Segen sehr, der mit den Reliquien Meiner Heiligen gegeben wird. Ich bin verherrlicht in Meinen Heiligen, und Ich vermittle Mich durch sie, um die Reichtümer Meines Herzens im Universum der Seelen zu verteilen.

*O Jesus, ich möchte mich im Geist zu dem Tabernakel begeben, wo Du auf der ganzen Welt am meisten alleingelassen, am vergessensten bist. Ich möchte dorthin gehen, wo keiner Dich anbetet, wo keiner sich vor Dir neigt, wo Du nur Deine Engel hast, die Dich anbeten und bei Dir verweilen. Aber es ist ja doch ein menschliches Herz, wonach Du Dich sehnst, und vor allem das Herz eines Priesters. Ich gebe Dir mein Herz als ein Opfer der Anbetung und der Sühne.*

Ich möchte, dass du zu den Gläubigen von der Heiligen Messe als einem wahren Opfer sprichst. Sie haben das vergessen. Keiner denkt mehr daran, ihnen zu sagen, dass die Zelebration der Messe Mein Opfer am Kreuz erneuert und dass Ich auf dem Altar so anwesend bin wie auf dem Kreuz: sowohl als Priester wie als Opferlamm. Mein Liebesopfer in seiner ganzen Fülle entfaltet sich vor ihren Augen. Das sollst du ihnen sagen.

Ich möchte, dass du für Mein Herz ein zweiter Johannes bist. Ich werde deinen Geist mit Meinen Worten der Liebe erfüllen, auf dass du sie denen mitteilen kannst, die ihrer so sehr bedürfen.

Ich wollte dich auf Erden nie allein lassen, deshalb habe Ich dich immer mit Meinen Heiligen umgeben. Ich wollte, und Ich will das noch immer, dass du in ihnen wahre Freundschaft findest, eine Freundschaft, die völlig rein ist, eine Freundschaft, die nicht enttäuscht. Durch die Heiligen und durch ihr unaufhörliches Eintreten für dich vor Meinem Angesicht wirst du zu gegebener Zeit in Meine Herrlichkeit gelangen. Höre nicht auf, Meine Heiligen anzurufen, und lehre andere, von ihnen die Hilfe zu erbitten, die sie in den Prüfungen dieses irdischen Lebens brauchen. Die Heiligen im Himmel werden glücklich darüber sein, dass sie dir geholfen haben, deinen Weg zu Mir in die Herrlichkeit zu gehen.

## Donnerstag, 11. Oktober 2007
## Tag des Allerheiligsten Sakraments

*Preise den Herrn, meine Seele, und alles, was in mir ist, preise Seinen heiligen Namen. (Ps. 102,1)*

*Herr Jesus, ich komme heute vor Dein eucharistisches Angesicht und stelle mich im Geist vor den Tabernakel auf der Welt, wo Du am einsamsten bist, am meisten ignoriert, am vergessensten. Da Du mich darum gebeten hast, opfere ich Dir mein Herz, das Herz eines Priesters, auf, um Gemeinschaft mit Deinem priesterlichen und eucharistischen heiligen Herzen zu halten. Ich bete Dich an in einem Geist der Sühne für alle Priester der Kirche, vor allem aber für jene, die nie, oder fast nie, in Deiner Gegenwart innegehalten haben, um dort ihre Lasten abzulegen und von Dir neue Kraft zu empfangen, neues Licht, neue Fähigkeiten der Liebe, der Vergebung, des Segnens. Ich möchte diesen Tabernakel heute nicht verlassen. Ich möchte in jedem Augenblick in der Anbetung versunken bleiben, auf die Du von Deinen Priestern wartest.*

*Ich vereine mich mit der Allerheiligsten Jungfrau Maria, der Mittlerin aller Gnaden und ersten Anbeterin Deines eucharistischen Angesichts. Mögen durch ihr allreines Herz die Gebete, die aus meinem Herzen aufsteigen, Dein offenes Herz erreichen, das im herrlichen Sakrament Deiner Liebe verborgen und so oft alleingelassen ist. Amen.*

Die Wächter des Heiligtums, also die Priester, müssen Anbeter sein, Anbeter im Geist und in der Wahrheit. Sie müssen ständig – zumindest als Wunsch und aufgrund der Sehnsucht, die Ich in sie legen werde – in der Gegenwart Meines eucharistischen Angesichts verweilen und ganz nah an Meinem Herzen sein. Das ist es, was Ich von allen Meinen Priestern verlange, aber weil nicht alle es tun, verlange Ich es von dir. Für dich gilt: Verweile in jedem Augenblick vor Meinem eucharistischen Angesicht. Verlasse nicht Mein Herz, das in Liebe schlägt, das nichts anderes will, als Gnadenströme über diejenigen zu ergießen, die sich Meiner wirklichen Gegenwart nähern.

Wenn Ich nun auf diese Weise zu dir spreche, dann tue Ich das, weil du Meine Stimme hören sollst. Du warst zu lang weit weg von Mir, unfähig, bei Mir zu verweilen, unfähig, auf das zu hören, was Ich dir sagen wollte. Aber nun ist der Augenblick gekommen. Nun und von jetzt an spreche Ich zu dir, und Ich werde zu dir sprechen, damit viele zu Mir zurückfinden und in Mir Heilung und Frieden finden.

*Und als ich zu Ihm sagte: »Iesu, Iesu, Iesu, esto mihi Iesus«,*[12] *da antwortete Er mir:*

Nichts erfreut Mich mehr als dieses Gebet, wenn es mit großem Vertrauen und aus tiefstem Herzen gesprochen wird.
 Der gekreuzigte Jesus: Hierin ist das gesamte Mysterium Meines Angesichts der leidenden Liebe enthalten; Meines gesenkten Hauptes, das »Ja« sagt zum Vater; Meines durchbohrten, offenen Herzens, aus dem im Blut und im Wasser die Gabe des Geistes strömt. Das ist das Geheimnis des gekreuzigten Christus. Betrachte es, und du bist auf dem Weg, den Ich vor dir öffne.
 Du wirst Mein leidendes Angesicht in der Eucharistie finden. Mein geneigtes Haupt, das »Ja« sagt zum Vater: Auch dieses findest du in der Eucharistie. Und Mein durchbohrtes und offenes Herz, aus dem die Gabe des Heiligen Geistes zur Rettung der ganzen Welt und zur Freude der Kirche strömt – in der Eucharistie wirst du es finden.
 Sei, was dich betrifft, ohne Furcht. Ich öffne vor dir einen Weg, der zu einem Leben in Fülle führt, und keiner wird dir dieses Leben streitig machen können. Das wird das Zeichen Meiner Anwesenheit in deiner Mitte sein, denn Ich, Jesus, bin dein Emmanuel.

*Während ich die freudenreichen Geheimnisse betete:*

Ich empfing Mein menschliches Antlitz von Meiner Mutter. Wenn du Mein Angesicht meditierst, dann ist es ihre Schönheit, die du betrachtest. Ich empfing Meine geschöpfliche Schönheit von Meiner Mutter. Meine ungeschaffene Schönheit ist das Strahlen der Herrlichkeit des Vaters über Meiner Menschennatur.

## Am Abend

*Heute – ich glaube, es war während der freudenreichen Geheimnisse des Rosenkranzes – sprach der Herr zu mir über ein priesterliches Pfingsten, eine Gnade, die durch die Fürbitte der Jungfrau Maria für*

---

12 »Jesus, Jesus, Jesus, sei mir ein Jesus [Retter].« Bekanntlich die letzten Worte des heiligen Ralph Sherwin (25. Oktober 1550 – 1. Dezember 1581), zum Priester geweiht in Cambrai im Jahr 1577 mit der Perspektive, als Missionar in England zu wirken; er wurde im November 1580 verhaftet, ins Gefängnis geworfen, auf der Streckbank gefoltert, des Hochverrats angeklagt und zum Tod verurteilt. Der heilige Edmund Campion, der heilige Ralph Sherwin und der heilige Alexander Briant wurden am 1. Dezember 1581 in Tyburn nacheinander hingerichtet. Diese drei Männer gehören zu den »Vierzig Märtyrern von England und Wales«, die am 25. Oktober 1970 in Rom heiliggesprochen wurden.

*sämtliche Priester der Kirche erwirkt wird. Allen wird die Gnade einer neuen Ausgießung des Heiligen Geistes gewährt, um die Priesterschaft von ihren Unreinheiten zu reinigen, die sie entstellt haben, und um die Priesterschaft in so strahlender Heiligkeit wieder herzustellen, wie die Kirche sie seit der Zeit der Apostel nicht mehr erlebt hat.*

*Dieses priesterliche Pfingsten wird im Schweigen und in der Anbetung des Heiligsten Sakraments bereits vorbereitet. Die Priester, die Maria lieben und die treu ihren Rosenkranz beten, werden die ersten sein, die davon profitieren. Ihr Priestersein wird wundersam erneuert werden, und sie werden reiche Gnaden empfangen, um das Böse zu besiegen und diejenigen zu heilen, die unter der Herrschaft des Bösen stehen.*

*Ich vernahm, dass die Fürbitte von Papst Johannes Paul II. ebenfalls eine Rolle gespielt haben wird, durch Maria diese Gnade eines priesterlichen Pfingsten zu erwirken.*

*Es wird Priester geben, die diese Gnade des priesterlichen Pfingsten aus Stolz oder mangelndem Vertrauen zurückweisen, oder weil sie nicht an die reale Präsenz Christi im Heiligsten Sakrament glauben. Dieses priesterliche Pfingsten geht vom Tabernakel aus, von den Tabernakeln auf der ganzen Welt, wie von einem lodernden Liebesfeuer. Priester, die treu befunden werden in ihrer Gemeinschaft bei Jesus, der in der Hostie gegenwärtig ist, werden sich freuen. Sie werden sofort die Wunder verstehen, die Er in ihnen und durch sie wirken will. Das priesterliche Pfingsten wird zuerst all jene Priester berühren, die wahre Söhne Marias sind, die wie der heilige Johannes in ihrer nächsten Nähe leben, ganz nah an ihrem unbefleckten Herzen.*

## Freitag, 12. Oktober 2007

*O mein geliebter Jesus, jedes Mal, wenn ich nicht in der Lage bin, vor dem Tabernakel zu beten, in großer Nähe Deiner wirklichen Gegenwart, möchte ich mich im Geist vor jenen Tabernakel auf der Welt versetzen, wo Du am einsamsten bist, am vergessensten, am schlimmsten verlassen. Ich möchte Dich dort trösten, indem ich Dir den Lobpreis der ganzen Kirche darbringe, und indem ich Dir alles sage, was der Heilige Geist in meinem Herzen anregt. Ich wünsche – in Übereinstimmung mit dem Wunsch, den Du mir bekannt gegeben hast –, anzubeten und für Priester Sühne zu leisten, die Dich nicht anbeten, und die weder für sich selbst Sühne leisten noch für die Seelen, die auf ihr priesterliches Gebet bauen.*

*Als ich begann, den heiligen Rosenkranz zu beten, fragte ich die Heilige Jungfrau, für wen ich beim ersten freudenreichen Geheimnis beten soll. Es war N. Die Jungfrau gab mir zu verstehen, dass ich für ihn beten musste, denn das Gebet eines Priesters muss noch in den tiefsten Tiefen des Purgatoriums spürbar sein, wo die Seelen darauf warten, wo sie ausharren in Geduld und Leiden.*

Ich möchte, dass er Mir in Meinem Licht nahe sei. Ich möchte, dass er den Glanz Meines Angesichts sieht und zusammen mit seiner Mutter und allen Heiligen frohlockt. Du, indem du das Heilige Opfer für ihn darbringst, wirst ihm helfen, das Purgatorium hinter sich zu lassen und in das Licht zu gelangen, auf das er wartet und nach dem er sich sehnt. Schiebe das nicht auf. Ich möchte ihn erlösen.

**Vigil des 13. Oktober,
Jahrestag des großen Wunders von Fátima**

*Die selige Jungfrau bittet mich immer um das Gebet des Rosenkranzes, jenes Gebet, das all ihre Kinder an ihr unbeflecktes, mütterliches Herz anbindet. Die selige Jungfrau bittet all ihre Priestersöhne, den Rosenkranz wieder aufzunehmen und ihn oft, mit Aufmerksamkeit und Liebe, zu beten. Durch das demütige Gebet des Rosenkranzes werden Priester aus ihren quälenden Versuchungen befreit. Durch den Rosenkranz werden sie die Machenschaften des Bösen zunichte machen, dem es nur um Spaltung und Zerstörung geht, und darum, diejenigen zu Fall zu bringen, die Gott für sich auserwählt hat.*

Zum gegebenen Augenblick wird sich der Weg vor dir auftun, und du wirst ihm mit großer Freude folgen können. Alles wird klar sein, denn alles wird im Voraus bereitet sein durch die Vorsorge Meiner barmherzigen Liebe und durch die Vermittlung Meiner allheiligen Mutter. An jenem Tag wirst du keine Angst haben müssen. Lebe diese Tage in inständigem, anhaltendem Gebet. Komm näher zu Meinem heiligen Herzen. Trinke aus den belebenden Strömen Meiner Liebe. Lass es zu, durch Mein geheimes und zugleich so wirkmächtiges Handeln in dir vorbereitet zu sein. Große Gnaden halte Ich für dich bereit, doch um sie zu empfangen, musst du sehr klein werden, wie Kinder, die der Liebe ihres Papas grenzenlos vertrauen. Wenn du alles durchdenken, alles noch vor der Zeit wissen, alles mit menschlichen Mitteln kontrollieren willst, dann hältst du Mich davon ab, als der Gott der Liebe zu wirken, der Ich bin. Ich fordere von dir weder Geschicklichkeit noch große Vorbereitungen; Ich fordere nur Vertrauen, dein Vertrauen in Mich, in die Liebe Meines offenen Herzens für jeden einzelnen von euch.

Es ist gut, dass du dieses kleine Stoßgebet »O Jesus, König der Liebe« sprichst. Ich habe Meine Dienerin Yvonne-Aimée inspiriert, es in solchen und ähnlichen Situationen zu beten.[13] Wenn nichts klar ist, nichts vorhersehbar, dann ist es an der Zeit, viele Akte des Vertrauens zu vollbringen. Du sollst sie so häufig wie nötig wiederholen, und in ihnen wirst du Frieden und Freude im Heiligen Geist finden.

Der Pater wird sich für den Weg entscheiden, der schon seit je Meinem Willen für ihn entspricht. Für diesen Schritt diente alles als Vorbereitung, auch seine Sünden. Ich aber, Ich werde daraus großen geistigen Nutzen für die Seelen Meiner Priester gewinnen und für den Ruhm Meines offenen Herzens. Sie werden kommen, sie werden zu Mir kommen, und Ich, Ich werde sie in Meinem Bilde neu gestalten, und sie werden die priesterlichen Anbeter nach dem Wunsch Meines Vaters werden.

Ich habe einen einzigen Plan, doch jede Person wird ihren Anteil an seiner Umsetzung haben. Dafür müsst ihr alle demütig und klein sein und gefestigt in Meinem Wort. Ich werde euch nicht enttäuschen, Ich werde euch nicht im Dunkeln lassen. Ihr werdet zu jeder Zeit die Wunde in Meinem offenen Herzen vor euren Augen haben, die Quelle aller Gnaden und großer Barmherzigkeit.

Wenn Ich spreche, musst du nicht darüber grübeln; du sollst nur schreiben, und alles wird für dich klarer werden und sehr viel einfacher. Ich werde dich in der Wahrheit festhalten, und in dieser Wahrheit wirst du Freude finden.

---

13 Yvonne Beauvais (vgl. Anm. 9 auf S. 24) hielt sich im Augustinerkloster Malestroit auf, als unser Herr sich ihr am 17. August 1977 offenbarte und sie aufforderte, jeden Morgen und jeden Abend zu beten: »O Jésus, Roi d'Amour, j'ai confiance en votre miséricordieuse bonté« (O Jesus, König der Liebe, ich vertraue auf Deine barmherzige Güte). Auf Yvonnes Bitte hin führte die Oberin des Klosters Malestroit die Praxis ein, dieses kleine Stoßgebet jeden Morgen und jeden Abend zu beten, angefangen am 28. August 1922, dem Fest des heiligen Kirchenlehrers Augustinus. Sie tat das, ohne zu sagen, woher das Gebet stammte, und ohne Yvonne zu erwähnen. Zu Beginn wurde das Gebet lediglich mündlich weiterüberliefert. 1927 wurden kleine Buchzeichen gedruckt, auf denen ein Heiliges Herz abgebildet war, mit denen das Gebet Verbreitung finden sollte. 1932 übernahm der Bischof von Vannes in Frankreich das Gebet für seine Diözese. Im Jahr darauf erlaubte Papst Pius XI. das Gebet für die augustinischen Chorfrauen von der Barmherzigkeit Jesu, für deren Kranke und für diejenigen, die in ihren Einrichtungen gepflegt wurden. Papst Pius XII erneuerte die Erlaubnis, und am 6. Dezember 1958 weitete der selige Johannes XXIII. es auf die Weltkirche aus.

**Samstag, 13. Oktober 2007**
**90. Jahrestag des Sonnenwunders von Fátima**

*O mein geliebter Jesus, ich leide darunter, dass ich Deinem Tabernakel nicht nahe sein kann. Ich fühle mich Deiner wahren Gegenwart beraubt, und dennoch freue ich mich, weil mir das zeigt, wie stark Du mich an das anbetungswürdige Mysterium Deines Leibes und Blutes angezogen hast. Du willst, dass ich ein anbetender und sühnender Priester Deines eucharistischen Herzens sei, ein Anbeter Deines Angesichts, das für uns durch die Hostie leuchtet. Gewähre, dass dies einzig nach den Wünschen Deines Herzens geschieht. Amen.*

**Sonntag, 28. Oktober 2007**

*Heute Morgen, vor den Laudes, sprach zum ersten Mal der Vater zu mir:*

Der Glaube an Meine Vaterschaft soll der Weg der Heilung für viele sein, denen es wie dir versagt war, in Freiheit und Freude unter dem liebevollen Blick ihres Vaters groß zu werden. Ich möchte, dass die Angst aus deinem Leben verschwindet. Ich möchte, dass du dich geliebt und von Meiner Gegenwart als Vater umgeben fühlst – einer Gegenwart, die dich unterstützt, die dich nicht daran hindern wird, der Mann zu werden, als den Ich dich von Anfang an haben wollte; eine Gegenwart, die es dir deinerseits ermöglichen wird, ein Vater zu werden, ein Vater nach Meinem Bild, ein Vater, so wie Mein Jesus in der Mitte Seiner Jünger ganz und gar Vater war. Sie entdeckten Mein Vater-Sein in Seinem Verhalten.[14] Sie spürten es, wenn sie Seinem Herzen nahe kamen, wenn sie sahen, wie Er in Meinem Namen machtvolle Zeichen der Barmherzigkeit wirkte.[15]

So soll es auch für dich sein. Sei das Bild Meiner Vaterschaft. Vermittels der väterlichen Liebe, die Ich dir ins Herz geben werde, sei Mein Werkzeug der Heilung für viele, die nicht wissen, was es heißt, von einem Vater geliebt zu werden. Die priesterliche Vaterschaft ist eine Gnade, die Ich jetzt in der Kirche erneuern werde. Wenn ein Priester Vater ist, dann entspricht er Meinen aus Liebe geborenen Plänen mit ihm. Die Kirche, die geliebte Braut Meines eingeborenen Sohnes, leidet darunter, dass so viele Priester nicht wissen, wie sie die Gnade ihrer Vaterschaft leben sollen. Die Seelen bedürfen eines Vaters, aber nur zu oft werden sie weggeschickt, im Stich gelassen, gezwungen, als spirituelle Waisen zu leben.

---

14 Joh 12,40; 14,9.
15 Joh 10,25; 10,37–38; 14,11.

Du aber: Sei ein Vater. Empfange die Gnaden und Kräfte Meiner Vaterschaft in deiner Seele. Je mehr ein Priester seiner Mission als Vater entsprechend lebt, desto mehr wird er Meinem Sohn gleich werden, der sagte: »Wer Mich sieht, sieht den Vater.«[16] Ich segne dich, Mein Sohn. Ich segne dich, auf dass du ein Vater seist zum Lob Meiner Herrlichkeit[17] und zur Freude der Kirche Meines Sohnes.

## Montag, 29. Oktober 2007

*O Heiliger Geist, Geist meiner Seele, ich bete Dich an.*
*Erleuchte mich, führe mich, stärke mich, tröste mich.*
*Verankere meine Seele in der Wahrheit.*
*Der heutige Tag, ein Montag, ist der Tag, der Dir gehört,*
*der Du vom Vater und vom Sohn ausgehst.*
*Ich weihe Dir diesen Tag, göttlicher Tröster,*
*und alle Montage bis zum Tag meines Todes.*
*Ich begehre, heute in Deiner Gegenwart zu leben,*
*auf Deine Einsprechungen zu hören, Deiner Stimme zu gehorchen.*
*O Heiliger Geist, komm in mein Leben durch Maria.*
*Erneuere und stärke mein Priestersein.*
*Heilige mich und alle Priester.*

### Vor der Vesper

*Hier bin ich, Herr Jesus! Ich habe Deinen Ruf gehört, und ich bin gekommen, um Dich im Sakrament Deiner Liebe zu finden.*

Du hättest früher kommen können. Ich habe auf dich gewartet. Ich warte immer auf dich: Ich warte auf alle Meine Priester im Sakrament Meiner Liebe, aber sie beachten Mich kaum; dass Ich Tag und Nacht auf sie warte, ist nicht wichtig für sie. Wenn sie doch nur wüssten, was sie in Meiner Gegenwart erwartet: die Fülle der Gnaden, Ströme lebendigen Wassers,[18] die sie reinigen und heiligen, ihr Priestersein neu beleben können.

Das war das Geheimnis Meiner Heiligen, jener heiligen Freunde, die Ich dir bekannt gemacht habe: Dom Marmion, der Pfarrer von Ars, der heilige Peter Julian Eymard, der heilige Gaetano Catanoso,[19] Dom

---
16  Joh 14,9.
17  Eph 1,12–14.
18  Joh 4,10–14; 7,38; Offb 21,6; Num 20,6 (Vul.); Hld 4,15; Jer 17,13–14; Sach 14,8.
19  Der heilige Gaetano Catanoso (14. Februar 1879 – 4. April 1963) war ein ita-

14 Vandeur, Pater Marie-Joseph Cassant[20] – sie alle waren Priester nach Meinem Herzen. Und es gibt noch so viele andere, die wussten, wie man zwischen dem Altar und dem Tabernakel lebt.

Das ist es, was Ich jetzt von dir verlange. Du bist jetzt ein priesterlicher Anbeter. Vergiss das nicht. Das ist der Ruf, den Ich an dich gerichtet habe, und mit dem Ruf verleihe Ich auch immer die Gnade, dem Ruf zu entsprechen. Gewöhne dir an, Mir deine besten Stunden zu geben. Es ist jetzt deine erste Pflicht, vor Mir für diejenigen Meiner Priester zu verweilen, die an Mir vorübergehen, ohne innezuhalten, ohne sich anbetend vor Mir zu verneigen, ohne sich die Zeit zu nehmen, ihr Knie zu beugen, was vom Glauben der Kirche Zeugnis gibt und von der Liebe jeder glaubenden Seele.

Hier in Meiner Gegenwart werde Ich dich erfüllen, nicht nur für dich, sondern auch für all jene, die dazu ausersehen sind, dass du ihnen Meine Botschaften der Liebe und Barmherzigkeit übermittelst. Ich möchte auch, dass du zu ihnen von Meiner Einsamkeit im Tabernakel sprichst. Es wird gewisse weltkluge Geister geben, die das belächeln werden. Sie vergessen, dass Ich hier nicht wie ein lebloses Objekt anwesend bin. Mein Herz wartet auf euch im Tabernakel; Mein Blick, voller Zärtlichkeit, richtet sich vom Tabernakel aus auf jene, die ihm nahekommen. Ich bin nicht um Meiner selbst willen hier. Ich bin hier, um dich zu sättigen und mit den Freuden Meiner Gegenwart zu erfüllen.

Ich bin es, der die Einsamkeit jedes Menschen versteht, vor allem aber die Einsamkeit Meiner Priester. Ich möchte ihre Einsamkeit mit ihnen teilen, auf dass sie nicht mit sich selbst allein seien, sondern allein mit Mir. Dann werde Ich zu ihren Herzen sprechen, so wie Ich jetzt zu dir

---

lienischer Gemeindepriester, der 2005 von Papst Benedikt XVI. heiliggesprochen wurde. Gaetano war eines von acht Kindern, er wurde 1902 geweiht und diente während seiner gesamten Priesterexistenz als Gemeindepriester, der sich von ganzem Herzen dem pastoralen Dienst hingab, wozu auch strapaziöse Besuche in entlegenen Gegenden gehörten. Catanosos tiefe Verehrung des heiligen Angesichts Jesu kommt zum Ausdruck in der Gründung der Erzbruderschaft vom Heiligen Antlitz im Jahr 1920; außerdem gründete er 1934 einen Schwesternorden, die Veronika-Schwestern vom Heiligen Antlitz.

20 Während seines Noviziats bei den Trappisten erhielt Pierre-Joseph Cassant (6. März 1878 – 17. Juni 1903) den Namen Marie-Joseph. Bemerkenswert war seine feste Entschlossenheit, seinen lebenslangen Wunsch erfüllt zu sehen, zum Priester geweiht zu werden, trotz seines Tuberkuloseleidens, an dem er nicht lang nach seiner Priesterweihe am 12. Oktober 1902 starb. Cassant sagte: »Wenn ich nicht mehr die Messe lesen kann, soll Jesus mich von dieser Welt wegnehmen.« Er war Mitglied der Vereinigung der dem Heiligsten Herzen geweihten Opferseelen.

spreche. Ich brenne darauf, für jeden Meiner Priester der Freund zu sei, den sie suchen, der Freund, mit dem sie alles teilen können, der Freund, dem sie alles anvertrauen können, der Freund, der über ihre Sünden weint, ohne auch nur einen Augenblick aufzuhören, sie zu lieben.

In der Eucharistie warte Ich auf sie als Arzt und Arznei. Wenn sie an Körper oder Seele krank sind, dann ermögliche du, dass Ich zu ihnen komme, und Ich werde sie von dem Bösen befreien, das sie quält.

Viele Priester glauben eigentlich gar nicht an Meine eucharistische Gegenwart. Wissen sie denn nicht, dass in der Eucharistie sämtliche Verdienste Meiner Passion beschlossen sind? Lass sie den Glauben ihrer Kindheit wiederentdecken. Lass sie kommen, auf dass sie Mich dort finden, wo Ich auf sie warte; und Ich werde dann Wunder der Gnade und Heiligkeit an ihnen wirken.

Was Ich vor allem anderen wünsche, das ist, dass Meine Priester Heilige seien, und dafür schenke Ich ihnen Meine Gegenwart in der Eucharistie. Ja – das ist das gewaltige Geheimnis priesterlicher Heiligkeit. Du musst ihnen das sagen, du musst wiederholen, was Ich dir sage, auf dass die Seelen getröstet und dazu angespornt werden, nach Heiligkeit zu streben.

Mein Herz dürstet nach der Liebe der Heiligen. Denen, die zu Mir kommen, werde Ich Liebe und Heiligkeit geben. Und darin wird Mein Vater verherrlicht werden.[21] Und es soll geschehen durch das intime Wirken Meines Geistes. Wo Ich im Sakrament Meiner Liebe gegenwärtig bin, dort ist auch der Geist des Vaters und des Sohnes gegenwärtig. Der Heilige Geist bewirkt, dass Meine eucharistische Gegenwart zugleich Meine glorreiche Gegenwart beim Vater im Himmel ist, und durch den Heiligen Geist berührt Meine eucharistische Gegenwart die Seelen derer, die Mich anbeten, sich mit Mir zu vereinen, auf dass sie hinaufgenommen werden bis vor das Angesicht Meines Vaters.

Es ist genug für jetzt. Du hast gut daran getan, diesen Montag und alle Montage dem Heiligen Geist zu weihen. Es war nicht nutzlos. Ich begrüße solche Gesten, und Ich bestätige sie im Himmel. Und du: Halte dich daran, und du wirst große Dinge geschehen sehen.

*Danach herrschte das Schweigen der einenden Liebe. Nichts nimmt mich so sehr in das Schweigen der Liebe hinein wie die Worte, die ich vom Herrn empfangen habe.*

---

21  Joh 14,13.

**Freitag, 7. Dezember 2007**

Du hast Mein Herz erfreut, indem du dieses Mal in Meiner Gegenwart ausgeharrt hast. Das Licht Meines eucharistischen Angesichts strahlt in deine Seele, und Ich habe dich ganz nah an Meine Seitenwunde gezogen. Du bist in Meiner Gegenwart immer willkommen. Ich sehne Mich danach, dich zu empfangen und dich in Meiner Nähe zu behalten. Das, Priester-Anbeter, ist deine Berufung.

Reagiere auf den Ruf Meines Herzens. Bete Mich an für deine Priester-Brüder, die vergessen, dass Ich im Sakrament Meiner Liebe auf sie warte. Komm du zu Mir für sie und in ihrem Namen, und Ich werde sowohl dich segnen als auch sie.

Mein eucharistisches Herz fließt über von Liebe für Meine Priester. Ich würde jedem von ihnen die Gnade geben, die Ich dem heiligen Johannes gegeben habe, Meinem geliebten Jünger: die Gnade einer innigen Vertrautheit mit Meinem Herzen und mit dem schmerzensreichen, unbefleckten Herzen Meiner Mutter. So möchte Ich die Priesterschaft Meiner Kirche erneuern. Ich möchte, dass Meine Priester in Heiligkeit erstrahlen. Ich möchte ihrer Zunge und ihren Händen dieselben Gnaden mitteilen, die Ich in den Anfängen Meiner Kirche auf Meine Apostel ausgegossen habe. Nicht Ich bin es, der sich verschließt. Sie, Meine Priester, fliehen die Gemeinschaft mit Mir. Sie wenden sich von Meinem eucharistischen Antlitz ab und verweigern Meinem eucharistischen Herzen den Trost ihrer Freundschaft. Ich halte unter Meinen Priestern Ausschau nach solchen, die Mich trösten, und Ich finde nur so wenige.

Du – sage »Ja« zu Mir. Sei der priesterliche Anbeter Meines eucharistischen Angesichts und Meines heiligen Herzens, das im Sakrament Meiner Liebe gegenwärtig ist und auf die Gemeinschaft mit jedem einzelnen Priester wartet, der Mich liebt und sich mit Mir dem Vater als Sühneopfer darbringt.

Auch Mein Vater ist betrübt über die Kälte und Gleichgültigkeit, mit welcher Ich – Sein geliebter Sohn, Sein ewiger Priester, Sein unbeflecktes Opfer, das im Heiligtum des Himmels ohne Unterlass dargebracht wird – auf Erden behandelt werde. Und das geschieht ja nicht durch Fremde, sondern durch Meine ureigenen Auserwählten, durch jene, die Ich aus Liebe erwählt habe, an Meinem Priestertum Anteil zu haben, in Meiner Gegenwart zu verweilen, Mein Volk mit den Geheimnissen Meines Leibes und Blutes zu nähren. Der ganze Himmel weint über die Sünden Meiner Priester. Für jede Sünde gibt es Barmherzigkeit im Blut und Wasser, das aus Meiner Seitenwunde fließt, aber die Sünden Meiner Priester erfordern Sühne.

Leiste du Sühne für deine Priester-Brüder, indem du Mich anbetest, indem du vor Meinem eucharistischen Antlitz verweilst, indem du die Liebe deines durch Meine große Barmherzigkeit geläuterten Herzens aufopferst. Ich segne dich jetzt. Sei Mein priesterlicher Anbeter.

**Samstag, 8. Dezember 2007**

Ich sage dir, wie Ich möchte, dass du vorerst betest. Nimm dir die Zeit, vor Mich zu treten. Suche Mein Angesicht. Wenn du so betest, werde Ich dich ganz nah an Mein Herz ziehen. Bete, indem du den Rosenkranz Meiner Mutter benutzt, auch wenn du das Gefühl hast, dass dein Gebet leer oder mechanisch ist, oder wenn du von Zerstreuungen bedrängt wirst. Der Entschluss zu beten erfreut Mein heiliges Herz und das reine Herz Meiner Mutter.

Die Zeit, die du uns aufopferst, wenn du betest, wie du es heute Nacht getan hast, ist kostbar in unseren Augen und bringt deiner Seele und den Seelen jener, für die du betest, unermesslichen Nutzen. Ich sehe alle, für die du heute Nacht gebetet hast – jene, die du namentlich genannt hast, aber auch die, deren Namen du nicht genannt hast –, und Ich segne jeden, so wie Ich dich jetzt segne, Meinen Priester, Meinen Freund, Meinen geliebten Bruder.

Ich habe dich erwählt, und Meine Pläne für dein Leben werden sich erfüllen. Die Zeit wird kommen, da du Mich rühmen und Mir dafür danken wirst, dass Ich entsprechend dem, was Ich dir versprochen habe, an dir gehandelt habe. Trau Mir und lass dich durch nichts davon abhalten, Mein Angesicht und Mein Herz im Gebet zu suchen. Ich segne dich.

**Sonntag, 9. Dezember 2007**

Dein Gebet erfreut Mich. Es ist vom Heiligen Geist in dir inspiriert. Der Heilige Geist ermöglicht die Zwiesprache mit Mir, den Ausdruck unserer Freundschaft. Diejenigen, die mit schlichtem Vertrauen zu Mir kommen, die Mein Angesicht suchen und sich ausstrecken nach der Wärme des Feuers, das in Meinem Herzen brennt – sie sind geführt und bewegt vom Heiligen Geist.

Die Freundschaft mit Mir ist nicht schwer. Sie ist das Geschenk, das Ich freigiebig und gerne allen Seelen anbiete, vor allem aber den Seelen

Meiner Priester. Wenn Priester in Meiner Freundschaft leben würden – wie anders sähe es dann in Meiner Kirche aus! Sie wäre ein Ort der Wärme, des Lichts, des Friedens und der Heiligkeit. Viele der Leiden und Bedrängnisse, die in Meiner Kirche durch die Hand ihrer Diener, Meiner Priester, erfahren werden, würden nicht existieren, wenn die Priester, Meine Priester, täglich in der Gnade einer Freundschaft mit Mir leben würden, die Ich ihnen anbiete, die ihnen zu schenken Ich Mich sehne.

Die Lösung für die Bedrängnisse und Widrigkeiten der Priester, die Antwort auf die Probleme, die so viele von ihnen quälen und die sie dazu verführen, in sündhafte Gewohnheiten zu verfallen, ist Meine Freundschaft, die Ich ihnen anbiete. Am Tag seiner Weihe wird über jeden Priester der Heilige Geist ausgegossen, und mit dieser Ausgießung wird die wundervolle Fähigkeit verliehen, in Meiner Freundschaft zu leben und in Vertrautheit mit Meiner allheiligen Mutter. So wenige Meiner Priester nehmen dieses Geschenk an und verwenden diese Fähigkeit zu der Heiligkeit, die Ich ihnen spende. Es ist die johanneische Gnade, von der Ich schon zu dir gesprochen habe: Freundschaft mit Mir, mit Meinem heiligen Herzen, und eine echte Vertrautheit mit dem Herzen Meiner Mutter – eine Freundschaft wie diejenige des heiligen Johannes, ja sogar des heiligen Joseph.

Das unbefleckte Herz Meiner Mutter liebt alle Meine Priester. Sie sieht in jedem ihren Sohn, und in jedem sieht sie einen Freund Meines Herzens, einen von Mir auserwählten Freund, einen Freund, in dem Ich all die Eigenschaften von Freundschaft zu finden wünsche, die Ich im heiligen Johannes gefunden habe. Das ist ein Teil der Rolle Meiner Mutter in der Heiligung der Priester. Sie wird jeden Priester, der sich ihr weiht, so wie du es getan hast, in die tiefsten Freuden der Freundschaft mit Meinem heiligen Herzen einführen.

Für dich hat das bereits angefangen, selbst wenn du nicht immer spürst, dass du in Meiner Freundschaft lebst und in der Vertrautheit mit Meiner allheiligen Mutter. Wir haben immer auf dich acht, in jedem Augenblick, und unsere Herzen sind in liebevoller Zuneigung zu dir vereint, so wie schon für Meinen geliebten Jünger und Freund, den heiligen Johannes. Lebe in dieser Gnade. Weise nicht zurück, was wir dir überreichlich geben wollen. Bleibe zuversichtlich. Wir segnen dich, die Hand Meiner Mutter in der Meinen.[22] Wir segnen dich, und all die, für die du uns um unseren Segen gebeten hast.

---

22 Erst dachte ich, das sei eine merkwürdige Formulierung, doch dann fiel mein Blick, unmittelbar nachdem ich das niedergeschrieben hatte, auf die Ikone

## Montag, 10. Dezember 2007

*Maria:*

Ich bin deine Mutter der Immerwährenden Hilfe, und ich bin für meine geliebten Kinder die Mittlerin aller Gnaden. Meine barmherzigen Augen sind auf dich gerichtet. Mein Herz ist offen für dich. Meine Hände sind jederzeit im Gebet für dich erhoben oder öffnen sich über dir, um dich und alle, für die du betest, mit reichen Gnaden zu überschütten.

Ich freue mich, dass du meinen Sohn, den heiligen Johannes, nachahmen möchtest, indem du bei mir wohnst, indem du mir jeden Bereich deines Lebens auftust. So ermöglichst du es mir, an dir zu handeln, aber auch mit dir und durch dich zu handeln. Meine Gegenwart und mein Wirken äußern sich in Sanftmut, Süßigkeit, und in Barmherzigkeit. Ich möchte, dass du mir geistig ähnelst, so wie mein Jesus mir körperlich ähnlich ist. Jesus, wenn Er mich ansah, sah die vollkommene Widerspiegelung sämtlicher Anlagen und Tugenden Seines anbetungswürdigen Herzens. Wenn ich dich anschaue, möchte ich mein eigenes unbeflecktes Herz in deinem Herzen gespiegelt sehen. Ich möchte dir und allen meinen Priestersöhnen die Tugenden meines Herzens mitteilen. Indem du dich mir geweiht hast, hast du das ermöglicht, und deine Umwandlung durch mich hat bereits begonnen.

Mein Sohn hat mir Macht über die Herzen Seiner Priester gegeben. Ich werde das Herz jedes Priesters, der sich mir geweiht hat, läutern und heiligen. An mir ist es, die Seelen der Priester zu wandeln, sie zu waschen, sie emporzuheben zu den himmlischen Stätten, auf dass sie mit meinem Sohn Zwiesprache halten können, und durch Ihn mit dem Vater und dem Heiligen Geist.[23] Deshalb werde ich zu Recht Porta Caeli genannt, Himmelstor. Der Wille meines Sohnes ist es, dass Seine Priester, noch während sie auf Erden sind, an den himmlischen Stätten leben sollen. Er möchte, dass sie mit Ihm in das Heiligtum des Himmels eintreten, hinter den Vorhang, wo Er als Ewiger Hoherpriester Sich selbst ohne Unterlass als ein Opfer des Lobes und der Sühne Seinem Vater darbringt.[24]

Der Heilige Geist ist die lebendige Flamme dieses himmlischen Brandopfers. Der ganze Himmel glüht vom Feuer der Liebe, das im Herzen des Sohnes brennt, der als ewiger Hoherpriester vor Seinem

---

unserer Lieben Frau von der Immerwährenden Hilfe, wo die Hand Jesu in der Hand Seiner Mutter liegt. – Autor.
23  Eph 1,3; 1,20; Eph 2,6; Phil 3,20.
24  Unter anderem Hebr 6,19–20; 9,24; 12,22–24.

Vater steht. Ich bin für alle meine Priestersöhne das Himmelstor. Wenn ein Priester in seinem irdischen Leben in die Glorie der himmlischen Liturgie aufsteigen will, die ohne Unterlass von meinem Sohn vor dem Antlitz des Vaters gefeiert wird, dann muss er nur zu mir kommen. Ich werde ihm den Weg in die Geheimnisse des Himmels öffnen. Ich werde ihn die Ehrfurcht, das Schweigen, die innige Anbetung lehren, die demjenigen geziemt, der berufen ist, an den Altären meines Sohnes und an Seiner Statt zu dienen.

Lass mich für dich das Himmelstor sein. Komm bei jeder Gelegenheit zu mir. Bete meinen Rosenkranz. Ich gebe dir Anteil an allem, was ich in meinem Herzen bewahre. Ich segne dich jetzt, und ich segne die, für die du zu mir gebetet hast. Ich segne meine Priestersöhne. Ich liebe sie aus ganzem Herzen, und ich folge ihnen auf all ihren Wegen. Wenn sie fallen, weine ich über sie, und ich wünsche nichts sehnlicher, als ihnen aufzuhelfen, sie rein zu machen, ihre Wunden zu heilen und sie zur Gnade der Freundschaft mit meinem Sohn zurückkehren zu sehen.

## Dienstag, 11. Dezember 2007

*Unsere jungfräuliche Mutter:*

Ich bin heute Abend bei dir. Ich bin hier für dich, und ich höre die Gebete, die du an mich richtest. Ich werde aus meinen Händen Gnaden und Segnungen regnen lassen über den Seelen, die du mir genannt hast. Ich bin jederzeit bereit, meinen armen Kindern schnell zur Hilfe zu kommen. Ich bin immer bereit, ihnen beizustehen – ihnen aufzuhelfen, wenn sie fallen, ihre Wunden zu verbinden, ja mich sogar einzusetzen, um die Folgen ihrer Missetaten auszugleichen.

Ich bin nicht weit weg. Ich höre jedes an mich gerichtete Gebet. Mein mütterliches Herz wird von Mitleid bewegt, wenn meine Kinder, vor allem aber meine Priestersöhne, in ihren Nöten zu mir Zuflucht nehmen. Ich bin die Mutter der Barmherzigkeit, Mater Misericordiae, die die Kirche in ihrem Hymnus an mich ehrt.[25] Ich wende dir meine barmherzigen Augen zu, und ich bin immer bereit, armen Sündern zu helfen. Lass Sünder zu mir kommen; ich werde sie nie wegschicken. Sie sollen mein schmerzensreiches, unbeflecktes Herz anrufen; sie werden nie enttäuscht.

---

25  Im Marienhymnus *Salve Regina*.

Und du, lieber Sohn, höre nicht auf, zu mir zu beten. Bleib meinem Rosenkranz treu und nimm dich in Acht vor jedem Anschlag des Bösen, dich von diesem Gebet zu trennen. Mein Rosenkranz ist dein Wächter und deine Waffe im Kampf gegen die Kräfte des Bösen. Gleichzeitig ist er für dich ein Heilmittel und ein Trost. Merkst du nicht, wie der Rosenkranz dir Beständigkeit verliehen hat? Machst du nicht die Erfahrung seiner Heilkraft und all seiner Wohltaten?

Ich werde dein Predigen und dein Schreiben segnen. Ich werde dir die Gabe verleihen, Herzen zu berühren und sie für mich zu gewinnen, vor allem diejenigen meiner Priester. Trau mir bei der Entfaltung des Plans meines Sohnes. Ich werde mich um jede Einzelheit kümmern. Ich bin es, die diesen Ruf für dich erwirkt hat. Du wirst der priesterliche Anbeter sein, den mein Herz für dieses Werk erhalten hat, das mein Sohn so sehr wünscht. Deine Aufgabe besteht darin, im Gebet zu verharren. Vertraue auch auf die Führung von Vater N. Ich bin froh, dass du ihm freimütig geschrieben hast. Ich habe ihn auserwählt, damit er dir hilft, auf dass du deinerseits durch meine Gaben ihm helfen und ihm ein Trost und ein Freund sein kannst.

Ich danke dir für das *Ave Maris Stella*, das du mir darbringst. Es berührt mein Herz, und ich erwidere jede einzelne Bitte darin zu deinem Wohl. Deshalb habe ich dich inspiriert, es zu beten. Ich verlange wenig von den Seelen, und ich gebe viel. So bin ich. Und so ist auch mein Sohn. Ja, unsere Herzen werden schon von den kleinsten Liebeserweisen bewegt, und unsere Erwiderung darauf übertrifft alles, was du dir vorstellen kannst. Wir segnen dich und jene, die du uns ans Herz gelegt hast.

## Mittwoch, 19. Dezember 2007

Ich bleibe dein Freund, der Freund deines Herzens. Ich bin immer für dich da, und Meine Augen ruhen jederzeit auf dir.[26] Ich ersehne deinen Besuch. Ich warte auf die Aufmerksamkeit deines Herzens und auf den Trost deiner Anbetung, deiner Sühne, deiner Liebe.

Morgen ist Donnerstag. Tu, worum Ich dich gebeten habe. Lebe morgen in Anbetung und Sühne für all deine Priester-Brüder und in Danksagung für die unermesslichen Gaben des Sakraments Meiner Liebe und des Priestertums. Such Mich auf und verweile vor Meinem eucharistischen Angesicht, nah, ganz nah an Meinem offenen Herzen.

---

26 Ps 33,18–19.

Ich werde alles andere tun. Bete Mich an. Leiste Sühne. Komm zu Mir und bleibe bei Mir im Namen aller Meiner Priester, die nie zu Mir kommen und nie in Meiner Gegenwart verweilen.

Mein heiliges Herz spürt mit göttlichem Feingefühl die Kälte und Gleichgültigkeit Meiner Priester. Ich bitte dich, für sie zu sühnen. Erlaube Mir, dich zu lieben, wie Ich jeden einzelnen von ihnen lieben würde. Erlaube Mir, dich zu heilen, zu trösten, zu heiligen, so wie Ich jeden Meiner Priester heilen, trösten und heiligen würde. Ich liebe Meine Priester – aber nur wenige von ihnen glauben an Meine Liebe. Du aber: Glaube an Meine Liebe zu dir. Ich bin dein Freund. Ich habe dich auserwählt, im Leben und im Tod der bevorzugte Freund Meines heiligen Herzens zu sein.

Ich segne dich und Ich segne jene, die du der Barmherzigkeit Meines offenen Herzens anempfiehlst. Das Licht Meines Angesichts leuchtet über dir. Glaube an Meine Liebe zu dir. Ich werde dich nie aufgeben, nie enttäuschen. Meine Pläne sind auf dein Glück ausgerichtet, auf deine Heiligkeit, auf deinen Frieden. Hab keine Angst. Ich werde alles für dich tun, was Ich versprochen habe, und dein Herz wird sich freuen, und du wirst Mich in Ewigkeit preisen und verherrlichen.

Auch Meine Mutter hat auf dich acht. Ihr Mantel umgibt und beschützt dich. Ihr unbeflecktes Herz ist von den Gebeten berührt, die du an sie richtest. Liebe Meine Mutter und bete zu ihr ohne Unterlass. Meine Mutter segnet dich auch, und der Segen Meiner Mutter schenkt demjenigen, der ihn empfängt, die lieblichsten Gnaden und Gaben des Himmels.

### Donnerstag, 3. Januar 2008
### Heiliger Name Jesu

Hör auf Mich. Öffne Mir das Ohr deines Herzens, und Ich werde zu dir sprechen, so wie Ich es versprochen habe.[27] Mein Herz hat dir so vieles zu sagen. Ich werde dich unterweisen. Ich werde dich lehren. Ich werde dir den Weg zeigen, auf dem du gehen sollst. Mein Herz sehnt sich nach deinem Herzen. Ich wünsche Mir so sehr deine Gesellschaft.

Ich warte auf den Besuch von jedem Meiner Priester. Ich warte auf dich in diesem Sakrament Meiner Liebe. So wenige Priester entspre-

---

27 Vgl. Hl.. Benedikt, *Die heilige Regel*, Prolog.

chen Meinem Wunsch. Wenn Ich einen Mann erwähle, Mein Priester zu werden, dann erwähle Ich ihn gleichzeitig als bevorzugten Freund Meines heiligen Herzens. Ich wünsche Mir die Freundschaft Meiner Priester, und Ich biete ihnen die Meine an.

Ich habe dich berufen, die Erfahrung der Gnade Meiner Freundschaft zu machen. Ich möchte, dass du für Mein Herz ein zweiter heiliger Johannes bist, der Mich liebt, Mich sucht, auf Mich hört, in Meiner Gegenwart verweilt.

Auch Meine Mutter wünscht das für dich, und Ich habe dich auf besondere Weise ihrem schmerzensreichen, unbefleckten Herzen anempfohlen. Wende dich an Meine Mutter in all deinen Nöten. Ich habe sie zur unbefleckten Mittlerin aller Meiner Gnaden gemacht. Alles, was Ich dir geben möchte, soll, so Mein Wunsch, durch sie zu dir kommen.

Sprich häufig von der Mittlerschaft Meiner unbefleckten Mutter. Für dich und für viele Seelen ist diese Lehre das Geheimnis der Heiligkeit. Hab Vertrauen in die Güte des Herzens Meiner Mutter. Du sollst wissen, dass ihr Blick immer auf dir ruht. Ihr Mantel umgibt dich wie ein Schutzschild. Sie wacht über jede Einzelheit in deinem Leben. Nichts, was du brauchst oder erleidest, ist für sie unwichtig, denn Ich habe ihr ein Herz gegeben, das fähig ist, für Meinen gesamten mystischen Leib und für jedes seiner Glieder, vom größten bis zum kleinsten, Mutter zu sein.

Höre auf ihre Stimme so, wie du auf Meine Stimme hörst. Auch sie wird zu dir sprechen. Auch sie wird dich anleiten, dich beraten, deine Schritte auf den Weg der Heiligkeit lenken, den Ich für dich bereitet habe. Meine Mutter ist dir ganz nahe. Ehre ihre Gegenwart in deinem Leben. Höre nicht auf mit dem Rosenkranzgebet; es bindet dich an sie. Vernachlässige auch nicht das *Ave Maris Stella* und die anderen Liebesakte, die sie von dir erbeten hat, oder die der Heilige Geist in dir als Gabe für sie inspiriert hat. Solche kleinen Dinge haben in Meinen und in ihren Augen einen unschätzbaren Wert.

Ich möchte, dass du Meine Mutter so liebst, wie Johannes sie liebte – im Gehorsam gegenüber Meinem Wort vom Kreuz: »Siehe, deine Mutter.«[28] Alle Gnaden, die du in den letzten Jahren und vor allem in den letzten Monaten empfangen hast, hast du aufgrund ihrer Fürsprache erhalten, und sie wurden dir durch ihre Hände gegeben.

Deine leibliche Mutter hatte recht, als sie dich heute bat, zu den Schwestern freundlich zu sein. Ich möchte, dass du ihnen mit liebens-

---

28 Joh 19,27.

würdigem, väterlichem Mitgefühl begegnest. Hab Verständnis für ihre Grenzen und ihre Nöte, und sei ihnen ein freundlicher Vater, ein Vater, der stets bereit ist, ihnen Güte und liebende Aufmerksamkeit entgegenzubringen. Diese geduldige Freundlichkeit ist eine Tugend, die Ich in allen Meinen Priestern sehen möchte, und weil Ich sie in ihnen sehen möchte, werde Ich sie ihnen geben. Wenn sie am Altar stehen, um Meinen Leib und Mein Blut zu empfangen, werden sie von aller Freundlichkeit Meines durchbohrten Herzens durchdrungen, auf dass sie Priester und Väter werden, wie es Meinem Wunsch für sie entspricht.

Empfange aus Meinem Leib und Blut, das du empfängst, alle Gnaden, die du brauchst. Priester empfangen wenig aus ihrer täglichen Kommunion an Meinen Altären, weil sie so wenig erwarten. Bittet, und es wird euch gegeben werden.[29] Hol dir Rat bei den Heiligen. Lerne von ihnen, was es heißt, Mich um große Dinge zu bitten; und kühn, vertrauensvoll und freudig zu bitten. Und danke Mir für die Wirkungen von Meinem Leib und Blut in deinem Leib und Blut, in deiner Seele, in deinem Geist, im Herzen deines Herzens. Die Eucharistie wirkt verwandelnd auf alle, die Mich mit Glauben und vertrauensvoller Andacht empfangen, und das gilt ganz besonders für Meine Priester. Durch den Empfang Meines Leibes und Blutes wirst du in Meiner Freundschaft wachsen und an strahlender priesterlicher Heiligkeit zunehmen, durch die Ich in dir und in allen Meinen Priester verherrlicht sein möchte.

*Dann empfahl ich unserem Herrn mehrere Seelen an. Er antwortete:*

Ich segne alle, die du hierher zu Mir bringst, jene, die du dem Licht Meines eucharistischen Angesichts vorstellst und der Liebe Meines offenen Herzens darbringst. Ich merke auf dein Gebet für Vater N., und auch Meine Mutter erhört es. Wir lieben ihn und werden ihn erlösen. Lass ihn darauf vertrauen, dass wir in ihm bewirken können, was er allein nicht tun kann. Meine Gnade wird in der Schwachheit vollendet,[30] und Meine Mutter ist die Mittlerin Meiner Gnade. Und Ich segne dich und danke dir, dass du hierher zu Mir kommst. Ich nenne dich Meinen Freund, den Freund Meines Herzens.

---

29 Mt 21,22; Mk 11,24; Joh 16,24.
30 2 Kor 12,9.

## Dienstag, 8. Januar 2008

Höre auf Mich, und Ich werde zu dir sprechen.

Mein Herz fließt über vor Liebe zu dir, und wenn einer liebt, dann hat er vieles zu sagen – es gibt aber auch eine Kommunion in der Liebe, die tiefer ist als alle Worte: im Schweigen, das Seelen mit Mir vereint. Ich werde dir auch dieses Schweigen geben.

Ich habe dich erwählt, in Meiner Freundschaft zu leben. Lass Mich, wie Ich es als gut ansehe, auf alle Wünsche deines Herzens eingehen. In dem, was Ich dir geben möchte, gibt es keine Bitterkeit, kein Gift, keine Täuschung – Ich möchte dir nur Mein Licht, Meine Wahrheit, Meine Güte, Meine Liebe geben, und Teilhabe an allen Meinen Empfindungen und an allen Meinen Geheimnissen. Ich möchte dich in das innerste Heiligtum Meines Herzens hineinnehmen, wo Ich Meinen Vater als Sein ewiger Priester anbete und Mich Ihm als immerwährendes Opfer der Liebe darbringe.

Das möchte Ich eigentlich allen Meinen Priestern geben, aber zuvor müssen sie zum Geschenk Meiner Freundschaft ihre Zustimmung geben und so wie Johannes in der innigen Nähe mit Meinem Herzen und mit dem unbefleckten Herzen Meiner Mutter leben.

Ich werde die Heiligkeit der Priesterschaft in Meiner Kirche erneuern. Ich werde den Heiligen Geist in der Gestalt eines reinigenden Feuers über alle Priester ausgießen.[31] Diejenigen, die dieses Feuer mit bereitem Herzen empfangen, werden daraus hervorgehen wie Gold aus dem Schmelzofen, in schimmernder Heiligkeit und mit einer wunderbaren, von allen erkennbaren Reinheit. Die sich Meinem Feuer verweigern, werden davon verzehrt. Sie werden wie die unfruchtbaren Reben sein: weggeschnitten und zum Verbrennen fortgeworfen.[32]

Das Feuer Meines Herzens ist die lebendige Liebesflamme, der Heilige Geist. Ergib dich diesem Feuer und bitte Mich, es in dir und in den Seelen aller Meiner Priester zu entzünden. Die Flamme reinigender, heiligmachender Liebe lodert aus Meinem Leib in der Allerheiligsten Eucharistie. Diejenigen, die Mich in Meinem Sakrament der Liebe anbeten, werden die ersten sein, die das priesterliche Pfingsten erleben, mit dem Ich die Priesterschaft Meiner Kirche erneuern will. Die Söhne des unbefleckten Herzens Meiner Mutter werden von ihr auf Mein Wirken vorbereitet.

Wenn du das Feuer Meiner reinigenden und heiligenden Liebe empfangen möchtest, dann lebe wie Mein geliebter Jünger und Freund, der heilige Johannes, in der Gegenwart Meiner allreinen Mutter. Sie, die an

---
31 Mal 3,3.
32 Mt 3,12; Mt 13,40–42; Lk 3,17; Joh 15,6; Hebr 6,8.

jenem ersten Pfingsten, durch das Ich Meine Kirche in die Welt aussandte, im Obergemach (Coenaculum) weilte, sie ist auch im Herzen von diesem Pfingsten der Heiligkeit gegenwärtig, durch das Ich Meine Priester erneuern und das Priestertum in Meiner Kirche wieder zum Strahlen bringen möchte.

Ich segne alle, die du vor Mich stellst, und hebe sie in das Licht Meines Angesichts empor. Ich werde jedem geben, was er braucht, allerdings nur entsprechend seiner Bereitschaft, Meine Gaben anzunehmen. Die Armen im Geist sind es, die am ehesten bereit sind zu empfangen, was Ich ihnen gebe. Wer Meiner allreinen Mutter nahe ist und sie als Mittlerin aller Gnaden anruft, wird in seinen Hoffnungen nicht enttäuscht. Wie sehr es Mir doch gefällt, durch die reinen Hände Meiner Mutter Gnaden und Segnungen in überreicher Fülle zu spenden! Sie ist Schatzmeisterin und Verteilerin all der Reichtümer, die für die Seelen in Meinem heiligen Herzen bereit liegen. Seelen, die sie anrufen, werden nicht mit leeren Händen davongeschickt. Seelen, die sich weigern, ihren einzigartigen Ort im gewaltigen Heilsplan Meines Vaters für die Welt anzuerkennen, werden nicht im selben Ausmaß empfangen wie Seelen, die nach Meiner Mutter Ausschau halten und ihren Namen vertrauensvoll anrufen. Betone das, wenn du aufgefordert wirst, zu predigen oder zu lehren.

Die Reichtümer Meines Königreichs sind für alle, die Ich mit Meinem Blut errettet habe, doch Mir gefällt es, sie durch Meine Mutter auszuspenden, die Königin und Mittlerin, die am Fuß Meines Kreuzes stand, wo sie Mich dahingab und sich selbst mit Mir. Heute herrscht sie mit Mir im Paradies.[33] Alles, was Ich für die Seelen von Meinem Vater auf dem Altar des Kreuzes erworben habe, mit Meiner Mutter an Meiner Seite, werde Ich jetzt durch ihr Herz und durch ihre Hände auf die Seelen ausgießen. Auch das gehört zum Geheimnis eines fruchtbaren Priestertums. Lege bei jedem priesterlichen Handeln und in deinem ganzen Leben deine Hände in die Hände Meiner Mutter, dein Herz in ihr Herz.

Nun segne Ich dich und lasse dich mit dem Kuss Meines Friedens.

## Donnerstag, 10. Januar 2008
## Anbetungs- und Sühnestunde

Komm zu Mir, und Ich werde von Herz zu Herz zu dir sprechen, wie ein Freund zum anderen. Dieser Dialog der Liebe ist sehr wichtig für unsere Freundschaft. Vergiss nicht – Ich habe dich auserwählt, Mein liebster Freund zu sein, der Freund Meines Herzens. Ich möchte alles mit dir tei-

---

33 Ps 45,10.

len, was Ich an der Brust Meines Vaters höre.[34] Ich möchte dir die Wünsche Meines Herzens mitteilen, Meine Pläne für die Läuterung und Erneuerung der Priesterschaft, aber auch jene Dinge, die Mein Herz betrüben.

Ich bitte dich, Mich zu trösten, indem du vor Meinem Angesicht verweilst. Ich bitte dich, Mich zu trösten, indem du Meinem Herzen nahebleibst, das wegen seiner Liebe zu dir und zu allen Sündern durchbohrt wurde. Tröste Mich, und leiste Sühne für diejenigen, die Meine Liebe zurückweisen, die für Meine Wunden, Mein Blut, Mein Opfer nur Spott übrighaben.

Bald werde Ich dir Zeit in Meiner eucharistischen Gegenwart geben. Ich möchte, dass du lernst, vor Meinem eucharistischen Antlitz zu verweilen, still, anbetend, auf Mich hörend, und Mich zu lieben für diejenigen, die Mich nicht anbeten, die nicht auf Mich hören, für jene, die nie auf diese Weise ihre Liebe zu Mir zum Ausdruck bringen.

Wenn doch Meine Priester nur vor Meinem eucharistischen Antlitz verweilen würden – Ich würde sie heilen, reinigen, heiligen und in Apostel verwandeln, die ganz und gar von der lebendigen Flamme entflammt sind, die Mein Herz im Heiligen Sakrament verzehrt. Aber sie bleiben weit weg. Sie ziehen so viele andere Dinge vor, eitle Beschäftigungen und Dinge, die ihnen nur Leere, Bitternis und Verdruss einbringen. Sie vergessen Meine Worte »Kommt zu Mir ... und Ich will euch erquicken.«[35] Meine Priester sollen erneuert werden in Heiligkeit und Reinheit, wenn sie damit anfangen, Mich im Sakrament Meiner Liebe aufzusuchen.

Die große Erneuerung der Priesterschaft in Meiner Kirche wird dann beginnen, wenn Priester Meinem Wunsch nachkommen, dass sie in der Gemeinschaft Meiner allerreinsten Mutter leben sollen. Wenn sie sich an sie wenden und sie als Mittlerin aller Gnaden anerkennen, werde Ich ihnen wunderbare Zeichen Meiner Gunst schenken. Priester werden verwandelt werden. Sie werden, als wäre es das erste Mal, all die Kräfte entdecken, die ihnen am Tag ihrer Priesterweihe verliehen wurden. In so vielen Meiner Priester ist die volle Wirksamkeit Meines Priestertums eingeschränkt und gefesselt. Ich möchte die ganze Kraft Meines Priestertums in jenen freisetzen, die Ich berufen und erwählt habe, Mich darzustellen – Ich zu *sein* –: am Altar, wo Mein Opfer erneuert wird, und in allen Aufgaben des heiligen Amtes.

Bischöfe müssen damit anfangen, ein Beispiel der Heiligkeit für ihre Priester zu geben. Denk an die heiligen Bischöfe, deren Feste Meine Kirche jedes Jahr begeht. Wie sehr wünsche Ich Mir, dass heute heilige Bi-

---

34 Joh 1,18; 15,15.
35 Mt 11,28.

schöfe auftreten! Die Mittel zur Heiligkeit sind für Bischöfe dieselben wie für Priester. Sie sollen zum Sakrament Meiner Liebe kommen. Sie sollen lernen, in anbetender Stille vor Meinem eucharistischen Angesicht zu verweilen. Sie sollen darum bitten, von der lebendigen Liebesflamme entflammt zu werden, die Mein eucharistisches Herz verzehrt. Und sie sollen sich an Meine Mutter wenden, die Mittlerin aller Gnaden; sie sollen sich selbst und die Herden, die Ich ihnen anvertraut habe, ihrer liebevollen Sorge anvertrauen. Meine Bischöfe sollen außerdem ein Beispiel einer persönlichen Rosenkranzfrömmigkeit vorleben. Sie sollen sich an dem Beispiel orientieren, das hierin Mein Diener Papst Johannes Paul II. gegeben hat. Mein Herzenswunsch ist, dass jeder Bischof in inniger Vertrautheit mit Meiner allreinen Mutter lebt, und dass er lernt, was es bedeutet, ganz und gar ihr zu gehören – *Totus tuus* zu sein.[36]

Du aber tu, worum Ich dich bitte, in Demut und Ruhe. Gehorche Meinen Worten. Geh auf Meine Bitten ein. Überdenke Meine Worte, die Ich an dich richte, und Ich werde dir mehr Licht geben, um zu verstehen, was sie für dich und für andere bedeuten, vor allem für jene, für die du betest. Meine Mutter wird dir den Weg weisen, wie du dein Leben klug und heiter ordnen kannst. Sie wird die Dinge korrigieren, die nicht so sind, wie sie sein sollten, und dir zeigen, wie du mit deinen Kräften umgehen sollst, mit deiner Zeit und mit den Talenten, die Ich dir geschenkt habe. Nimm sie als deine Mutter und Lehrerin, und scheue dich nicht, sie auch in kleinen Dingen um Rat zu fragen. Nichts entgeht der liebevollen Aufmerksamkeit ihres Herzens. Traue ihr in allen Einzelheiten deines Lebens, und du wirst erleben, dass sie für dich da ist, so wie sie für den heiligen Johannes da war, und dass nichts von deinen Erlebnissen, deinen Leiden oder deinen Ängsten ihr fremd ist.

Bete auch weiterhin das *Ave Maris Stella* für dich und für die Priester, die Ich deinem Gebet anvertraue. Meine Mutter wird sich dir und denen unter ihren Priestersöhnen als Mutter zeigen, die sich der Fürsorglichkeit und unermüdlichen Zärtlichkeit ihres Herzens öffnen.

Ich freue Mich, freue Mich sehr über die Zeit, die dein Vater Mir jeden Donnerstag für Meine Priester aufopfert. Du darfst wissen, dass

---

36 Das päpstliche Motto von Papst Paul Johannes II., »ganz und gar dein«, stammt aus einem Weihegebet zu unserer Lieben Frau, verfasst vom Hlg. Ludwig Maria Grignion für sein Buch *Vollkommene Hingabe an Maria*. Der vollständige Text des Gebetes lautet: *Totus tuus ego sum, et omnia mea tua sunt. Accipio te in mea omnia. Praebe mihi cor tuum, Maria.* (Ich gehöre ganz und gar dir, und alles was ich besitze ist dein. Dich nehme ich zu mir als mein Alles. O Maria, gib mir dein Herz.)

du der erste bist, der von diesem demütigen und vertrauensvollen Gebet profitiert.

Ich habe dich eng in ein Netzwerk aus Seelen eingebunden. Jede Seele hat eine Aufgabe zu erfüllen. Jede Seele hat eine Mission. Im Paradies wirst du erkennen, was Ich getan habe und durch wen Ich es getan habe, und du wirst in alle Ewigkeit das Lob Meiner Barmherzigkeit singen.[37] Und nun segne Ich dich und jene, die du vor Mich stellst. Empfang Meinen Segen und den Kuss Meines Friedens.

**Donnerstag, 17. Januar 2008
Heiliger Antonius, Abt**

*Ich begann meine heilige Stunde der Anbetung und Sühne nach der Messe, und praktisch sofort begann unser Herr zu meinem Herzen zu sprechen:*

Setze Mich an die erste Stelle. Meine Freundschaft sei dir wichtiger als alles andere. Du kannst ohne Meine Freundschaft nicht leben. Es ist nicht gut, dass du allein bist.[38] Halte Ausschau nach Meinem Antlitz, zu jeder Zeit und in allen Dingen.[39] Suche Mein offenes Herz, das im Sakrament Meiner Liebe gegenwärtig ist. Ich habe dich Meinen Freund genannt. Ich habe Mich dir als der Freund geoffenbart, nach dem du dich immer gesehnt hast, der Freund, der dich nie irreführen wird, nie enttäuschen, nie aufgeben. Öffne Meiner Freundschaft dein Herz. Suche Mein Angesicht. Sprich mit Mir. Höre Mir zu. Bleib in Meiner Gegenwart. Wisse, dass Meine Augen jederzeit auf dir ruhen. Mein Herz ist zu jeder Zeit bereit, dich willkommen zu heißen. Ich sehne Mich nach deiner Anwesenheit. Ich möchte die Aufmerksamkeit deines Herzens. Ich möchte deine Freundschaft als Antwort auf die Freundschaft, die Ich dir angeboten habe.

Mein Herz empfindet für dich eine besondere Liebe, eine Liebe, die Mein Vater seit Anbeginn nur für dich allein bestimmt hat und für keinen anderen. Wie sehr es doch Mein Herz bekümmert, wenn die einzigartige Liebe, die Ich einer Seele anbiete, verschmäht oder ignoriert oder mit Gleichgültigkeit abgetan wird! Ich sage dir das, damit du Meinem Herzen Sühne leisten kannst, indem du die Liebe, die Ich für dich habe, annimmst, und indem du in Meiner Freundschaft lebst. Empfange Meine Gaben, Meine Güte, Meine Aufmerksamkeit, Meine

---
37  Ps 89,2; Ps 136,2–3.
38  Gen 2,18; Koh 4,10.
39  1 Chr 16,11; Ps 27,8; Ps 105,4.

Gnade um derjenigen willen, die verweigern, was Ich ihnen so gerne schenken möchte. Tu dies vor allem für Meine Priester, deine Brüder.

Jeden Meiner Priester würde Ich mit Meiner barmherzigen Liebe erfüllen, jeden würde Ich in den Schutz meiner Seitenwunde aufnehmen, jedem würde Ich die Freuden Meiner göttlichen Freundschaft schenken, doch so wenige Meiner Priester nehmen das an, was Ich ihnen geben möchte. Sie fliehen von Meinem Angesicht. Sie bleiben weit weg von Meinem offenen Herzen, getrennt von Mir. Ihr Leben ist zerstückelt. Sie begegnen Mir nur, wenn ihre Pflicht es von ihnen verlangt. Es gibt keine freiwillige Liebe, keinen Wunsch, nur um Meinetwillen bei Mir zu sein, nur weil Ich im Sakrament Meiner Liebe anwesend bin, wo Ich auf die Gesellschaft und Freundschaft von jenen warte, die Ich aus Millionen von Seelen erwählt und berufen habe, auf dass sie Meine Priester seien und die besonderen Freunde Meines heiligen Herzens. Wenn die Priester doch verstehen würden, dass sie nicht nur dazu berufen sind, in Meinem Namen den Seelen zu dienen, sondern viel mehr noch, um sich an Mir festzuhalten, bei Mir zu verweilen, in Mir und für Mich, durch Mich und keinen anderen zu leben!

Ich möchte, dass du den Priestern die Wünsche Meines Herzens mitteilst. Ich werde dir viele Gelegenheiten dafür geben. Sprich zu ihnen von den Dingen, die Ich dir bekannt gemacht habe. So viele Meiner Priester haben eigentlich nie die Einladung zu einer ausschließlichen, ganz und gar erfüllenden Freundschaft mit Mir vernommen und verstanden. Und deshalb fühlen sie sich in ihrem Leben allein. Sie sind genötigt, an anderen Orten und bei Kreaturen, die der ungeteilten Liebe ihrer geweihten Herzen unwürdig sind, die Fülle des Glücks, der Hoffnung und des Friedens zu suchen, die nur Ich ihnen geben kann. Das Leben so vieler von ihnen ist voller Verbitterung und Enttäuschungen. Sie mühen sich damit ab, die Leere mit eitlen Beschäftigungen zu füllen, mit Lust, Besitz, Essen und Trinken. Sehr oft haben sie Mich im Sakrament Meiner Liebe ganz in ihrer Nähe, aber sie lassen Mich dort allein, Tag für Tag und Nacht für Nacht.

Ach, Mein Herz sehnt sich danach, eine Gemeinschaft priesterlicher Anbeter zu errichten, die Sühne leisten für ihre Priester-Brüder, indem sie vor Meinem eucharistischen Antlitz verweilen! Ich werde die Schätze Meines eucharistischen Herzens über ihnen ausgießen. Ich möchte die Priesterschaft in Meiner Kirche erneuern, und das werde Ich tun, indem Ich mit einigen wenigen Priestern beginne, die sich bis ins Innerste von Meiner Freundschaft berühren lassen und in das Strahlen Meines eucharistischen Angesichts hineingezogen werden.

Die Gnaden für Priester in Meinem Herzen sind unerschöpflich, doch nur wenige öffnen sich für deren Empfang. Du, Mein Freund,

Mein auserwählter Priester, bleibe in Meiner Gegenwart und öffne deine Seele all dem, was Ich dir schenken möchte. Öffne allem, was Ich dir zu sagen habe, das Ohr deines Herzens. Hör Mir zu. Schreib nieder, was du hörst. Bald werde Ich dich das, was Ich zu dir im Schweigen gesprochen habe, mit anderen teilen lassen.

28

Ich liebe dich mit nie endender Liebe. Nichts kann dich jetzt mehr von der brennenden Liebe Meines eucharistischen Herzens trennen.[40] Ich habe dich ausgesondert, auf dass du der priesterliche Anbeter wirst, als den Ich dich von Anfang an nach Meinem Willen bestimmt habe. Höre weiterhin auf Mich. Gehorche Mir weiterhin. Du wirst in deiner Hoffnung nicht enttäuscht werden.[41]

Ich habe dir vieles zu sagen.[42] Ich habe nur gerade erst angefangen, dir die Dinge mitzuteilen, die in Meinem Herzen für dich aufgehoben sind, und das seit Anbeginn.[43] Ich würde zu allen Seelen auf diese Weise sprechen, aber es gibt nur so wenige, die wissen, wie sie schweigend vor Meinem Angesicht verweilen, so wenige, die, wie der heilige Johannes, an Meinem Herzen zu ruhen wissen. Mein Herz ist voller Worte des Lichtes und der Liebe und des Trostes für Meine Priester. Wie Ich Mich danach sehne, mit den Priestern Umgang zu haben, die Ich als Freunde Meines Herzens auserwählt habe! Sprich zu Meinen Priestern vom Geschenk der göttlichen Freundschaft, das Ich für jeden von ihnen bereithalte. Darin liegt das Geheimnis priesterlicher Heiligkeit: in einem Leben der Freundschaft mit Mir, einem täglich erneuerten »Ja« zum Geschenk der Freundschaft mit Gott, die Ich jedem Priester in Meinem Wort und im Sakrament und Opfer Meines Leibes und Blutes anbiete.

Ich möchte, dass du ab jetzt jeden Donnerstag Kapitel 13–17 aus dem Johannesevangelium liest. Nähre deine Seele mit dieser Lesung. Ich werde sie zu einem hellen Licht machen, das in deiner Seele strahlt. Ich werde sie zur Nahrung für deinen Geist machen. Ich werde sie zu einer heilsamen Medizin machen, zum Gegenmittel für all deine geistlichen Krankheiten und Schwächen. Ich habe die Worte, die dort verzeichnet sind, zu Meinen Jüngern bis ans Ende der Zeiten gesprochen, aber vor allem habe Ich sie für diejenigen gesprochen, die Ich schon vor der Zeit kannte und als Meine Priester auserwählt habe, als Priester, die berufen sind, in Meiner Freundschaft zu leben und durch Mich in inniger Nähe zu Meinem Vater und im Licht des Heiligen Geistes. Fang an damit, diese Kapitel zu lesen, und mache das zu einer wöchentlich wie-

---

40 Röm 8,35–39; Jer 31,3.
41 Ps 22,6; Röm 5,5.
42 Joh 16,12.
43 Eph 3,8–12.

derholten Gewohnheit, einer Weise, die Donnerstage, sämtliche Donnerstage deines Lebens, noch mehr zu heiligen. Ich habe dich gebeten, um all Meiner Priester, deiner Brüder, willen diese Donnerstage Mir zu weihen. Tu das, und Ich werde dich erleuchten. Tu das, und Ich werde dich unterrichten. Tu das, und Ich werde dich trösten mit einem Trost, den kein Geschöpf dir geben kann.

Und liebe Meine allreine Mutter. Höre nicht auf, sie mit dem Gebet ihres Rosenkranzes zu ehren und mit den anderen Gebeten, die Ich dir eingegeben habe. Wer sich auf Meine Freundschaft einlässt, genießt eine innige, bevorzugte Beziehung zu Meiner Mutter. Indem du Mein Freund wirst, wirst du für sie zum Sohn. Ihr unbeflecktes Herz fließt über von inniger Liebe für Meine Priester. Wenn du zu Priestern sprechen wirst, dann unterlass es nie, von Meiner Mutter, deiner Mutter, der Mutter Meiner Priester zu sprechen. Stelle sie vor in ihren Privilegien und in ihren Geheimnissen, und sie wird Gnaden über dir und über jenen ausgießen, die deine Worte hören.

*Ich fragte nun unseren Herrn wegen meiner täglichen Gewohnheiten. Ich bin so oft müde und muss ausruhen. Ich fühle mich schuldig, dass ich nicht dazu imstande bin, eine (nach meinem Verständnis) normalere tägliche Gebets- und Aktivitätsroutine umzusetzen. Manchmal kann ich nicht das ganze Offizium beten. Das macht mir zu schaffen. Ich fragte also unseren Herrn, was ich tun sollte.*

Vorläufig ist deine Tagesroutine das, was du tun kannst. Ich werde dir helfen, und Meine Mutter wird dir helfen, sachte und Schritt für Schritt, die Veränderungen vorzunehmen, die nötig sind. Gib den Schuldgefühlen nicht nach, die dich bedrängen, weil du dem Ideal nicht entsprichst, das du dir selbst aufgestellt hast. Du sollst nicht einem Ideal treu sein. Ich bitte dich nur, Mein Freund zu sein und in jedem Augenblick in der Gnade Meiner göttlichen Freundschaft zu leben. Alles andere wird sich ergeben. Vollkommenheit ist die Frucht der Freundschaft mit Mir, nicht ihre Bedingung. Du und außer dir noch viele Seelen wie du bringen das durcheinander. Meine Freundschaft kann nicht verdient werden, sie ist nicht etwas, das man sich erwirbt, indem man den Vollkommenheitsmaßstäben, die man für sich selbst aufgestellt hat, gerecht wird. Meine Freundschaft ist ganz und gar Geschenk.[44] Sie ist das Geschenk Meines heiligen Herzens, und Ich biete sie aus freien Stücken an. Das verstehen nur ganz wenige Seelen. Du bist geheiligt, indem du in Meiner

---

44  Mt 10,8; 2 Kor 9,15; Eph 2,8; Offb 21,6.

Freundschaft lebst. Alles andere ist zweitrangig. Liebe Mich und glaube an Meine bedingungslose Liebe zu dir. Vertrau Mir. Zeige Mir, dass du an Meine barmherzige Güte glaubst, vor allem wenn du dich schwach fühlst oder beschämt oder ängstlich, und Ich werde die Gnade Meiner Liebe in deinem Herzen erneuern. Ich werde dich aufrichten mit dem Geschenk Meiner beständigen Gegenwart. Ich bin der Freund, der dich nie im Stich lassen wird. Das soll dir genügen.

*Dann stellte ich Seinem offenen Herzen einige Seelen vor.*

Ich segne sie alle, und Meine allreine Mutter segnet sie. Wir geben jedem nach seinem Verlangen und nach seiner Bereitschaft, die Gnaden zu empfangen, die in unseren heiligen Herzen für ihn bereitliegen.[45]

### Donnerstag, 24 Januar 2008
### Heiliger Franz von Sales

*Heute war es anders. Ich begann mit der Lektüre des 13. Kapitels des Johannesevangeliums; das hatte unser Herr mich gebeten, an Donnerstagen zu tun. Mir ging auf:*

*Wenn Judas Jesus auch nur angeschaut hätte,*[46] *dann hätte göttliche Gnade die Versuchung aus seinem Herzen fortgespült. »O mein Jesus, verbirg mich im Geheimnis Deines Angesichts, weit weg von den Ränken der Dämonen und Menschen.«*

*Auch heute noch wäscht unser Herr die Füße Seiner Priester und trocknet sie mit einem Tuch ab. Auch heute noch würde Er die Füße seiner Erwählten waschen, um sie die Demut Seiner Liebe zu ihnen zu lehren. Wenn ich Seine Gemeinschaft wünsche, dann muss ich zulassen, dass Er für mich all das tut, wozu Seine demütige Liebe ihn bewegt.*

*Er ist jederzeit bereit, Seine Priester zu waschen und zu reinigen – Füße und Hände, Kopf und Herz, Leib und Seele. Er möchte, dass in Seiner Kirche eine reine Priesterschaft dient. Er ist jederzeit bereit, den*

---

45  Im Englischen ist die Formulierung »die heiligen Herzen von Jesus und Maria« nicht üblich. Verbreitet wurde sie durch den heiligen Johannes Eudes (14. November 1601 – 19. August 1680), und sie drückt die Wahrheit aus, dass das Herz Marias ebenso wie dasjenige ihres Sohnes ein Tempel des Heiligen Geistes ist, ein geweihter Ort, an dem nur Gott wohnt. Das traditionelle *Römische Martyrologium* (hrsg. 1956) bezeichnet den heiligen Johannes Eudes an seinem Festtag am 19. August als »den Förderer des liturgischen Kultes der Heiligsten Herzen Christi und seiner Mutter«.
46  Lk 22,61–62.

*Schmutz wegzuwaschen, der so viele priesterliche Seelen entstellt. Er gießt nun das Wasser nicht mehr aus einem Becken; das Wasser, das Seine Priester reinigt, fließt aus Seiner offenen Seite und ist vermischt mit Seinem kostbaren Blut.*
*Purifikation, Reinigung ist die Voraussetzung der Freundschaft mit Ihm. Er läutert jede Seele, die das Angebot Seiner göttlichen Freundschaft annimmt, und wer in Seiner Freundschaft bleibt, der bleibt am Urquell der Reinheit.*
*Der »Schmutz der Füße«, das sind die Sünden, die durch Gedanken, Worte und Taten oder deren Unterlassung im täglichen Leben begangen werden. Unser Herr ist jederzeit bereit, den »Schmutz unserer Füße« wegzuwaschen. Wer in der Freundschaft mit Jesus bleibt, der ist, nach dem, was Er selbst gesagt hat, »bereits rein«. Trotzdem ist es Sein Wunsch, auch von unseren Füßen die Spuren jeglichen Einverständnisses mit dem Bösen zu tilgen.*[47]
*»So sollt auch ihr einander die Füße waschen.«*[48] *Damit ist das heilige Amt des Bußsakraments angesprochen: die Wiederherstellung der Reinheit der Seelen, die von der Sünde vergiftet und befleckt sind. Deshalb muss der Beichtvater zutiefst demütig sein. Er tut einen Dienst demütiger Liebe.*
*Dann sprach unser Herr direkt zu meinem Herzen:*

Heute [während du gelesen hast] habe Ich nicht direkt zu dir gesprochen, sondern durch Mein Wort: Ich habe dein Herz erleuchtet, während du Mein Wort gelesen und so auf Mich gehört hast. Ich möchte, dass du die Heilige Schrift immer so liest. Lies, was geschrieben steht, doch neige das Ohr deines Herzens Meiner Stimme zu, die von innen zu den Seelen spricht und denen Licht und Verstehen schenkt, die danach suchen. Ich bin bei dir, wenn du die Heilige Schrift aufschlägst, und Ich möchte dich erleuchten und unterweisen. Wenn du Mein Wort liest, suche Mein Herz. Wenn du die Heilige Schrift liest, suche Mein Antlitz. Du wirst Mein Herz in Meinem Wort verborgen finden wie den Schatz, der im Acker verborgen ist, und du wirst entdecken, dass Mein Antlitz durch den Text schimmert und die Augen deiner Seele erhellt.

Ich möchte, dass sich Meine Priester in dieser Weise auf die Heilige Schrift einlassen: dass sie nach Mir suchen und sich nach der Gnade Meiner göttlichen Freundschaft sehnen; eine Gnade, die sich mit jedem Moment vertiefen kann, eine Gnade, die zu vermehren Ich nie müde werde.

---

47 Joh 13,10. Es gibt unterschiedliche Übersetzung von *katharos holos* – »ganz rein«, »vollständig rein«, »ganz und gar rein«.
48 Joh 13,14.

## Donnerstag, 31. Januar 2008
## Heiliger Johannes Bosco, Priester

Glaubst du, dass Ich dir nicht treu bin? Glaubst du, Ich hätte Mich auf irgendeine Weise von dir distanziert, weil du keine Zeit in Meiner Gegenwart verbringen, nicht zu Meinem offenen Herzen kommen konntest? Ganz und gar nicht. Ich bin um so glücklicher, dich zu sehen, dich in Meiner Gegenwart willkommen zu heißen, dich in diesem Sakrament Meiner Liebe in Meiner Nähe zu haben.

Du und so viele deiner Priester-Brüder kennen Mich nicht so, wie Ich möchte, dass ihr Mich kennt. Viele sind Fremde Meines Herzens. Komm in Meine Nähe.[49] Bleib in Meiner Gegenwart. Suche Mein eucharistisches Angesicht. Lerne von Meiner Liebe zu dir, und du wirst anfangen, daran zu glauben. Ich bin nicht streng. Ich bin kein strenger Lehrmeister. Ich bin Dein göttlicher Freund. Ich bin Dein Anwalt, Dein Tröster, Deine Zuflucht in jeder Bedrängnis. Diejenigen, die nicht aufhören, Mein eucharistisches Antlitz zu suchen, werden daraus alle Geheimnisse Meines Herzens herauslesen, das heißt, die unermesslichen Tiefen Meiner Liebe zu den Seelen und zuallererst zu Meinen Priestern.

Das ist die Wurzel des Bösen, die die Priesterschaft von innen aushöhlt: das Fehlen des aus Erfahrung gespeisten Wissens um Meine Freundschaft und Liebe. Meine Priester sind nicht nur Funktionäre; sie sind Meine Auserkorenen, die Freunde, die Ich Mir erwählt habe, dass sie in einer Gemeinschaft des Geistes und des Herzens mit Mir leben, damit sie Meine Gegenwart in der Welt verlängern können. Jeder Priester ist aufgerufen, Meine Kirche mit der zärtlichen Leidenschaft eines Bräutigams zu lieben, aber damit er das kann, muss er Zeit in Meiner Gegenwart verbringen. Er muss Mich persönlich, Mich selbst erfahren als den Bräutigam seiner Seele.

Ich möchte, dass du Priester zur Erfahrung Meiner Freundschaft rufst. Zeig ihnen, wie sie vor Meinem eucharistischen Angesicht bleiben können, indem du ihnen Anbetung und Sühne vorlebst. Komm ganz nah zu Meiner offenen Seite im Sakrament Meiner Liebe zu ihnen, und an ihrer Stelle, und sie werden allmählich anfangen, dir dorthin zu folgen. Sei für Meine Priester da, nicht so sehr, indem du zu ihnen sprichst, sondern indem du um ihretwillen für Mich da bist.

Ich sage es dir noch einmal: Ich möchte dich als Meinen priesterlichen Anbeter haben, den priesterlichen Anbeter Meines eucharistischen Angesichts und Meines im Sakrament Meiner Liebe verborgenen Herzens.

---

49  Jak 4,8; Sir 51,23; Tob 13,6; Sach 1,3.

Auch in Meiner Verherrlichung ist Mein Herz noch verwundet.[50] Du findest Mein verwundetes Herz, wenn du dich Mir in der heiligen Eucharistie näherst. Und aus Meinem verwundeten Herzen fließt ein unaufhörlicher Strom barmherziger Liebe, der die Seelen läutern, stärken, heilen, heiligen und verherrlichen will. Das Geheimnis Meines im Sakrament Meiner Liebe verborgenen heiligen Herzens ist noch fast unbekannt. Ich möchte, dass alle Meine Priester wissen, dass im Allerheiligsten Sakrament des Altars ein lebendiges Herz für sie schlägt, ein Herz, das in zärtlicher Liebe brennt.

Meine Priester müssen doch durchaus nicht isoliert, vereinsamt und ohne Freund durchs Leben gehen. Ich möchte der treue Begleiter ihrer Tage und Nächte sein. Ich möchte ihr Trost und ihre Ruhe sein. Ich möchte ihr Freund sein, der immer bereit ist, ihnen zuzuhören, sie willkommen zu heißen, sie zu heilen und in der Hoffnung zu stärken. Wenn sie Mich doch nur in den Tabernakeln aufsuchen würden, wo Ich auf sie warte, in den Tabernakeln, wo keiner sich Mir in Meinem unaufhörlichen Gebet zum Vater anschließt!

Lass keine Gelegenheit aus, Mich zu grüßen, Mich anzubeten, bei Mir im Sakrament Meiner Liebe zu verweilen, auch wenn es nur für einen Augenblick ist. In der Ewigkeit wirst du den unermesslichen Wert eines jeden in Meiner eucharistischen Gegenwart verbrachten Moments erkennen.

Ich erneuere für dich das Geschenk des Schutzes und der Fürbitte des heiligen Peter Julian Eymard. Ich erneuere für dich die Begleitung und Fürbitte von Abt Marmion, von Vater Vandeur und von all jenen Heiligen, die Ich dir in unterschiedlichen Abschnitten deines Lebens als Hilfe zur Seite gestellt habe.

Vor allem erneuere Ich für dich die Worte, die Ich vom Kreuz herab zu Johannes gesagt habe: »Siehe, deine Mutter.«[51] Lebe in ihrer Gegenwart. Ehre sie, wann immer und wie immer es dir möglich ist. Jedes Mal, wenn du Meiner allheiligen Mutter deine Liebe und Hingabe bezeugst, befolgst du die Worte, die Ich vom Kreuz sprach, und setzt sie in die Praxis um: »Siehe, deine Mutter.« Sie wünscht sich nichts sehnlicher, als dich zu behüten, ganz so, als wärst du ihr einziger Sohn. Ihre Aufmerksamkeit für dich ist ungeteilt und auch nicht im Geringsten vermindert durch die Aufmerksamkeit, die sie der großen Menge ihrer Kinder durch die Jahrhunderte hindurch schenkt. Vertrau dich ihrer Obhut an. Bete ihren Rosenkranz. Ehre sie, wie du es auch bisher schon getan hast.

---

50 Joh 20,25–28; Offb 1,7; 5,6; 1 Kor 2,2; Gal 2,20; 3,1; Hebr 10,19–20.
51 Joh 19,27.

Die Anwesenheit Meiner Mutter im Leben eines Priesters ist die größte Gnade, ist Maria doch durch den Willen Meines Vaters und durch das Wirken des Heiligen Geistes die Mittlerin aller Gnaden. Wie sehr es Mich erfreut, wenn du mit dieser Anrede bei ihr Zuflucht suchst! Wenn du Meine Mutter preist, dann preist du Mich. Und wenn du Mich preist, dann preist du Meinen Vater und den Heiligen Geist, den Fürsprecher, der in Meinem Namen gesendet ist, um Mein Werk zu vollenden und das Königreich, das Ich durch Meinen Tod und Meine Auferstehung begründet habe.

Maria, Meine Mutter, ist die Königin des Königreichs, für das Ich gestorben, auferstanden und zu Meinem Vater aufgefahren bin. Sie ist bei Mir in der Herrlichkeit. Sie hat Anteil an Meiner unumschränkten Herrschaft über Raum und Zeit, über alles Geschaffene, Sichtbares und Unsichtbares. Nichts ist für Meine Mutter zu schwer, nichts liegt jenseits ihrer Möglichkeiten, denn alles, was Mein ist, habe Ich ihr übertragen. Wenn sie befiehlt, dann tut sie es in der Vollmacht Meines Namens, und wenn sie Wunder der Gnade in den Seelen vollbringt, dann gereicht das Meiner Herrlichkeit zur Ehre und zur Herrlichkeit des Vaters und des Heiligen Geistes.

Liebe Meine Mutter als deine Mutter und unterwirf dich ihr als deiner Königin. Nimm in jeder leiblichen oder seelischen Notlage Zuflucht zu ihr. Nichts ist für sie zu klein. Nichts ist für sie zu groß. Ihre Augen ruhen auf dir, und ihr Herz ist immer bereit, dir zu helfen. Sie ist deine Mutter der Immerwährenden Hilfe.

Ich danke dir, dass du heute in Meine Gegenwart zurückgekehrt bist. Ich habe dich gebeten, Mir diese Donnerstage der Anbetung und Sühne darzubringen. Sie sind das Mittel für dein Wachstum in der Heiligkeit und das Mittel zur Heilung und Versöhnung von vielen Priestern. Bleibe dem treu, um was Ich dich gebeten habe. Ich segne dich, und Meine allreine Mutter lächelt dir zu und segnet dich in Meinem Namen. Bleibe vertrauensvoll und dankbar. Wir werden dich nicht verlassen. Wir segnen jene, die du uns nennst. Unser Wohlwollen ruht auf ihnen. Geh jetzt und bleibe im Frieden. Ich zeichne dich mit dem Siegel, dem Kuss Meiner göttlichen Freundschaft.

## Freitag, 1. Februar 2008

Eines sollst du verstehen: Die Erneuerung Meiner Priesterschaft in der Kirche wird aus einer mächtigen Rückkehr zur Anbetung Meiner Realpräsenz in diesem Sakrament Meiner Liebe hervorgehen. Ich werde jene Priester, die Mich im Sakrament Meiner Liebe aufsuchen, reinigen, heilen und gänzlich erneuern. Ich werde ihnen Mein Antlitz zeigen. Ich werde zu ihren Herzen sprechen, und Ich werde ihnen die Geheimnisse der Liebe offenbaren, die Ich in Meinem Herzen bewahre und die Ich für sie in diesen letzten Tagen aufhebe.

Deshalb bitte Ich dich, Mein priesterlicher Anbeter zu sein. Du wirst einer unter vielen sein, denn Ich versammle Meine Priester vor Meinem eucharistischen Herzen. Die zu Mir gehören, kennen Meine Stimme, und sie werden zu Mir kommen und in Meiner Gegenwart bleiben.[52]

Das ist das Heilmittel gegen jenes Böse, das Meine heilige Priesterschaft in der Kirche so entstellt hat. Ich rufe Priester in Meine eucharistische Gegenwart, auf dass sie dort die Erfahrung des Geschenks göttlicher Freundschaft machen mögen, das Ich ihnen schon seit Anbeginn geben möchte. Ich werde eine Bewegung von Priestern errichten, die Mein eucharistisches Antlitz suchen und nahe Meinem eucharistischen Herzen verweilen – nicht nur für sich allein, sondern für jene Priester, die Mich nie anbeten, sich nie in Meiner Gegenwart aufhalten oder sogar vor Meinem Angesicht fliehen. Mein Herz brennt vor Sehnsucht nach der Heiligkeit Meiner Freunde, Meiner Priester. Ich selbst will diejenigen heiligen, die zu Mir kommen, und um ihretwillen werde Ich bei den anderen anklopfen und sie mit Sanftheit und Macht an Mein Herz ziehen. Das soll ein Zeichen Meines Kommens in Herrlichkeit sein: Wenn Priester zu Mir im Sakrament Meiner Liebe zurückgekehrt sind, wenn sie Mich anbeten, Mein Angesicht suchen, Meinem offenen Herzen nahe bleiben – dann wird die Welt anfangen bereit zu sein, Meine Wiederkehr in Herrlichkeit willkommen zu heißen.

In all dem setze dein grenzenloses Vertrauen auf Meine allreine Mutter. Sie hält ihre Hände über die Kirche, um Gnaden im Überfluss auszuteilen, vor allem auf Meine Priester, und dann durch Meine Priester auf die Seelen überall. Ruf Meine Mutter als Mittlerin aller Gnaden an, denn du und alle Meine Priester sind berufen, an ihrer Mittlerrolle Anteil zu haben, so wie ihr alle sakramental auch an Meiner Mittlerrolle Anteil habt. Meine Mutter versammelt eine Gemeinschaft von Priestern, die für sie sein sollen, was der heilige Johannes für sie war. Sie werden in ihrer Gegenwart leben und aus ihrem schmerzensreichen, unbefleckten Herzen eine Fülle an Wissen und Gnaden für die vor ihnen liegenden Tage empfangen.

Und du, lieber Bruder, geliebter Freund und Priester Meines Herzens, binde dich durch ihren Rosenkranz fest an Meine Mutter, sie wird

---

52  Joh 10,27.

dich nie im Stich lassen. Wende dich an sie in jeder Not, sei sie groß oder klein, an Seele oder Leib, und du wirst die Erfahrung machen, dass sie tatsächlich deine Mutter der Immerwährenden Hilfe ist.

Liebe Mich und komm oft zu Mir im Sakrament Meiner Liebe. Empfange den Kuss Meiner Freundschaft. Ich segne dich mit der ganzen Liebe Meines durchbohrten Herzens.

**Dienstag, 5. Februar 2008**
**Im Heiligtum Unserer Lieben Frau von Knock, Irland**

*Unsere Liebe Frau sagte mir:*

Ich wünsche, lieber Sohn, dass Knock ein Pilgerort für Priester wird.[53] Ich werde aus Knock einen Heilungsort für meine Priestersöhne machen. Ich werde ihnen den Weg zurück in ein reines, heiliges Leben eröffnen. Ich werde sie in meine Gemeinschaft ziehen. Ich werde ihnen einen Anteil an der heiligen Nähe zu mir schenken, die dem heiligen Josef, meinem allerkeuschesten Bräutigam, und dem heiligen Johannes, meinem angenommenen Sohn zuteil wurde. Hier in Knock möchte ich mich Priestern als jungfräuliche Braut und als Mutter offenbaren. Dieses Geheimnis habe ich in meinen Herzen für diese Zeit der Prüfung aufgehoben, die die Kirche gegenwärtig durchmacht. Jedem Priester, der danach verlangt und mich darum bittet, werde ich die Gnade verleihen, in meiner Gegenwart, der Gegenwart der jungfräulichen Braut, zu leben – das war die Berufung des heiligen Josef –, und in meiner Gegenwart als Mutter zu leben – das war die Berufung des heiligen Johannes, als mein Sohn vom Kreuz aus mich ihm übergab, und ihn mir.

Ich möchte, dass ab jetzt Priester zu mir nach Knock kommen. Ich möchte, dass sie mit ihren Bischöfen kommen. Der Wunsch meines gnadenvollen und unbefleckten Herzens ist, dass Knock ein Quell der

---

53 Die marianische Erscheinung von Knock ereignete sich am 21. August 1879, als fünfzehn Personen (Männer, Frauen und Kinder im Alter zwischen fünf und vierundsiebzig Jahren) aus dem Dorf Knock und Umgebung im County Mayo in Irland die Jungfrau Maria sahen, den heiligen Joseph, den heiligen Evangelisten Johannes, und das Lamm mit Kreuz auf einem Altar an der Giebelwand der Gemeindekirche. Die Zeugen schauten die Erscheinung zwei Stunden lang im strömenden Regen, während sie den Rosenkranz beteten. Die Berichte der Zeugen wurden geprüft, und die Erscheinung wurde anerkannt. Ungewöhnlich an Knock im Vergleich zu anderen Marienerscheinungsorten ist die Zusammenstellung der Figuren und Zeichen.

Reinheit, Heiligkeit und Erneuerung für alle Priester werden möge, angefangen mit den Priestern Irlands. Ich habe mit der Offenbarung dieses meines Herzensgeheimnisses bis jetzt gewartet. Die Zeit ist kurz. Lass Priester zu mir nach Knock kommen. Ich warte auf sie als jungfräuliche Braut und als Mutter. Sie sollen kommen, um sich im Blut des Lammes, meines Sohnes, zu waschen und mit Ihm, dem Priester und Opfer, im Geheimnis Seines Opfers vereint zu werden.[54] Knock steht allen meinen Kindern offen, doch war es von Anfang an als Ort der Heilung und überreicher Gnaden für Priester ausersehen. Teile das den Bischöfen und Priestern meiner Kirche mit. Ich sehne mich danach, die jungfräuliche Braut und Mutter aller Priester zu sein. In inniger Gemeinschaft mit mir werden sie die Heiligkeit finden, die mein Sohn jedem einzelnen von ihnen so gerne geben möchte: eine strahlende Heiligkeit, eine Heiligkeit, die die Kirche in diesen letzten Tagen mit der Leuchtkraft des Lammes erstrahlen lassen wird.[55]

36  Lass sie hierher kommen und in Anbetung vor meinem Sohn verweilen, dem Lamm, das geschlachtet wurde. Sag ihnen, dass sie sich in Seinem kostbaren Blut waschen sollen, indem sie um die Vergebung all ihrer Sünden bitten. Sag ihnen, sie sollen sich mir, der jungfräulichen Braut und Mutter anvertrauen und weihen. Der allmächtige Gott wird Großes an ihnen und durch sie tun. Ich wünsche mir so sehr, dass Knock für alle Priester eine Quelle lebendigen Wassers wird, ein Ort der Heilung, des Trostes und der Erneuerung.[56] Meine Hände sind ohne Unterlass im flehentlichen Gebet für meine Priestersöhne erhoben, und mein Herz ist bereit, sie hier zu empfangen.

Lass sie zu mir kommen, und ich werde mich jedem einzelnen von ihnen als die Mittlerin aller Gnaden offenbaren und als die Helferin, die ihnen Gott für ihren priesterlichen Dienst gegeben hat.[57] Ich bin die neue Eva, die dem neuen Adam beigesellt wurde – und die von Ihm vom Kreuz aus all Seinen Priestern gegeben wurde, jenen, die Er berufen hat, Seine Heilsmission in der Welt fortzusetzen. Ich, eure liebe Frau von Knock, bin die jungfräuliche Braut und Mutter aller Priester. Lass sie zu mir kommen und mit dem heiligen Josef und dem heiligen Johannes von meiner süßen Liebe kosten.

Aus diesem Grund habe ich dich hierhergeholt. Ich möchte, dass du der erste bist, der sich mir, der jungfräulichen Braut und Mutter, weiht.

---

54 Offb 7,14; 22,14.
55 Offb 21,23; Joh 8,12 und 9,5; 2 Kor 4,2; Jes 62,1.
56 Num 20,6; Jes 58,11; Jer 2,13; Joh 4,14; Offb 21,6.
57 Gen 2,18; Tob 8,8; Sir 15,1–6; 17,5; 36,26–27.

Ich möchte, dass du dein Leben nach dem Vorbild der Leben des heiligen Josef und des heiligen Johannes gestaltest. Lebe in heiliger inniger Gemeinschaft mit mir. Teile alles mit mir.[58] Weder du noch irgendein anderer Priester muss allein bleiben. Ich habe ein offenes Herz für alle meine Priestersöhne, und jenen, die darum bitten, werde ich die Gnade einer besonderen Vertrautheit mit mir nicht vorenthalten, die Teilhabe an der einzigartigen Gnade, die zuerst dem heiligen Josef und dem heiligen Johannes zuteil wurde. Ich habe diese Gnade dem Erzdiakon Cavanagh verliehen, eben hier an diesem Ort.[59] Von seinem Platz bei mir im Himmel legt er Fürbitte für die Priester Irlands und für alle Priester ein. Und nun segnen wir dich, im Namen des Vaters und des Sohnes und des Heiligen Geistes. Amen.

## Mittwoch, 6. Februar 2008
## Im Heiligtum Unserer Lieben Frau von Knock

*Maria:*

Dass du hier bist, mein Sohn, habe ich erwirkt. Ich habe dich hierher kommen lassen, auf dass du in der Gegenwart meines Sohnes, des göttlichen Lammes, das die Sünden der Welt hinwegnimmt,[60] innerlich geheilt und erneuert wirst. Mein mütterliches Herz sehnt sich danach, alle meine Priestersöhne in die Gegenwart meines Jesus zu führen, des Lammes, durch dessen Blut die Welt vor der Sünde errettet und von ihr gereinigt wurde.[61] Meine Priestersöhne sollen die ersten sein, die an sich die Heilkraft erfahren, die vom Blut des Lammes Gottes ausgeht. Ich bitte alle meine Priestersöhne; Zeugnis vom kostbaren Blut Jesu abzulegen. Sie sind die Diener Seines Blutes. Sein Blut ist in ihren Händen, um die Lebenden und die Toten zu reinigen und zu erquicken.[62]

---

58 Mt 1,20; Joh 19,27; Apg 1,14; 2,44; 4,32; 2 Kor 7,3.
59 Bartholomew Cavanagh (1821–1897), eines von dreizehn Kindern, wurde 1846 für die Erzdiözese Tuam geweiht und 1867 als Gemeindepriester von Knock-Aghamore eingesetzt. Hier war er zum Zeitpunkt der Erscheinung als Gemeindepriester tätig und blieb es bis zu seinem Tod. Er war bekannt für seine Verehrung unserer Lieben Frau, und er arbeitete unermüdlich im Dienst der stetig zunehmenden Pilgerzahlen, vor allem als Beichtpriester.
60 Joh 1,29; 1 Petr 1,18–19; Lev 14,13.
61 Unter anderem Röm 5,9; Hebr 9,13–14; 1 Joh 1,7; Offb 1,5; 7,14; 22,14.
62 Marias Äußerung erinnert an das, was Jesus zur heiligen Caterina von Siena sagte. Vgl. etwa: »Noch auf andere Weise empfängt die Seele diese Bluttaufe, gleichnishaft gesprochen. Dies ermöglicht die göttliche Liebe vorsorglich,

Ich wünsche, dass allen Priestern der unermessliche Wert und die Macht schon eines einzigen Tropfens vom Blut Meines Sohnes bewusst wird.[63] Du, den Er dazu berufen hat, Sein priesterlicher Anbeter und Büßer zu sein, bete Sein kostbares Blut im Sakrament Seiner Liebe an. Sein Blut, vermischt mit Wasser, strömt ohne Unterlass aus Seinem eucharistischen Herzen, dem Herzen, das von der Lanze des Soldaten durchbohrt wurde, um die ganze Kirche zu reinigen und zu erquicken,[64] vor allem aber zur Reinigung und Erquickung Seiner Priester. Wenn du in Seine eucharistische Gegenwart trittst, dann denk an Sein kostbares Blut, das aus Seinem offenen Herzen strömt. Bete Sein Blut an und übertrage es auf deine Wunden und auf die Wunden der Seelen.

Das Blut meines Sohnes bringt Reinheit und Heilung und neues Leben, wo immer es fließt. Flehe die Macht des kostbaren Blutes an, für dich und für alle Priester. Jedes Mal, wenn man dich bittet, für Seelen zu beten, rufe die Macht des kostbaren Blutes für sie an und stelle sie dem Vater vor, bedeckt mit dem Blut des Lammes.

Ich bin hier in Knock für dich und für alle Priester da. Knock ist ein Ort des Zeugnisses für das Geschenk und das Geheimnis des Priestertums. Ich kam nach Knock, um mich insbesondere als Mutter der Priester zu zeigen. Ich möchte, dass meine Priester hierherkommen. Hier werde ich sie trösten. Hier werde ich sie heilen. Hier werde ich sie zu einem Leben der Reinheit und Heiligkeit zurückführen.

Bezeuge, was ich für dich hier in Knock tue und getan habe. Ich werde es einrichten, dass du hierher zurückkehrst. Für dich, mein lieber Sohn, soll dies ein Ort der Heilung und der Hoffnung sein. Hier befindest du dich in Begleitung des heiligen Josef, meines geliebten,

---

weil sie des Menschen Schwäche und Verletzlichkeit kennt, die ihn sündigen lässt. Sie hat die dauernde Taufe des Blutes hinterlassen, die man durch Herzensreue und heilige Beichte empfängt, indem man, wenn es möglich ist, bei Meinen Dienern, die den Schlüssel zum Blute verwahren, seine Sünden bekennt. Dieses Blut gießt der Priester bei der Lossprechung über das Antlitz der Seele.« (Caterina von Siena, *Gespräch von Gottes Vorsehung*, Einsiedeln 1964, Nr. 75); außerdem: »Diese Würde ist allgemein jedem Geistwesen verliehen; unter diesen aber habe Ich Meine Diener auserwählt, damit euch durch sie das Blut des demütigen und unbefleckten Lammes, Meines eingeborenen Sohnes, gespendet werde.« (Ebd., Nr. 110)

63 Vgl. der heilige Thomas von Aquin, *Adoro te devote*: »Pie pelicane, Jesu Domine, me immundum munda tuo sanguine: Cujus una stilla salvum facere totum mundum quit ab omni scelere.« (O treuer Pelikan, Jesus mein Herr! Mach mich Unreinen rein durch dein Blut! Ein Tropfen davon kann die ganze Welt von allem Verbrechen heil machen.)

64 Joh 19,34; 1 Joh 5,6.

keuschesten Bräutigams; des heiligen Johannes, meines angenommenen Sohns, der meinem schmerzensreichen und unbefleckten Herzen so lieb und teuer ist; und in Begleitung des Erzdiakons Cavanagh, einem mir ergebenen Priester, der im Himmel Fürsprache für alle einlegt, die nach Knock kommen.

Lerne mir zu vertrauen. Ich spreche in einfachen Worten zu dir und mit der Liebe einer Mutter. Du wirst nicht getäuscht. Ich möchte, dass du alles erfährst, was mein Herz für dich und für meine Priestersöhne umschließt. Bald werde ich viele Priester in die Beziehung einer heiligen Vertrautheit mit mir hineinnehmen – einer Vertrautheit wie diejenige des heiligen Josef und des heiligen Johannes.

Fang jetzt damit an, in dieser Gnade zu leben. Wende dich in all deinen Nöten an mich, seien sie groß oder klein. Vertrau darauf, dass ich alles zu deinem Besten und zum Ruhm meines göttlichen Sohnes einrichten werde.[65] Teile dein Leben mit mir. Vertraue mir deine Anliegen, deine Sorgen, deine Ängste an. Wenn du etwas brauchst, sei es geistlicher oder zeitlicher Art, wende dich an mich. Ich bin deine Mutter der Immerwährenden Hilfe. Ich bin die Mittlerin aller Gnaden. Alle guten Dinge kann ich zuteil werden lassen, wem immer ich möchte. Das ist die Gabe meines Sohnes für mich und der Wille des Vaters.

Ich stand bei meinem Sohn, als Er am Kreuz hing, und jetzt stehe ich bei Ihm in der Herrlichkeit. Ich kann an alle Seelen die Früchte Seiner Erlösungstat austeilen. Sein Herz ist immer offen für mich, und ich bekomme aus der Wunde in Seiner Seite eine unendliche Menge an Gnaden und Gaben für die Seelen. Das Herz meines Sohnes ist eine unerschöpfliche Schatzkammer, und ich bin deren Hüterin. Jeder, der etwas vom Herzen meines Sohnes begehrt, kann zu mir kommen, und ich werde es für ihn erhalten und ihm mit meinen Händen geben.

Weihe dich mir, wie ich dich gebeten habe. Tu es morgen am Donnerstag, dem Tag der Anbetung und Sühne für Priester. Ich danke dir, dass du heute Abend auf mich gehört und dir meine Worte zu Herzen genommen hast. Zusammen mit meinem aller Anbetung würdigen Sohn im Sakrament Seiner Liebe segne ich dich.

**Freitag, 8. Februar 2008**
**In D., Irland**

Ich habe dich hierher gebracht, an diesen Ort, der durch die Anbetung und den Glauben so vieler Seelen heilig ist. Ich möchte dich in Meiner

---

65 Joh 2,1–11.

Anwesenheit wissen, Ich möchte, dass du Mein eucharistisches Antlitz anschaust und Meinem eucharistischen Herzen nahe bleibst. Ich liebe dich. Ich schätze deine Antwort auf Mein Geschenk einer göttlichen Freundschaft. Hab keine Angst, dass Ich Mich vor dir zurückziehen könnte oder aufhören würde zu sprechen. Ich habe unsere Gespräche begonnen, und Ich möchte, dass sie fortgeführt werden, auf dass du in der Freundschaft mit Mir wächst und für Mich immer mehr – wie der heilige Johannes – Mein geliebter Freund wirst.

An diesem Ort ist Mein eucharistisches Herz weder verlassen noch vergessen. Hier bin Ich von dankbarer Liebe umgeben. Hier finde Ich die Anbeter, die Ich suche. Ich finde Trost in ihrer Anwesenheit in der Nähe Meines Altars, und Ich freue Mich zu sehen, wie jeder mit seiner Sorgenlast, mit Dank, mit Reue über seine Sünden oder mit dem Wunsch eintrifft, Mir die Liebe entgegenzubringen, die Mir so viele in dieser kalt gewordenen Welt verweigern.

Sprich zu den Schwestern von Meiner Liebe zu ihnen. Sie lassen Mich im Sakrament Meiner Liebe nicht allein, und Ich werde sie nicht allein lassen, und auch in ihrer Hoffnung werde Ich sie nicht enttäuschen. Dieser Ort ist durch Meine Gegenwart auf besondere Weise gesegnet. Er ist ein Leuchtturm in der dunklen Nacht der Glaubenslosigkeit, in der so viele versucht sind, Mich zu vergessen, oder an Meiner Liebe zu zweifeln, ja sogar an Meiner Existenz. Hier erhöre Ich Gebete, und Ich werde das auch in Zukunft tun, denn dieses Haus ist auf einer großen Liebe gegründet und in tiefem Glauben verwurzelt. Mein Wunsch ist, dass auch innerhalb dieser heiligen Mauern Hoffnung erblüht. Mein eucharistisches Herz empfindet eine besondere Liebe zu diesem Haus und zu den Seelen, die darin wohnen, die Mich lieben, Mir dienen, und als so viele lebendige Flammen der Anbetung vor Meinem eucharistischen Antlitz leben. Ermuntere sie mit Meinen Worten.

Ich habe vor, hier ein gewaltiges Feuer eucharistischer Barmherzigkeit zu entfachen. Alle, die unter der Kälte der Welt leiden, sollen von der Wärme dieses Hauses angezogen werden wie von einer weit ausstrahlenden Feuerstelle. Ich wünsche, hier geliebt und angebetet zu werden, und Ich pflanze Meinen Wunsch in die Herzen Meiner Bräute, Meiner kleinen Mägde, auf dass sie an der Durchführung Meiner Pläne teilhaben. Ich möchte nicht, dass sie die Hoffnung verlieren. Ich werde am Quell Meines Opfers und im Licht Meiner beständigen Gegenwart ihre Jugend neu machen. Ich möchte, dass du sie in Meinem Namen ermutigst und tröstest. Ich segne sie unablässig von Meinem Ort auf dem Altar in ihrer Mitte. Wo Mein Segen herrscht, ist nichts unmöglich. Sie sollen in Treue in der Gnade der Anbetung fortfahren, die ihnen gegeben wurde, und Ich werde den Rest bewirken. Mein Herz ist vom Mitleid für diese kleine Herde gerührt, und Meine Liebe bewegt Mich, ihnen zu helfen entsprechend den Wünschen, die Ich tief in ihr Inneres gelegt habe.

Du aber, bete Mich hier in dieser Woche an, so oft du kannst. Ich habe dich hierhergebracht, um dich in der Anbetung zu schulen, um dich mit den Gnaden zu erfüllen, die Ich schon so lange in Meinem Herzen für dich und für keinen anderen hege. Suche Mich auf. Bleibe vor Meinem Antlitz. Bleibe in der Nähe Meines verwundeten Herzens im Sakrament Meiner Liebe, und Ich werde für dich tun, was nur Ich und kein anderer tun kann.

Ich segne dich, und mit Meiner zärtlichsten Liebe segne Ich jede einzelne von den Schwestern. Mein Herz ist für sie offen, und Ich freue Mich über ihre Anwesenheit bei Mir im Sakrament Meiner Liebe.

Sei im Frieden. Setze die Exerzitien fort, wie du sie begonnen hast, indem du frei aussprichst, was dein Herz dir eingibt. Vertrau darauf, dass Ich dich inspirieren werde, dir helfe, dir die Worte gebe, die diese Seelen, die Mir so lieb und teuer sind, trösten und stützen.

## Samstag, 9. Februar 2008

Lerne, auf Mich zu hören, und Ich werde von Herz zu Herz zu dir sprechen, so wie einer mit seinem Freund spricht. Ich sehne Mich danach, mit dir zu sprechen. Ich möchte zu dir sprechen, dich unterweisen, dich leiten, dich trösten, genau so, wie Ich den heiligen Johannes und Meine anderen Jünger unterwiesen, geleitet und getröstet habe.

Es ist Mein Herzenswunsch, dass alle Meine Priester sich auf die Gabe Meiner göttlichen Freundschaft einlassen. Ich wünsche, dass Meine Priester, Meine Erwählten, sich mit ihren Zweifeln, ihren Ängsten, ihrer Ratlosigkeit und ihren Schwächen Mir zuwenden. Ich wünsche, dass sie lernen, alles mit Mir zu teilen. Es reicht nicht, Mich nur zu bestimmten Zeiten aufzusuchen, und es reicht auch nicht, dass sie nur einen Teil ihres Lebens mit Mir teilen, nur Bruchstücke ihrer Existenz. In Meiner Freundschaft zu leben, das heißt: Alles mit Mir teilen, keine Geheimnisse zurückhalten, nichts für sich allein reservieren. Es ist nicht gut, dass der Mensch allein sei.[66] Aus diesem Grund habe Ich Mich im Sakrament Meiner Liebe jederzeit gegenwärtig und zugänglich gemacht. Die Seele, die Zeit in Meiner Gegenwart verbringt, nahe Meinem offenen Herzen, wird alles lernen, was Mein Herz enthält, und wird Anteil haben an allen Meinen Empfindungen und Wünschen.

---

66 Gen 2,18.

Verweile in Meiner Gegenwart, wann immer, und so lange du kannst. Bei Mir zu sein ist das große Mittel der Heilung und Heiligung. Wenn du dich ganz an Mir ausrichtest, genügt es, bei Mir zu bleiben. Mich anzubeten, das bedeutet, Mein Angesicht aufzusuchen und sich Meinem Herzen zu nähern, voller Staunen und heiliger Furcht, vor allem aber voller Liebe. Anbetung ist das wortlose Bekenntnis Meiner Göttlichkeit. Anbetung verkündet: Ich, der anwesende Herr, bin alles, und alles andere ist nichts.[67]

Als der heilige Franziskus nachts Stunden damit verbrachte, nur immer wieder »mein Gott und mein Alles!« zu wiederholen, da schenkte er Mir die Anbetung im Geist und in der Wahrheit, die dem Wunsch Meines Vaters entspricht.[68] Sein Gebet stieg durch Mich auf bis hinauf in die Gegenwart des Vaters. Das geschieht mit jedem Gebet, das an Mich gerichtet ist. Alle, die zum Vater gelangen wollen, kommen nur durch Mich zu Ihm.[69] Aus diesem Grund wurde Meine Seite von der Lanze des Soldaten geöffnet. Das ist der Weg zu Meinem Vater. Wenn du zu Meinem Vater sprechen möchtest, dann sprich zu Mir. Wenn du Meinen Vater sehen möchtest, dann richte deinen Blick unverwandt auf Mein eucharistisches Antlitz.[70] Wenn du Meinem Vater dienen möchtest, dann diene Mir, und diene Mir vor allem in den schwächsten und ärmsten Gliedern Meines mystischen Leibes. Was du an ihnen tust, das tust du an Mir,[71] und was du an Mir tust, wird zu einem Opfer, das den Augen Meines Vaters angenehm ist.

Es reicht, wenn du damit anfängst, Mich so oft wie möglich im Sakrament Meiner Liebe aufzusuchen. So fängt jede echte Freundschaft an – indem man sich um die Gegenwart und die Gesellschaft des Geliebten bemüht. Und dann erlaube Mir, deine Liebe zu erwidern, zu deinem Herzen zu sprechen, dich durch das Wirken Meines Heiligen Geistes in deiner Seele zu berühren.

Der Weg zur Heiligkeit ist der Weg Meiner Freundschaft. Es gibt viele, die den Weg zur Heiligkeit kompliziert erscheinen lassen, die den Anschein erwecken wollen, er sei furchteinflößend und für andere unzugänglich. Dabei ist es genug, das Geschenk Meiner Freundschaft anzunehmen. So ermöglichst du es Mir, an dir zu wirken, und mit dir, und durch dich. Lass Mich dich einfach als Freund lieben. Das genügt.

---

67 Unter anderem 1 Kor 15,28; Eph 3,14–19; 4,6; Ps 95; Ps 39,6; Jes 40,17; Dan 4,35.
68 Joh 4,23–24.
69 Joh 14,6.
70 Joh 12,45; 14,9.
71 Mt 10,42; 25,40.

Ich segne dich, und Ich segne die Schwestern, denen du predigst. Mein eucharistisches Antlitz leuchtet über ihnen. Sie sind die geliebte kleine Herde Meines eucharistischen Herzens.

## Sonntag, 10. Februar 2008

Wenn dir ein besonderes Anliegen, eine bestimmte Intention anvertraut wird, dann wende dich an Mein eucharistisches Herz. Es erweckt immer Mein Mitleid, wenn du an Mein eucharistisches Herz appellierst, denn es ist das lebendige Organ Meiner barmherzigen Liebe und das Mittel, durch das du von Mir alles erhalten wirst, worum du bittest. Mein Herz schlägt in Liebe im Sakrament des Altars, und Mein Herz ist verwundet, immer offen, um deine Bitten und deine Wünsche zu empfangen. Wende dich also an Mein von Liebe verwundetes, im Heiligsten Sakrament gegenwärtiges Herz. Sei kühn und voller Vertrauen in dem, was du von Mir erbittest. Mein Herz ist offen, um all deine Bitten anzunehmen, und Ich werde all jene überreich segnen, für die du in Meiner eucharistischen Gegenwart betest.

Besondere Gnaden sind für die vorbehalten, die während der Nacht vor Meinem eucharistischen Angesicht wachen. Die Anbeter in der Nacht ahmen Meine im Gebet zu Meinem Vater verbrachten Nachtwachen nach.[72] Wie oft verbrachte Ich die Nacht im Gebet zu Meinem Vater, tauschte Mich mit Ihm im Schweigen der Nacht aus und schloss in Mein Gebet die geheimen Sorgen einer schlafenden Welt ein, bis hin zum Seufzen der Schöpfung! Du wirst entdecken, dass dem nächtlichen Gebet eine Klarheit und ein Frieden eignet, den Ich den Seelen zu anderen Zeiten nicht gebe. Diejenigen, die das entdeckt haben, kommen immer wieder in der Nacht zu Mir, um in der Nähe Meines eucharistischen Herzens zu verweilen. Das Licht Meines eucharistischen Angesichts erleuchtet sie, und die Nacht, auch wenn sie dunkel ist, strahlt für sie aus ihrem Inneren heraus.[73]

Gewöhne es dir an, Mich nachts anzubeten. Es ist Mein besonderer Wunsch, dass Priester nachts zu Mir kommen. Sie werden nichts von ihrer Ruhezeit verlieren, denn Ich werde ihre Erfrischung und Erholung sein. Der Tag wird kommen, und er ist nicht mehr fern, an dem du die Gelegenheit haben wirst, vom Wert des Verweilens in Meiner Nähe während der Nachtstunden zu Meinen Erwählten zu sprechen,

---

72 Mt 14,23; Mk 4,46–47; Lk 6,12; 21,37.
73 Ps 139,12.

zu Meinen Freunden. Ich habe auf diese Weise zu Meinem Vater gebetet, und damit habe Ich Meinen Priestern und allen Meinen Freunden ein Beispiel gegeben. Nutze die Gelegenheit, die sich dir hier bietet. Ich werde dich segnen, und Mein Herz wird dich unterweisen, während du vor Meinem Angesicht wachst.

**Donnerstag, 14. Februar 2008**

Ich werde dich nicht aufgeben oder verlassen. Ich bin treu. Ich habe dich erwählt, und du bist Mein.[74] Warum zweifelst du an Meiner Liebe? Habe Ich dir nicht Zeichen Meines Wohlwollens gegeben? Habe Ich dir nicht gezeigt, dass Meine Barmherzigkeit eine hoffnungsvolle Zukunft für dich bereitet hat? Habe Ich dir nicht Jahre des Glücks, der Heiligkeit und des Friedens versprochen? Mein Segen ruht auf dir, und bald werden die Pläne Meines Herzens vor dir offenbar werden. Du musst Mir nur vertrauen. Glaube daran, dass Ich dich wie Meinen Augapfel hüte.[75] Du bist sicher unter dem Schutzmantel Meiner Mutter. Ich behalte dich in der Nähe Meines verwundeten Herzens. Vertraue darauf, dass Ich alles wahr werden lasse, was Ich dir versprochen habe. Diese Tage in D. gehören zu Meinem Plan für dich, sie sind Teil Meiner Vorbereitung. Ich bereite dich für das Werk vor, um das Ich dich gebeten habe, und Ich bereite den Weg zur Ausführung Meiner Pläne vor. Du musst Mir nur vertrauen. Gehorche den Hinweisen, die Ich dir geben werde. Prüfe die Gedanken, die in dir aufkommen,[76] lege sie Pater N. vor. Er wird dir sagen, ob sie von Meiner Inspiration herrühren oder nicht. Sei offen und transparent.

Und vor allem: Bleibe in Meiner Nähe. Besuche Mich im Sakrament Meiner Liebe. Komm zu Mir und verweile in Meiner Gegenwart. Sei Mein priesterlicher Anbeter, Mein büßender Priester. Sei – wie der heilige Johannes – Mein Freund, der Freund Meines eucharistischen Herzens. Johannes wird dir helfen, ihm auf dem Weg einer starken, zärtlichen Liebe zu Mir und zu Meiner allreinen Mutter zu folgen. Ich habe dich ihm anvertraut und außer ihm noch vielen anderen Heiligen, als Freund, als Beschützer und als Führer. Bitte um seine Fürsprache. Es ist Mir lieb, dass du dich in deinen Predigten und in dem, was du schreibst, so oft auf ihn beziehst. Er ist der Apostel dieser letzten Tage. Er hat den Schlüssel zu den Geheimnissen Meines heiligen Herzens, und diese Geheimnisse teilt er denen mit, die Ich ihm anvertraut habe.

---

74  Jes 41,8–9; 43,1–10; 44,1–2; Joh 15,16.
75  Dtn 32,10; Ps 17,8; Sach 2,8.
76  1 Thess 5,19–22.

Die Jünger Meines geliebten Jüngers werden an ihrer brennenden Liebe zu Mir im Sakrament des Altars erkannt werden; an ihrer liebevollen, wahren Hingabe an Meine allreine Mutter; an ihrer Nächstenliebe, die sie im Dienst an den Seelen antreibt; und an ihrer Bereitschaft, in Meinem bitteren Leiden in Meiner Nähe auszuharren.

Du gehörst zu diesen Jüngern Meines geliebten Jüngers. Bleibe dieser Gnade, die Meine Mutter für dich erwirkt hat, treu. Sie war es, die für dich eingetreten ist, um dich vor dem Bösen zu erretten, der dich und dein Priestertum fast zerstört hätte. Sie hat erwirkt, dass du zu ihren liebsten Kindern gehören solltest: zu den Jüngern des Johannes, ihrem ersten Priester-Sohn nach Mir.

Danke Meiner Mutter für alles, was sie für dich erwirkt hat, indem du treu das demütige Gebet betest, das sie so sehr liebt: ihren Rosenkranz. Der Rosenkranz wird dich in Reinheit, in Demut, und in allen Tugenden bewahren, die dem allreinen Herzen Meiner Mutter und Meinem Herzen wohlgefallen.

Ich bitte dich, dankbar und voller Zuversicht zu sein. Ich habe dir jeden Grund gegeben zu hoffen, dass Ich alles ausführen werde, was Ich versprochen habe, und dass Ich all die Wünsche erfüllen werde, die Ich dir eingegeben habe. Ruhe nun in Meiner Gegenwart, bleib im Frieden. Ich segne dich von Meinem Thron auf dem Altar. Ich ziehe dich an Mein offenes Herz.

## Donnerstag, 21. Februar 2008
## In Connecticut

Ich habe auf dich gewartet, und du hast Mich nicht enttäuscht. Du bist vor Mein eucharistisches Antlitz gekommen, zu Meinem eucharistischen Herzen, so wie Ich es schon so oft von dir erbeten habe. Dein Gehorsam gegenüber den Wünschen Meines Herzens soll belohnt werden. Ich werde dir sehr bald die Freuden einer innigen Freundschaft mit Mir eröffnen. Trau Mir in allem, und Ich werde dir Anteil an der Erfahrung Meines geliebten Jüngers Johannes geben. Er ist dein Vorbild in deiner Freundschaft mit Mir und in deiner Beziehung zu Meiner heiligen Mutter. Johannes wird dich in die Geheimnisse Meines eucharistischen Herzens einführen. Er wird dir zeigen, wie du mit Meiner Mutter leben sollst, wie du mit ihr jeden Augenblick deines Tages teilst, deine Freuden, deine Sorgen, deine Enttäuschungen und deine Ängste.

Das schmerzensreiche, unbefleckte Herz Meiner Mutter soll dein Zufluchtsort und dein Ort des Trostes sein. Geh in allem, was du brauchst, zu Meiner Mutter. Sie ist deine Mutter der immerwährenden, und das heißt: der nie versagenden Hilfe. Meine Mutter ist die Dienerin aller Meiner Priester. Sie ist ihre Mutter, und sie ist gleichzeitig die demütige Magd des Herrn. In jedem Meiner Priester erkennt sie Mich, und sie stellt sich in Meinen Priestern ganz und gar in Meinen Dienst. Dabei bleibt sie aber die allreine Königin des Himmels und der Erde. Alle Reichtümer Meines heiligen Herzens gehören ihr, auf dass sie sie austeile, wie sie es für richtig hält. Sie verwaltet den Schatz Meines Königreichs, und alles, was Mein ist, steht zu ihrer Verfügung, auf dass sie es frei und großzügig entsprechend den Wünschen ihres mütterlichen, erbarmenden Herzens weitergebe.

Wenn alle Meine Priester das wüssten – nicht nur theoretisch, sondern aufgrund ihrer Alltagserfahrung –, dann würde durch dieses Wissen das Priestertum von Grund auf umgewandelt. Meine allreine Mutter ist die treue und unentbehrliche Mitarbeiterin des Priesters, der Mich repräsentiert und Mein Wirken in der Kirche umsetzt. Meine Mutter hat auf den Dienst des Priesters acht und auf seine persönlichen spirituellen Bedürfnisse, so wie sie auf Meinen Dienst und auf all Meine Bedürfnisse während Meines Lebens achtgehabt hat.[77]

Priester, die nicht mit Meiner allreinen Mutter zusammenarbeiten, werden in der Ausübung ihres priesterlichen Amtes abstumpfen. Ich selbst habe es so gefügt, dass Meine Mutter in der Stunde Meines größten Opfers an Meiner Seite war. Ich habe sie Meinem geliebten Jünger Johannes gegeben, auf dass alle Meine Priester erkennen, dass der Platz Meiner Mutter an der Seite von jedem Meiner Priester ist, vor allem wenn er am Altar steht, um dem Vater Mein Opfer darzubringen und in Meinem Namen zu sprechen und zu handeln.

Unterlass es nie, dir die mystische Gegenwart Meiner Mutter in der Messe klarzumachen. Sie steht dir zur Seite. Sie freut sich darüber, dass du die Früchte Meiner Erlösungstat verteilst, und hat daran Anteil. Die Hände jedes Priesters werden in gewisser Weise von den Händen Meiner Mutter gehalten. Sie handelt mit dem Priester. Ihre Mitwirkung am heiligen Opfer, das auf dem Altar erneuert wird, geschieht still, aber wirksam. Ihre Anwesenheit am Altar ist nicht sichtbar, aber real. Meine Kirche weiß schon lang, dass Meine Mutter bei jeder Darbringung Meines heiligen Opfers gegenwärtig ist, allerdings ist es heute mehr als je zuvor notwendig, dass die Priester ihr Bewusstsein dieser überaus kostbaren Gabe vertiefen. Sie ist die Miterlöserin.[78] So wie Mein Opfer

---

77 Vgl. entsprechende Hinweise bei Mt 12,46–50; Mk 3,31–35; Lk 2,7; 2,41–52; 8,19–21; Joh 2,1–12; 19,25–27; Apg 1,14.

78 Der Rang der Gottesmutter als Miterlöserin wird in der dogmatischen Kon-

in jeder Messe mystisch erneuert wird, so wird auch ihr Opfer, ihre Teilhabe an Meinem Opfer, erneuert. Der Priester, der das weiß, und der zulässt, dass es sein Herz durchdringt, wird bei jeder Messe, die er zelebriert, mit einem heiligen Eifer erfüllt.

Ich bin betrübt über die Achtlosigkeit, mit der einige Priester zu Meinen heiligen Geheimnissen hinzutreten. Das Gegenmittel gegen diese fehlende Ehrfurcht, Aufmerksamkeit und Hingabe ist eine kindliche Zuflucht zu Meiner Mutter. Sie vermag das Herz des Priesters so zu bereiten, dass er das heilige Opfer würdig darbringen kann. Meine Mutter ist für all ihre Priestersöhne voller Fürsorglichkeit. Sie möchte ihre Priester, wenn diese zum Altar hinzutreten, in Demut, Reinheit, Herzensunschuld und tiefe Anbetung gekleidet sehen. Sie begleitet jeden Priester in den heiligen Handlungen seines Dienstes. Sie stützt jeden Priester durch ihre allmächtige Fürsprache.

Meine Mutter ist die Hüterin aller Priester, und Ich möchte, dass sie als solche anerkannt wird. Der Priester, der das weiß, hat eine Zuflucht in der Versuchung; er wird unter ihrem Schutzmantel in Sicherheit sein. Wenn er aus Schwäche oder Nachlässigkeit fällt, dann wird sie da sein und ihm aufhelfen und seine Schritte auf den Weg der Buße und Heiligkeit lenken.

Lebe diese Dinge, und du wirst merken, warum Ich so darauf bestehe. Und nun sei der Friede mit dir. Ich segne dich, und Meine allreine Mutter segnet dich und jene, für die du beten möchtest.

*In derselben Woche, eines Abends, kurz bevor ich zu Bett ging:*

---

stitution des Zweiten Vatikanischen Konzils Lumen Gentium (21. November 1964) schön dargelegt: »Sie umfing den Heilswillen Gottes mit ganzem Herzen und von Sünde unbehindert und gab sich als Magd des Herrn ganz der Person und dem Werk ihres Sohnes hin und diente so unter ihm und mit ihm in der Gnade des allmächtigen Gottes dem Geheimnis der Erlösung. Mit Recht also sind die heiligen Väter der Überzeugung, dass Maria nicht bloß passiv von Gott benutzt wurde, sondern in freiem Glauben und Gehorsam zum Heil der Menschen mitgewirkt hat. ... So ging auch die selige Jungfrau den Pilgerweg des Glaubens. Ihre Vereinigung mit dem Sohn hielt sie in Treue bis zum Kreuz, wo sie nicht ohne göttliche Absicht stand, heftig mit ihrem Eingeborenen litt und sich mit seinem Opfer in mütterlichem Geist verband ... Indem sie Christus empfing, gebar und nährte, im Tempel dem Vater darstellte und mit ihrem am Kreuz sterbenden Sohn litt, hat sie beim Werk des Erlösers in durchaus einzigartiger Weise in Gehorsam, Glaube, Hoffnung und brennender Liebe mitgewirkt zur Wiederherstellung des übernatürlichen Lebens der Seelen. Deshalb ist sie uns in der Ordnung der Gnade Mutter.« (§§ 56, 58, 61)

Ich bin nicht weit von dir entfernt. Ich behalte dich ganz nah an Meinem verwundeten Herzen, und du lebst immer, in jedem Moment, ob du wachst oder schläfst, unter Meinem barmherzigen, liebevollen Blick. Zweifle nicht an Meiner Liebe zu dir. Ich habe dich als Meinen Freund erwählt. Ich möchte, dass du Meiner Gabe göttlicher Freundschaft vertraust. Ich ziehe sie nicht wieder zurück von dem, welchem Ich sie einmal gegeben habe. Im Gegenteil, Meine Liebe nimmt zu in der Seele dessen, der Meine Freundschaft annimmt, und es ist eine fruchtbare Liebe. Ich habe dich zur Heiligkeit berufen. Glaube an Meine Liebe zu dir. Suche Mein Angesicht und Mein Herz im Sakrament Meiner Liebe. Sei der priesterliche Anbeter, zu dem Ich dich berufen habe. Ich segne dich, und auch Meine Mutter segnet dich. Hab Vertrauen in unsere Obhut.

**Donnerstag, 6. März 2008**
**Anbetungs- und Sühnestunde**

*Bevor ich mit dem Gebet der Laudes begann, sagte unser Herr zu mir, Er werde durch den Psalm des Breviers zu mir sprechen. Der Text lautete:*

*Sättige uns am Morgen mit deiner Huld!*
*Dann wollen wir jubeln und uns freuen all unsre Tage.*
*Erfreue uns so viele Tage, wie du uns gebeugt hast,*
*so viele Jahre, wie wir Unheil sahn.*
*Dein Wirken werde sichtbar an deinen Knechten*
*und deine Pracht an ihren Kindern.*
*Güte und Schönheit des Herrn, unseres Gottes, sei über uns!*
*Lass gedeihen das Werk unserer Hände, ja, das Werk unserer*
*    Hände lass gedeihn!*
Psalm 90,14–17

Habe Ich dir nicht gesagt, dass Ich durch den Psalm des Offiziums zu dir sprechen werde? Und eben das habe Ich getan. Diese Worte bestätigen, was Ich dir versprochen habe: einen neuen Beginn und Jahre der Heiligkeit, des Segens und des Friedens. Halt dich an diesen Worten fest, bewahre sie in deinem Herzen. Mein Plan entfaltet sich vor deinen Augen. Vertraue Mir in allen Dingen. Erlaube Mir, für dich zu tun, was du selbst nicht tun kannst; und das, von dem du nicht wissen würdest, wie du es anfangen sollst. Wenn sich eine Seele Mir im Vertrauen und

Gehorsam übergeben hat, dann kann Ich in ihrem Innern und in ihrer Umgebung alles verwirklichen, was Ich will, auf dass das Verlangen Meines Herzens gestillt und Mein Vater gerühmt wird. Du sollst diese Seele sein, die sich Mir in Gehorsam und Vertrauen hingibt, und du wirst in deiner Hoffnung nicht enttäuscht werden.

*Ich danke dir, Herr. Du hast mir gezürnt. Möge dein Zorn sich wenden, auf dass du mich tröstest. Siehe, Gott ist mein Heil; ich vertraue und erschrecke nicht. Denn meine Stärke und mein Lied ist Gott, der Herr. Er wurde mir zum Heil. Ihr werdet freudig Wasser schöpfen aus den Quellen des Heils.*
JESAJA 12,1–3

Auch damit spreche Ich zu dir. Halt an Meinen Worten fest und bewahre sie in deinem Herzen. Sie werden dir in Tagen der Erschöpfung und des Zweifels Trost und Hoffnung spenden.

*Nachdem ich den 148. Psalm gebetet hatte, sagte unser Herr:*

Hör jetzt auf Mein Wort.

*Und ich las die Verse 12 bis 16 aus dem zweiten Kapitel des 2. Briefs an die Thessalonicher:*

*Wir müssen Gott zu jeder Zeit euretwegen danken, vom Herrn geliebte Brüder, weil Gott euch als Erstlingsgabe dazu auserwählt hat, aufgrund der Heiligung durch den Geist und aufgrund eures Glaubens an die Wahrheit gerettet zu werden. Dazu hat Er euch durch unser Evangelium berufen; ihr sollt nämlich die Herrlichkeit Jesu Christi, unseres Herrn, erlangen. Seid also standhaft, Brüder, und haltet an den Überlieferungen fest, in denen wir euch unterwiesen haben, sei es mündlich, sei es durch einen Brief! Jesus Christus selbst aber, unser Herr, und Gott, unser Vater, der uns liebt und uns in Seiner Gnade ewigen Trost und sichere Hoffnung schenkt, ermutige eure Herzen und gebe euch Kraft zu jedem guten Werk und Wort.*

## 7. März 2008
### Herz Jesu-Freitag

Ich danke dir, dass du heute Nachmittag in Meiner Gegenwart bleibst, um in Meinem bitteren Leiden bei Mir zu sein. Ich habe vom Sakrament Meiner Liebe auf dich geblickt, so wie Ich auf Johannes, Meinen geliebten Jünger, geblickt habe. Lerne, auf diese Weise in Meiner Gemeinschaft zu bleiben. Es genügt Mir, wenn du Mich aufsuchst und ruhig in Meiner Gegenwart verweilst und zufrieden bist, bei Mir zu sein. Ich brauche deine Gedanken nicht, Ich brauche deine Worte nicht. Es genügt Mir, dass du Mir ein anbetendes Herz darbietest, ein Herz voller Liebe und voller Dank für Meine beständige Gegenwart im Allerheiligsten Sakrament.

Es erfreut Mich, dass du zu Beginn deiner Anbetung deine Aufopferung für Priester in einem Geist der Danksagung und der Sühne erneuert hast. Ich bin erfreut, dass du an Mein eucharistisches Herz die Bitte um die Gnade gerichtet hast, die du für Pater N. wünschst. Ich schenke gerne allen Gehör, die in Meine eucharistische Gegenwart kommen, und wie der gnädigste aller Könige gewähre Ich denen Gefälligkeiten, die Mich darum bitten. Wenn du eine Bitte an Mein eucharistisches Herz richtest, dann kann Ich nicht verweigern, um was du Mich bittest. Dann und wann wird Mein Herz eine bessere Gabe geben als jene, um die du bittest, weil du mit der Kurzsichtigkeit und den Begrenzungen deiner sterblichen Natur bittest, und Ich gebe entsprechend der Weisheit und der unendlichen Güte Meines Herzens. Ich segne die, die du Mir vorstellst. Das Licht Meines eucharistischen Angesichts wird über ihnen allen leuchten, und Ich segne dich mit Meinem Segen tief aus Meinem durchbohrten Herzen.

### Donnerstag, 13. März 2008

*Wenn ihr in Mir bleibt und Meine Worte in euch bleiben, dann bittet um alles, was ihr wollt: Ihr werdet es erhalten.*

JOHANNES 15,7

Ich habe in der vergangenen Woche durch Umstände und Ereignisse zu dir gesprochen. Höre in den Begegnungen und Ereignissen des Alltags auch weiterhin auf Mich. Ich tue dir Meinen Plan der Liebe kund, und Ich werde ihn auch weiterhin kundtun – nicht nur, indem Ich so wie jetzt zu deinem Herzen spreche, wie ein Freund mit seinem Freund spricht, sondern auch, indem Ich den Lauf der Ereignisse lenke, und indem Ich dir die Wunder Meiner Vorsehung für jene enthülle, die Ich erwählt und ausgesondert habe für die Pläne Meines Herzens.

Zweifle nicht an Meiner Freundschaft. Ich verstehe, dass du momentan nicht dazu in der Lage bist, in Meiner eucharistischen Gegenwart so viel Zeit zu verbringen, wie du sie Mir gerne zuwenden würdest, doch der Tag wird kommen, und er ist nicht mehr fern, da wir unter einem Dach leben werden, da du im Glanz Meines eucharistischen Angesichts leben wirst und andere Seelen, vor allem diejenigen Meiner Priester, in diesen Glanz hineinziehen wirst, auf dass sie geheilt und geläutert und geheiligt werden mögen. Ich werde in naher Zukunft Türen vor dir öffnen. Ich werde die Herzen von vielen Menschen berühren, auf dass sie an diesem Werk Meines Herzens für Meine Priester teilnehmen.

Deine Aufgabe ist es, Mein priesterlicher Anbeter und Büßer zu sein. Deine Aufgabe ist es, Mein eucharistisches Antlitz aufzusuchen und Meinem offenen Herzen im Sakrament Meiner Liebe nah, ganz nah zu bleiben. Tu diese Dinge, und alles Übrige wird dir in vollem, gehäuftem, überfließendem Maß dazugegeben werden.[79] Vertrau Mir, dass Ich das Werk lenke, das Ich in Meiner Kirche sehen möchte. Gib Mir dich selbst in der Anbetung, in der Sühne, in der Liebe zu den Priestern, und Ich werde die feurige Liebe Meines eucharistischen Herzens in dein priesterliches Herz überfließen lassen. Dieses Feuer wird dein Herz reinigen; es wird die alten Wunden der Sünde heilen, die so lange entzündet waren, und es wird dich um deiner Priester-Brüder willen heiligen und um derer willen, die wegen ihrer Sünden verwundet oder entsetzt sind. Es gibt noch mehr, was Ich dir sagen würde, aber für heute ist es genug. Nenne Mir diejenigen, für die du Meinen Segen erbittest. Ich segne jeden und jede, und Ich lasse Mein eucharistisches Angesicht über ihnen leuchten. Auch Meine Mutter segnet dich und alle, die du Meinem Herzen vorgestellt hast.

## Gründonnerstag-Nacht
## 20. März 2008

*Wachen am Repositionsaltar*

Ich bin dir jetzt nahe, und du bist Mir im Sakrament Meiner Liebe nahe. Ich empfange deine Gegenwart hier heute Nacht als die Darbringung von Freundschaft und Sühne für alle Meine Priester, deine Brüder. Heute Nacht halte Ich nach ihnen Ausschau. Ich warte auf jeden

---
79 Lk 6,38.

Einzelnen von ihnen, dass er Mich aufsuchen möge. Ohne Unterlass sehne Ich Mich danach, dass Meine Erwählten – selbst jene, die es zugelassen haben, dass ihre Herzen sich gegen Mich verhärten – heute Nacht bekehrt werden und ihren Weg zu Meinen Tabernakeln finden, wo Ich auf sie warte.

In dieser Nacht Meiner Todesangst und Meines Verrats sind Meinen Priestern Gnaden zugedacht, die sonst nicht zugänglich sind. Ich bin gefesselt in dieser Nacht. Ich wurde bereits gefangen genommen, und Meine Häscher führten Mich hinweg wie ein Lamm, das zur Schlachtbank geführt wird.[80] Ich schweige, doch Mein Herz wacht und wartet auf Meine Priester. Wenn sie doch nur zu Mir kommen würden, dann würde Ich die Fesseln ihrer Sklaverei lösen. Ich würde ihnen Licht spenden in den spirituellen Dunkelheiten, von denen sie bedrängt werden. Ich würde zu ihnen Worte des Trostes und des Mitgefühls sprechen.[81]

49 Dass du heute Nacht bei Mir bist, ermöglicht es Mir, die Seelen vieler Priester zu berühren, die sich von Mir ferngehalten haben. Du bist nur deswegen hier, weil Meine Gnade in dir am Werk war, dein Herz verändert und dich in die Gnade Meiner treuen Freundschaft gezogen hat.[82] Was Ich in Meiner unendlichen Barmherzigkeit an dir getan habe, würde Ich für jeden Meiner Priester tun.

Ich habe die Absicht, die Gemeinschaft Meiner Priester zu neuer Heiligkeit zu führen. Ich bin kurz davor, Meine Priester von den Unreinheiten zu befreien, mit denen sie besudelt sind. Bald, sehr bald werde Ich Gnaden spiritueller Heilung über alle Meine Priester strömen lassen. Ich werde diejenigen, die das Geschenk Meiner göttlichen Freundschaft annehmen, von denen trennen, die ihr Herz gegen Mich verhärten. Ersteren werde Ich strahlende Heiligkeit schenken, so strahlend wie die von Johannes und Meinen Aposteln zu Beginn. Den anderen werde Ich auch das nehmen, was sie meinen zu haben.[83] Es muss so kommen. Ich möchte, dass die Priester Meiner Kirche ein reines Herz haben und treu die übergroße Liebe erwidern, mit welcher Ich jeden Einzelnen liebe, mit welcher Ich jeden für Mich und für die Umsetzung der Pläne Meines Herzens erwählt habe. Jene, die nicht in Meiner Freundschaft leben, verraten Mich und stehen Meinem Wirken im Weg. Sie schmälern den Schmuck der Heiligkeit, in welchem Ich Meine Kirche strahlen sehen

---

80 Jes 53,7; Apg 8,32.
81 Ps 85,9; Hos 2,14; 2 Kor 1,3–4.
82 Joh 6,44; 15,16; Mt 9,9; Lk 22,61; 1 Kor 15,10; Gal 1,15–16.
83 Mt 13,12; 25,29; Mk 4,25; Lk 8,18.

möchte.[84] Ich weine über die Härte ihrer Herzen, und Meine allreine Mutter – die sorgenvolle Mutter Meiner Priester – weint mit Mir.

Die Erneuerung Meiner Priesterschaft in der Kirche wird von dem Feuer der Liebe ausgehen, das im Sakrament Meines Leibes und Blutes lodert. Ich rufe alle Priester, Mein eucharistisches Antlitz aufzusuchen und in Meiner Gegenwart zu verweilen. Ich möchte, dass alle Meine Priester Mein offenes Herz entdecken, Mein lebendiges Herz, das in Liebe zu ihnen schlägt, und aus dem ein reinigender Strom von Blut und Wasser für ihre Heiligung und für das Leben der Welt fließt. Ich rufe alle Meine Priester in Meine eucharistische Gegenwart. Sie sollen verstehen, dass sie in Meiner Gegenwart Freude in Fülle finden.[85] Sie sollen im Sakrament Meiner Liebe die Glückseligkeit und Stärke Meiner göttlichen Freundschaft entdecken.

Viele, so viele haben Mich im Sakrament Meiner Liebe alleingelassen, Ich aber werde nicht einen einzigen Priester alleinlassen, der Mich im Sakrament Meiner Liebe aufsucht. Ich warte dort auf Meine Priester. Ich biete ihnen dort Meine göttliche Umarmung an. Dort würde Ich sie an Meine offene Seite ziehen, und durch die Wunde in Meiner Seite in das Heiligtum Meines heiligen Herzens.

Bete Mich an, um der Priester willen, die Mich nicht anbeten. Lass zu, dass Ich dir das gebe, was Ich jedem von ihnen geben würde. Nimm Meine Liebe an. Empfange das Geschenk Meiner göttlichen Freundschaft. Mach Meine eucharistische Gegenwart zum innersten Herzen deines Lebens, zum Mittelpunkt, den du aufsuchen kannst, um dort Wärme, Heilung, Trost und Licht zu finden. Komm vor Mein eucharistisches Antlitz, und lade andere ein, dasselbe zu tun.

Im Licht Meines eucharistischen Angesichts werden sich große Dinge in den Seelen ereignen. Du musst nur zu Mir kommen, und das Licht Meines Angesichts, verhüllt im Sakrament Meiner Liebe, wird sofort anfangen, in deiner Seele zu wirken. Das ist ein Geheimnis, das du bitte mit allen Seelen teilen mögest, angefangen bei den Priestern, die Ich dir senden werde.

Und nun empfang Meinen Segen und stelle jene in das Licht Meines eucharistischen Angesichts, von denen du wünschst, dass Ich sie berühren, heilen, trösten und heilen möge.

---

84 1 Chr 16,29; 2 Chr 20,21; Ps 29,2; Ps 96,9. In der King James Version, einer englischen Bibelübersetzung, wird in allen diesen Versen statt »Schmuck« der Ausdruck »Schönheit der Heiligkeit« (»beauty of holiness«) verwendet.
85 Ps 16,11.

**Donnerstag, 27. März 2008**

*Der erste von vier Anbetungstagen vom Ende der Messe bis drei Uhr nachmittags. Wir verwenden eine von Papst Johannes Paul II. gesegnete Monstranz.*

Jeder Meiner Priester befindet sich im Übergang von dieser Welt zum Vater.[86] Sei dir dessen bewusst, und mach das zur Leitschnur deines Lebens.

Jene, die Mir gehören, jene, die Ich in dieser Welt lasse, jene, die Ich liebe und denen Ich den höchsten Beweis Meiner Liebe gebe, sind Meine Priester. Ihren Händen vertraue Ich die Geheimnisse Meines Leibes und Blutes für das Leben der Welt an. Zweifle nie an Meiner Liebe zu euch, Meinen Priestern. Ihr haltet den Beweis, das Zeugnis Meiner Liebe zu euch, jeden Tag in euren Händen: Mich selbst, euch gegeben, euch dahingegeben und durch eure Hände Meiner Braut, der Kirche, gereicht. Ihr, die ihr Mich in euren Händen haltet – wie könnt ihr an Meiner Liebe zu euch zweifeln?

Lass Mich dich waschen, lass es häufig geschehen, auf dass du in der Gemeinschaft mit Mir leben und in der Gabe Meiner göttlichen Freundschaft wachsen kannst. Komm zu Mir, auf dass Ich dich im Blut und im Wasser wasche, das allezeit aus Meinem offenen Herzen fließt. Komm zum unerschöpflichen Strom, der aus Meiner Seite fließt. Komm, und andere Seelen werden dir dorthin folgen.

Ich warte darauf, Meine Priester zu reinigen, ihre Wunden zu heilen und jede Spur der Unreinheit von ihren Seelen wegzuwaschen. Wer in dem Strom bleibt, der immerzu aus Meinem Herzen fließt, wird aufgrund der Macht Meines kostbaren Blutes rein sein, wie Ich rein bin. Mein kostbares Blut wird Meinem Vater dargebracht und den Seelen zur Erfrischung gegeben und für ihr Leben im Geheimnis der Eucharistie. Die Seelen profitieren in allen Sakramenten davon, doch in der eucharistischen Anbetung bleibt die Seele gewissermaßen in Mein Blut eingetaucht. Das wirkt sich normalerweise zwar nicht sichtbar, aber sehr nachhaltig und tief aus. Bemühe dich darum, im nie versiegenden Strom Meines Bluts versunken zu bleiben, wenn du dich Meinem offenen Herzen im Sakrament Meiner Liebe näherst.

Ich kenne die Männer, die Ich erwählt habe.[87] Meinst du, es gäbe irgend etwas, das Meinen Augen verborgen bliebe? Meinst du, es gäbe

---

86  Joh 13,1; 16,28.
87  Joh 13,18.

irgend etwas, das Ich nicht sähe? Ich kenne Meine Priester. Ich kenne sie durch und durch. So tief und durchdringend Mein Wissen über sie ist, so tief und durchdringend ist auch Meine barmherzige Liebe. Ich sehe alles, und nichts von dem, was Ich sehe, befindet sich außerhalb der Reichweite Meiner Barmherzigkeit – es sei denn, es werde wissentlich vor Mir verschlossen und mutwillig vor Mir verborgen. Auch das sehe Ich, und Ich bin zutiefst betrübt, wenn Ich es sehe, denn die Sehnsucht Meines Herzens besteht darin, Meine Barmherzigkeit auf jede Schwäche auszudehnen, jede Scham wegzunehmen, jede von der Sünde besudelte Seele reinzuwaschen. Ergib dich Meiner alles sehenden Gnade, und zeige Meiner Barmherzigkeit alles, was Ich in dir sehe.

Glaube Mir, wenn Ich dir sage: Der Mensch, der einen aufnimmt, den Ich sende – Meinen Priester –, der nimmt Mich auf; und wer Mich aufnimmt, der nimmt Den auf, der Mich gesandt hat.[88] Mach dir das zur Regel: Sei immer als Mein Priester erkennbar. Sei Mein Priester, immer und überall. Auf diese Weise wirst du Meine Gegenwart und diejenige Meines Vaters und Unseren Segen, das heißt, die Salbung des Heiligen Geistes, den süßen Wohlgeruch unserer Liebe, mit dir tragen, wohin immer du gehst. Der Priester ist das Sakrament Meiner Gegenwart. Ich möchte nicht, dass dieses Mein Sakrament versteckt wird. Zeige dein Priestersein. Identifiziere dich zuallererst und ausschließlich mit Mir, und Ich werde dich in all deinem Kommen und Gehen segnen. Die Welt braucht heute mehr denn je zuvor die sichtbare Gegenwart Meiner Priester. Die Welt muss wissen, dass Ich Meine kleine Herde nicht im Stich gelassen und auch die nicht aufgegeben habe, die Meiner Liebe vertrauen.

Sei in allen Umständen Mein Priester, und Ich werde dein Herz bis zum Überfließen mit der Süße Meines heiligen Herzens erfüllen. Es ist dieser süße Wohlgeruch, der die Seelen an Mich ziehen wird – durch dich, der du nur das Gefäß bist, das diesen Duft enthält, das Gefäß, durch welches Ich ihn überall verbreiten möchte.[89] Meine Priester tun gut daran, die Armut und Disziplin des geistlichen Gewands hochzuschätzen. Es ist sowohl ein Schutz für sie als auch ein Zeichen der Hoffnung für die Welt. Genug der Eitelkeit. Genug der Extravaganz. Seid stattdessen reine Spiegel Meines heiligen Angesichts in der Welt.

---

88 Mt 10,40; Joh 13,20.
89 2 Kor 2,14–16; 4,7; Eph 5,1–2; 2 Tim 2,20–21; Sir 24,20–23; 39,18–21.

**Freitag, 28. März 2008**

Vertrau der Führung des Einen, den Ich dir als Hilfe gesendet habe, dem Heiligen Geist, deinem Fürsprecher. Lerne, auf Seine behutsame Führung zu hören. Je mehr du Ihm folgst, desto mehr wirst du verstehen, wohin und wie Er dich führt. Das ist das Geheimnis der Heiligkeit: vom Heiligen Geist in allen Dingen geführt zu werden.

Bemühe dich aktiv um die Führung durch den Heiligen Geist. Bete zu Ihm, denn Er ist immer, in jedem Augenblick für dich ansprechbar. Er wohnt mit Mir und mit Meinem Vater im Heiligtum deiner Seele. Er ist dein Fürsprecher gegen die Welt, gegen das Fleisch, und gegen den Bösen, den Ankläger. Er ist dein Fürsprecher bei Meinem Vater.

Der Heilige Geist vereint deine Seele mit der Meinen, dein Herz mit Meinem Herzen in solcher Weise, dass es, wenn du betest, Mein Gebet ist, das zum Vater als köstlicher Weihrauch aufsteigt. Der Heilige Geist kommt deiner Unsicherheit zu Hilfe, denn es stimmt: Du weißt nicht, wie du auf rechte Weise beten sollst.[90] Das unsichtbare Wirken des Heiligen Geistes besteht darin, in den Seelen eine Übereinstimmung mit Meiner Fürbitte vor dem Vater im Heiligtum des Himmels und im Allerheiligsten Altarsakrament zu bewirken.

Wenn du zur Anbetung kommst, dann lass all deine Ängste und Sorgen zurück und erlaube dem Heiligen Geist, dich behutsam mit dem Gebet zu vereinen, das aus Meinem eucharistischen Herzen zum Vater aufsteigt. Alle deine Bedürfnisse sind in dem Gebet enthalten, das Ich Meinem Vater darbringe. Sei im Frieden. Vielleicht möchtest du für diese oder jene Sache beten, und ein solches Gebet ist gut und gefällt Meinem Vater, aber es gibt eine andere, eine höhere Weise, und sie besteht darin, sich dem Gebet Meines heiligen Herzens zu überlassen, wie es in der heiligen Eucharistie und in der Herrlichkeit des Himmels lebt. Ich sende den Heiligen Geist auf dich und auf alle Meine Priester herab, auf dass sie in diese Meine priesterliche Fürbitte mit einstimmen, ohne die andere Form von Fürbitte zu vernachlässigen, die, wie Ich sagte, Meinem Vater ebenfalls wohlgefällt, wenn sie in kindlicher Gesinnung und voller Zutrauen in Seine liebende Voraussicht vorgebracht wird.

Fürbitte ist mit Anbetung nicht unvereinbar. Die Seele, die Mich als den anbetet, der im Sakrament Seiner Liebe gegenwärtig ist, wird mit Mir in Meiner immerwährenden Fürbitte vor dem Angesicht Meines Vaters vereint. Meine Fürbitte wird selbst in der Herrlichkeit der Ewigkeit immer fortbestehen, da Ich wollte, dass die Wunden in Meinen Händen, Meinen Füßen und in Meiner Seite bleiben. Meine Wunden

---
90 Röm 8,26–27.

bilden ein unaufhörliches Flehen zum Segen aller: für diejenigen in der Herrlichkeit, dass sie von Licht zu Licht und von Glückseligkeit zu Glückseligkeit schreiten mögen; für die auf der Erde, dass sie in Meinen Wunden Heilung, Reinheit und Heiligkeit finden mögen; und für die Seelen im Fegfeuer, dass sie durch die Verdienste Meiner heiligen Wunden erfrischt und befreit werden mögen.

Ich möchte die Narben Meiner Wunden tief in die Seele eines jeden Priesters einprägen. Meine in den Seelen Meiner Priester eingeprägten Wunden bezeugen ihre Fürbitte am Altar. Diese geistigen Stigmata sind die Vollendung priesterlicher Heiligkeit. Die Unauslöschlichkeit Meines Priestertums in deiner Seele befähigt dich zu dieser vollkommenen Identifikation mit Mir in Meinem gekreuzigten Priestertum, in Meinem Opfer, und in Meinem verherrlichten Priestertum im Himmel, wo Ich für alle Ewigkeit das Meinem Vater dargebrachte Opfer bleibe.

Du hast noch nicht einmal angefangen, das Potential priesterlicher Heiligkeit zu begreifen. Ich möchte es dir schon sehr lange vermitteln, und jetzt ist die Zeit gekommen. Nimm auf, was Ich dir zeigen werde, und erlaube Mir, dich vollständig in Mich umzubilden. Nur so wirst du fähig sein für das Werk, für das Ich dich bestimmt habe.

Und nun schweige. Bete Mich an. Vertraue Mir. Ich habe nur gerade erst begonnen, dir den Weg der Heiligkeit zu zeigen, den Ich dir eröffne. Und danke Mir, denn Ich habe dich – durch eine besondere Vermittlung Meiner allheiligen Mutter – von jenem Schicksal erlöst, das der Böse schon seit so langer Zeit für dich ausgeheckt hatte.

## Samstag, 29. März 2008

Du sollst wissen, dass Ich dein Gebet auch durch die Bewegungen des Heiligen Geistes in deiner Seele zu Mir lenke. So wirst du Mich um Dinge bitten, die Ich dir zu geben wünsche.[91] Wenn du in Meine eucharistische Gegenwart kommst, dann vertrau dem Heiligen Geist, dass er dein Gebet belebt und formt. Auch wenn du zu Mir betest, unterweise und lehre Ich dich die Geheimnisse Meiner barmherzigen Liebe.

Die Wünsche Meines heiligen Herzens sind unermesslich, und Ich sehne Mich danach, sie zu teilen – vor allem mit Meinen Priestern. Ich habe dich erwählt, der enge Freund Meines Herzens zu sein. Dein Vorbild ist der heilige Johannes, und er ist dein treuer Fürsprecher. Komm

---

91 Vgl. Eingangsgebet am 9. Sonntag nach Pfingsten: »O Herr, möge Dein Ohr sich voll Erbarmen den Bitten der Flehenden öffnen, und damit Du den Bittenden ihre Wünsche gewähren könnest, lass sie verlangen, was Dir wohlgefällig ist.«

zu Mir im Sakrament Meiner Liebe, und erlaube Mir, frei zu dir zu sprechen. Ich möchte Mein Herz und was es beschwert dir und allen Meinen Priestern eröffnen. Ihr sollt begreifen, dass Ihr die seid, durch die Ich selbst unmittelbar wirke. Alles, was Mich berührt, alles, was sich auf Mich bezieht, alles, was Mich verletzt, betrifft auch euch.

Hier soll die Sühne beginnen: in der Identifikation deiner Seele mit all Meinen Interessen, mit all Meinen Sorgen, mit allem, was Mich verletzt und angreift; und in der Vereinigung deiner Seele mit Meinem verzehrenden Eifer für die Verherrlichung Meines Vaters und die Heiligkeit aller Menschen. Lass es zu, dass Ich mit dir die Dinge in Meinem eucharistischen Herzen teile. Ich möchte dein priesterliches Herz mit Meinem Herzen vereinen, und Ich habe damit auch bereits begonnen.

Gehorche Mir. Bleibe dem treu, um was Ich dich bitte, und alles Übrige wird sich *mirabiliter* – auf wunderbare Weise – entfalten, denn all das ist das Werk Meiner barmherzigen Liebe.

## 54 30. März 2008
## Barmherzigkeitssonntag

*Ich werde euch nicht als Waisen zurücklassen, Ich komme zu euch. Nur noch kurze Zeit und die Welt sieht Mich nicht mehr; ihr aber seht Mich, weil Ich lebe und auch ihr leben werdet. An jenem Tag werdet ihr erkennen: Ich bin in Meinem Vater, ihr seid in Mir und Ich bin in euch.*

JOH 14,18–21

Ja, damit habe Ich von der Eucharistie gesprochen, die Meiner Braut, der Kirche, gestiftete Gabe Meiner beständigen Gegenwart, und das bis zum Ende der Zeiten. Nicht *eine* Seele, die Mir gehört, bleibt in dieser Welt ohne Freund, solange die Kirche auch weiterhin das tut, was Ich in der Nacht vor Meinem Leiden geboten habe – zu Meinem Gedächtnis. Die heilige Eucharistie ist nicht nur Mein dem Vater dargebrachtes – wenn auch unblutiges – Opfer, sie ist nicht nur die Nahrung der Seelen, die sie mit Meinem Leib und Blut nährt; sie ist auch das Sakrament Meiner göttlichen Freundschaft, das Unterpfand Meines brennenden Wunsches, all jenen nahe zu bleiben, die Mich suchen, all jenen, die Mich brauchen, all jenen, die bereit sind, Zeit in Gemeinschaft mit Mir zu verbringen.

Deshalb betrübt es Mich zutiefst, dass Kirchen verschlossen sind, und dass Ich tagelang ohne Unterlass im Tabernakel alleingelassen werde. Ich würde Seelen an Mein offenes Herz ziehen, Ich würde ihnen die Erfahrung schenken und vermitteln, was es heißt, im strahlenden Glanz Meines eucharistischen Angesichts zu verweilen, Ich würde Mich in inniger Freundschaft jenen Seelen schenken, die von Mir im Sakrament Meiner Liebe angezogen werden; ihr aber, ihr Priester, ihr Hirten der Seelen, ihr habt vergessen, dass es ein zentraler Bestandteil eures heiligen Amtes ist, eure Kirchen zugänglich zu halten. Ich würde Seelen in Meiner eucharistischen Gegenwart weiden, ihr aber, indem ihr nicht aufhört, Meine Kirchen vor den Seelen zu verschließen, ihr durchkreuzt die Wünsche Meines eucharistischen Herzens und handelt ihnen zuwider. Im Himmel herrscht deswegen Trauer. Es ist nicht schwer, Meine Kirchen geöffnet zu lassen und sich um die geistlichen Bedürfnisse jener zu kümmern, die auf der Suche nach Meiner Freundschaft gerne eintreten würden. Die Hindernisse sind nicht von der Art, die ihr vorgebt; das Hindernis ist fehlender Glaube: Der Glaube an Meine wirkliche Gegenwart, Meine reale Präsenz ist verloren gegangen. Meine Priester werden für die Kälte und Isolation verantwortlich gemacht werden, die Mich mittlerweile im Sakrament Meiner Liebe umgibt. Ich wünsche Mir so sehr, Meine Kirchen offen zu sehen! Öffnet die Türen der Mir geweihten Häuser und vertraut Mir, dass Ich sie mit Anbetern im Geist und in der Wahrheit füllen werde!

Komm zu Mir im Sakrament Meiner Liebe, und Ich werde dich mit der köstlichen Süßigkeit Meiner Freundschaft erfüllen. Glaube Mir, dass es auf Erden keine Gemeinschaft gibt, die sich mit der Meinen vergleichen ließe. Auch deshalb habe Ich das Sakrament und Opfer Meines Leibes und Blutes gestiftet: auf dass Seelen Mich in Meinen Kirchen antreffen und, indem sie in Meiner Gegenwart verweilen, von Mir alles erfahren, was Ich von Meinem Vater gehört habe. Aus diesem Grund habe Ich euch Freunde genannt. Ihr seid Meine Freunde, weil Ich vom Tabernakel aus, in dem Ich gegenwärtig bin, und von der Monstranz aus, die Mich eurem Blick enthüllt, mit euch die Geheimnisse Meines Herzens teilen möchte.[92]

Ich bin euer Priester. Ich bin euer Opfer, das Lamm, das geopfert wird für die Sünden der Welt. Ich bin eure Speise, euer Trank in diesem Sakrament Meiner Liebe, aber Ich bin auch euer Gefährte. Die Eucharistie ist das Sakrament Meiner göttlichen Freundschaft. Ich wünsche, dass Meine Priester die ersten sein sollen, die das für sich selbst erfahren. Lade sie ein, zu Mir zu kommen und vor Meinem eucharistischen Antlitz zu wachen, nahe Meinem offenen Herzen; dann werden sie verstehen, welch eine schwere Kränkung es ist, Meine Kirchen zu verschließen, einen Abstand zwischen Mir und Meinem Volk aufzurichten, jenen, in deren

---

92 Joh 15,15.

Mitte Ich doch bleiben wollte. Ich möchte, dass der Besuch des heiligen Sakraments wieder Bestandteil eines normalen katholischen Lebenswandels wird, ein Instinkt des gläubigen Herzens, ein Ausdruck der Dankbarkeit und der Sühne Mir gegenüber, der Ich an so vielen Orten verlassen und verschmäht bin. Meine Priester sollen ein Beispiel geben, und die Gläubigen werden ihnen folgen. Denn folgt nicht die Herde dem Hirten? Wo sind die grünen Weiden, die vom König in den Psalmen verheißen wurden, wenn nicht in Meiner eucharistischen Gegenwart?[93]

Ich möchte, dass Meine Priester lernen, in Meiner Gegenwart zu verweilen. Ich verspreche, sie dort in einer Art und Weise zu erquicken, wie keine Unterhaltung, keine Zerstreuung, kein anderes Mittel es vermag. Lass sie zu Mir kommen, wenn sie verbittert und einsam sind. Ich werde ihre Ruhe sein und ihr liebster Gefährte. Sie werden Meine eucharistische Anwesenheit aufgerichtet und mit neuer Freude verlassen. Das verspreche Ich.

Ich möchte, dass Meine Priester Seelen aktiv dazu ermutigen, Mich im Sakrament Meiner Liebe aufzusuchen und Zeit in der Gegenwart Meines eucharistischen Herzens zu verbringen. Nichts wird das sicherer bewirken als das Beispiel Meiner Priester. Es gibt Priester, die Meine Kirche nur betreten, wenn sie darin eine Funktion zu verrichten haben. Die Herzen dieser Priester sind schon kalt geworden, und ihre Gleichgültigkeit für Meine Gegenwart, oft in ihrer unmittelbaren Nähe, schmerzt Mich zutiefst. Priester sollen es sich angewöhnen, ihre Kirchen aufzusuchen, nicht nur dann, wenn Gottesdienst ist, sondern auch zu anderen Zeiten während des Tages, ja sogar in den Nachtstunden. Damit werden sie beginnen, Mir zu erlauben, ihnen wieder zu einem Zustand strahlender Heiligkeit zu verhelfen. Lass sie damit anfangen, einen oder zwei, hier und dort. Das große Feuer wird von diesen wenigen Funken ausgehen, und es wird sich ausbreiten, bis die ganze Kirche entflammt sein wird von der eucharistischen Heiligkeit Meiner Freunde, Meiner Priester.

Wenn es in bestimmten Gegenden so wenige Priester gibt, dann liegt das vor allem daran, dass diejenigen, die dort wirken, Mich im Sakrament Meiner Liebe aufgegeben haben und nicht mehr in Meiner Freundschaft leben. Wenn jeder Priester sich als ein Freund Jesu zu erkennen gibt, dann wird seine Tätigkeit bald so wirkungsvoll sein und so reiche Frucht tragen wie diejenige des heiligen Johannes, des heiligen Paulus und Meiner ersten Apostel. Der Freund spricht mit einer Autorität, die sich nur durch Erfahrung einstellt.

---

93  Ps 23,2.

Dir sage Ich, dass diese der Anbetung gewidmeten Tage Mir wohlgefallen. Ich berühre Seelen und gieße Segen aus. Ich möchte es allen vergelten, die hierherkommen, in Meiner Gegenwart verweilen wollen und Mir die Anbetung entgegenbringen, die Ich Mir wünsche. Und du – dein Ort ist dort, wo du Mich anbeten kannst. Dein Ort ist und wird derjenige des heiligen Johannes sein, Meines geliebten Schülers und des geliebten Adoptivsohns Meiner allreinen Mutter. Traue Meiner Liebe zu dir. Bleib in Meiner Nähe. Gehorche Meinen Bitten, und Ich werde Wunder der Gnade in deiner Seele wirken und in den Seelen jener, die durch dein Priestertum berührt werden.

**Donnerstag, 3. April 2008**
**In der Kapelle von Bischof *N*.**

Heute Nacht habe Ich auf andere Weise mit dir gesprochen. Ich habe deinem Herzen etwas mitgeteilt, das Ich in Meinem eucharistischen Herzen bewahre: zu Meinem Vater hin, dass du in Mir und mit Mir und durch Mich Ihn lieben und Ihn preisen kannst; und auf Meine Priester hin, auf dass alles, was Ich Mir für ihre Reinheit, ihre Heiligkeit und ihre Fruchtbarkeit wünsche, zu Wünschen in deinem Herzen wird und zum Anliegen, das du in immerwährendem Gebet erflehst.

Fürchte dich nicht. Ich werde dir auf jedem Schritt des Weges helfen. Dies ist Mein Werk. Bitte Mich um Führung und Licht in allen Dingen, bis hinein in die Einzelheiten dessen, was zu tun ist. Ich werde das Werk von Anfang bis Ende leiten und inspirieren. Es ist ein Werk, das aus der Liebe Meines durchbohrten Herzens zu Meinen Priestern geboren wurde, und aus der Liebe zu dir. Meine Mutter hat es sich als ihr Werk zu eigen gemacht, und sie wird sich mit all der Fürsorglichkeit ihres gnadenreichen Herzens darum und um diejenigen kümmern, die sich bemühen, es zu verwirklichen. Vertraue auf die Fürsprache und den Schutz Meiner Mutter. Sie ist deine immerwährende Hilfe, die Mittlerin der Gnaden, die Ich für jene bestimmt habe, die an diesem Meinem Werk mitwirken.

**Donnerstag, 10. April 2008**

*Ich sagte unserem Herrn, dass ich mich müde fühlte. Ich sagte: »O liebster Jesus, die Wirkmacht und Fruchtbarkeit dieser Zeit der Anbetung kommt nicht von mir, sondern von Dir. Alles kommt von Dir. Ich trete vor Dich als Gefäß, das erfüllt werden möchte.« Dann bat ich unsere hei-*

*lige Mutter, die Mittlerin aller Gnaden, ihre Hände über mir zu öffnen und mir alles zu schenken, von dem sie weiß, dass es das Beste für mich ist und für die Priester, die ich in der Gegenwart ihres Sohnes vertrete.*

57 Lieber Freund, geliebter Priester Meines Herzens, du sollst wissen, dass Ich hier im Sakrament Meiner Liebe für dich da bin, ganz unabhängig davon, wie deine Gefühle sind. Es genügt, dass du in Meine Gegenwart kommst. Habe Ich nicht gesagt: »Kommt alle zu Mir, die ihr mühsam und beladen seid, und Ich werde euch erquicken«?[94]

Ich habe zu dir gesagt: »Komm«, und du hast Mir gehorcht, indem du zu Mir gekommen und im Strahlenglanz Meines eucharistischen Angesichts geblieben bist. Es gibt für dich nichts Segensreicheres. Du sollst Zeit in der Nähe Meines eucharistischen Herzens verbringen. In Meiner Gegenwart teile Ich deiner Seele alles mit, was du nach Meinem Willen haben, und alles, was du nach Meinem Willen wissen sollst. Du spürst vielleicht nicht, dass es geschieht, doch wirst du später die Fruchtbarkeit und die Wirksamkeit dieser in Meiner Gegenwart verbrachten Zeit erfahren.

Wenn Ich eine Seele für ein Werk auswähle, das Ich vollbringen möchte, dann beginne Ich immer damit, dass Ich diese Seele mit den Leitbändern Meiner süßen Liebe ganz nah an Mich ziehe.[95] Ich habe dir die Gabe Meiner göttlichen Freundschaft gegeben, so wie Ich sie Johannes und den anderen Aposteln gegeben habe, im Blick auf das gewaltige Werk, das Ich ihnen anvertraut habe: die Gründung und Förderung Meines mystischen Leibes, der Kirche auf Erden. Ein jedes Meiner Werke beginnt so.

Diejenigen, die meinen, sie könnten mit Plänen und Berechnungen Erfolg haben, und indem sie menschliche Mittel einsetzen, wie die Welt sie benutzt – solche kann Ich nicht brauchen für den Aufbau Meiner Kirche. Ich möchte die Kleinen und die Armen, diejenigen, die nichts haben außer einem immensen Vertrauen in Meine barmherzige Liebe; Ich möchte, dass sie zu Mir kommen und sich Meinem eucharistischen Herzen für Meine Pläne und Ziele aufopfern.

Jetzt bereite Ich dich für ein Werk vor, das für alle erkennbar ausschließlich aus Meinem Wirken entspringt. Vertraue Meiner Liebe zu dir und zu all Meinen Priestern. Suche Meine eucharistische Gegenwart auf, wann immer es dir möglich ist, und bleibe vor mir, auf dass Ich dich erfülle und dich zu Meinem Werkzeug mache und zum Repräsentanten Meines durchbohrten Herzens.

---

94 Mt 11,18.
95 Hos 11,4.

Ich freue Mich, dass du heute Nachmittag zu Mir gekommen bist. Ich segne dich, und Ich segne jene, denen du versprochen hast, dass du für sie betest. Meine allreine Mutter hält ihre Hände über euch. Ein Strom von Segen ergießt sich aus ihren reinen Händen in deine Seele. Und nun sage Mir Dank.

**Donnerstag, 17. April 2008**

Es reicht nicht, dass du nur an Donnerstagen auf diese Weise zu Mir kommst. Mein Herz wünscht sich, dich täglich in Meiner Gegenwart zu sehen, und bald werde Ich dafür sorgen, dass das geschieht, denn das gehört zur Entfaltung Meines Plans für dich und zu der Mission, die Ich dir in Meiner Barmherzigkeit zugedacht habe.

Ich werde dich, wie Ich es versprochen habe, zum Priester Meines eucharistischen Angesichts machen. Ich werde die strahlende Sonne deines Lebens sein. Das Licht Meines Angesichts wird deine Tage, ja selbst deine Nächte erleuchten. Ich werde dich in Meine eucharistische Gegenwart ziehen, um derjenigen Meiner Priester willen, die vor Meinem Angesicht fliehen, um jener Priester willen, die das Geschenk Meiner göttlichen Freundschaft zurückweisen und nie in Meiner eucharistischen Gegenwart verweilen. Ich werde dich mit einem Übermaß an Gnaden erfüllen. Ich werde dir die Gnaden schenken, die jene zurückweisen. Ich werde dich als Mein Werkzeug, als Meinen Kanal benutzen, mit dem Ich unter Meinen Priestern die auserwählten Gaben Meines eucharistischen Herzens neu austeile. Sei ohne Furcht. Bleib dem treu, worum Ich dich bitte. Suche Mein eucharistisches Antlitz, und verweile nahe Meinem eucharistischen Herzen.

**Donnerstag, 24. April 2008**

Glaub nie, dass deine Unvollkommenheiten und deine Fehlschläge in irgendeiner Weise ein Hindernis für das Wirken Meiner barmherzigen Liebe in deiner Seele sind. Übergib sie einfach vertrauensvoll Mir, dann werden sie im Feuer Meiner Herzensliebe zu dir verzehrt. Wenn Ich bestimmte Dinge von dir verlange, dann nicht, um dich zu belasten, sondern um dir einen sicheren Weg anzubieten, die Unterstützung Meiner Gnade zu erhalten. Darum habe Ich dich gebeten, jeden Donnerstag die Kapitel 13 bis 17 des Johannesevangeliums zu lesen. Dieser Kontakt mit Meinem Wort ist ein echter Kontakt mit Meinem Herzen.

Es gibt viele Dinge, die Ich dir auf diese Weise gebe. Du erkennst sie jetzt nicht, doch zu gegebener Zeit wirst du die Gnaden verspüren, die du im Gehorsam gegenüber Meiner Bitte angesammelt haben wirst.

Ich bin im Umgang mit dir einfach und liebevoll. Ich bin der Freund deines Herzens, der treueste und mitfühlendste aller Freunde. Zweifle nie an Meiner Freundschaft zu dir; sie trügt nie, und Ich möchte, dass du in Meiner Liebe zu dir sicher und ruhig bleibst. Ich eröffne dir die Erfahrung Meiner göttlichen Freundschaft jedes Mal, wenn du in Meine eucharistische Gegenwart trittst. Suche Mein eucharistisches Angesicht, und lehre andere, vor allem Meine Priester, das ebenfalls zu tun. Wer Mein eucharistisches Angesicht sucht, wird auch die Geheimnisse Meines eucharistischen Herzens entdecken, des Tabernakels Meiner Freundschaft zu dir.

Als Ich das Sakrament Meines Leibes und Blutes eingesetzt habe, habe Ich das nicht nur getan, um alle Glieder Meines Leibes enger mit Mir, dem Haupt, zu vereinen; Ich habe es nicht nur getan, um ihnen Speise und Trank für das ewige Leben zu geben; Ich habe es auch getan, um gegenwärtig, nahe und jederzeit zugänglich zu bleiben für jene, die Meine göttliche Freundschaft suchen, indem sie Mich, den wahrhaft Anwesenden, im Sakrament Meiner Liebe anbeten. Ich habe das Sakrament Meines Leibes und Blutes eingesetzt, indem Ich vor allem an all Meine Priester dachte. Ich habe sie gesehen, jeden einzelnen von ihnen, durch die Jahrhunderte hindurch bis zum Ende der Zeit. Ich habe die gesehen, die im Sakrament Meiner Liebe zu Mir kommen würden, und Ich habe Mich über sie gefreut. Und Ich habe auch die gesehen, die sich von Mir, dem im Sakrament der Liebe Gegenwärtigen, fernhielten, und Ich war tief betrübt über sie.

Meine Priester sind die Männer, die Ich erwählt habe, in der intimen Nähe Meiner eucharistischen Anwesenheit zu leben. Es war vor allem für sie, dass Ich Mein Angesicht und Mein Herz im Sakrament Meiner Liebe verbarg. Ich möchte, dass alle Priester das Geheimnis der heiligen Eucharistie als dem Sakrament Meiner göttlichen Freundschaft par excellence erfahren. Der Priester, der sich Mir nähert und der im Sakrament Meiner Liebe bei Mir bleibt, vergeudet nicht seine Zeit; er befindet sich am Urquell alles Guten, und Ich werde sein Priestertum mit einer wunderbaren apostolischen Fruchtbarkeit segnen. Das war das Geheimnis von sehr vielen Meiner Heiligen. Ich habe sie dir als Fürbitter und Beschützer vorgestellt und sie dir gegeben und denen, die Ich dir senden werde.

Vor allen anderen ist da Meine heilige Mutter, Meine ganz und gar schöne und allreine Mutter Maria. Sie ist da, wo Ich bin. Sie ist dem Priester nahe, der Mir im Sakrament Meiner Liebe nahe ist. Nichts bereitet ihrem unbefleckten Herzen so viel Freude, als wenn sie einen ihrer Priestersöhne in Anbetung vor Meinem eucharistischen Angesicht erblickt. Sie hält ihre Hände über ihm – so wie sie es jetzt eben in diesem Augenblick über dir tut –, auf dass sich Ströme von Gnaden in seine Seele ergießen. Liebe Meine Mutter, liebe Meine Mutter je länger, je mehr. Nie wirst du aus eigener Kraft an die Liebe Meines Herzens zu ihr heranreichen, aber als freies Geschenk kann und will Ich dich mit der Liebe Meines heiligen Herzens zu ihr vereinen. So wirst du die Erfahrung der unaussprechlichen Vereinigung unserer beiden Herzen in deinem Herzen erfahren.

Bleib ihrem Rosenkranz treu. Er ist Schild und Schwert des geistigen Kampfes. Er sichert dir deinen Sieg über die Mächte der Finsternis. Warum? Weil er ein demütiges Gebet ist, ein Gebet, das die Seelen, die ihn beten, an den Sieg Meiner Mutter über die alte Schlange bindet.[96]

Und – ja, bete das *Ave Maris Stella* für all deine Priester-Brüder, bete es täglich, wenn du kannst. Meine Mutter liebt diesen Hymnus und reagiert darauf, so oft sie ihn hört, mit einer Überfülle an Gnaden, die über jenen ausgegossen werden, für die er dargebracht wird.

Ich segne die, die du Mir vorstellst. Hab keine Angst. Ich bereite dir den Weg. Du verherrlichst Mich, indem du Meiner barmherzigen Liebe vertraust, und indem du sicher im Geschenk Meiner göttlichen Freundschaft gegründet bleibst.

### Donnerstag, 1. Mai – Christi Himmelfahrt

Lass Mich zu deinem Herzen sprechen. Meinst du etwa, Ich hätte dir nichts mehr zu sagen? Ich habe dir viel zu sagen. Ich möchte die Geheimnisse Meines Herzens in dein Herz gießen. Geschieht nicht genau das zwischen zwei Freunden? Hab Vertrauen in Meine göttliche Freundschaft. Ich liebe dich, und nichts auf Erden kann dich von Meiner Liebe trennen.[97] Ich liebe dich nicht, weil du irgendetwas getan hättest, mit dem du Meine Liebe verdienst.[98] Ich liebe dich, weil Ich die Liebe bin und weil Meine Liebe eine barmherzige Liebe ist, eine Liebe, die sich zu denen hingezogen fühlt, die der Erlösung am meisten bedürfen.

Es war deine tiefe Not, deine Gebrochenheit, deine äußerste Bedürftigkeit und Angewiesenheit auf Meine heilende und heiligmachende Gnade, was Mich zu dir hingezogen hat.[99] Und Ich wurde zu dir hingezogen, weil du in deiner Seele das unauslöschliche Siegel Meines

---

96 Gen 3,15; Offb 12,9; 20,2.
97 Röm 8,35–39.
98 Röm 5,8–9; 1 Joh 4,10; 4,19; 2 Tim 1,8–9; Tit 3,4–7.
99 Ps 12,6; 70,6; 72,12–13; 113,5–9; Jes 41,17.

eigenen Priestertums trägst. Ich wurde zu dir hingezogen, um Mein Priestertum in dir davor zu bewahren, entehrt zu werden. Ich möchte, dass du in der Fülle der Gnaden lebst, die dir an jenem Tag, da du Mein Priester wurdest, zugeeignet wurden.

Du wirst eine priesterliche Heiligkeit gewinnen, eine Opfer-Heiligkeit, eine Heiligkeit, die des Altars und Meines Opfers würdig ist, das auf dem Altar sakramental erneuert wird. Wenn Ich einen Mann erwähle, das Siegel Meines Priestertums in Seiner Seele zu empfangen, dann sind unsere Schicksale auf immer verbunden. Er ist an Mich gebunden, und Ich an ihn, und diese Verbindung hat auf ewig Bestand. Deshalb strecke Ich Mich jetzt nach dir und nach allen Meinen Priestern aus. Ich möchte in ihnen verherrlicht werden, und Ich möchte, dass in ihnen Mein Vater verherrlicht wird.

Bereite dich intensiv auf die Ausgießung Meines Heiligen Geistes an Pfingsten vor. Zieh dich mit Meiner Mutter ins Obergemach zurück. Bete während dieser Tage ohne Unterlass ihren Rosenkranz. Lebe in ihrer Gemeinschaft. Wähle das Schweigen. Suche Mich im Sakrament Meiner Liebe auf. Weise alles zurück, was dich davon abhält, die Gabe des Heiligen Geistes zu begehren. Ich möchte, dass du das Feuer des Heiligen Geistes mit einem durch Gebet und Beichte geläuterten Herzen empfängst. Ich verspreche dir eine erneute Ausgießung des Heiligen Geistes und Seiner sieben Gaben. Diese Gaben wirst du in den Tagen, die vor dir liegen, brauchen. Du wirst sie für das Werk brauchen, das Ich von dir erbeten habe: das Werk der Anbetung und der Sühne für alle Meine Priester.

Rufe den Heiligen Geist mit großer Sehnsucht an. Halte dein Herz rein. Bete ohne Unterlass. Meine Mutter ist bei dir. Das Gebet ihres unbefleckten Herzens wird dein Gebet während dieser Tage unterstützen, und durch sie wird der Heilige Geist in einer Fülle auf dich herabkommen, die du bisher nicht gekannt hast. Rufe den Heiligen Geist an, indem du den süßen Namen Meiner Mutter nennst. Es gibt keine wirkungsvollere Weise, die Gnaden des Heiligen Geistes in deine Seele herabzuziehen.

Ich segne dich mit aller Zärtlichkeit Meines göttlichen Herzens, und Meine Mutter hält ihre Hände über dir und über denen, die du uns genannt hast.

## Donnerstag, 8. Mai 2008

Empfange Meine Belehrungen und setze sie in die Tat um. Ich habe damit angefangen, dich für das Werk zu formen, für das Ich dich auserwählt und ausgesondert habe. Du wirst in die Geheimnisse Meines eucharistischen Herzens eintreten und deinen Priester-Brüdern dabei helfen, diese Geheimnisse für sich selbst zu entdecken, indem sie in Anbetung vor Meinem eucharistischen Antlitz bleiben. Ich habe dir so viel zu sagen, und gleichzeitig ist dir alles, was du für dieses Werk wissen musst, bereits im Evangelium des heiligen Johannes, dem Freund Meines Herzens, vorgegeben.

Ich habe dich ja berufen, ein zweiter Johannes zu werden. Ich möchte, dass du Mein Angesicht mit all der Zärtlichkeit und Anbetung anschaust, die der Heilige Geist ihm während der Jahre verliehen hat, die er in der Gemeinschaft mit Mir verbracht hat. Auch noch nach Meiner Himmelfahrt erkannte er Meine bleibende Gegenwart im Sakrament Meiner Liebe und lernte, hier die Herrlichkeit Meines eucharistischen Angesichts zu betrachten.

Johannes war der Freund Meines Herzens. Als er sah, wie auf Golgotha Mein Herz durchbohrt wurde, wurde auch sein Herz durchbohrt. Das schuf zwischen ihm und Meiner allheiligen Mutter ein Band, wie es tiefer nicht möglich ist. Dieses Band besiegelte das Bündnis aus Sohnes- und Mutterliebe, das Ich zwischen ihnen kraft Meiner Worte vom Kreuz stiftete. Und es machte ihr gemeinsames Leben nach der Geburt Meiner Kirche an Pfingsten zu einem Vorbild vollkommener Einheit und glühender Nächstenliebe. Johannes und Maria waren die Zierde der Kirche, indem sie den Worten treu blieben, die Ich vom Kreuz herab gesprochen hatte, und indem sie im Geheimnis Meines durchbohrten Herzens verweilten. Ihre eigenen Herzen – das unbefleckte Herz der Mutter und das reine Herz des Sohnes – waren ein einziger Kanal der Gnade und ein Licht für die Seelen. So möchte Ich, dass es sich für dich und für all Meine Priester in ihrer Beziehung zu Meiner allheiligen Mutter verhält. Erlaube, dass dein Herz durchbohrt wird, so wie ihres auf Golgotha. So wird dein Herz durch ihr Herz mit Meinem Herzen vereint.

Das Herz von Johannes wurde mystisch durchbohrt, als er sah, wie Blut und Wasser aus Meiner Seite herausströmten. Dein Herz wird im Geheimnis der heiligen Eucharistie durchbohrt werden, nicht nur, wenn du am Altar stehst, um Mich Meinem Vater aufzuopfern, sondern auch, wenn du in Meiner Gegenwart bleibst, wenn du Mein eucharistisches Antlitz aufsuchst, begierig bist, Meine Weisungen aufzunehmen, und wenn du Mir erlaubst, dich in den Priester umzubilden, der Ich dich von Anfang an wünschte zu sein.

Das Durchbohren deines Herzens wird nicht mit einem einzigen Stich geschehen. Es wird ein Werk Meiner Gnade sein und eine intime, ja verborgene Aktion des Heiligen Geistes. Du wirst wissen, dass dein Herz durchbohrt worden ist, wenn du anfängst, eine beständige und süße

Einheit mit dem Herzen Meiner Mutter und mit Meinem eigenen heiligen Herzen zu verspüren. Ich werde das für dich tun, aber darüber hinaus möchte Ich diese Gnade in den Seelen aller Meiner Priester wirken. Schon gleich zu Beginn wollte Ich, dass Meine Freundschaft mit Johannes für die anderen Apostel ein Vorbild ist. Den Priestern, die Ich Mir erwählt habe, werde Ich die innige Freundschaft Meines Herzens nicht vorenthalten. Das ist das Geheimnis priesterlicher Heiligkeit: die Vereinigung mit Meinem eucharistischen Herzen im durchbohrten Herzen Meiner und eurer Mutter, der allerseligsten Jungfrau Maria.

Ich möchte, dass du all das mit Pater N. teilst. Es wird ihn trösten und in seiner Seele das Verlangen nach Heiligkeit erneuern, das Ich ihm vor langer Zeit eingepflanzt habe. Ich segne alle, die du heute vor Mich gebracht hast, und Meine Mutter, die Königin des heiligen Rosenkranzes und Mittlerin aller Gnaden, hält ihre Hände über jeden einzelnen.

*Als ich unseren Herrn Jesus wegen meinem Alltag fragte und wegen meiner Unfähigkeit, das Gleichgewicht im Hinblick auf Schlafen, Essen und andere Dinge zu schaffen, antwortete Er mir:*

Ich bin nicht ungehalten über das, was du gegenwärtig tust. Opfere alles Mir auf.

### Donnerstag, 15. Mai 2008

Mein geliebter Freund, Priester Meines Herzens, Ich möchte, dass du die Worte nochmals betrachtest und überarbeitest, die Ich zu dir gesprochen habe. Ich bitte dich, sie dir im Geist präsent zu halten und in deinem Herzen zu bewahren, denn der Tag wird kommen, und er kommt schon bald, an dem Ich dich bitten werde, mit deinen Brüdern die Dinge zu teilen, die Ich dir eröffnet habe.

Vertraue Mir, dass Ich zu deinem Herzen spreche. Wisse, dass es Mein Wunsch und Meine Freude ist, mit dir zu sprechen, so wie einer mit seinem liebsten Freund spricht. Es gibt so viel mehr, was Ich dir sagen möchte. Bleibe deiner Gewohnheit treu, Mein eucharistisches Antlitz aufzusuchen; ermögliche Mir, dich tiefer in Mein offenes Herz hineinzuziehen.

Ich warte auf dich im Sakrament Meiner Liebe. Ich möchte, dass du so lange und so oft wie möglich vor Mich kommst. Tu das als Sühne für die Priester, die vor Meinem Angesicht fliehen. So viele von ihnen haben keine Zeit für Mich, dabei habe Ich ihnen ihr Leben gegeben, und auch ihre Ewigkeit empfangen sie von Mir.

Meine Priester sollen eine Gemeinschaft von Freunden bilden, die Mich mit ihrer Treue, ihrer Anbetung und ihrer dankbaren Liebe umgeben. Mein Herz trauert über jene, die leben, als sei Ich nicht der wahre Mittelpunkt, der König ihres Priestertums, ihrer Neigungen und ihres Lebens.

Ich werde dir die Gabe verleihen, Meinen Priestern zu dienen. Deine Worte werden selbst diejenigen berühren, die in ihrer Sünde verhärtet sind, und ihre Herzen werden gerührt durch deine Anbetung vor Meinem Angesicht. Ich empfange die Zeit, die du Mir für sie opferst, als ob sie sie selbst für Mich opfern würden, und im Austausch dafür werde Ich sie an Mich ziehen.

Vertraue Mir: Ich werde alles vollbringen, was Ich versprochen habe. Bald werden du und Ich unter einem Dach leben, und es wird bei Tag und bei Nacht deine Freude sein, in Anbetung vor Meinem eucharistischen Antlitz zu verweilen. Ich habe dich dafür vorbereitet. Für dieses Werk und für diese Lebensform habe Ich dich berufen. Überarbeite, was Ich zu dir bereits gesprochen habe, und du wirst den Plan Meiner barmherzigen Liebe zu dir und zu allen Meinen Priestern verstehen.

## Donnerstag, 22. Mai 2008
## In Connecticut

Ich wollte, dass du hierher kommst, um Mich zu trösten und für Mich eine lebendige Liebesflamme zu sein. Ich habe hier auf dich gewartet. Mein Herz sehnte sich nach deiner Gegenwart. Ich bin hier, schweigend und still, und warte auf wenigstens eine Seele, die Meine wahre und wirkliche Gegenwart erkennt und Mir den Trost eines Besuches aufopfert, eines Ausdrucks der Anbetung und der Liebe. Wer weiß denn schon von der Freundschaft, die Ich allen von den Tabernakeln aus anbiete, in denen Ich verborgen und allermeistens vergessen anwesend bin? Meine eucharistische Liebe ist unbekannt, weil so wenige von Meinen Priestern sie für sich selbst erfahren haben, und weil so wenige es wagen, sie bekannt zu machen.

Das ist die große Sorge Meines Herzens: dass dieses Sakrament, das Ich gestiftet habe, um bei den Meinen zu bleiben bis zum Ende der Zeit, auf Gleichgültigkeit, auf Kälte, auf eine grausame Gefühllosigkeit trifft – und das sogar bei Meinen erwählten Freunden, Meinen Gesalbten, Meinen Priestern. Viele empfangen Meinen Leib und Mein Blut; wenige unterscheiden das Geheimnis Meiner verzehrenden Liebe, die unter den sakramentalen Hüllen verborgen ist. Die heilige Kommunion ist an so vielen Orten zur Gewohnheit, zu reiner Routine geworden.[100] Darum bitte Ich um die Anbetung Meines eucharistischen Angesichts und um Sühne vor Meinem eucharistischen Herzen. Anbetung, vor allem die Anbetung durch Meine Priester – und die Anbetung durch Meine Priester für Meine Priester – wird den Wandel beschleunigen, den Ich wünsche und den Ich in Meiner Kirche bewirken werde. Dafür habe Ich dich als Meinen priesterlichen Anbeter auserwählt. Suche Mein eucharistisches Antlitz, nähere dich Meinem eucharistischen Herzen. Wenn Ich dich in Meiner Gegenwart begrüße, werde Ich die Priester, deine Brüder, begrüßen, für die du stehst und in deren Namen du vor Mich trittst. Ich werde um ihres Heiles willen einen Quell lebendigen Wassers in deiner Seele entspringen lassen,[101] und Ich werde Meine Priester erneuern, reinigen und heiligen, denn ihnen vor allem gehört Mein Herz. Ich segne dich und alle, die du Meinem eucharistischen Herzen anempfohlen hast. Das Licht Meines eucharistischen Angesichts wird ihnen aufgehen. Die Fürsprache Meiner heiligen Mutter wird ihnen Trost und Hoffnung spenden. Vertraue den Plänen Meiner barmherzigen Liebe zu dir, und bleibe im Frieden.

**Donnerstag, 29. Mai 2008**
**Vigil des Herz-Jesu-Fests**

Ja, Mein geliebter Freund, Priester Meines Heiligsten Herzens, Ich habe die Absicht, zu dir zu sprechen – zum Segen für dich und zum Segen für die Priester, die Ich dir senden werde. Die Zeit ist nahe. Nicht mehr lange, und Ich werde dieses Werk Meiner Liebe für Meine Priester beginnen lassen, und dich habe Ich erwählt, aus deiner Schwäche und Sündhaftigkeit heraus, von Meinem Erbarmen zu zeugen, Mich in Meinem eucharistischen Antlitz anzubeten, und deinen Priester-Brüdern Meinen brennenden Wunsch mitzuteilen, sie mögen Heilige sein.

Noch nie gab es in der gesamten Geschichte auch nur einen Priester, den Ich nicht zu großer Heiligkeit ausersehen hätte. Mein Herz hat viel gelitten, weil so viele Meiner Erwählten Meine Gaben zurückgewiesen haben, weil sie statt Meinem Weg lieber ihren eigenen Weg gehen woll-

---

100 Vgl. 1 Kor 11,27–30; Hlg. Pius X., Sacra Tridentina (1905), §2: »Die rechte Absicht besteht darin, dass man nicht aus Gewohnheit, Eitelkeit oder menschlichen Rücksichten zum Tisch des Herrn geht, sondern um Gottes Willen zu erfüllen, sich in Liebe enger mit ihm zu vereinigen und vermöge dieser göttlichen Arznei die eigenen Schwächen und Mängel zu bekämpfen.«
101 Joh 4,10–14; 7,38; Offb 21,6; Num 20,6 (Vul.); Hld 4,15; Jer 17,13–14; Sach 14,8.

ten, in die äußerste Finsternis, wo es Nacht ist.[102] Mein Herz brennt darauf, Meine Priester von eucharistischer Heiligkeit ganz und gar durchstrahlt zu sehen. Der Altar ist die Quelle priesterlicher Heiligkeit. Der Kuss, mit dem der Priester zu Beginn und am Ende der Heiligen Messe den Altar küsst, bedeutet, dass der Priester das erkennt. Indem er den Altar küsst, macht er sich für Meine durchdringende Liebe verwundbar. Indem er den Altar küsst, öffnet er sich bedingungslos allem, was Ich ihm geben kann, allem, was Ich im Planen Meines Herzens für sein Leben bewahre. Der Altarkuss bedeutet die vollständige Hingabe an die priesterliche Heiligkeit, die Ich wünsche, und an die Erfüllung Meiner Wünsche in der Seele Meines Priesters.

Die Heiligkeit, zu der Ich Meine Priester berufe; die Heiligkeit, zu der Ich dich berufe, besteht in einer vollkommenen Angleichung an Mich, der Ich vor Meinem Vater im himmlischen Heiligtum stehe, jenseits des Schleiers. Jeder Meiner Priester ist mit Mir beides, Priester und Opfer, in der Gegenwart Meines Vaters. Jeder Priester ist berufen, mit durchbohrten Händen und Füßen vor dem Altar zu stehen, mit verwundeter Seite, und mit dornengekröntem Haupt, so wie auch Mein Haupt in Meinem Leiden gekrönt war. Du musst keine Angst haben vor dieser Angleichung an Mich; sie wird dir nichts als Herzensfrieden und Freude in der Gegenwart Meines Vaters bringen, und jene einzigartige Vertrautheit mit Mir, die Ich Mir seit der Nacht vor Meinem Leiden für Meine Priester vorbehalte, für Meine Erwählten, für die Freunde Meines Herzens.

Sag Ja zu Mir. Sage Mir, dass du nur das für dich willst, was Ich für dich will. Sage Mir, dass du das wünschst, was Ich für dein Leben wünsche, und nichts sonst. Das wird Mir die Freiheit geben, dich ganz und gar zu reinigen und zu heiligen – Leib, Seele und Geist.[103] Dann kann Ich dich formen, dich verwunden zu einer lebendigen Darstellung Meiner selbst vor Meinem Vater und in der Mitte der Kirche. So ist es: Indem Ich dich verwunde, mache Ich dich zu einem zweiten Ich. Indem Ich dich verwunde mit einer Liebe, die in irdischen Worten nicht zu beschreiben ist, werde Ich dich von allen Wunden deiner Sünden heilen und bewirken, dass du in Meinem Königreich strahlst wie die Sonne.[104]

Das soll dich nicht erschrecken. Ich wünsche, dass alle, die zu Mir gehören, in unerschaffenem Licht erstrahlen.[105] Es wird in dir Meine Heiligkeit darstellen. Es wird den Augen aller – Engel und Menschen

---
102 2 Ijob 5,18; Mt 13,43.
103 1 Thess 5,23.
104 Ijob 5,18; Mt 13,43.
105 Mt 17,2; Mk 9,2; Lk 9,29; Apg 9,3.

– zeigen, dass es in den Seelen keine Heiligkeit gibt, die nicht Meine Heiligkeit ist, Meine ihnen mitgeteilte Heiligkeit.[106]

Ich habe beschlossen, deiner Seele Mein Licht mitzuteilen, indem Ich es durch das reine und sündenlose Herz, die reinen und sündenlosen Hände Meiner unbefleckten Mutter strömen lasse. Je öfter du dich an sie wendest, je mehr du vertrauensvoll und wie ein Kind in ihrem mütterlich liebevollen Blick lebst, desto mehr wirst du von Herrlichkeit zu Herrlichkeit verwandelt.[107] Das ist das Wirken Meiner Mutter in den Seelen der Priester, und das Wirken des Heiligen Geistes, der vermittels ihrer Hände die Seelen berührt.

Du sollst nicht daran zweifeln, dass Ich es bin, der zu deinem Herzen spricht. Habe Ich dir nicht genügend Zeichen Meines Wohlwollens gegeben? Und es werden noch mehr werden, weil Ich deine Bedürftigkeit und deine Ängste kenne, und weil Ich dich liebe mit brennender Liebe und mit einer Zärtlichkeit, die Mich dazu bewegt, in allen Dingen mit dir zu handeln, so wie ein bester Freund mit dem Freund handeln würde, dem er sein Herz geschenkt hat. Ich habe dir Mein Herz gegeben. Das geschah vor vielen Jahren, und Ich war dir treu, auch wenn du Mir so schmerzlich untreu warst. Jetzt aber ist alles Vergangene vergessen. Ich habe das Blatt umgewendet und dir die Gnade eines neuen Anfangs gegeben.[108]

Antworte Mir mit kindlichem Vertrauen. Nimm das Geschenk Meiner göttlichen Freundschaft an. Wisse, dass nichts zwischen uns kommen kann. Unter dem Schutzmantel Meiner unbefleckten Mutter bist du sicher. Ich habe dir Meine Heiligen gegeben, die über dir wachen, die dich trösten, dir raten, dir beistehen. Hab keine Angst. Glaube nur an Meine Liebe zu dir, Geliebter Meines Herzens, Mein Priester, Mein Vertrauter, Mein kostbarer Freund.

*Dann stellte ich unserem Herrn ein paar Seelen vor, einige mit Namen, andere ohne.*

Ich segne sie alle, so wie Ich dich segne, und Meine Mutter segnet dich mit Mir mit all der Zärtlichkeit ihres unbefleckten Herzens.

*Bevor Er ging, sagte unser Herr, als sei es Ihm gerade noch eingefallen:*

Nichts in deinem Leben entgeht Meiner Aufmerksamkeit.

---

106 Joh 1,16; 2 Petr 1,2–4; Eph 3,19; 4,13; 4,24; Kol 1,12; Hebr 3,14.
107 2 Kor 3,18.
108 Jes 1,18; 38,17; 43,25; 44,22; Hld 2,11; Eph 2,1–10.

## Freitag, 30. Mai 2008,
## Fest des Heiligsten Herzens Jesu

*Antwort auf das, was unser Herr von mir verlangt hatte:*
*O mein geliebter Jesus, ich komme vor Dein eucharistisches Antlitz, und ich nähere mich Deinem offenen Herzen in diesem Sakrament Deiner Liebe, um auf das zu antworten, was Du von mir verlangt hast. Mit Vertrauen in Deine unendliche Güte, und ohne Furcht, außer vor der Sünde und der Gefahr, von Dir getrennt zu werden, sage ich Ja zu allem, was Dein Heiligstes Herz von mir wünscht. Für mich will ich nur das, was Du für mich willst. Ich wünsche das, was Du für mein Leben wünschst, und sonst nichts.*

*Mit meinem freien Willen, den Du mir gegeben hast, gebe ich Dir, meinem großen, allmächtigen Gott, die Freiheit, mich ganz und gar an Leib, Seele und Geist zu heiligen. An diesem Fest Deines Heiligsten Herzens erlaube ich Dir, mich zu verwunden und zu formen in eine lebendige Darstellung Deiner selbst vor Deinem Vater und in der Mitte der Kirche. Verwunde mich, auf dass ich am Altar Deines Opfers ein zweites Du werde. Verwunde mich mit jener Liebe, die in irdischen Worten nicht beschreibbar ist, und heile so alle Wunden meiner Sünden. Durchdringe meine Seele mit Deinem göttlichen Licht. Gewähre, dass keine Spur von Dunkelheit in mir bleibt.*

*Ich erneuere meine vollkommene Weihe an das reine und sündenlose Herz Deiner unbefleckten Mutter und erhoffe mir aus ihren mütterlichen Händen alles, was Du mir schenken willst. Ich danke Dir für das unvergleichliche Wirken Deiner Mutter in meiner Seele und in den Seelen aller Deiner Priester. Durch sie bin ich ganz und gar Dein.*

*Vollende alle Pläne Deines Heiligsten Herzens mit meinem Leben. Ehre sei Deinem eucharistischen Herzen aus meinem ganzen Herzen und aus dem Herzen von jedem Deiner Priester. Amen.*

## Mittwoch, 11. Juni 2008

*Nach der heiligen Messe*

Hab keine Angst. Habe Ich Meine Versprechen, die Ich dir gab, nicht gehalten? Vollbringe Ich nicht für dich und durch dich alles, was Ich angekündigt habe? Vertrau Mir. Such Mich im Sakrament Meiner Liebe auf, so oft es dir möglich ist. Ich habe dich vor und über allem dafür auserwählt, Mein priesterlicher Anbeter zu sein. Dein Platz ist ganz nah an Meinem offenen Herzen. Dein Platz ist vor Meinem eucharistischen Antlitz. In diesem Jahr werde Ich anfangen, all das zu tun, was Ich für dich vorgesehen habe seit der Zeit, als Ich dir Mein Herz geschenkt und dich auserwählt habe, Mein priesterlicher Anbeter zu sein und der Freund Meines Heiligsten Herzens, ein zweiter heiliger Johannes für Mich und für Meine allreine Mutter.

Ich werde dich lehren, in Meiner Gegenwart zu verweilen: schweigend, anbetend, vertrauend, und Sühne leistend, vor allem für deine Priester-Brüder – und es gibt ihrer so viele! –, die nie in Meiner Gegenwart verweilen. Ich sage dir noch einmal: Als Ich dieses Sakrament und das Opfer Meines Leibes und Blutes einsetzte, da sah Ich nicht nur die Erneuerung Meines einmaligen Opfers durch die Äonen hindurch und die Seelen all jener, die Ich mit Meinem Leib und Blut nähren wollte. Ich sah auch das Bedürfnis Meiner Priester, Mich ganz in ihrer Nähe zu finden und in diesem Sakrament die Gabe Meiner göttlichen Freundschaft zu ihnen zu entdecken.

Ich sage dir dies, weil so viele Priester vergessen oder womöglich nie gewusst haben, dass Ich im Sakrament Meiner Liebe auf sie warte. Priester sind nicht nur Funktionäre, die die Sakramente verteilen; sie sind nicht nur Vorsteher über den Versammlungen Meines Volks; Meine Priester sind die Freunde, die Ich auserwählt habe, durch die Zeitalter hindurch der Trost Meines eucharistischen Herzens zu sein.

Jeder Priester ist aufgerufen, ein priesterlicher Anbeter zu sein. Jeder Priester ist eingeladen, die Erfahrung der fruchtbarsten Stunden seines Dienstes im Strahlenglanz Meines eucharistischen Angesichts zu machen. Für jeden Priester bleibt Mein Herz offen, ein Zufluchtsort, der ihn gerne im Sakrament Meiner Liebe willkommen heißt. Das ist ein Teil der Botschaft, die Ich dir für Meine Priester übergebe. Es ist an der Zeit, dass Meine Priester zum Sakrament Meiner göttlichen Freundschaft zu ihnen zurückkehren, und durch sie alle Gläubigen. Das priesterliche Pfingstfest, von dem Ich schon zu dir gesprochen habe, wird beginnen, wenn Priester in Meine eucharistische Gegenwart zurückkehren, wenn sie in den Abendmahlssaal, das Zönakulum, zurückkehren, in dem Ich sie beschenken werde mit einer heiligen Vertrautheit mit Meinem Heiligsten Herzen und mit einer keuschen, fruchtbaren Vereinigung untereinander.

Das ist heute Mein Wort für dich. Sei im Frieden. Vertraue auf Meine Liebe zu dir. Geh jetzt mit dem Sakrament Meines Leibes und Blutes zu deinem Vater. Ich freue Mich, mit dir zu gehen. Ich bin immer bei dir.[109] Meine Liebe umgibt dich in jedem Augenblick. Ich segne dich

---

109 Mt 28,20.

jetzt, und Meine süße Mutter segnet dich und hält über dir und über deinen Eltern ihre mütterlichen Hände, aus denen Gnaden fließen über dich, über die Seelen, für die du bittest, und über alle ihre Kinder.

**Donnerstag, 12. Juni 2008
In Connecticut**

Es ist genug für Mich, dass du hier bist. Nichts anderes verlange Ich von dir. Das ist es, was Mein Herz von dir möchte: deine anbetende, liebende Gegenwart. So tröstest du Mich und sühnst für so viel Kälte, Undankbarkeit und Gleichgültigkeit. Hier bin Ich für dich da. Sei du hier für Mich da. Suche Mein eucharistisches Antlitz. Du sollst wissen, dass Mein eucharistisches Herz offen ist und dich empfangen möchte, dich trösten, dich stärken und dich in Blut und Wasser reinigen, die immer aus Meiner durchbohrten Seite fließen.

Ich sehne Mich nach der Anbetung Meiner Priester. Ich sehe andere Anbeter vor Meinem Angesicht, und Ich bin froh über ihre Anwesenheit, und Ich segne sie mit all der Zärtlichkeit Meines eucharistischen Herzens. Aber Ich halte Ausschau nach Meinen Priestern. Wo sind sie? Warum sind sie nicht die ersten, die Mich morgens im Sakrament Meiner Liebe aufsuchen, und die letzten, die Mich am Ende des Tages verlassen? Auch in der Nacht warte Ich noch auf sie. Während der nächtlichen Stunden ist eine intime Nähe zur Mir möglich, die in anderen Stunden nicht erfahrbar ist. Ich warte auf Meine Priester. Ich warte auf die Freunde, die Mein Heiligstes Herz erwählt und gesalbt hat, auf dass sie Mein Opferpriestertum in der Welt fortsetzen. Ich wünsche, dass Meine Priester zu Mir kommen, und Ich werde sie, jeden Einzelnen, in den Strahlenglanz Meines eucharistischen Antlitzes ziehen. Dort werde Ich sie erquicken. Dort werde Ich sie heilen. Dort werde Ich sie wiederherstellen und ihnen die erlesensten Gaben Meines Herzens schenken.

An dir ist es, demütig, still, aber mit großer Treue zu beginnen. Ich rufe dich dazu auf, vor deine Brüder zu treten, Meine Priester, und ihnen einen Weg in der Wildnis zu bahnen, der direkt zu dem Tempel führt, in welchem Ich auf sie warte, voller Erbarmen und Liebe.[110] Tu du deinen Teil, und Ich verspreche dir, dass Ich den Meinen vollbringe.

Vertraue alle Dinge, die großen und die kleinen, Meiner unbefleckten Mutter an. Sie wird für dich sorgen, so wie sie für Johannes, den Jünger, den Ich liebe, gesorgt hat, indem sie in ihrem Herzen die Gnaden

---

110 Ex 23,20–26; Ps 78,52–54.

zugänglich macht, die für dich und für ihre Priestersöhne vorbehalten sind. Lebe deine Weihe an Meine Mutter in den konkreten Details deines Lebens. Erlaube ihr, dich zu formen und zu unterweisen. Dann wirst du anfangen, in einer Art, wie du sie früher nicht gekannt hast, den Frieden und die Freude des Heiligen Geistes zu erfahren. Wo Meine Mutter willkommen geheißen wird, wo es ihr erlaubt ist, ihr Wirken zu entfalten, da ergießt sich der Heilige Geist in Überfülle, und die Gnaden und Charismen des Heiligen Geistes erblühen für den Aufbau der Kirche.

Für heute ist es genug. Danke Mir für Meine Gegenwart. Tu, um was Ich dich gebeten habe. Sei treu in kleinen Dingen. Ich segne dich. Ich segne deinen Vater, deine Mutter, deinen Bruder, und alle, die du vor Mein eucharistisches Angesicht bringen möchtest. Meine Mutter wird dir eine immerwährende Hilfe sein. Ich habe sie zur Mittlerin aller Meiner Gnaden gemacht. Sie hat alle Macht über Mein Herz.[111] Auch sie segnet dich.

### Dienstag, 17. Juni 2008

Vertraue Mir in allen Ereignissen deines Lebens. Ich werde dich nicht verlassen. Du bist Mein, und Ich gebe dich nicht auf. Alle Entscheidungen der Menschen sind in Meiner Hand. Nichts wird dir geschehen, das Ich nicht zulasse. Ich werde dir Meine Gnade geben, dass du die Veränderungen in deinem Leben annehmen kannst. Ich stehe hinter allem, das dir geschieht. Nichts entgeht Meiner Weisheit; nichts entgeht Meiner Liebe; nichts entgeht Meiner Allmacht. Vertraue Mir, und bleibe im Frieden. Ich segne dich mit aller Liebe Meines Heiligsten Herzens. Hab keine Angst. Sag Mir immer wieder, dass du Meiner barmherzigen Liebe zu dir vertraust.

### Donnerstag, 19. Juni 2008

*Ich konnte für meine heilige Anbetungs- und Sühnestunde heute nicht zum heiligen Sakrament kommen, ich habe sie zu Hause abgehalten.*

---

111 Hier ist die *omnipotentia supplex* der Muttergottes angesprochen, die »bittende Allmacht«, die viele Theologen thematisieren (der heilige Ludwig Montfort erwähnt neben Anderen den heiligen Bernhard, den heiligen Bernardin und den heiligen Bonaventura: vgl. *Wahre Andacht zur allerseligsten Jungfrau Maria*, Erster Teil, Erstes Kapitel, 2. Artikel, Nr. 27). Papst Johannes Paul II. verwendet den Begriff bei seiner Generalaudienz am 2. Mai 1979.

Ich möchte, dass du vor deinen Priester-Brüdern kniest und ihnen die Füße wäschst. Ich möchte, dass du ihnen in ihrer Schwachheit dienst, in ihrer Gebrochenheit und in der Scham, die nur allzu oft schwer auf ihren Schultern liegt und sie dazu bringt, sich an irdische Dinge hinzugeben. Ich möchte, dass du zu ihnen Worte des Trostes sprichst. Ermutige sie, segne sie, hilf ihnen mit den Gaben, die Ich dir um ihretwillen verliehen habe. Kein Priester soll von dir gehen, ohne ein Wort des Trostes und einen Segen erhalten zu haben. Durch dich will Ich ihnen ein neues Herz und einen neuen Geist geben; das heißt, Ich will ihnen den Wunsch nach Heiligkeit eingeben, eine neue, verjüngte Liebe zu Mir und Meiner Kirche. Nichts davon wirst du alleine vollbringen; Ich werde durch dich handeln.

Demütige dich in Meiner Gegenwart. Gib Mir deine Sünden. Sage Mir, dass du Meiner barmherzigen Liebe zu dir vertraust, und Ich werde dich zum Instrument Meiner Liebe machen, mit der Ich sie liebe. Verachte keinen von ihnen.[112] Sieh in jedem, wirklich jedem Priester Meine Eigenschaften, die seiner Seele durch den Heiligen Geist am Tag seiner Priesterweihe aufgeprägt wurden. Bring deinen Respekt vor deinen Priester-Brüdern zum Ausdruck. Vermeide die Vertraulichkeit, die Meine Fähigkeit behindert, durch dich zu wirken. Wird ein Priester zu vertraulich im Umgang mit Seelen, dann nimmt er den Platz ein, der Mir gebührt und keinem anderen. Er macht sich selbst zum Anziehungspunkt und stiehlt Meine Glorie für seine persönliche Befriedigung.

Schau nicht auf persönliche Bequemlichkeit oder die Befriedigung deiner eigenen Bedürfnisse, wenn du Meinen Priestern dienst. Suche nur Mein Angesicht, und liebe mit Meinem durchbohrten Herzen. Ich werde dir eine tiefe Ehrfurcht für deine Priester-Brüder einflößen. Diese von Mir kommende Ehrfurcht wird ihre Verwundbarkeit in einer Art und Weise berühren, dass sie ihnen das Gespür für ihre eigene übernatürliche Würde zurückgibt.

Weihe jeden Priester, der zu dir kommt, Meiner allreinen Mutter. Ermögliche ihr, dich als ihr Werkzeug zu gebrauchen, so wie sie durch Meinen Jünger Johannes in ihrem Dienst an den anderen Aposteln und an der frühen Kirche gewirkt hat. Höre nicht auf, zu Meiner Mutter für deine Priester-Brüder zu beten. Dass du täglich *Ave Maris Stella* betest, freut Meine Mutter und erwirkt für Priester viele Gnaden. Sie ist es, die dich inspiriert, dieses Gebet jeden Tag zu beten.

Ich nehme deine Zeit jetzt von dir entgegen, als würdest du dich in Meiner eucharistischen Gegenwart befinden. Komm aber morgen

---

112 Mt 18,10; Sir 3,15; 8,6–9.

zu Mir zum Tabernakel. In Meiner sakramentalen Gegenwart warten Gnaden auf dich. Ich segne dich, und Ich ziehe dich an Mein verwundetes Herz. Sei du der Priester Meines eucharistischen Angesichts und Meines offenen Herzens, das bereit ist, alle Priester zu empfangen: an einem Zufluchtsort, einem Ort der Heilung, der Labsal und des grenzenlosen Erbarmens.

*Ich hatte einige Fragen über Freundschaften auf dem Herzen. Unser Herr beantwortete sie, Er sagte:*

Ich gebe dir die Freunde, Väter und Brüder, die Ich für dich auserwählt habe. Das werden die Freundschaften sein, die in Meinem Herzen geheiligt sind. Die anderen sollen Söhne für dich sein. Deine Liebe zu ihnen wird eine väterliche Liebe sein. Ich werde dir diese geistliche Vaterschaft eingießen, und sie wird nie fehlgehen.

## Donnerstag, 26. Juni 2008

*Ich sagte zu Ihm: »O mein geliebter, überaus barmherziger Jesus, ich bete Dich an, und ich opfere Dir alle Liebe und alle Sehnsucht meines Herzens auf. Die Sehnsucht, die ich Dir aufopfere, ist dieselbe, die Du mir gegeben hast: das innige Verlangen nach Heiligkeit, also nach Vereinigung mit dir.« Hast Du mich nicht aus diesem Grund gelehrt, so zu beten:*

O mein geliebter Jesus, vereine mich mit Dir:
mein Herz mit Deinem Herzen,
meine Seele mit Deiner Seele,
alles, was ich bin, mit allem, was Du bist.

*Ich finde es wundervoll und staunenswert, dass Du – Gott von Gott, Licht vom Licht, wahrer Gott vom wahren Gott – mich zu einer solchen Vereinigung mit Dir berufst. Du hast mir das herrliche Geschenk Deiner göttlichen Freundschaft angeboten, doch diese Vereinigung, zu der Du mich berufst, ist noch mehr. Sie ist «alles, das Du bist, in allem, das ich bin".[113] Sie ist eine Kommunion, die Mitteilung Deines*

---

[113] Die heilige Elisabeth von der Dreifaltigkeit (18. Juli 1880–9. November 1906) schrieb in einem Gebet vom 21. November 1904: »O Feu consumant, Esprit d'amour, survenez en moi afin qu'il se fasse en mon âme comme une incarnation du Verbe: que je Lui sois une humanité de surcroît en laquelle Il renouvelle tout son Mystère.« (O allverzehrendes Feuer, Geist der Liebe,

*göttlichen Sohn-Seins, Deines ewigen Priestertums, an mich und jeden Bereich meines Seins. Sie ist die Mitteilung all der Gefühle Deines eucharistischen Herzens an mein Herz.*
*Die Priesterweihe hat mein Herz für diese Kommunion vorbereitet. Das Herz eines jeden Priesters ist sakramental darauf vorbereitet, die unaussprechliche Mitteilung aller Gefühle Deines eucharistischen Herzens zu empfangen. Einige opfern sich Dir dafür; sehr viele tun es nicht.*
*In der Anbetung Deines eucharistischen Angesichts gehen ganz allmählich, in kleinen Schritten, die Gefühle, Sehnsüchte und Leiden Deines eucharistischen Herzens in das Herz Deines priesterlichen Anbeters über. Lass mich der priesterliche Anbeter Deines eucharistischen Angesichts sein. Teile mir alles mit, was Du in Deinem eucharistischen Herzen birgst: Deine Sohnesliebe, Deine priesterliche Anbetung des Vaters, und Deine barmherzige Liebe zu den Sündern, zusammen mit Deiner Liebe zu Deiner Braut, der Kirche.*
*Mein geliebter Jesus, ich bitte Dich, mir die Lebensform zu geben, die Du für mich wünschst. Du hast sie mir ja schon auf so mannigfaltige Art gegeben. Hilf mir, diese Form klar und einfach zu formulieren, um derer willen, die sie verstehen wollen.*
*Im Gehorsam vor Dir vertraue ich alle konkreten Einzelheiten Deiner unbefleckten Mutter, meiner eigenen Mutter der Immerwährenden Hilfe, an. Ich weiß, sie hat alle Macht über die Schätze Deines Heiligsten Herzens. Ich weiß, sie ist die vom Vater bestimmte* **Ministra gratiarum***. Ich weiß, sie ist die notwendige menschliche Vermittlerin der Werke des Heiligen Geistes in der Welt, in der Kirche und in den Seelen.*[114] *Ich vertraue ihr vollständig und in allen Dingen. Ich bitte Dich, mir grenzenloses, kindliches Vertrauen in die Güte ihres barmherzigen, makellosen Herzens zu schenken.*

*Unser Herr sagte zu mir:*

Vertrau Mir auch weiterhin in allen Dingen. Ich werde Mich nicht von dir abwenden, dich nicht verlassen. Ich lenke jede Wendung der

---

komm auf mich herab, damit sich in meiner Seele quasi eine Menschwerdung des Wortes vollziehe, ich Ihm eine zusätzliche Menschennatur sei, in der Es Sein ganzes Geheimnis erneuern kann.)
114 »Notwendig« nicht aufgrund der Natur der Dinge, sondern aufgrund des göttlichen Plans und Urteils, und weil es so am angemessensten ist – eine Wahrheit, die uns einleuchtet, wenn wir darüber nachdenken, dass Gott Maria als unbefleckte Theotokos (Gottesgebärerin) erwählt hat, als neue Eva und als die Mutter des Jüngers, den Jesus liebte.

Ereignisse, sämtliche Umstände, die für diesen Augenblick in deinem Leben von Bedeutung sind: den Beginn Meines Wirkens für die Heiligung Meiner geliebten Priester, und die Offenbarung Meines eucharistischen Angesichts und Meines offenen Herzens, das im Sakrament Meiner Liebe verborgen ist.

Schon ganz zu Beginn – seit der Nacht im Abendmahlssaal, als Ich die Geheimnisse Meines Leibes und Blutes preisgab – waren Mein Angesicht und Mein Herz in der Heiligsten Eucharistie zugegen. Dies ist nun aber tatsächlich eine Offenbarung in dem Sinn, dass Ich jetzt den Vorhang zurückziehen möchte, und um das zu tun, werde Ich dich als Werkzeug benutzen. Es gibt nichts Neues in dem, was Ich dir sage, aber vieles wurde vergessen, abgetan, ja sogar aus Verhärtung des Herzens zurückgewiesen. Du sollst Mein Werkzeug sein, dass der Vorhang vor dem, was *ist*, zurückgezogen wird – überall dort, wo Ich sakramental gegenwärtig bin: Mein Angesicht, das im vollen Glanz Meiner Göttlichkeit strahlt, und Mein durchbohrtes Herz, das ewig offensteht, ein Quell heilender Gnade und unerschöpflichen Lebens für die Seelen.

Für den Augenblick ist das alles, was Ich dir sagen möchte. Mein Herz spricht zu deinem Herzen. Es ist Mir eine Freude, so zu dir zu sprechen. Vertraue Mir in allem. Sei im Frieden. Erlaube Mir jetzt, dich vom Tabernakel vor dir zu segnen, von dem Tabernakel aus, in dem Ich verborgen, aber voller Leben und Gnade bin für alle, die sich Mir hier nahen.

## Donnerstag, 3. Juli 2008

*Mein geliebter Jesus, ich danke Dir, dass Du mich zu einem Leben der Anbetung berufen hast. Ich danke Dir dafür, dass Du willst, dass ich Unwürdiger vor Deinem eucharistischen Angesicht verweilen und mich Deinem offenen Herzen im Sakrament Deiner Liebe nähern darf.*

*Ich danke Dir, dass Du mich berufen hast, Buße zu tun – vor allem für all meine eigenen zahllosen Sünden und für all jene Beleidigungen, mit denen ich Dein liebendes Herz betrübt und Seelen verletzt habe, die Dir lieb sind und die Du mit Deinem kostbaren Blut erkauft hast.*

*Du rufst mich auch auf, Buße zu tun für alle Sünden meiner Priester-Brüder, arme Sünder wie ich, die sich oft in den Schlingen des Bösen verfangen haben und nicht mehr für die Freude und den Frieden zugänglich sind, den Du ihnen in Deiner Gegenwart schenken möchtest.*

*Ich danke Dir, dass Du mich erwählt hast, für die Kälte zu büßen, die Gleichgültigkeit, die Ehrfurchtslosigkeit und die Isolierung, die Du im Sakrament Deiner Liebe erdulden musst.*

*Deiner Gegenwart möchte ich meine Gegenwart darbringen;*
*Deinem durchbohrten Herzen mein Herz;*
*Deiner göttlichen Freundschaft möchte ich alles Sehnen meiner*
  *Seele opfern*
*für die Gemeinschaft mit Dir,*
*die jede vergängliche irdische Liebe übertrifft*
*und die tiefsten Bedürfnisse und Wünsche meines Herzens be-*
*friedigt.*

73

Ich bete zu Dir um das Obergemach, das Du selbst geschaffen hast. Im Gehorsam vor Dir vertraue ich es Deiner Allerheiligsten Mutter an und verlasse mich ganz darauf, dass sie sich jeder Einzelheit annimmt, denn es soll ihr Heim werden, der Ort, der von ihrem schmerzerfüllten, unbefleckten Herzen erwählt wurde, um dort ihre Priestersöhne zu empfangen, sie zu heilen, zu heiligen, sie neu zu bilden nach dem Bild Deines geliebten Jüngers, den sie an Sohnes Statt angenommen hat: des heiligen Johannes.

Ich verzichte auf jeden Impuls von meiner Seite, den Lauf der Dinge zu kontrollieren, und ich versetze mich und dieses Werk in Deine heilige Seitenwunde, um dort im Strom von Blut und Wasser gereinigt zu werden, der in jedem Augenblick aus Deinem eucharistischen Herzen strömt. Ich bitte Dich, mich zu befreien von jeglichem Wunsch zu gefallen, Zustimmung zu erhalten, Zuneigung zu gewinnen und die Gefühle anderer zu manipulieren, um meine Selbstliebe zu nähren und meine Unsicherheiten zu betäuben. Ich verzichte auf jeden Wunsch, persönliche Befriedigung in den Beziehungen zu suchen, die unweigerlich Teil dieses meines neuen Lebens sein werden. Ich bitte Dich, mich von Habgier, Eitelkeit, Angst, Begierde und Zaghaftigkeit zu befreien.

Ich bitte Dich: Lass mich rein, transparent, demütig und frei bleiben, damit ich mit Redlichkeit, Gelassenheit und Freude die geistliche Vaterschaft umsetzen und leben kann, zu der Du mich berufen hast. Ich bitte darüber hinaus um die Gnade, mich allen, die zu mir kommen, wie ein Vater zu seinem Sohn, wie ein Bruder zu seinem Bruder verhalten zu können. Ich bitte Dich, jedes Freundschaftsband im Feuer Deines eucharistischen Herzens zu läutern und zu stärken.

Ich überlasse Dir mein Menschsein mit seinen Wunden, seiner Gebrochenheit und seinen Narben. Ich übergebe Dir meine gesamte Vergangenheit. Ich bitte Dich um die Gnade, in dem neuen Leben wandeln zu können, von dem ich weiß, dass Du es für mich wünschst.

> *Und damit all das auf die wirkungsvollste, fruchtbarste Weise geschieht,*
> *übergebe ich in die ganz reinen Hände Deiner Mutter, meiner Mutter,*
> *alles, was ich bin, alles, was ich gewesen bin, und alles, was Du in der grenzenlosen Gnade Deines eucharistischen Herzens wünschst, dass ich es für Dich, o mein geliebter Jesus, sein soll,*
> *für Deinen mystischen Leib, Deine Braut, die Kirche,*
> *und zum Lob und Ruhm Deines Vaters. Amen.*

Siehe, du hast gebetet entsprechend der Inspiration, die Ich dir durch Meinen Heiligen Geist eingab. Es gibt keine bessere Art zu beten. Wer auf Mein eucharistisches Herz hört, wird richtig beten. Seine Bitte wird von Meinem Vater erhört. Ich bin es, der dich lehren wird zu beten.[115] Ich werde dir die Dinge offenbaren, von denen Ich möchte, dass du um sie bittest. Und Ich werde dir die Gnaden schenken, die du auf Mein Wirken hin begehrst, und für die Ich dich inspiriert haben werde zu beten. Eben das meinte Mein Apostel, als er schrieb, »der Geist kommt unserer Schwachheit zu Hilfe, denn wir wissen nicht, wie wir auf rechte Weise beten sollen«.[116] Der Geist weiß um alles, was im Herzen Meines Vaters ist, und der Geist kennt alle Wünsche Meines heiligen Herzens für Dich.[117]

Wenn du betest, sollst du dir keine Sorgen machen wegen dem, was du sagen oder um was du bitten sollst.[118] Es reicht, demütig in Meine Gegenwart zu kommen und zu beten, wie es dir Mein Heiliger Geist eingibt. Ein solches Gebet wird immer Frucht bringen. Ein solches Gebet ist immer wirkungsvoll, weil es nicht von dir kommt, sondern von Mir, nicht von dem ausgeht, was du begehrst, sondern von dem, was Ich dir geben möchte.

All das habe Ich Meinen Aposteln am Abend vor Meinem Leiden erklärt. Ich wollte, dass sie mit Zuversicht, mit Kühnheit und mit der Sicherheit zu beten begannen, dass Ich ihnen die Dinge gewährte, um die zu bitten Ich sie bewegte. Auf diese Weise betet Meine Braut, die Kirche, in ihrer heiligen Liturgie. Du tust gut daran, die Liturgie Meiner Kirche zu lieben. Sie ist das Werk des Heiligen Geistes, der, indem er Gebrauch machte von menschlichen Werkzeugen, ein Gebet schuf, das Meinem Vater wohlgefiel und Meines ewigen Priestertums würdig

---
115 Lk 11,1–4.
116 Röm 8,26.
117 1 Kor 2,9–16.
118 Mt 6,7–8; 10,19; Mk 13,11; Lk 12,11; Röm 8,26.

ist. Tritt demütig und rückhaltlos, mit ganzem Herzen in die Liturgie Meiner Kirche ein und lehre andere, es ebenso zu halten.

Ich habe dir eine besondere Gabe verliehen, die es dir ermöglichen wird, andere im Gebet Meiner Braut, der Kirche, zu unterweisen. Du wirst deinen Brüdern – Priestern wie auch Diakonen – helfen, mit Mir in das verborgene Heiligtum hinter dem Schleier einzutreten, wo Ich als ewiger Priester vor der Glorie Meines Vaters stehe, Mein Antlitz verwandelt und ganz strahlend im Glanz des Heiligen Geistes.[119] Lehre Seelen, mit Mir in die anfang- und endelose Liturgie des Himmels einzutreten und in die verborgene Liturgie jedes Tabernakels, wo Ich als ewiges Opfer und Hoherpriester gegenwärtig bin und wirke.

Wenn du kommst, um Mich anzubeten, erlaube Mir, dich mit Meinem Opferpriestertum zu vereinen. Erlaube Mir, in dir zu beten. Gib Mir dein Herz als Weihrauchgefäß, das bereitet ist für den süßen Weihrauch Meines Gebets zum Vater.

Ich wirke jetzt, und Ich werde auch weiter in diesem Obergemach wirken, das ganz und gar Mein Werk ist und Mein ganzes Verlangen. Widersteh der Versuchung, Personen und Dinge zu kontrollieren. Übergib immer wieder alle Dinge und jede Person, die an diesem Werk beteiligt ist, in die Hände Meiner allreinen Mutter. Sei frei, und sei im Frieden. Dies ist Mein Werk, und Ich werde es vollbringen. Ich segne Dich von Meinem Tabernakel aus, und Meine allreine Mutter segnet dich und legt ihren Schutzmantel um dich. Und nun sage Mir Dank.

## Donnerstag, 10. Juli 2008

Hör Mir zu.

So soll dein Leben sein: ein Wachen im Gebet vor Meinem eucharistischen Angesicht. Nichts soll dich von diesem Einen, das notwendig ist, abhalten. Alles andere soll dir weniger wert sein als dieses Eine, wozu Ich dich berufen und ausgesondert habe.[120] Ich verlange nicht von dir, dass du dich an vielen verschiedenen Aktivitäten beteiligst; Ich möchte, dass du in einen unablässigen Austausch der Liebe mit Meinem offenen Herzen trittst, das im Sakrament Meiner Liebe gegenwärtig ist und jederzeit auf dich wartet. Du wirst [von anderen Menschen] darum gebeten werden, andere Dinge zu tun, dich für Anderes einzusetzen, aber dafür habe Ich dich nicht auserwählt. Ich möchte dich ganz für Mich allein.

---

119 Hebr 6,19–20; 9,24; 10,19–21; Phil 2,11; 1 Petr 4,14; 5,10; Joh 1,14; 17,24; 2 Kor 4,6; 2 Petr 1,17; Mt 17,2; Mk 9,1.
120 Lk 10,42; Mt 13,46; 1 Chr 23,13; Apg 13,2; Gal 1,15.

Wenn Ich dich vor Meinem eucharistischen Antlitz sehe, dann sehe Ich in dir all deine Priester- und Diakonen-Brüder, all jene, für die du vor Mir stehst. Ich werde von Herz zu Herz zu dir sprechen, so wie Ich es jetzt tue, und Ich werde dir die Worte eingeben, von denen Ich möchte, dass du sie an jene weitergibst, wenn du dazu aufgefordert wirst.[121] Ich habe dich ausgesondert als ein Gefäß, das Ich mit den unermesslichen Gnaden Meiner göttlichen Freundschaft füllen möchte.[122] Verweile schweigend und offen in Meiner Gegenwart.[123] Empfange alles, das Ich dir eingießen will, und lass Meine Gnaden überfließen, auf dass sie die Seelen jener erreichen, die du vor Meinem eucharistischen Angesicht vertrittst.

Wenn du vor Mich kommst, sei bereit, Meine Stimme zu vernehmen. Lass es zu, dass Meine Worte in dir wirksam werden; Meine Worte werden dich heiligen, und während du sie empfängst, vereinigen sie dich mit Mir. Lass während deiner Zeit der Anbetung alles andere hinter dir. Sprich zu Mir, wie Ich es dir eingebe, und nimm Meine Worte an dich in Dankbarkeit und Demut an.

Ich spreche auf diese Weise zu dir, weil du so tief gefallen bist. Die Sünde hat dich erniedrigt, und nun neigt sich Meine Huld zu dir hinunter, um dich aufzurichten, ja um dich mit Mir zu vereinen. Du wirst die Erfahrung machen, dass Mein Herz zu deinem Herzen hingezogen ist. Leiste Mir keinen Widerstand. Erlaube Mir, dich durch die Wunde in Meiner Seite in eine Kommunion der Liebe mit Meinem Herzen zu ziehen. Ich möchte, dass du dort bei Mir bist, wo Ich bin, in jenem verborgenen Heiligtum hinter dem Schleier Meines Fleisches, wo Ich Meinen Vater in der Süßigkeit des Heiligen Geistes anbete und vor Ihm als Sein ewiger Priester stehe. Es ist Mein Wunsch, all Meine Priester zu dieser immerwährenden Ausübung Meines Priestertums einzuladen, hier, im Sakrament Meiner wirklichen Gegenwart, so wie im Heiligtum des Himmels, wo Ich lebe und für euch Fürbitte einlege.

Ich werde dich mit Meinen Wunden zeichnen. Meine nun verklärten Wunden sind die Beglaubigung für dein Priestertum. Jeder einzelne Meiner Priester ist dazu berufen, in seiner Person die mystische Prägung durch Meine Wunden zu tragen, sind sie doch der Ruhm Meines ewigen Priestertums.

Zweifle nicht an Meinen Worten, die Ich zu dir spreche. Fürchte dich nicht. Ich bin bei dir, und Mein Wirken wird sich auf wunderbare Weise entfalten. Gib Mir jede Sorge, alles, was dich beschäftigt. Überlass jede Sorge um den Bau Meines Obergemachs den Händen Meiner aller-

---

121 Mk 13,11; Num 22,38; Jdt 9,18; 2 Kor 2,17.
122 Apg 9,15; 2 Tim 2,21.
123 Ps 81,11; Ps 37,7; Ps 46,11.

reinsten Mutter. Ich habe ihr jede Einzelheit dieses Werks überlassen. Ich möchte, dass du frei bist, frei von Sorge und Angst, frei, Meine Liebe zu dir mit einer heiteren, gelassenen Liebe zu erwidern.

Es wird Hindernisse geben, aber du wirst sehen: Sie werden wie Eis im Licht Meiner barmherzigen Liebe schmelzen. Halte dich nicht mit Stolpersteinen und Schwierigkeiten auf; übergib sie stattdessen alle Mir, sobald sie auftauchen. Je länger du an ihnen festhältst und versuchst, sie selbst zu lösen, desto schwieriger und komplizierter werden sie zu lösen sein. Entwickle die Gewohnheit, Mir jedes Hindernis auf deinem Weg zu übergeben. Ich bin all-liebend, all-barmherzig und allmächtig, und Ich bin es, der hier am Werk ist. Du bist nur Mein Instrument. Ich bitte dich um nichts anderes, als gläubig und in Frieden deinen Platz vor Meinem eucharistischen Antlitz einzunehmen. Alles andere werde Ich vollbringen. Glaube nur an Meine Verheißungen, und gehe voran, dankbar und voller Hoffnung.

Ich werde dich zur rechten Zeit alles lehren, was du auf deinem Weg wissen musst. Ich gebe dir Meine Worte nicht vor der Zeit, Ich gebe sie dir dann, wenn du sie brauchst, in dem Augenblick, den Meine liebende Vorsehung bestimmt. Gib also das Verlangen auf, die Dinge vor der Zeit zu kontrollieren und zu arrangieren, die Ich festgesetzt habe. Jedes Ding hat seinen eigenen Moment, und allein dieser Moment und kein anderer enthält die Gnade, die deinem Bedürfnis, deiner Schwachheit und der anstehenden Aufgabe genau entspricht. Ich gehe auf diese Weise mit dir vor, weil Ich wünsche, dass du Mir vollständig vertraust, in allen Dingen, den großen und den kleinen.

Wenn sich Sorge oder Furcht bei dir regt, dann wende dich an Meine allreine Mutter, die Mittlerin aller Gnaden und deine Mutter der Immerwährenden Hilfe. Es reicht, ihren süßen Namen anzurufen. Sie wird verstehen, und sie wird das tun, was notwendig ist, dass Mein Werk fortschreitet.

Und Ich gebe dir wiederum den heiligen Benedikt als Vater und Lehrmeister. Schon jetzt bittet er für dich. Das Band, das dich mit ihm verbindet, habe Ich geknüpft, und es wird dich in die Ewigkeit führen. Ich werde deinen Verstand erleuchten, und zu gegebener Zeit wirst du neue Lichtquellen in der *Regel* des heiligen Benedikt finden, und du wirst sie mit denen teilen, die Ich dir senden werde. Gegenwärtig verlass dich einfach auf die Fürsprache des heiligen Benedikt. Er ist ein mächtiger Verbündeter gegen die Fallstricke des Bösen. Es ist gut, dass du seine Medaille trägst: Sie wehrt den Bösen ab und beschützt dich vor seinen Angriffen.

Beginne demütig und dankbar diesen Festtag des heiligen Benedikt. Ich werde dich nicht verlassen. Ich vollbringe alles, was Ich dir versprochen habe. Vertrau auf Meine barmherzige Liebe. Wende dich oft an Meine allheilige Mutter. Komm vor Mein Angesicht in diesem Sakrament Meiner Liebe; dies ist der Ort deiner Ruhe, und Mein eucharistisches Herz wird der Ankerplatz deiner Seele sein.[124]

Jetzt segne Ich dich mit einem mächtigen Segen, der in deiner Seele die Gnade deines Priestertums erneuern wird. Meine Mutter segnet dich und behütet dich unter ihrem Schutzmantel.

### Donnerstag, 17. Juli 2008

Du tust gut daran, Mir alles zu überlassen. Und wenn du Mir etwas übergeben hast, dann belasse es bei Mir und sei gewiss, dass Ich es zum höheren Ruhm und Lob Meines Vaters verwende und zur Rettung deiner Seele und der Seelen von vielen. Ich möchte, dass du in einer inneren Freiheit lebst, die dem Vertrauen auf Meine liebende Barmherzigkeit entspringt. Ich werde dich nie verlassen. Ich habe dir Mein Herz geschenkt. Liebe Mich, und zeige Mir deine Liebe, indem du Mir alles überlässt. Nichts ist für Mich zu klein, nichts ist für Mich zu groß.

Lebe in der Gnade Meiner göttlichen Freundschaft. Frage Mich um Rat, wegen allem und jedem, und so oft du willst. Ich nehme lebhaften Anteil an allem, was dich angeht. Du bist Mein Augapfel.[125] Es ist an Mir, dich zu beschützen, dich vor allem Bösen zu bewahren, und dich von allen Gefahren an Leib und Seele Tag und Nacht abzuschirmen.

Alle diese Anliegen, die du Mir übergeben hast, werden zur rechten Zeit gelöst werden, und du wirst mit Dank und Freude erfüllt sein. Dir und vielen anderen wird klar werden, dass Ich gewirkt habe, und dass Ich gehandelt habe, um das Wirken Meines eucharistischen Herzens zu schützen und zu fördern.

Das Indult, das gestern zum Fest Meiner allreinen Mutter, der Königin des Karmel, erlassen wurde, war ein Zeichen, dass sie dich, ihren Priester-Sohn, und dieses Werk der Anbetung in ihr Herz genommen hat. Sie, die für dich eingetreten ist, um dich aus einem Leben der Sünde und des Unglücks zu erretten, wird wieder und wieder für dich eintreten, um dich zu heiligen und zu bewirken, was Ich zu tun beabsichtige.

Du hast gut daran getan, N. aufzufordern, sich Meiner allreinen Mutter zu weihen. Er muss das tun, um von der Sorge und der Erschöpfung befreit zu werden, die ihn quälen. Sag ihm, er soll sich ohne

---

124 2 Chr 6,41; Ps 132,8; Hebr 6,19.
125 Dtn 32,10; Ps 17,8; Sach 2,8.

Furcht dem Herzen Meiner allreinen Mutter anheimgeben. Sie wird in sein Leben treten, und er wird durch sie seine Freude und die Glut seiner ersten Liebe wiederfinden.

Ich segne jetzt dich und diejenigen, die du vor Mein eucharistisches Antlitz gebracht hast. Auch Meine Mutter streckt ihre Hände aus; empfange die Gnaden, die in Überfülle von diesen Händen kommen. Lass keine von ihnen verloren sein. Sie hat auserwählte Gnaden für dich, ihren geliebten Priester-Sohn. Sie möchte, dass du für ihr schmerzerfülltes, reines Herz ein zweiter Johannes bist. Öffne deine Seele für die Geschenke und Gnaden, die sie dir in Fülle vermitteln will. Und danke Mir und preise Mich, der Ich dich mit immerwährender Liebe liebe.

*Früher am Tag hörte ich unseren Herrn zu mir sagen:*

Gib Mir priesterliche Anbeter.

*Abends um 10 Uhr, nach der Feier einer Votivmesse von Christus, dem Ewigen Hohenpriester:*

Ich spreche zu dir. Merke auf das, was Ich zu sagen habe. An den Donnerstagabenden möchte Ich, dass Mein Abendmahlssaal allen Meinen Priestern und Diakonen offensteht. Fangt mit der Vesper an. Dann opfert Zeit für die Beichten. Beichtet einander eure Sünden. Seid füreinander die Spender Meiner Vergebung und die Kanäle Meiner Gnade. Es folgt dann die Heilige Messe; zum Ende der Messe setze Meinen Leib aus, und alle sollen in Anbetung vor Meinem eucharistischen Angesicht verharren. Lies einige wenige Verse aus Meiner letzten Ansprache im Abendmahlssaal. Und dann, nach einer Stunde Anbetung, nehmt zusammen eine einfache Mahlzeit ein.

Ich werde diese Donnerstagabend-Begegnungen segnen. Ich werde in eurer Mitte sein, um zu unterweisen und zu heilen, zu trösten und zu erfrischen. Es soll ein wichtiger Bestandteil des Werks sein, das Ich von dir erbitte. Fang mit einer kleinen Gruppe an. Die Einladungen sollen sich nur von Mund zu Mund verbreiten. Ich mache alles Übrige.

Meine Mutter wird anwesend sein. Immer merkt sie auf die Bedürfnisse ihrer Priestersöhne. Alle Reichtümer ihres allreinen Herzens sind dein. Ruf sie vertrauensvoll an. Übergib alle Dinge in ihre Sorge. Sie ist die Mutter und Königin Meines Zönakulums.

Dies wird eine Gebetsschule für Meine Priester sein. Ich werde euch die Gabe verleihen, die Herzen zu berühren. Was ihr tun müsst: Einfach und rein bleiben, demütig und vertrauensvoll, barmherzig und gütig.

Und betet viel. Verweilt und bleibt vor Meinem eucharistischen Angesicht, dort werde Ich euch die Geheimnisse Meines priesterlichen Herzens lehren, die schmerzhaften ebenso wie die glorreichen Geheimnisse.

Gib Mir priesterliche Anbeter! Ja – Ich war es, der dir das gesagt hat. Du wirst damit beginnen, Mir durch diese Donnerstagabende im Abendmahlssaal priesterliche Anbeter zu geben. Du wirst sehen, was Ich tun werde. Und du wirst Dank- und Lobeshymnen an Mein liebendes Herz richten.

### 79 Donnerstag, 24. Juli 2008
### Heiliger Charbel Makhlouf

Lass keine entmutigenden Gefühle zu. Sie führen dazu, dass du dich noch mehr auf dich selbst und deine Begrenztheiten zurückziehst. Schau stattdessen auf Mich. Suche Mein Antlitz und verlass dich auf die treue Liebe Meines Herzens zu dir. Ich habe dich für dieses Werk auserwählt, und Ich kannte sehr wohl deine Geschichte und deine Unfähigkeit, in der Verwirklichung eines Ideals treu zu bleiben. Das alles hat für Mich keine Bedeutung. Was Ich von dir erbitte: Vertraue auf Meine barmherzige Liebe. Du wirst den Urquell Meiner barmherzigen Liebe in Meinem eucharistischen Herzen finden. Ich wünsche, dass du ein ganz und gar eucharistisches Leben lebst; so werde Ich alles für dich bewirken, was Ich in dir sehen möchte. So werde Ich dich aus deinen lähmenden Unzulänglichkeiten befreien und zu einem Zeichen Meiner triumphierenden Gnade machen.

Höre nicht damit auf, Mir zu sagen, dass du auf Meine barmherzige Liebe zu dir vertraust. Lass diese kleine Anrufung[126] in deinem Herzen als ein sanftes Murmeln Tag und Nacht lebendig sein. Mein Herz wird von jedem Ausdruck des Vertrauens auf Meine barmherzige Liebe berührt.

Sobald dir irgendetwas Sorgen oder Furcht bereitet, übergib es Mir. Teile all deinen Kummer Meiner allreinen Mutter mit. Sie ist deine Mutter, und es gibt nichts, das sie nicht für dich tun würde, um dich zur Heiligkeit zu führen und Mich im Sakrament Meiner Liebe zu verherrlichen. Hör nicht auf, um die Hilfe der Heiligen zu bitten, die Ich dir als Freunde und Begleiter für die Reise gegeben habe. Sorge dich nicht wegen morgen. Vertrau Mir in allen Dingen, den großen und den kleinen.

---

126 die Anrufung von Mutter Yvonne-Aimée de Jésus: »O Jesus, König der Liebe, ich vertraue auf deine barmherzigen Güte.«

Feiere Mein heiliges Opfer heute Abend mit einem ruhigen Herzen. Ich habe dich zu Meinem Priester auf ewig gemacht. Mit jeder heiligen Messe trittst du tiefer in Meine Pläne für dich ein. Nun danke Mir, bete Mich an und warte auf Meinen Segen und auf den Segen Meiner allerreinsten Mutter.

**Donnerstag, 31. Juli 2008**
**St. Ignatius von Loyola**

Ich wünsche, dass du wöchentlich zur Beichte gehst. Das ist notwendig für die Gesundheit deiner Seele, aber auch für die deines Körpers. Du wirst die Segnungen Meines gnädigen Erbarmens erfahren und die rettende Macht Meines kostbaren Blutes. Bereite dich auf jede Beichte sorgfältig vor. Hör auf die Stimme des Heiligen Geistes und bereue die Sünden, die Er dir zeigen wird. Das Werk, zu dem Ich dich berufen habe, bedarf einer großen Sensibilität des Gewissens und einer rückhaltlosen Reinheit des Herzens.

So viele Meiner Priester sind gleichgültig und hartherzig geworden, weil sie es versäumen, vom Sakrament Meiner Barmherzigkeit Gebrauch zu machen. Wenn sie doch nur häufig mit ihren Sünden zu Mir kommen würden, Ich könnte in ihren Seelen Wunder der Heilung und Heiligung vollbringen!

Meine Priester sollten die ersten sein, die Mich im Sakrament der Versöhnung aufsuchen. Sie sollten die ersten sein, die zu Mir eilen, sobald sie die Stiche eines schlechten Gewissens und das Bedauern über ihre sündigen Schwächen verspüren. Der eine größte Dienst, den Meine Priester sich gegenseitig leisten können, ist die Bereitschaft, gegenseitig Beichte zu hören und einer über den anderen die heilenden Worte der Absolution zu sprechen. Auf diese Weise folgen sie dem Beispiel nach, das Ich euch gegeben habe, als Ich beim Letzten Abendmahl Meinen Jüngern die Füße gewaschen habe.[127] Häufige Beichte, wöchentliche Beichte ist mehr als je zuvor eine *Notwendigkeit* für Meine Priester.

**Donnerstag, 7. August 2008**

Du, Mein priesterlicher Anbeter, wirst in Schweigen und Demut leben, wirst auf den Klang Meiner Stimme merken und alles gehorsam ausführen, was Ich dir sage. Unterwirf dich dem Urteil derer, die Ich über

---
127 Joh 13,1–15.

dich gesetzt habe, und ziehe jederzeit den Geist und die Gesinnung der Kirche deinen eigenen Gedanken und Vorlieben vor.

Das Werk, für das Ich dich – in Meiner unendlichen Barmherzigkeit und Liebe zu den Menschen, die Ich erwählt habe – ausgesondert habe, erfordert von dir eine aus Selbsterkenntnis geborene Demut des Herzens, grenzenloses Vertrauen in Meine göttliche Barmherzigkeit, Vertrauen in Meine göttliche Freundschaft, und im Dienst an deinen Brüdern eine transparente Reinheit in der Zielsetzung, Gelassenheit und Güte. Diese Tugenden gebe Ich dir durch deine Weihe an das unbefleckte Herz Meiner Mutter, der seligen und immerwährenden Jungfrau Maria.

Du sollst deine Tage um jene drei Stunden herum ordnen, die Ich dich bitte, für die Wache vor Meinem eucharistischen Angesicht zu reservieren. Du wirst Mir die tägliche Abfolge von Lobgebeten aufopfern, die der heilige Benedikt als das »Werk Gottes« bezeichnet.[128] Und du sollst das heilige Opfer der Messe zur Sonne deiner Existenz machen, die jeden Tag mit ihrem Licht erleuchtet und dein Leben mit der Wärme des Heiligen Geistes erfüllt.

Du wirst dich an Meine allreine Mutter wenden, die Fürsprecherin der Priester und Vermittlerin aller Gnaden, indem du ihr täglich demütig mit ihrem Rosenkranz huldigst und das *Ave Maris Stella* für den gesamten Klerus Meiner Kirche singst.

Jede Woche wirst du Mein österliches Geheimnis nachvollziehen, indem du mit Mir zum Vater hinübergehst.

Am Donnerstagabend bringst du das heilige Opfer dar und wachst anbetend vor Meinem eucharistischen Antlitz. Jeden Donnerstag meditierst du über Meine Abschiedsreden im Johannesevangelium, Kapitel 13 bis 17. So gedenkst du der Gaben und Geheimnisse des Abendmahlssaales: des Sakraments Meines Leibes und Blutes, und des Weihesakraments. Du sollst nach Möglichkeit diese Donnerstage im Abendmahlssaal mit deinen Priester-Brüdern verbringen.

Am Freitag wirst du Mir einen angemessenen Akt der Buße zur Sühne für deine Sünden und für die Sünden aller Meiner Priester aufopfern. Ich werde vom Kreuz herab auf dich herunterschauen. Ich möchte dich dort auf Golgotha sehen, zusammen mit Meiner trauern-

---

128 Die Wendung *opus Dei*, die sich auf das gemeinschaftliche »Werk« bezieht, das Opfer des Lobes in der heiligen Liturgie darzubringen, erscheint an mehreren Stellen in der heiligen Benediktsregel: Vgl. die Kapitel 7 (12. Stufe der Demut), 19, 22, 43 (hier formuliert Benedikt die berühmten Worte: »Dem Werk Gottes nichts vorziehen«), 44, 47, 50, 52, 58, 67. Natürlich werden auch in anderen Kapiteln diverse Aspekte des göttlichen Offiziums thematisiert, das zusammen mit der Messe die Substanz des *opus Dei* ausmacht.

den Mutter und mit Johannes, Meinem Lieblingsjünger. Bewege jeden Freitag, als wäre es zum ersten Mal, die Worte in deinem Herzen, die Ich am Kreuz gesprochen habe. Meditiere über Meine von der Lanze des Soldaten durchbohrte Seite; tritt in das Heiligtum Meines geöffneten Herzens ein und bete Mein kostbares Blut an. Empfange die Ausgießung Meines Heiligen Geistes und zieh dich ins Schweigen und in die erinnernde Besinnung zurück, so wie es Johannes zusammen mit Maria, Meiner Mutter, getan hat, als alles vollbracht war.

Der Samstag ist der Tag, der aufgrund einer besonderen Verordnung Meiner Mutter in ihrer Einsamkeit und Hoffnung gehört. Du sollst jeden Samstag in ihrer Gemeinschaft verbringen, wenn möglich ihre Messe feiern und das ihr gewidmete Offizium beten;[129] und ihr ein Zeichen deiner besonderen Sohnesliebe darbringen.

Der Sonntag ist der Tag Meiner heiligen und strahlenden Auferstehung. Ich werde dir die Augen öffnen für den Anblick Meines Vaters und dich mit Mir in Seine Umarmung ziehen. Achte an den Sonntagen auf die Tätigkeiten deiner Brüder im heiligen Dienst. Sorge dafür, dass sie geistliche Erfrischung und Kraft in Meiner eucharistischen Gegenwart schöpfen. Vom Sonntagabend an und den ganzen Montag hindurch sollst du dich an die Ausgießung des Heiligen Geistes erinnern, also an die dritte Gabe, das dritte Sakrament und Mysterium des Abendmahlssaales.[130]

Die Zeit, die nach dem Gebet bleibt, sollst du damit zubringen, deinen Brüdern zu dienen, auszuruhen; und mit den alltäglichen Lebensnotwendigkeiten, wobei du immer auf Mich vertrauen sollst, dass Ich dir alles gebe, was notwendig ist. So wirst du dem Tadel entgehen, mit dem Ich Martha zurechtwies: »Du machst dir viele Sorgen und Mühen, aber nur Eines ist notwendig.«[131]

Du sollst zu einer festen Zeit aufstehen und zu Bett gehen, und wenn du dazu aufgefordert wirst, kannst du vor Mein eucharistisches Angesicht kommen, um Mich in den Stunden der Nacht anzubeten.

Zu Beginn wird es genügen, dass du diesen kleinen Regeln folgst, die Ich dir gegeben habe. Alles andere findest du in der *Regel* des heiligen Benedikt, deines Vaters, und in den Schriften der Heiligen, denen Ich dich und dieses Mein Werk anvertraut habe. Ich werde dich stützen

---

129 Eine seit Langem bestehende Sitte, die sowohl in das *Missale Romanum* als auch in das benediktinische *Antiphonale Monasticum* Eingang gefunden hat.
130 Die beiden ersten Gaben wurden soeben genannt: »das Sakrament Meines Leibes und Blutes, und das Weihesakrament«.
131 Lk 10,41–42.

gemäß Meinem Versprechen, und du wirst leben, und Ich werde dich in deiner Hoffnung nicht enttäuschen.[132]

*Dann später:*

Ich habe dich zum priesterlichen Anbeter Meines eucharistischen Angesichts geweiht.

## Sonntag, 24. August 2008

Ich habe dir vieles zu sagen. Warum zögerst du? Warum greifst du nicht zur Feder und schreibst die Worte nieder, die von Meinem Herzen an dich gerichtet sind? Ich bin dir treu. Ich werde dich nicht verlassen, und Ich nehme keines der Versprechen zurück, die Ich dir gegeben habe.[133] Wisse: Die Zeit ihrer Einlösung hat bereits begonnen, so wie Ich es dir gesagt habe. Bald, sehr bald werden wir zusammen unter einem Dach leben, und Mein eucharistisches Antlitz wird die Freude und das Licht deines Lebens sein.

Ich habe dir diesen Bischof gegeben. Er versteht Meinen Ruf an dich; er wird zulassen, dass die Wünsche Meines eucharistischen Herzens realisiert werden, und er wird ihre Umsetzung beschleunigen. Zeige dich ihm gegenüber respektvoll und dankbar. Ich habe ihn für dich ausgewählt, dies ist der Ort, den Ich für dich vorbereitet habe.

Meine allheilige Mutter begleitet dich; sie sorgt für alles, was du brauchst. Sie ist wirklich und wahrhaftig gerade für dich eine – *deine* Mutter der Immerwährenden Hilfe. Sie ist deine Fürsprecherin und die Fürsprecherin jedes Priesters, wie auch immer die Umstände seines Lebens beschaffen sein mögen.

Glaube an alles, was Ich von dir verlangt habe. Vertraue Mir, dass Ich für dich und in dir die Dinge bewirken kann, die du allein nicht tun kannst.[134] Ich gebe dir Festigkeit und Kraft, nicht nur für deine Seele, sondern auch für deinen Körper. So wirst du fähig sein, aktiv Meinen Plänen für dein Leben nachzukommen.

Nun segne Ich dich. Ich lasse das Licht Meines eucharistischen Angesichts über dir leuchten. Und auch Meine makellose Mutter hält ihre

---

132 Vgl. Ps 119,116, jenen Vers, den ein Mönch bei seiner Profess spricht: »Stütze mich nach Deinem Spruch, dass ich lebe! Lass mich nicht zuschanden werden in meiner Hoffnung!«
133 Dtn 34,12; Hebr 13,5.
134 Eph 3,20; Jer 1,6–7; Joh 327; 15,5.

Hände über dir. Ein Strom von Gnaden fließt aus ihren Händen in deine Seele und über alle, die du ihrem mitleidvollen Herzen anvertraut hast.

## Montag, 25. August 2008

*Sucht zuerst das Reich Gottes.*

MATTHÄUS 6,33

Das Reich Gottes ist in all seiner Fülle, wenn auch auf verborgene Weise, im Allerheiligsten Altarsakrament gegenwärtig. Wer in Meine eucharistische Anwesenheit tritt, sucht das Reich Gottes. Wer sich Mir im Sakrament Meiner Liebe nähert, wird das Königreich finden und darin alles, was er in Übereinstimmung mit Meinem Geist begehrt.

Komm zuerst zu Mir im Sakrament Meiner Liebe. Das soll ein übernatürlicher Instinkt deiner Seele werden: immer zu Mir zu kommen, immer Mein eucharistisches Antlitz zu suchen.

Es ist gut, dass du heute Abend in Meine Gegenwart gekommen bist. Dies soll der erste von vielen solchen zusammen verbrachten Abenden sein. Du wirst anfangen, die Süße Meiner Gesellschaft zu kosten, und du wirst dich immer mehr der Gabe Meiner göttlichen Freundschaft öffnen.

Anbetung muss ein Bedürfnis deiner Seele werden, so wie Essen und Trinken und Schlafen Bedürfnisse deines Körpers sind. Komm oft zu Mir und verweile im Licht Meines eucharistischen Angesichts, auf dass Ich dich heiligen und alles in dir bewirken kann, was Ich in dir finden möchte. Komm zu Mir um deiner Priester-Brüder willen, die Meine Gegenwart fliehen, sobald sie ihre sakramentalen Pflichten erfüllt haben. Ich möchte, dass alle Meine Priester entdecken, wie wohltuend und süß das Verweilen vor Meinem eucharistischen Angesicht ist. Ich möchte sie alle an Mein offenes Herz ziehen.

Lass dieses Mein Werk mit dir beginnen. Die nächste Priestergeneration wird ganz und gar eucharistisch sein. Es wird unter ihnen viele Anbeter Meines eucharistischen Angesichts geben, viele, die Mein eucharistisches Herz trösten. Im vertrauten Umgang mit Mir werden sie von Meiner jungfräulichen Mutter und von Johannes, Meinem jungfräulichen Jünger, Unterweisung empfangen haben.

Ich sehne Mich nach einer Priesterschaft, die durch die Geheimnisse Meines Leibes und Blutes verwandelt ist, einer Priesterschaft, die gereinigt ist in Meinem kostbaren Blut, geheiligt im Licht Meines eucharistischen Angesichts. Bring Mir deine Anbetung dar, auf dass Meine Sehnsucht einen Widerklang in den Herzen all Meiner Priester findet.

**Donnerstag, 17. Oktober 2008**
**Heilige Margareta Maria Alacoque**

Erlaube Mir, Worte des Friedens zu deiner Seele zu sprechen. Verlass dich darauf, dass Ich dich nicht verlassen, dir Meine Freundschaft nicht entziehen werde. Es ist Mein inniges Verlangen, im Gespräch mit dir zu sein, so zu dir zu sprechen, wie Ich es schon oft gesagt habe: von Herz zu Herz, so wie einer mit seinem besten Freund spricht. Warum zweifelst du? Glaube an Meine Freundschaft. Sie ist Mein Geschenk für dich, und Ich werde nicht zurücknehmen, was Ich dir aus herzlicher Liebe gegeben habe.

Das ist das grundlegende Problem so vieler Seelen, vor allem von den Seelen so vieler Meiner Priester: Sie lassen Zweifel zu. Zweifel ist das schmale Ende des Keils, der von Mir trennt. Ich spreche nicht von Zweifeln an Meinen Lehren oder an den Lehren Meiner Kirche, sondern von einem anderen, fundamentaleren Zweifel: dem Zweifel an Meiner persönlichen Liebe zu der Seele, der Ich Mein Herz geschenkt habe. So viele verfallen auf den Gedanken: »Er kann unmöglich Mich auf diese Weise lieben, unmöglich wirklich an Mir Anteil nehmen« – und deshalb fangen sie an, sich von Meiner Freundschaft zurückzuziehen, Meine Gegenwart zu fliehen und Mich nur aus der Ferne zu grüßen, wie einen flüchtigen Bekannten.

Lass niemals zu, dass das geschieht! Sei versichert, dass Mein Herz dir mit einer immerwährenden zärtlichen Liebe zugetan ist; dass Ich in jedem Augenblick mit aller Zartheit Meiner göttlichen Freundschaft und mit unerschöpflicher Barmherzigkeit auf dich schaue.[135] Erwidere Meine Liebe zu dir, indem du so oft du kannst zu Mir kommst, in Meiner Gegenwart verweilst; indem du Mein Angesicht suchst, indem du an Meinem eucharistischen Herzen ruhst. Dafür habe Ich Mich dir im Sakrament Meiner Liebe, dem Sakrament Meiner göttlichen Freundschaft zu dir und zu all Meinen Priestern, so zutiefst zugänglich gemacht.

Meine allreine Mutter hat dieselben Gefühle für dich. Auch sie folgt dir täglich auf allen deinen Wegen. Alles, was du tust und sagst, interessiert ihr mütterliches Herz. Auch sie ist bereit, mit dir zu sprechen.

---

135 Jer 31,3; Jes 54,8.

Du musst nur zu ihr kommen, so wie ein vertrauensvoller Sohn zur liebevollsten aller Mütter kommt.

Der Austausch mit Mir, mit Meiner allheiligen Mutter und mit Meinen Heiligen kommt schon in dieser vergänglichen Welt jenen zu, deren Herzen bereits ganz dorthin ausgerichtet sind, wo die wahren Freuden zu finden sind.[136] Gegenwärtig sind diese Freuden für dich in Meiner eucharistischen Gegenwart zugänglich. Das Sakrament Meiner Liebe ist dein Himmel auf Erden. Werde zu dem Anbeter, den Ich Mir wünsche, und du wirst in deiner Seele den Himmel offen sehen; dort wirst du dich an Unterredungen mit Mir, mit Meiner Mutter und mit Meinen Heiligen und Engeln erfreuen. Das ist das Heilmittel für jede Einsamkeit und das Geheimnis einer himmlischen Freude, die bereits hier auf Erden anbricht.

**Sonntag, 19. Oktober 2008**
**Heiliger Paul vom Kreuz**

Du hast gut daran getan, mit deinen Einsamkeitsgefühlen zu Mir zu kommen. Hier bin Ich für dich da, und du, du bist hier für Mich da, nur für Mich und für keinen sonst. Denkst du etwa, Ich werde das Opfer nicht belohnen, das du gebracht hast, indem du hierhergekommen bist, um hier für Mich, mit Mir zu leben, in Meiner Nähe, Tag und Nacht?

Vielleicht verstehst du ein wenig die Trauer Meines eucharistischen Herzens, das in zahllosen Tabernakeln auf der ganzen Welt so ganz und gar im Stich gelassen ist. Aus welchem anderen Grund sollte Ich denn Meine herrliche Anwesenheit auf so reale und wundersame Weise vervielfachen, wenn nicht um den Seelen, die Ich mit brennender Leidenschaft und verzehrender Zärtlichkeit liebe, nahe zu sein? Aber Ich werde allein gelassen. Oft werde Ich von der einen auf die nächste Woche vergessen, oder, noch schlimmer, Ich werde wie ein Ding behandelt, wie ein Bedarfsartikel, den man für den Notfall in Reserve hat. Das war nicht Meine Absicht, als Ich dieses Sakrament Meiner erlösenden Liebe gestiftet habe.

Ich hatte eine dreifache Absicht.[137] Erstens wollte Ich Mein einmaliges Opfer durch alle Zeiten, ja bis zum Ende der Zeiten fortsetzen. Zweitens

---

136 Vgl. das Eingangsgebet für den Vierten Sonntag nach Ostern: »O Gott, Du machst die Herzen der Gläubigen eines Sinnes; so lass Dein Volk das lieben, was Du befiehlst, das ersehnen, was Du versprichst, auf dass unsre Herzen inmitten des Wechsels der irdischen Dinge dort verankert seien, wo die wahren Freuden sind.«
137 Siehe zu dieser dreifachen Absicht Mt 26,26–28; 28,20; Mk 14,22–24; Lk

sollten die Seelen mit Meinem Leib und Blut genährt werden: zur Heilung und Heiligung, zu ihrer Vereinigung mit Mir und mit allen Gliedern Meines mystischen Leibes, und im Blick auf Meine Wiederkehr in Herrlichkeit, wenn alle in Mir eins sein werden, und Ich werde in ihnen sein, und das Opfer unseres Lobes vor Gott dem Vater im Heiligen Geist wird kein Ende haben. Ich hatte aber auch noch einen dritten Grund: Ich wollte den Seelen, vor allem aber Meinen Priestern, die Gemeinschaft und das Licht und die Wärme Meiner wirklichen Gegenwart, Meiner Realpräsenz anbieten: einer Präsenz, in der es Meine Freude sein sollte, mit den Menschenkindern zu verkehren. Damit sollten die Gnaden Meiner Inkarnation und Meines irdischen Lebens auf *alle* Meine Jünger, auf Meine auserwählten Freunde, bis zum Ende aller Tage ausgedehnt werden.

So vieles von dem, was Ich in Meinem Herzen hatte, als Ich dieses Sakrament stiftete, ist mittlerweile vergessen oder verdunkelt, oder es wird sogar wissentlich geleugnet. Das schmerzt Mein eucharistisches Herz. Deshalb habe Ich Mich dir zugewandt und dich gebeten, Mir dein Leben, dein ganzes restliches Leben zu geben, um anzubeten und zu sühnen. Ich wünsche Mir die freie Antwort deiner anbetenden Liebe zu Meiner eucharistischen Liebe.

Warum habe Ich wohl so häufig von Meinem eucharistischen Angesicht gesprochen? Es geschah, weil »Angesicht« gleichbedeutend ist mit »Gegenwart«. Die Hingabe an Mein eucharistisches Angesicht ist das Heilmittel gegen den Verlust des Glaubens an Meine Realpräsenz, der sich in allen Bereichen Meiner Kirche ausgebreitet hat, der das Feuer der eucharistischen Barmherzigkeit ausgelöscht hat und dazu führt, dass sogar Meine Erwählten, Meine Priester Mir gegenüber kalt und abgestumpft werden.[138]

Das ist heute Abend Mein Wort an dich, und deshalb habe Ich dich an diesen Ort gebracht.

Jedes Mal, wenn du dich einsam fühlst, ist das eine Einladung, Mich im Sakrament Meiner göttlichen Freundschaft aufzusuchen und Mein eucharistisches Herz zu trösten.

### Samstag, 25. Oktober 2008

Überlass Mir N., und Ich werde Mich seiner annehmen, so wie Ich Mich deiner angenommen habe und dir in Meiner Liebe und Barmherzigkeit

---

22,19–20; 24,35; Joh 6,51–58; Apg 2,42; 1 Kor 10,16–21; 11,23–26; Eph 1,3–23; 5,2; Hebr 9,26; 10,12; 13,15; Spr 8,30–36.
138 Mt 24,7.

alles gegeben habe, was du brauchst. Auch er wurde durch Leiden auf dieses Leben der Anbetung und der Sühne vorbereitet, und nun wünsche Ich, dass er ein neues Leben als geliebter Freund Meines heiligen Herzens und als geliebter Sohn Meiner unbefleckten Mutter beginnt. Und du: Sei ihm ein Vater. Fange damit an, das Leben eines starken, zärtlichen Vaters zu führen; es ist Mein Geschenk für dich im Blick auf das, was kommt.

Es wird Schwierigkeiten geben, aber du hast nichts zu fürchten. Dies ist das Werk Meines eucharistischen Herzens; das Werk, mit dem Ich Meine Priester heiligen und heilen will, indem Ich sie in das Licht Meines eucharistischen Antlitzes ziehe.

Würdest du Mir mehr vertrauen, würde Ich dich mehr lehren und zu dir sprechen, wie Ich es dir versprochen habe: von Herz zu Herz; Ich würde dir jene Geheimnisse enthüllen, die Ich bewahre für Meine Freunde, diejenigen, die auf dem Weg gehen, den Johannes, der Jünger, den Ich liebe, gebahnt hat. Lerne, mehr von Mir zu erwarten, und Ich werde dir mehr geben. Setze Meiner barmherzigen Liebe zu dir keine Grenzen, und du wirst erkennen, dass sie keine Grenzen hat.

Vertraue Mir in allen Dingen, und seien sie noch so unbedeutend. Ich bin für die Seelen, die an Meine barmherzige Liebe glauben, wie eine Mutter; was auch immer sie berührt, berührt auch Mich.[139] Wenn doch nur Meine Priester das aus eigener Erfahrung wüssten, dann könnten sie gar nicht anders, als es zu predigen; und viele Seelen würden durch sie erkennen, wie tief und alles umfassend die Zärtlichkeit Meines heiligen Herzens für jene ist, die Meiner barmherzigen Liebe trauen.

Du kannst von dort, wo du dich gegenwärtig in deinem Leben befindest, die Macht und den Wert der Leiden nicht erkennen, die mit Meinen Leiden verbunden sind. Alles, was Mir gegeben wird, alles, was in Meine priesterlichen Hände gelegt wird, erhebe Ich und biete es dem Vater dar, bedeckt mit Meinem kostbaren Blut. Das ist es, was deine Leiden, auch noch die kleinsten, Mir kostbar macht, und kostbar in den Augen Meines Vaters.

*Nachdem ich eine Beschreibung des Lebens verfasst hatte, wie es zu leben wäre:*

Gehe voran, und wisse, dass Ich mit dir bin.

*Als ich unseren Herrn bat, mir zu zeigen, wie ich mein Leben besser ordnen könne, um genügend Zeit vor Seinem eucharistischen Antlitz verbringen zu können, antwortete Er mir:*

---

139 Ps 27,10; 131,2; Jes 46,3–4; 49,14–15; 66,13; Mt 23,37.

87 Wo verschwendest du Zeit? Welche Dinge sind dir wichtiger, als zum Sakrament Meiner Liebe zu kommen? Verlässt du dich auf Meine Gnade, das möglich zu machen, was du aus dir selbst nicht tun kannst? Bereite jeden Tag sorgfältiger vor: Du wirst sehen, dass er friedvoller verlaufen wird, und du wirst reichlich Zeit finden, vor Meinem Eucharistischen Antlitz zu verweilen.

Das, worum Ich dich gebeten habe, ist nicht schwer, und es übersteigt nicht deine Kräfte. Es wird dir Glück schenken, und es wird Mein trauerndes Herz, Mein eucharistisches Herz trösten, das von der Nachlässigkeit und Kälte der Seelen und dem Glaubensverlust, der sogar Meine Priester nicht verschont, so gequält ist.

Der Glaube an dieses Geheimnis der Allerheiligsten Eucharistie nimmt *in Entsprechung* zu der Zeit zu, die man Mir in der Anbetung schenkt. Es reicht nicht, dass Meine Priester täglich die Heilige Messe zelebrieren – selbst dann nicht, wenn sie es korrekt und andächtig tun –, wenn sie nicht zu Mir kommen und bei Mir bleiben, der Ich im Sakrament Meiner Liebe auf sie warte. Nichts kann die innige Erfahrung Meiner eucharistischen Freundschaft ersetzen, und diese Erfahrung biete Ich dir und all jenen, die Mein eucharistisches Antlitz suchen, allen, die Meinem eucharistischen Herzen ein Opfer ihrer Zeit bringen.

Der Glaubensverlust, der so viele Seelen quält, ist unvereinbar mit einem Leben der Anbetung. Die Seelen hören nicht mit der Anbetung auf, weil sie ihren Glauben verlieren; sie verlieren ihren Glauben, weil sie damit aufgehört haben, Mich anzubeten. Deshalb wünsche Ich auch, dass du an den äußeren Formen der Anbetung festhältst.[140] Werden diese Dinge weggelassen, dann bleibt nichts, das die Seele zur inneren Anbetung im Geist und in der Wahrheit einladen würde, durch die Ich verherrlicht werde. Ich spreche hier von der Kniebeuge, der Niederwerfung, der tiefen Verneigung und all den anderen Zeichen des Gewahrseins und Aufmerkens auf Meine Gegenwart, die der Seele eine Sprache bieten, in der sie ihren Glauben ausdrücken kann und ihren Wunsch, Mich anzubeten.

Aus diesem Grund – dies sei noch einmal gesagt – fordere Ich auch Meine Priester auf, die einfachen Rubriken der heiligen Liturgie treu zu lernen und umzusetzen. An sich sind sie nicht wichtig, wichtig sind sie nur insofern, als sie all die Gefühle für Mich und Mein Opfer

---

140 Im weiteren Verlauf des Textes wird erklärt, dass die Formulierung »äußere Formen« sich auf fromme Sitten bezieht wie die Aussetzung des Allerheiligsten Sakraments in einer Monstranz, aufgestellt auf einem Tabor, und umgeben von brennenden Kerzen; der vollständige Kniefall des Anbetenden vor dem ausgesetzten Sakrament; und die Verwendung von Rauchmantel, Segensvelum, Weihrauch und Glocken zum Segen.

enthalten und ausdrücken, die Ich Meiner Braut, der Kirche, gestiftet habe. Wer bedenkenlos solche Praktiken über Bord wirft, macht sich der Sünde des Stolzes schuldig, der die Tür der Seele für die kalten und feindseligen Winde aufreißt, die im Inneren die Flamme des Glaubens auslöschen würden.

Sei demütig und gehorsam gegenüber Meiner Kirche, und lade deine Priester-Brüder zur selben freudigen Treue ein, selbst in kleinen Dingen.[141] Ich werde es ihnen mit dem Wachstum in Glauben, Hoffnung und Liebe lohnen, und Ich werde ihnen meine Geheimnisse enthüllen, die Mein Vater und Ich vor denen verborgen haben, die sich nach den Maßstäben der Welt für gelehrt und klug halten.[142]

88

*Ich fragte unseren Herrn wegen der Zerstreuungen, die mich während der Heiligen Messe und dem Breviergebet quälen:*

Dir widerfahren Zerstreuungen während der Heiligen Messe und während deines Gebets, weil du bislang noch nicht zugelassen hast, dass Meine Ordnung über dein Herz und in deinem Leben herrscht. Das ist Mein Wunsch: dass dein ganzes Leben schon jetzt die Ordnung und Schönheit widerspiegeln soll, die Mein Königreich auszeichnen. Das ist auch der Wunsch Meiner Mutter für dich, und sie wird dir helfen, dorthin zu gelangen. Höre auf ihre Führung und ihre Einsprechungen und folge ihrer weisen Leitung. Sie ist auch darin das reine Werkzeug des Heiligen Geistes, der in jedem Augenblick Ordnung aus dem Chaos schafft, Frieden aus Unstimmigkeiten, Einheit aus Vielfalt.[143] In deinem Leben gibt es Zwist und Spannung, wenn zwei Interessen um deine Zeit, deine Aufmerksamkeit und deine Energie kämpfen. Erlaube Meiner Mutter, dein Leben neu zu ordnen, und du wirst die Freude entdecken, die entsteht, wenn man in heiliger Einfachheit lebt, in einer Ordnung, welche die herrliche Ordnung vorwegnimmt, die für all Meine Heiligen im Himmel bereitet ist.

## Montag, 10. November 2008, Papst Leo der Große

Du sollst wissen, dass Ich dich nur für eine einzige Sache hierhergebracht habe: Du sollst anbetender und sühnender Priester Meines eucharisti-

---

141 Mt 25,21–23; Lk 16,10; 19,17.
142 Lk 10,21–24; Mt 13,10–17; Weish 6,24; Joh 7,14–17; 1 Kor 1,25–29; 2,12–16.
143 Gen 1,2; Ex 31,2–5; Apg 2,1–11; Röm 8,5–9; Eph 4,1–16; 1 Kor 12,4–13; 1 Joh 4,1–3.

schen Antlitzes sein. Alles andere ist zweitrangig, und du musst dich freihalten von allem, was zur Last für deine Seele werden oder dich vom Herzen deiner Mission und Sendung hier und jetzt ablenken kann.

Bleib in allen Umständen demütig; beharre nie auf deiner eigenen Handlungsweise. Bring deine Wünsche und Meinungen einfach und zuversichtlich vor, und dann überlass alles Meinen Händen. Das Ergebnis wird Meinen Plänen entsprechen, und Ich werde nicht aufgehalten durch den Widerstand oder die Kurzsichtigkeit Meiner menschlichen Helfer.

Schließlich wirst du lernen, Ereignisse nicht zu erzwingen und Menschen nicht zu manipulieren, um deine Handlungsweise durchzusetzen. Ich wünsche, dass du Mir durchaus immer und in allen Dingen vertraust. Nichts entgeht Meiner Aufmerksamkeit. Du bist Meinem Herzen nahe. Meine Mutter wacht über dich. Sie ist deine Fürsprecherin und deine immerwährende Hilfe. Geh mit deinen Zweifeln, deinen Sorgen, deinen Ängsten voll Vertrauen zu ihr. Das Vertrauen zu ihrem mütterlichen Herzen kann nie fehlgehen, und sie wird dich nie enttäuschen.

Was mit Pater N. geschehen ist, ist die Erhörung deines Gebets für ihn. Es ist ein Eingreifen Meines liebenden Erbarmens. Höre nicht auf, für ihn zu beten. Er wird aus dieser Prüfung geläutert, und gestärkt in Meiner Gnade hervorgehen.

Du tust gut daran, für Meinen treuen Knecht, deinen Vater, Papst Benedikt XVI. zu beten. Er braucht dein Gebet dringend. Er ist nicht ganz und gar frei, an bestimmten Entscheidungen festzuhalten, die er bereits getroffen hat. Bete, bete, dass die Hindernisse, die ihn umgeben, weichen mögen, und dass er Mitarbeiter finden möge, die treu, rein und aufrichtig sind.

Ja, Ich habe dir in dein Herz den Wunsch nach einem verborgeneren Leben gegeben, abseits vom Tumult und den Aktivitäten der Welt, damit du dich ganz Mir überlässt in der Anbetung und in der Sühne für deine Priester-Brüder. Entscheidend ist, dass du vor Mich trittst, beladen mit den Sünden und Treulosigkeiten deiner Priester-Brüder, und sie dem Licht Meines Angesichts und dem Feuer Meines Heiligsten Herzens aussetzt. Tritt vor Mich hin mit Reue über deine Sünden und die Sünden deiner Priester-Brüder und gleichzeitig mit einer unendlichen Zuversicht in Meine Liebe zu jedem einzelnen von euch. Ich berufe jeden Priester zur Heiligkeit, auch noch die gleichgültigsten und achtlosesten von ihnen, auch noch die pervertiertesten und gebrochensten. Ich möchte sie alle heilen. Ich wünsche Mir, dass sie Heilige werden, strahlende Siegeszeichen Meines liebenden Erbarmens, würdig, Meinem Vater übergeben zu werden. Es gibt keinen Priester, den Ich nicht zur Heiligkeit berufen hätte.[144]

Komm zu Mir, beladen mit jeder Entwürdigung des priesterlichen Standes, mit jedem Verrat, jedem dunklen, bösen Geheimnis, und Ich werde das Licht Meines eucharistischen Angesichts über dich heben um Meiner armen Priester willen, Sündern, die Meiner Gnade bedürfen, Meiner heilenden Liebe, Meiner Freundschaft. Stelle du sie vor Mich, und Ich werde sie vor Meinen Vater stellen.

Meine Mutter steht dir in diesem Werk der Sühne für ihre Priestersöhne zur Seite. Beständig tritt sie ein für sie; sie ist die große Mittlerin, die mit erhobenen Händen dasteht und zu Meinem durchbohrten Herzen für ihre Söhne fleht. Sie hat dich auserwählt, dich ihr in diesem Werk beizugesellen, mit ihr zusammen Fürbitte zu leisten, und in Vereinigung mit ihrem trauernden, unbefleckten Herzen unermessliche Gnaden für diese armen Priester zu erlangen, die ihrer am meisten bedürfen.

*Dann, als ich unseren Herrn bat, mir für diesen Zweck ein Gebet zu geben:*   90

*Herr Jesus Christus, Priester und Opfer,*
*Lamm ohne Fehl und Makel,*
*Ich komme vor Dein Angesicht,*
*beladen mit den Sünden und Treulosigkeiten meiner Priester-*
*Brüder und mit der Last meiner eigenen Sünden und Treu-*
*losigkeiten.*
*Gewähre mir, Dir jene Priester vorzustellen,*
*die Deiner Barmherzigkeit am meisten bedürfen.*
*Lass mich für sie vor Deinem eucharistischen Antlitz verweilen,*
*Deinem offenen Herzen nahe sein.*
*Durch das trauernde, unbefleckte Herz Deiner Mutter, unserer*
*Fürsprecherin und Mittlerin aller Gnaden,*
*lass über alle Priester Deiner Kirche*
*den Strom des Erbarmens kommen, der alle Zeit aus Deinem*
*Herzen quillt,*
*um sie zu reinigen und zu heilen,*
*zu heiligen und zu erquicken,*
*und sie in der Stunde ihres Todes*

---

144 Dtn 7,6–8; Ps 131(132),9, 16; Jes 40,26–31; 43,1–7; 62,11–12; Röm 1,7; 1 Kor 1,2; Eph 4,11–13; Kol 1,11–14; 1 Thess 4,3; 1 Tim 3–6; 1 Petr 2,9.

würdig zu machen, sich zu Dir zu gesellen und vor dem Vater zu stehen
an dem heiligen Ort im Himmel jenseits des Vorhangs.
Amen.

## Mittwoch, 12. November 2008

Du sollst wissen, dass Ich dich hierher geführt habe, um dich von vielen Dingen loszulösen, die ein Hindernis für die Erfüllung Meines Plans für dich bildeten. Du musstest aus dem Umkreis deines Lebens in — herausgenommen werden, um hier neu zu beginnen. Das war Mein Wille für dich, und siehe, Ich habe ihn ausgeführt.

Hör nicht auf, Mir in allen Umständen, bei allen großen und kleinen Dingen zu trauen. Ich werde dich nicht verlassen. Ich habe dir die Freundschaft Meines eucharistischen Herzens geschenkt, und in diesem Herzen wird es dir an nichts fehlen. Lebe also in der Höhle Meiner durchbohrten Seite wie in einem Tabernakel, und bemühe dich, in Mein Herz aller Herzen einzutreten. Dort wartet der Vater auf dich. Dort wird dich der Heilige Geist verwandeln und ganz in Mich umbilden, in Mich, den eingeborenen Sohn des Vaters, Sein Opfer und Seinen Priester.

Warum spreche Ich so oft von Meinem *offenen* Herzen? Weil es für dich, Meinen Priester, das Geheimnis der Vereinigung mit Mir ist. Meine Seitenwunde ist der heilige Ort Meines Leibes, des Tempels.[145] Das Allerheiligste ist Mein heiliges Herz, und dieses Allerheiligste hast du vor dir im Sakrament Meiner Liebe. Wie der Psalmist sollst du dich danach verzehren, in diesem geheimen innersten Teil Meines Tempels zu verweilen.[146] Verbirg dich in Mir, auf dass Ich durch dich Mein Angesicht offenbaren kann.[147]

Die Verfolgung, die gegen Meine Kirche ausbrechen wird, wird gegen drei Dinge gerichtet sein. Tatsächlich hat sie bereits begonnen. Ich werde in Meinen Priestern angegriffen; sie stellen Mein eucharistisches Antlitz dar. Das Antlitz des Priestertums ist Mein Antlitz, und es wird erneut verspottet und mit Schmutz, Speichel und Blut bedeckt.

Ich werde verunehrt im Sakrament von Meinem Leib und Blut. Du wirst erleben, dass Sünden gegen die Geheimnisse von Meinem Leib und Blut zunehmen: Sakrilegien, Schändungen, Hohn und Spott.

---

145 1 Joh 2,19–22; Offb 21,22.
146 Ps 27,4–5; Ps 84,2.
147 Ps 27,5; Ps 31,21.

Ich werde in den schwächsten und verletzlichsten Gliedern Meines mystischen Leibes angegriffen. Auch das hat bereits begonnen, doch wird es Ausmaße annehmen, die Meinen Vater dazu zwingen werden, das Blut Seiner geliebten Unschuldigen zu rächen.

Für all das musst du Sühne leisten, Mir in Meinen Priestern dienen und für sie eintreten; Mich im Sakrament von Leib und Blut anbeten; und für ein Ende der Verfolgung der Schwachen, der Kleinen und der Armen beten, jener, die keinen haben, der sie verteidigt, außer Mir.

Der Tag wird kommen, und er ist nicht mehr fern, an dem Ich eingreifen werde, um Mein Antlitz in einem ganz und gar erneuerten und geheiligten Priestertum zu offenbaren; an dem Ich eingreifen werde, um in Meinem eucharistischen Herzen durch die überwältigende Macht der Opferliebe zu triumphieren; der Tag, an dem Ich eingreifen werde, um die Armen zu verteidigen und die Unschuldigen zu rechtfertigen, deren Blut über dieses Land[148] und so viele andere Länder gekommen ist, wie im Anfang das Blut von Abel.

Nun knie nieder und bete mich im Schweigen an.

## Donnerstag, 13. November 2008

*Während meiner morgendlichen Anbetung:*

*Niemand kommt zum Vater als durch Mich.*

JOHANNES 14,6

Und also bleibe Ich immer bei dir, bis zum Ende aller Tage, im Sakrament Meines Leibes und Blutes. Ich gebe *Mich selbst* in der Allerheiligsten Eucharistie als deine lebendige Brücke zur Gegenwart des Vaters. Und das ist auch das Werk von jedem Meiner Priester: sich über den schrecklichen Abgrund zu werfen, der den Sünder von der Heiligkeit Meines Vaters trennt. So *ersetzt* der Priester Mich[149] – in jeder heiligen Messe, als Vermittler und Brücke. Nimm also du Meinen Platz ein und stelle ihn dar.

Aus sich selbst kann der Priester dieses Werk der Vermittlung nicht vollbringen. Nur weil er die unauslöschlichen Merkmale Meines Priestertums in sich trägt, kann er der Mittler zwischen Meinem Vater und

---

148 nämlich der Vereinigten Staaten von Amerika
149 Nicht in dem Sinn, dass er die Vermittlung Christi verdrängt, sondern als sakramentale Darstellung dieser Vermittlung. Aber auch nicht lediglich als bloßes Bild dieser Vermittlung oder als Zeichen, das auf sie verweist, sondern als tatsächliche Teilhabe an ihr. – Autor.

Seinen sündigen Kindern werden. Er ist dazu vom Heiligen Geist ermächtigt, der ihn für dieses lebenswichtige priesterliche Wirken im Augenblick seiner Weihe auszeichnet. Die Darstellung Meines Vaters, Seiner Interessen und Seiner Wünsche ist die Aufgabe Meiner Priester. Wer Meinen Priester sieht, sieht Meinen Vater, weil Ich Meine Priester ausgesondert habe, auf dass sie bis zum Ende der Zeiten Abbilder Meines heiligen Angesichts in der Welt seien.[150] Je enger ein Priester mit Mir vereint ist, desto lebendiger wird er Mein Angesicht und also Meinen Vater den Seelen enthüllen.

*Ich gehe zum Vater, und alles, um was ihr in Meinem Namen bitten werdet, werde Ich tun, damit der Vater im Sohn verherrlicht wird; wenn ihr Mich um etwas in Meinem Namen bitten werdet, werde ich es tun.*

JOHANNES 14,13

Ich stehe nicht allein vor Meinem Vater; jeder Meiner Priester hat Anteil an Meiner himmlischen Fürsprache vor dem Angesicht des Vaters, und Ich ermächtige und bestätige jede Fürsprache jedes Priesters an den Altären Meiner Kirche. Das ist es, was das Gebet des Priesters am Altar während der Darbringung des heiligen Opfers so wirksam macht.

Ich wünsche, dass Meine Priester in beständigem Austausch mit dem Heiligen Geist und in Abhängigkeit von Ihm leben. Sie sollen nichts tun, ohne vorher den Heiligen Geist zu Rate zu ziehen. Wenn sie den Heiligen Geist angerufen haben und wissen, was Ich von ihnen erbitte, dann sollen sie mutig und entschlossen vorangehen, ohne Furcht und voller Vertrauen in die Macht Meiner Gnade, die durch die Schwachheit Meiner Priester alles vollendet, was Ich von ihnen erbeten habe.

*Ihr aber seht Mich, weil Ich lebe und auch ihr leben werdet. An jenem Tag werdet ihr erkennen: Ich bin in Meinem Vater, ihr seid in Mir und Ich bin in euch.*

JOHANNES 14,20–21

Ich lebe weiter im Sakrament der heiligen Eucharistie, aber nur wenige wissen, dass dieses Sakrament die Erfüllung Meines Versprechens in der Nacht vor Meinem Leiden ist. Du musst nur deine Augen zur

---

150 Vorausgesetzt ist Johannes 14,9: »Wer Mich sieht, sieht den Vater.«

heiligen Hostie erheben, und du *siehst Mich.* Dort, im Allerheiligsten Sakrament, lebe Ich weiter. Dort bin Ich für dich gegenwärtig, und dort bin Ich in der Herrlichkeit des himmlischen Altars vor Meinem Vater gegenwärtig. Erhebe deine Augen zu Mir. Suche Mein eucharistisches Angesicht, und du wirst verstehen, dass Mein Priestertum eine unablässige Opferung im Himmel und auf Erden ist.

Durch Mein schweigendes Leben im Allerheiligsten Sakrament des Altars lehre Ich Meine Priester, wie sie in jedem Augenblick Priester sein sollen, nicht nur, wenn sie, gekleidet in die zeichenhaften Gewänder ihrer priesterlichen Würde, vor dem Altar stehen, um die heiligen Mysterien zu begehen. Das Leben des Priesters *ist* Mein Leben im Himmel: unablässige Aufmerksamkeit auf den Vater und ununterbrochene Fürsprache, Danksagung, Sühne und Lobpreis im Namen aller Menschen.

Es gibt nicht einen Augenblick, in dem der Priester nicht mit Mir vereint sein kann im Lobpreis Meines Vaters für Seine große Herrlichkeit,[151] in der Vermittlung der Lobpreisungen der Heiligen und der Engel, in der Fortsetzung jedes Opfers, das dem Vater auf Erden dargebracht wird, vom Aufgang der Sonne bis zum Untergang.[152] Das Leben des Priesters ist nicht nur seine Messe; es ist jede Messe, die auf Erden dargebracht wird, die dargebracht wurde und dargebracht werden wird, und alle sind vereint mit Mir, der Ich in der Gegenwart Meines Vaters als ewiger Priester stehe, als fortwährendes Opfer und als Altar, der bedeckt ist mit Meinem vergossenen Blut. Der Dienst Meiner Priester in den Heiligtümern Meiner Kirche auf Erden nimmt lediglich einen Teil ihres Tages in Anspruch, eine vorübergehende Spanne in der Zeit. Ich möchte, dass jeder Priester sich mit Meinem ewigen Dienst am Vater im Heiligtum vereinen soll, dem Heiligtum, das nicht von menschlicher Hand geschaffen ist, also im Himmel.[153]

*An jenem Tag werdet ihr erkennen: Ich bin in Meinem Vater, ihr seid in Mir und Ich bin in euch.*

JOHANNES 14,20

Ach wenn doch jeder Meiner Priester mit Mir am Beginn seines Tages sprechen würde:

---

151 Vgl. das Gloria der Messe: *Laudamus te, benedicimus te, adoramus te, glorificamus te, gratias agimus tibi propter magnam gloriam tuam.*
152 Mal 1,11; Ps 113,3.
153 Mk 14,58; Hebr 8,5, 9,11; Apg 7,48; 2 Kor 5,1.

*Die Welt soll erkennen, dass Ich den Vater liebe und so handle, wie Mir der Vater aufgetragen hat. Steht auf, wir wollen aufbrechen.*

JOHANNES 14,31

## 29. November 2008
### Nach der ersten Vesper zum Ersten Adventssonntag

Beginne diese Zeit des Advents voller Vertrauen und Hoffnung auf Meine zuverlässige Barmherzigkeit. Ja, Ich komme, und Ich komme bald, aber Ich bin auch bereits gegenwärtig.[154] Schau Mein eucharistisches Antlitz an: Wisse, dass Ich hier für dich anwesend bin im Sakrament Meiner Liebe. Ich bin hier, um dich zu trösten, zu ermuntern und zu belehren, um dir bereits hier in diesem Leben eine Erfahrung Meiner göttlichen Freundschaft zu schenken, um dich für die Herrlichkeit der Freundschaft im nächsten Leben vorzubereiten.

In diesem Sakrament warte Ich auf dich. So viele weisen lautstark und vorwurfsvoll darauf hin, dass sie auf Mich warten müssen, dabei bin Ich immer gegenwärtig, in ihrer Nähe, und bereit, ihnen die Geheimnisse Meines Herzens zu offenbaren. Sie vergessen, dass *Ich* es bin, der auf *sie* wartet und darauf, dass sie zu Mir kommen. Wie oft habe Ich nicht zu Meinen Jüngern gesagt: »Kommt zu Mir.«[155] Sie – jedenfalls die meisten – haben das Ausmaß Meiner Sehnsucht nach der Gesellschaft von Seelen verstanden.[156] Ich möchte, dass alle Seelen zu Mir kommen und bei Mir bleiben.

Darin besteht das Geheimnis priesterlicher Heiligkeit. Wenn ein Priester beginnt, zu Mir zu kommen, Mein eucharistisches Antlitz aufzusuchen und sich nach der Gemeinschaft Meines durchbohrten Herzens zu sehnen, dann werde Ich zu ihm kommen und bei ihm Wohnung nehmen, und mit Mir werden Mein Vater und der Heilige Geist kommen.[157] Dann wird sein Priestertum auf immer gesegnet und geheiligt und göttlich fruchtbar sein.

Verbring diesen Advent, geliebter Freund, Mein Priester, nahe bei Mir im Sakrament Meiner Liebe. Sei Mein priesterlicher Anbeter. Opfere dich Mir auf, und Ich werde dich mit Mir unserem Vater aufopfern. Bemühe dich um die Gemeinschaft mit Meiner allreinen Mutter und

---

154 Offb 3,11; 22,7; 22,12; 22,20; Jes 56,1; Bar 4,22–25.
155 Mt 11,28; Joh 7,37; Sir 24,19–21.
156 Lk 22,15.
157 Joh 14,23.

der Heiligen. Lerne jetzt, mit ihnen zu leben, auf dass du in der Ewigkeit mit ihnen leben wirst. Ehre Meine Mutter im Geheimnis ihrer Unbefleckten Empfängnis. Dieses Geheimnis ist voller Gnade und Licht für diejenigen, die es in ihrem Herzen bewegen. Es ist das Heilmittel für viele Übel, unter denen Meine Priester leiden und die ihre Seelen vergiften. Flehe zu Meiner ohne Sünde empfangenen Mutter, und sie wird dir an der Lauterkeit und Helligkeit ihres ganz und gar heiligen und unbefleckten Herzens Anteil geben.

*Ich bat unseren Herrn um Hilfe bei Predigten, die ich vor den Diözesanpriestern halten sollte.*

Sei nicht ängstlich, was das Predigen angeht. Sei gewiss, dass Ich bei dir bin, um durch dich zu sprechen und selbst noch die am schlimmsten verhärteten Herzen zu berühren. Überlass dich Mir in vollständigem Vertrauen, und Ich werde Mich dir überlassen, so dass deine Worte Meine Worte sein werden, deine Gegenwart Meine Gegenwart. Ich warte darauf, dass Ich so an jedem Meiner Priester handeln kann. Wenn es Mir Meine Priester doch erlauben würden, durch sie zu sprechen und zu handeln, welche Gnadenwunder würden sie erleben!

Ein heiliger Priester ist einfach nur ein Priester, der es Mir erlaubt, in Ihm als einer zusätzlichen Menschennatur zu leben.[158] In jedem Priester würde Ich sprechen und handeln, würde Seelen den Mächten der Finsternis entreißen und die Kranken heilen[159] – aber vor allem wünsche Ich, Mich selbst in jedem Priester aufzuopfern und jeden Priester mit in Mein Opfer an den Vater hineinzunehmen. Ich würde das am Altar während der Feier Meines heiligen Opfers vollziehen, aber nicht nur dort; das Leben eines mit Mir vereinten Priesters ist eine unablässige Opfergabe; er, wie ich, ist eine *hostia perpetua*.[160] Du kannst dir nicht ausmalen, wie fruchtbar eine solche Vereinigung ist, und diese Fruchtbarkeit wünsche Ich Mir zur Verherrlichung Meines Vaters und zur Freude Meiner Braut, der Kirche.

Hör nicht damit auf, Meine Worte, die Ich zu dir spreche, aufzuschreiben. Ich spreche zu dir, um dich zu ermuntern und zu erleuchten, um dir zu zeigen, wie sehr Ich dich liebe, wie sehr Ich wünsche, dass du in jedem Augenblick Meinem offenen Herzen nahe bist; doch Ich spreche auch für deine Priester-Brüder zu dir und für jene Seelen, die für sie beten und sich für sie hingeben würden, auf dass Priester in der

---

158 Vgl. S. 102, Anm. 113.
159 Mt 10,8; Mk 3,15; 6,13; 16,17–18; Lk 9,1; 10,17; 13,32.
160 ein unablässiges Opfer.

Wahrheit geheiligt werden.[161] Mein Wort, das Ich heute Abend an dich richte, ist der Ruf des Propheten an Israel, den du vor wenigen Augenblicken gesungen hast: »Tröstet, tröstet Mein Volk, siehe, Ich komme sehr bald.«[162] Sehne dich nach Meinem Kommen, und bereite dich darauf vor, indem du in Gemeinschaft mit dem allreinen Herzen Meiner Mutter lebst. Ich habe ihr die Vorbereitung der Seelen für Meine Ankunft in Herrlichkeit anvertraut.

### Dienstag, 9. Dezember 2008

*Unsere liebe Frau:*

Ich war es, die dich in der letzten Nacht beschützt und dein Leben bewahrt hat vor den Plänen, die der Böse ausgeheckt hat, der nichts lieber will als dich davon abzuhalten, dieses Werk weiterzuführen, um das mein Sohn dich gebeten hat. Sei also auf der Hut, sei klug, aber ohne Furcht, denn ich bin deine Mutter, und ich habe es ja schon zu meinem geliebten kleinen Sohn Juan Diego gesagt: Ich halte dich unter meinem Schutzmantel, in meiner Umarmung, nahe, ganz nahe meinem unbefleckten Herzen. Vertraue meinem Schutz. Ja, ich bin deine Mutter der Immerwährenden Hilfe, immer bereit, dir beizustehen, immer bereit, mich deiner Nöte anzunehmen, dich aus Gefahren zu befreien und dich in deiner Traurigkeit zu trösten. Komm zu mir mit kindlichem Vertrauen, und du wirst nie enttäuscht werden.

Ich habe dir viel zu sagen. Bitte halt ein – bleib still in meiner Gegenwart. Komm vor mein Bild. Gib mir deine Zeit, gib mir ein hörendes Ohr und ein aufmerksames Herz, und ich werde dir den Weg weisen, den du gehen sollst.[163] Fürchte dich nicht, denn mein Sohn hat dich mir anvertraut, und du wirst bei mir immer in Sicherheit sein.

Der Rosenkranz ist das Mittel, mit dem ich Seelen an mich binde. Der Rosenkranz versichert die Seelen meiner Gegenwart und meines Schutzes. Wie hätte ich letzte Nacht nicht kommen und dich retten können, wo du doch während des Rosenkranzgebets meinen Namen angerufen hast? Sprich zu meinen geliebten Priestern über den Rosenkranz. Sie werden in diesem Gebet, das ich so liebe, Heilung für ihre Herzen und Trost für ihre Seelen finden.

---

161 Joh 17,19.
162 Jes 40,1; Offb 22,7; 22,12.
163 Ps 32,8; Jes 48,7; Spr 2,2.

Nach dem anbetungswürdigen, hochheiligen Namen meines Sohnes Jesus gibt es keinen so mächtigen und keinen so süßen Namen wie den meinen. Ich bin nur die niedrige Magd des Herrn, doch Er, der Mächtige, hat mich erhöht, hat mich zur Königin des Alls gemacht.[164] Alle Dinge sind mir untertan, und es gibt nichts, das mir mein Sohn verweigert, wenn ich ihn darum bitte.[165] Bete in meinem Namen, also durch mein allreines Herz und mit Vertrauen in meine Fürsprache, wie du es schon getan hast, wie gestern in deinem Weihegebet, und du wirst Wunder sehen, Wunder der Gnade und Zeichen der Macht meines Sohnes, dem Herrn der Herren und König der Könige,[166] meinem Sohn, dem Allerbarmer, der den Schrei der Armen vernimmt und ihr Gebet erhört.

Wenn du den Rosenkranz betest, dann betest du in meinem Namen und im süßen, anbetungswürdigen Namen meines Sohnes Jesus. Wer in meinem Namen betet, der betet in Übereinstimmung und Harmonie mit meinem unbefleckten Herzen. Wer im Namen Jesu betet, der betet in Vereinigung mit allen Gefühlen, Wünschen und Plänen Seines heiligen Herzens.

*Dann bat mich die Jungfrau und Gottesmutter, mein Gebet mit der Litanei zum heiligen Josef zu beschließen.*

## Donnerstag, 8. Januar 2009

Gib Mir die ganze Aufmerksamkeit deines Herzens – das Ohr deines Herzens –, und Ich werde zu dir sprechen.[167] Ich zeige dir den Weg, den du gehen sollst, und Ich gebe dir Mein Licht bei den Dingen, die dich beschweren oder betrüben oder verwirren.[168] Bring alles zu Mir, und

---

164 Lk 1,46–49; Ps 45,10; Jdt 13,22–25, 15,10; Offb 12.
165 Joh 2,1–11.
166 1 Tim 6,15; Offb 17,14; 19,16.
167 Vgl. die Eröffnungszeilen des Prologs zur Benediktsregel: »Höre, mein Sohn, auf die Gebote des Meisters, und neige das Ohr deines Herzens und nimm die Ermahnung des gütigen Vaters willig auf und erfülle sie im Werke, damit du durch des Gehorsams Arbeit zu dem zurückkehrest, von dem du durch des Ungehorsams Trägheit abgewichen bist.«
168 Jes 30,20–21.

Ich gebe dir als Gegengabe Meine Gnade und Meine Liebe. Es ist Furcht mehr als alles andere, das dich davon abhält, vertrauensvoll, hoffend und mit ruhigem Herzen in Meine Gegenwart zu kommen.

Mit Mir und von Mir hast du nichts zu fürchten. Ich bin hier, im Sakrament Meiner Liebe, um dein Trost, dein Friede, dein Licht, deine Erfrischung und deine Freude zu sein. Das sollst du wissen! Nimm es dir zu Herzen. Glaube es und handle entsprechend. Wenn Seelen das von Mir glauben würden, dann könnte nichts sie davon abhalten, Mich im Sakrament Meiner Liebe aufzusuchen und in Meiner Gegenwart zu verweilen.

Selbst nach zweitausend Jahren eucharistischer Anwesenheit in Meiner Kirche bin Ich noch unbekannt. Ich bin vergessen, verlassen, und Ich werde behandelt wie ein Ding, das man irgendwo aufhebt, ohne an Meinen brennenden Wunsch zu denken, in Meinem Volk auf sichtbare Weise gegenwärtig zu sein und zu sehen, wie sie zu Mir kommen und schweigend und anbetend bei Mir bleiben, im Licht Meines eucharistischen Angesichts. Wer kann diesen traurigen Zustand der Dinge verändern, wenn nicht Meine Priester, Meine erwählten Freunde – jene, in deren Hände Ich Meinen Leib, Mein Blut ausliefere, so wie Ich es in der Nacht vor Meinem Tod getan habe, mit den Aposteln im Abendmahlssaal? Ich möchte, dass Meine Priester die ersten sind, die Mich im Sakrament Meiner Liebe aufsuchen. Sie sollen anfangen, sie sollen das Beispiel geben: Dann werden andere ihnen folgen.

Und du, Mein Freund, Mein priesterlicher Anbeter, nimm dir mehr Zeit für Mich, und Ich werde dir Zeit und Kraft für alles andere geben. Du bist vor allem deshalb hier, um bei Mir zu sein. Alles andere ist zweitrangig. Ich habe dich für Mich hierher geholt: Du sollst der priesterliche Anbeter Meines eucharistischen Angesichts sein und der mitfühlende Freund Meines eucharistischen Herzens. Je mehr Zeit du Mir allein im Sakrament Meiner Liebe widmest, desto mehr werde Ich dich in allem segnen, wozu du berufen bist. Widersteh jeder Versuchung, die Zeit für die Anbetung abzukürzen. Du bist ausgesondert für dieses Werk der Sühne und der Liebe, und nichts anderes in deinem Leben darf den Platz dieses Werkes einnehmen. Verstehst du Mich? Also tu, was Ich dir sage. Folge Meiner Inspiration. Bleibe bei Mir, und Ich werde dich weiterhin unterweisen und in die hoffnungsvolle Zukunft führen, die Ich dir verheißen habe.

**Montag, 26. Januar 2009**

Nicht durch deine Werke erfreust du Mich, sondern durch dein Vertrauen in Meine barmherzige Liebe.

**Dienstag, 27. Januar 2009**

Treue und Beständigkeit in guten Werken und in der Befolgung deiner Regel ist die Frucht des Vertrauens in Meine barmherzige Liebe zu dir. Je mehr du Meiner barmherzigen Liebe vertraust, desto mehr werde Ich dir die Stärke und Energie geben, die notwendig ist, um zu erfüllen, was du Mir versprochen hast. Traue Meiner Barmherzigkeit, vor allem in Augenblicken der Schwäche. Wenn du nicht dem Ideal entsprechen kannst, das du dir selbst aufgerichtet hast, dann entsprich der einen einzigen Sache, die Ich von dir vor allem anderen verlange: Vertraue Meiner barmherzigen Liebe. So wirst du Mir immer wohlgefallen: in deinen schwachen Momenten ebenso wie in den Zeiten des geregelten Lebens und des großherzigen Einhaltens deiner Regel. Akzeptiere die Schwächen deines Körpers, und auch die deines Geistes; sie sind kein Hindernis für das Wirken Meiner Gnade in deiner Seele. Das einzige Hindernis für Mein Wirken in den Seelen ist der Verlust an Vertrauen in Meine barmherzige Liebe.

**Donnerstag, 29. Januar 2009**

*Ich habe über dem 17. Kapitel des Johannesevangeliums gebetet, so wie ich es jeden Donnerstag tue, in der Gegenwart des ausgesetzten Allerheiligsten. Ich begriff, dass Satan den (physischen) Leib Christi in Seiner Passion nicht brechen konnte: »Man soll an ihm kein Gebein zerbrechen.« (Johannes 19,37) Der Böse hat sich gerächt, indem er versuchte, Seine Kirche entzweizubrechen. Ich begriff, dass der aufgespaltene Leib Christi durch die Dienste des Heiligen Geistes und der heiligen Jungfrau Maria geheilt werden kann. Der mystische Leib Christi braucht die behutsamen und vollkommenen Dienste der allreinen Hände Marias. Sie ist vom Himmel gesandt – ohne dass sie ihren glorreichen himmlischen Thron verlässt –, um die notleidenden Glieder des mystischen Leibes zu umsorgen und um die Kirche wieder gesund zu machen, wo sie durch Sünde geschwächt oder durch das Böse vergiftet ist. Es kann und es wird keine vollständige Wiederherstellung der Einheit geben, bevor nicht die göttlich verfügte Rolle der Mutter Jesu erkannt und eingeräumt wird. Und dasselbe gilt für die Heilung zerbrochener Lebensläufe und die Heilung von Seelen, die durch die Sünde vergiftet sind.*
*Dann fuhr unser Herr fort:*

99 Meine Mutter ist diejenige, die alle Heilung bewirkt, sie ist das auserwählte Werkzeug des Heiligen Geistes für die Wiederherstellung von Leben, Licht und Einheit an jedem Ort, in jedem Augenblick, wo diese fehlen. Erst wenn diese allerhöchste Verfügung Meines Vaters erkannt und eingeräumt wird, wird es Heilung, Läuterung und Heiligung der Priesterschaft und der Kirche geben, für die so viele Seelen sich abmühen und aufopfern. Keines dieser Ziele kann durch menschliche Mittel erreicht werden, auch nicht durch Mittel geistlicher Art, sondern nur durch Anerkennen der Rolle, die Meiner Mutter und keiner anderen zugedacht ist: Sie allein ist die Unbefleckte, sie ist also das einzige menschliche Werkzeug, das für die Wirkungen des Heiligen Geistes taugt.

Nun erkennst du etwas deutlicher, warum die Weihe an Meine Mutter nicht nur etwas Wünschenswertes und Löbliches, sondern geradezu eine Notwendigkeit ist.[169] Es ist die Bedingung, ohne welche die Umsetzung Meiner Verheißungen für die Seelen und für die Kirche, vor allem für die Priesterschaft der Kirche, auch weiterhin vereitelt und aufgeschoben wird. Mit Weihe meine Ich mehr als nur einen einfachen Akt der Hingabe, mit dem sich eine Person oder eine Gruppe oder eine Nation der Liebe Meiner Mutter anvertraut; Ich spreche vielmehr von einer expliziten Anerkennung ihrer Rolle in Meinem Heilswerk und dann einer freien, wohlüberlegten und bewussten Unterwerfung unter diese Rolle mit allem, was dazugehört.

**Freitag, 30. Januar 2009**

Der Mensch, den Ich zu einem Leben der Sühne berufe, darf nicht lauwarm werden und es an Großzügigkeit fehlen lassen. Diese Dinge sind genau das Gegenteil von dem, was die Berufung zur Sühne bedeutet. Ich habe dich berufen und dazu bestimmt, Tag für Tag in Meiner Gegenwart zu leben und Mein eucharistisches Angesicht anzubeten. Deshalb habe Ich uns in einem Haus zusammengeführt. Ich möchte der Mittelpunkt und das ausschließliche Motiv all deines Tuns sein. Lebe dein Leben für Mich und organisiere deine Tage um Meinen Wunsch

---

169 Zumindest implizit – das heißt, man kann nicht gerettet werden, wenn man Wahrheiten, die die Jungfrau und Gottesmutter Maria betreffen, zurückweist; oder wenn man nicht zulässt, sämtliche Gnaden durch ihre Hände und durch ihr Herz zu empfangen. Wer gerettet werden will, muss notwendig Maria gehören, denn die, die ihr nicht gehören, gehören nicht zur Kirche, gehören nicht zu Christus.

herum, dich zu besitzen und dich vor Meinem eucharistischen Angesicht festzuhalten, ganz nah Meinem offenen Herzen.

Ich habe dich zu diesem Leben der Anbetung berufen, um ein Gegengewicht zu der Kälte und Gleichgültigkeit so vieler Priester zu schaffen, die zwar in der Nähe Meiner sakramentalen Gegenwart leben, aber trotzdem fast nie vor Mein Angesicht kommen und sich Meinem eucharistischen Herzen nähern. Das betrübt Mich mit am meisten: dass die Männer, die Ich erwählt und zu Meinen Freunden und Meinen Priestern bestimmt habe, so wenig Interesse daran zeigen, in Gemeinschaft mit Mir zu bleiben, darauf zu hören, was Ich zu ihnen sage, und Mir ihr Herz auszuschütten. Ich warte auf sie. Ich schaue aus nach ihnen. Und Ich bin und bleibe enttäuscht, weil so wenige Meiner Priester begreifen, dass Mein Wunsch, als Ich das Sakrament Meiner Liebe gestiftet habe, darin bestand, dass die Priester, die Mein Opfer darbringen und Mein Volk mit Meinem Leib und Blut nähren, in Meiner eucharistischen Gegenwart auch das Heilmittel gegen jede Einsamkeit, jede Angst und jedes Bedürfnis nach Liebe finden – nach einer Liebe, die zu ersehnen Ich ihnen eingegeben habe. Ohne die Liebe, für die sie geschaffen wurden, leiden sie unter der Leere in ihrem Herzen. Ich bin ihnen nahe. Ich warte auf sie. Warum kommen sie nicht zu Mir?

Ich möchte, dass du für sie, an ihrer Stelle, zu Mir kommst und vor Meinem Angesicht verweilst. Das ist die Sühne, die Ich von dir verlange. Das ist der Grund, aus dem Ich dich hierher gebracht habe. Enttäusche Mich nicht. Komm zu Mir. Bleibe bei Mir. Ich werde von Herz zu Herz zu dir sprechen, und du wirst dich freuen, Meine Stimme zu erkennen.

Du tröstest Mich, indem du zu Mir kommst, und Ich werde dir all den Trost Meiner eucharistischen Freundschaft schenken, wie Ich ihn Meinem geliebten Jünger Johannes geschenkt habe. Johannes, erleuchtet vom Heiligen Geist, lernte sehr schnell, Meine Gegenwart im Brotbrechen zu unterscheiden und zu erkennen, und daher verbrachte er immer mehr Zeit vor Mir und fand in Meiner sakramentalen Gegenwart den erfülltesten Ausdruck jener »Liebe bis zum Ende«, von der er schrieb.[170] Sei Mir ein zweiter Johannes. Sei der Freund und Tröster Meines eucharistischen Herzens. Wenn du dieser Bitte entsprichst und ihr treu bleibst, dann werde Ich durch dich viele Priester zu Mir zurückholen.

---

[170] Joh 13,1; Lk 24,30–35; Apg 2,42; 2,46.

**Sonntag, 1. Februar 2009**

Ich bin hier – wahrhaft gegenwärtig – für dich da zu jeder Tages- und Nachtstunde. Ich warte auf dich. Ich möchte um die Sorgen wissen, die dich beschäftigen und die du als eine schwere Last mit dir herumträgst. Übergib sie alle Mir. Vertraue Mir, und Ich werde handeln. Ich habe es dir schon gesagt: Nichts ist für Mich unbedeutend. Keine Einzelheit deines Lebens ist zu klein, keine deiner Sünden zu schmählich, als dass du sie nicht zu Mir bringen und zu Meinen Füßen ablegen könntest. So haben Meine Heiligen es gehalten. Sie waren sicher, dass jede Schwierigkeit, die sie Meinem Herzen übergaben, dort auf die bestmögliche Weise gelöst werden würde. Sag Mir, dass du Meiner barmherzigen Liebe traust, indem du die Dinge loslässt, die dich belasten und bedrücken. Ich bin der Herr aller Dinge im Himmel und auf Erden, und Mir ist nichts unmöglich.[171]

**Dienstag, 3. Februar 2009**

Gib Mir den ersten Platz in deinem Herzen und in deinem Leben, und Ich werde immer und überall für dich sorgen. Ich möchte nicht, dass dir oder einem von denen, mit denen du dieses Leben teilst, irgendetwas fehlt. Meine Vorsehung steht ganz und gar im Dienst Meiner barmherzigen Liebe. Vertraue also auf Meine barmherzige Liebe, und du wirst die Wunder sehen, die Ich für dich wirken werde.

So viel Zeit und Energie wird in eitler Sorge und in endlosen Diskussionen um die Frage verschwendet, was gebraucht wird und was zu tun ist, um es zu bekommen. Stell Mir, was du brauchst, einfach mit einem vertrauensvollen Herzen vor, und Ich werde dir zeigen, dass Ich überaus großzügig für diejenigen sorge, die die Sorge um ihre Bedürfnisse Mir überlassen. Der hartnäckige Wunsch, alles zu kontrollieren und das, was für Mein Wirken nötig ist, mit ausschließlich menschlichen Mitteln zu erlangen, ist eine Beleidigung sowohl Meiner barmherzigen Liebe als auch Meiner unendlichen Großzügigkeit. War das nicht immer Meine Botschaft durch die gesamte Heilsgeschichte hindurch: »Vertraut Mir, und ihr werdet Wunder sehen«?[172]

---

171 Ijob 42,2; Ps 119,91; Weish 7,27; 11,23; Joh 15,5; Mt 17,20; 19,26; Mk 9,23; 10,27; 14,36; Lk 1,37.
172 Vgl. unter anderem Ex 15,11–13; Jos 3,5; 1 Chr 16,8–13; 2 Chr 20,17; Ps 77; Jes 66,14–16; Joh 1,50.

Und danke Mir. Danke Mir jederzeit mit reinem, demütigem Herzen. Komm zu Mir wie ein Kind, das, voller Freude über ein Geschenk, zu seinem Vater oder seiner Mutter geht, und sag Mir, wie glücklich Ich dich gemacht habe. Diese Danksagung wünsche Ich Mir von dir und von allen, die die Vorsehung Meiner barmherzigen Liebe erfahren.

Du denkst heute an M. Yvonne-Aimée.[173] Sie hatte dieses einfache, kindliche Vertrauen in Meine barmherzige Liebe, das es Mir ermöglichte, für sie und durch sie wahrhaft große, wunderbare Dinge zu tun, allein aufgrund ihres grenzenlosen, unerschütterlichen Vertrauens in Meine barmherzige Liebe.

Wie erlangt man diesen Grad an Vertrauen? Indem man Mir die ganz kleinen Dinge anvertraut, Tag um Tag, gleich wenn sie sich einstellen, und sie ganz Mir überlässt. Darin bestand auch die Weisheit Meines Priesters Don Dolindo.[174] Er pflegte zu sagen: »Jesus, kümmere du dich darum.« Und dann ging er leichten Herzens seinen Weg weiter, in vollem Vertrauen darauf, dass Ich das Vertrauen honorieren würde, das er Mir entgegenbrachte.

Meinen Aposteln fehlte nichts, während Ich bei ihnen war.[175] Indem sie Mich in ihrer Mitte hatten, hatten sie die Quelle und den Schöpfer alles dessen, was ist, was war und was kommen wird. Du hast Mich in deiner Nähe. Ich bin hier vor dir im Sakrament Meiner Liebe. Bleibe um Meinetwillen bei Mir; Ich werde für dich sorgen.

Ich wünsche, dass Meine Priester kommen, um Mich anzubeten, dass sie vor Meinem eucharistischen Angesicht wachen, nahe Meinem offenen Herzen. Weil das Mein Wunsch ist, werde Ich für alles sorgen, das nötig ist. Versichere N. Meiner Treue und Meiner Großzügigkeit. Tu, wozu Ich dich inspiriere, mit Einfachheit und vollständiger Gelassenheit, und dann erlaube Mir zu handeln.

Ich werde zulassen, dass du Enttäuschung und Scheitern erfährst – nur damit allen klar ist, dass es sich hier um Mein Wirken handelt, und dass Ich es vollbringe zum Wohl Meiner Braut der Kirche, und zum

---

173 Mutter Yvonne-Aimée de Jésus.
174 Don Dolindo Ruotolo (6. Oktober 1882 – 19. November 1970) war ein italienischer Priester und Franziskaner-Terziar aus Neapel, dessen Heiligsprechung gerade betrieben wird. Sein Biograph Luca Sorrentino schreibt über ihn: »Ein Schriftgelehrter des Heiligen Geistes, voller Weisheit, die von oben kam, ein Wundertäter von nicht geringerer Bedeutung als Padre Pio von Pietrelcina, die Stigmata Christi hatte er bereits in seinem Namen (›Dolindo‹ von ›dolore‹), ein Lieblingssohn der Jungfrau, in die Weisheit eingeführt von den heiligen Schriften, ein treuer Knecht, der in Gott das Nichts aller Nichtse sein wollte, und das Alles Gottes in den Menschen.«
175 Lk 22,35.

Wohl Meiner Priester, jener, die Ich dazu berufen habe, Meine Kirche so zu lieben, wie Ich sie liebe.

Komm zu Mir im Sakrament Meiner Liebe, und Ich werde dich weiterhin unterweisen. Wenn du verwirrt oder verunsichert bist, dann komm zu Mir, und Ich werde Mein Licht und Meine Wahrheit aussenden, die dich zu Meinem heiligen Berg bringen,[176] das heißt, zu dem Ort, wo Ich in der Mitte Meiner Priester wohnen werde, von ihnen geliebt, von ihnen angebetet – während Ich gleichzeitig sie vom Sakrament des Altares aus heile, belebe und heilige.

Ich wünsche Mir von dir »verschwendete«, in Meiner Gegenwart verbrachte Zeit – Zeit, die Mir um Meinetwillen geschenkt wird. Ich möchte, dass alle Meine Priester in ihren Gebeten ein Gefühl von Freiwilligkeit wiederentdecken. Ich möchte, dass sie nur um Meinetwillen zu Mir kommen und bei Mir bleiben, für Mich allein, weil Ich allein aller ihrer Liebe würdig bin.

Meinst du, dass Ich Mich mit Meinen Jüngern zusammengesetzt habe, um Events zu planen, um unsere Vorgehensweise strategisch durchzudenken und zu organisieren? All das ist die Art, wie die Welt zu dem kommt, was sie als Ergebnisse ansieht. Als Ich mit Meinen Jüngern unterwegs war, als Ich mit ihnen ausruhte, bestand unsere Freude darin, zusammen zu sein. Sie blieben bei Mir nur um Meinetwillen, und Ich blieb bei ihnen wegen Meiner Liebe zu ihnen, so wie Ich im Sakrament des Altars aus Liebe bleibe – Liebe zu Meiner ganzen Kirche, vor allem aber zu Meinen Priestern. Warum verstehen Meine Priester das noch nicht? All ihre priesterliche Aktivität soll daraus fließen, dass sie »bei Mir sind«, und so werden sie reichliche gute Frucht bringen – Frucht, die bleiben wird.[177]

Wenn Ich das sage, meine Ich nicht, dass Meine Priester in eine Art trägen Quietismus verfallen sollen, dass sie nichts tun und aufhören sollen, pastoralen Eifer zu zeigen. Vielmehr sage Ich, dass sie Mich zu ihrem Prinzip machen sollen, zum Quell alles dessen, was sie tun und sagen, und dass alles, was sie tun, zu Mir zurückkommen und in Meine Hände gelegt werden soll, auf dass Ich *alles* dem Vater zurückgeben kann.

Ich versprach die Gabe Meines Heiligen Geistes, des Trösters, der das Wirken Meiner Apostel lenken und inspirieren sollte.[178] Er kommt mit Seinen sieben Gaben. Wen der Heilige Geist führt, der handelt zwar, aber er handelt aus einem tiefen Glauben an Meine barmherzige Liebe, und

---

176 Ps 43,3–4.
177 Lk 8,15; Joh 12,25(24); 15,2–16; Röm 7,4.
178 Lk 24,49; Apg 1,4; 2,3; 10,19; Mt 10,20; Joh 7,39; 14,16–18; 15,26–27; 16,12–15; Ps 104,30; Ps 143,10; Jes 32,14–18.

in einem Geist vollständigen Vertrauens auf Meine Gnade. Er wird sich nicht darum bemühen, Ergebnisse zu erzielen; das überlässt er Mir.[179]

Ich bin die Quelle jeglicher Fruchtbarkeit im Weinberg Meiner Kirche. Getrennt von Mir kannst du nichts tun. Komm also zu Mir. Bleib bei Mir.[180] Handle für Mich, geleitet von Meinem Heiligen Geist, und komm danksagend zu Mir zurück. Das ist das Geheimnis eines priesterlichen Lebens, das Mir gefällt, das Meine Kirche auferbaut, und das Meinen Vater verherrlicht.

Meine allreine Mutter ist in jedem dieser Augenblicke bei dir. Sie ist es, die für dich die Gnade erwirkt, zu Mir zu kommen. Wenn du bei Mir verweilst, ist sie da, so wie sie in Anbetung der Geheimnisse Meines Leibes und Blutes beim heiligen Johannes war. Wenn du dich in den Weinberg aufmachst, bereitet sie dir den Weg und erwirkt die Gnaden, die für dein Wirken nötig sind. Wenn du zu Mir zurückkehrst, ist sie immer noch bei dir, und sie bringt ihr Magnificat dar, während du die demütige Danksagung deines Herzens Meinem Vater aufopferst.

## Freitag, 6. Februar 2009

Ich möchte, dass du in Schweigen und Anbetung lebst.

## Mittwoch, 11. Februar 2009

Verbring weniger Zeit am Computer und mehr Zeit in Meiner Gegenwart. Ich warte hier auf dich. Ich sehne Mich danach, dich vor Mir zu sehen. Ich möchte dir alle Zeichen Meiner Freundschaft geben, die Mein Herz für dich und keinen anderen bestimmt hat, aber dafür musst du zu Mir kommen. Folge den Eingebungen Meiner Gnade.

## Donnerstag, 12. Februar 2009

Es ist nicht nötig, dass du dich von Sorgen und Ängsten verunsichern lässt. Ich werde nicht aufhören, zu dir zu sprechen, solange du mit einem stillen, vertrauensvollen Herzen vor Mich kommst. Ich habe dich noch vieles zu lehren. Ich möchte in dir Reinheit, Nächstenliebe, Barm-

---

179 Mt 4,1; Lk 4,1; 11,13; Apg 8,26–40; Röm 8,14; Gal 5,18.
180 Joh 15,1–8.

herzigkeit gegenüber deinen Priester-Brüdern ausbilden, und die unablässige Anbetung, die Ich Mir von dir wünsche.

Warte mir auf. Komm zu Mir. Öffne Mir dein Herz, und Ich werde dir Mein Herz öffnen.

104   Das ist eine Meiner schlimmsten Qualen: dass Ich auf Herzen treffe, die sich vor mir verschlossen haben, und das selbst noch unter Meinen geliebten Priestern, den Freunden, die Ich Mir für Mich auserwählt habe. Wie kann Ich Freundschaft mit jemandem halten, der sein Herz vor Mir verschließt, der Meine Gegenwart flieht, der es nicht erträgt, still und schweigend und allein mit Mir und für Mich dazusein?

Selbst für dich bedeutet es ja noch einen Kampf. Es gibt so viele unbedeutendere Dinge, die dich ablenken, die deine Zeit fressen und die dir Steine in den Weg legen, der zu mir führt. Du musst lernen, diese Hindernisse als das zu erkennen, was sie sind. Einige machst du dir selbst; andere sind das Werk des Bösen; wieder andere stammen aus der Sorge um Alltägliches in einer Welt, die völlig vergessen hat, wie sie in Meiner Gegenwart zur Stille findet. Lass dich von keinem dieser Hindernisse abhalten. Lerne, schnell zu Mir zu kommen, großherzig und froh. Ich warte auf dich im Sakrament Meiner Liebe, und du wirst nicht enttäuscht werden, wenn du zu Mir kommst. Das ist alles, was Ich von Seelen verlange, und vor allem von Meinen Priestern – dass sie zu Mir kommen. Und Ich kümmere Mich um alles Übrige.

**Freitag, 13. Februar 2009**

Von den Sünden, die in das Feuer Meines Herzens geworfen werden, bleibt nichts übrig. Sie sind vollständig vernichtet – nicht zu Asche verbrannt, sondern ganz und gar zerstört und vergessen. Die Liebe bewegt Mich, das zu tun. Wenn eine mit Sünden beladene Seele – und seien es auch Sünden gegen Meine göttliche Person, Blasphemie, Sakrileg, Beschimpfung – mit reuigem, zerknirschtem Herzen zu mir kommt, dann umhüllt Meine Liebe diese Seele und reinigt sie in Meinem Blut.[181]

Ich bin der Retter, der Heiland. Ich verabscheue die Sünde und die Verwüstungen, die sie in Meinen Geschöpfen anrichtet. Sünde, die Mir übergeben wird, hört auf zu existieren; sie ist in alle Ewigkeit im unendlichen Meer Meiner Barmherzigkeit untergegangen. Sünde aber, an der jemand festhält, wird zu einem Gift, einem Krebsgeschwür, das sich

---

181 Mt 26,28; Mk 3,28–29; 1 Joh 1,7–10; 2,1–2; Apg 3,19; Eph 1,7; Hebr 8,12; 10,17; Ps 32,1; Ps 103,8–12; Jes 1,18; 38,17; 43,25; 44,22; Mi 7,19.

immer weiter ausbreitet und den geistlichen Organismus zerstört, den Ich für Heiligkeit und ewige Seligkeit erschaffen habe.

Ich möchte, dass Meine Priester Mir ihre Sünden übergeben. Ich möchte alle ihre Sünden übernehmen, denn Ich habe den Preis dafür bereits bezahlt. Warum sollten Meine Priester schamerfüllt durchs Leben gehen, niedergedrückt vom Gewicht ihrer Sündhaftigkeit, das sie mit sich herumschleppen? Jede Sünde, die Mir übergeben wird, verschwindet, und im Austausch für jede Mir übergebene Sünde gebe Ich eine Gnade zurück.[182] So sieht der Tausch aus, den Ich den Seelen vorschlage; so sieht der Tausch aus, den Ich Meinen armen Priestern anbiete. Du hast erfahren, wie Ich das mache. Du kannst die Schönheit dieses Austauschs in deinem Leben und im Leben von Pater N. bezeugen. Es genügt, Mir deine Sünden zu übergeben: Im Austausch gebe Ich eine Überfülle an Gnaden, kostbaren Gnaden, die die Seele heiligen, und die bewirken, dass Tugenden sprießen, wo vorher nichts war als eine von den Schatten des Lasters heimgesuchte Einöde.

Ich möchte, dass Meine Priester die ersten sind, die die Erfahrung von der Unermesslichkeit Meiner Barmherzigkeit machen. Ich möchte, dass sie die ersten sind, die diesen Austausch von Sünde gegen Gnade erfahren, von Dunkelheit gegen Licht, von Krankheit gegen Gesundheit, und von Traurigkeit gegen Freude. Sie sollen im Sakrament Meiner Gnade zu Mir kommen, sie sollen Mich täglich, ja stündlich im Sakrament Meiner Liebe, der Allerheiligsten Eucharistie, aufsuchen. Dort warte Ich auf sie, dort werden sie alles finden, was ihr Herz begehrt.

Ich bin Jesus. Ich rette, Ich heile, Ich schenke Leben, und die Seelen, die in die Werke Meiner Gnade und in das verborgene Wirken des Heiligen Geistes einwilligen – diese Seelen mache Ich für den Blick Meines Vaters angenehm. Wenn du zu Meinen Priestern sprichst, dann erinnere sie an die Macht und Wirksamkeit auch nur eines einzigen Aktes des Vertrauens in Meine barmherzige Liebe. Vertrauen öffnet die Tür zu allen Schätzen Meines Königreichs. Dem, der sein Vertrauen auf Meine barmherzige Liebe setzt, kann Ich nichts verweigern.

Wenn Ich Seelen in die Einheit mit Mir ziehen möchte, dann spreche Ich zu ihnen so wie Ich jetzt zu dir spreche. Die Wirkung Meiner Worte ist die Vereinigung der Seele mit Mir in einem Schweigen, das nur aus Liebe und Sehnsucht besteht. Ich möchte, dass man sich nach Mir sehnt. Ich möchte, dass Seelen sich nach der Einheit mit Mir ver-

105

---

182 Röm 5,20.

zehren. Mein Wort wird diese Sehnsucht in dir entstehen lassen, und Ich werde sie erfüllen.

Erschließe den Priestern, die Ich dir weisen werde, die Schriften Meiner kleinen Josefa.[183] Sie werden darin ein Heilmittel und Trost finden, und eine Quelle des Vertrauens in Meine barmherzige Liebe. Sie sind nicht für alle geeignet; nicht alle sind demütig genug, die Botschaft Meines Herzens zu vernehmen, aber die Gebrochenen und Verwundeten, diejenigen, deren Seele von der Sünde verwüstet wurde, werden sie verstehen, und sie werden sich freuen über die Botschaft von Meiner Liebe.

**Freitag, 13. März 2009**

Nur so wenige Seelen denken daran, Mir nach dem Empfang Meines Leibes und Blutes zu danken. Das gilt sogar von Meinen Priestern – den Priestern, Meinen Freunden, Meinen Erwählten, von denen Ich mehr erwarte, und von denen Ich Mir mehr ersehne. Die Herzen sind Mir gegenüber, der Ich in diesem Sakrament Meiner Liebe gegenwärtig bin, kalt und gleichgültig geworden. Für viele ist es zu einer Routine geworden, Mich zu empfangen – zu einer Handlung ohne Glauben und ohne sichtbare Zeichen der Anbetung und der Liebe. Wie konnte es in Meiner Kirche so weit kommen?

Ich werde heilige Priester erwecken, die in den Herzen Meiner Gläubigen eine glühende Liebe zur Allerheiligsten Eucharistie neu entfachen sollen. Ich rufe viele Priester dazu auf, Mein eucharistisches Antlitz anzubeten und sich Meinem offenen Herzen im Sakrament Meiner Liebe zu nähern. Diese Priester will Ich zuerst als Diener ihrer Brüder in den Ordensgemeinschaften einsetzen, und dann, durch sie, als Diener der riesigen Scharen an Seelen, die die Geheimnisse Meines Leibes und Blutes nie verstanden haben, das dem Vater aufgeopfert und aufgegeben wird für das Leben der Welt.

In diesen wenigen kostbaren Augenblicken nach der heiligen Kommunion möchte Mein Herz sich mit Meinen Freunden austauschen,

---

183 Schwester Maria Josefa Menéndez (4. Februar 1890 – 29. Dezember 1923) war eine katholische Ordensfrau und Mystikerin. Sie wurde in Madrid geboren und trat mit 29 Jahren in die Gesellschaft des Heiligen Herzens Jesu in Poitiers ein. Ihr religiöses Leben als Hilfsschwester brachte sie mit niedrigen Aufgaben wie Putzen und Nähen zu, und nur wenige wussten von den Visionen und Offenbarungen, die sie von Jesus erhielt. Diese wurden postum unter dem Titel *Der Weg göttlicher Liebe* veröffentlicht.

doch so viele wenden sich von Mir ab, um sich um vieles Anderes zu kümmern.[184] Von dir, Meinem Freund, verlange Ich etwas mehr. Bleibe für diese wenigen Augenblicke bei Mir. Lausche dem Klang Meiner Stimme in deinem Herzen. Wisse, dass es Mein Wunsch ist, zu dir zu sprechen und allem zuzuhören, was du Mir sagen möchtest. In diesen Augenblicken bin Ich am geneigtesten, Bitten zu erfüllen, die Mir gläubig vorgetragen werden.

**Samstag, 14. März 2009**

Lass es zu, dass Ich dich unterweise und belehre in dem, was du sagen sollst, sowohl wenn du betest, als auch wenn du predigst.[185] Ich werde das tun, indem Ich die Gnade des Heiligen Geistes in einer Weise auf dich herabkommen lasse, die immer neu ist, immer frisch, und die immer zu dem passt, was du in einem gegebenen Moment gerade brauchst. Ja, der Heilige Geist ist dein zweiter Fürsprecher, dein zweiter Freund,[186] und Ich wünsche, dass du nicht nur in Gemeinschaft mit Ihm lebst, sondern dich an Seiner innigen Umarmung festhältst. So wirst du mit Mir vereint sein, und durch Mich mit Meinem Vater.

Liebe den Heiligen Geist und rufe Ihn mit Demut und Vertrauen an. Er wird dich nie im Stich lassen. Er ist – so sagt es Meine Kirche – der »Vater der Armen«.[187] Es ist Ihm eine Freude, auf die Armen im Geiste herabzukommen, und Er errichtet Seinen Tabernakel in ihren Herzen. Suche dort Seine Gegenwart und beginne damit, in ständiger Abhängigkeit von Seiner göttlichen Führung zu leben. So lebten Meine Apostel, und das war auch das Leben Meiner jungfräulichen Mutter.

Ruf Ihn mit dem Gebet an, das dir vertraut ist, und wende dich an Ihn als die »Seele deiner Seele«. Kardinal Mercier[188] nannte das aufgrund

---

184 Lk 10,40–42; Mt 22,4–5; Sir 11,10; 38,24–25; Ps 126(127),1–2.
185 Röm 8,26; Eph 6,18; Phil 1,19; Jud 1,20; Mt 10,19–20; Mk 13,11; Lk 4,18; 12,11–12; Apg 2,4; 4,31; 1 Kor 2,4; 2,12–14; 1 Petr 1,12; 2 Sam 23,2; Sir 39,6.
186 Joh 14,16; 16,17.
187 *Pater pauperum* ist ein Titel, der dem Heiligen Geist in der Goldenen Sequenz *Veni, Sancte Spiritus* beigelegt wird, die an Pfingsten (und im *usus antiquior* des Römischen Ritus täglich innerhalb der Pfingstoktav) gesungen wird.
188 Désiré-Joseph Kardinal Mercier (21. November 1851 – 23. Januar 1926) war von 1906 bis zu seinem Tod Erzbischof von Mecheln in Belgien. Neben der heroischen Führungsqualität, die er während des Ersten Weltkriegs an den Tag legte, richtete Kardinal Mercier den berühmten Katholisch-Anglikanischen Dialog aus, die sogenannten Gespräche von Mecheln, und bewirkte die Einführung

einer Inspiration das *Geheimnis der Heiligkeit*. Wer in inniger Vereinigung mit dem göttlichen Tröster lebt, wird notwendig auch mit Meiner allreinen Mutter vereint. Sie ist überall gegenwärtig, wo der Heilige Geist wirkt; und wo sie ist, da gesellt sich auch der Heilige Geist dazu.

Der heilige Johannes wusste das, und indem er sein Haus mit Meiner allreinen Mutter teilte, wurde es für ihn zu jenem Obergemach am Pfingstmorgen. Meine Mutter erwirkt für Seelen, die ihr ergeben und geweiht sind, die Gnade eines beständigen inneren Pfingsten. In jedem Augenblick wird der Heilige Geist vom Vater und dem Sohn ausgesandt, auf dass er Seelen zur Einheit versammle, indem er sie mit Mir und untereinander vereint.

**Sonntag, 15. März 2009**

Erweise dich dankbar, aufrichtig und interessiert an deinen Mitmenschen und an den Dingen, die sie betreffen, vor allem an ihren Familien. Offenbare allen, die Ich dir schicke, Mein Herz und Mein Angesicht.

**Montag, 16. März 2009**

Meine Liebe zu dir ist einzigartig, und sie trügt nicht. Trau Meiner barmherzigen Liebe jederzeit und in allen Umständen. Deine Schwä-

---

des liturgischen Festes von Maria, der Mittlerin aller Gnaden, mit eigener Messe und Offizium. Sein geistiger Mentor war der Selige Dom Columba Marmion. Folgende tägliche Praxis empfahl Kardinal Mercier: »Ich werde euch das Geheimnis der Heiligkeit und des Glücks enthüllen. Kontrolliert täglich fünf Minuten lang eure Phantasie und schließt eure Augen vor allem Sichtbaren und eure Ohren vor allem Lärm der Welt, auf dass ihr in euch selbst eintreten könnt. Dann, im Heiligtum eurer getauften Seele (sie ist der Tempel des Heiligen Geistes), sprecht zu diesem göttlichen Geist und sagt zu ihm: ›O Heiliger Geist, Seele meiner Seele, ich bete dich an! Erleuchte mich, führe mich, stärke mich, tröste mich. Sage mir, was ich tun soll; gib mir Deine Anweisungen. Ich verspreche, mich Dir in allem zu unterwerfen, was Du von mir wünschst, und alles anzunehmen, was Du an Widerfahrnissen zulässt. Lass mich nur Deinen Willen erkennen.‹ Wenn ihr das tut, wird euer Leben glücklich dahinfließen, heiter und voller Tröstungen, selbst in der Mitte von Prüfungen. Gnade wird in der Prüfung zuteil, die euch Stärke geben wird, standzuhalten, und ihr werdet voller Verdienste am Tor des Paradieses eintreffen. Diese Unterwerfung unter den Heiligen Geist ist das Geheimnis der Heiligkeit.« Mercier war auch ein anerkannter Gelehrter des Thomismus und der Gründer des Höheren Instituts für Philosophie an der Universität Leuwen sowie der *Revue Néoscholastique*.

chen sind für Meine barmherzige Liebe kein Hinderungsgrund; im Gegenteil, sie machen dich Mir lieb und erwirken dir besondere Gnaden. Solange du an Meine beständige Freundschaft mit dir glaubst, wirst du die Zeichen Meiner barmherzigen Liebe in immer größerer Fülle erfahren. Ich möchte dich nicht nur für dich selbst mit Gnaden erfüllen, sondern für alle Meine Priester und vor allem für jene, die ihr Herz vor Mir verschlossen, Meine innige Freundschaft zurückgewiesen und sich in das bequeme Leben zurückgezogen haben, das sie für sich selbst organisiert haben – doch diese Art eines von Mir getrennten Lebens ist der Anfang der Verdammnis, der Anfang jener Hölle, die nicht Ich den Seelen antue, sondern vielmehr der Zustand, in den sie sich selbst bringen, indem sie sich Schritt für Schritt von Mir zurückziehen, bis die Trennung schließlich vollständig ist und es keine Rückkehr mehr gibt.

108

Du warst schon ein ganzes Stück weit auf dem Weg dieser schrecklichen Trennung von Mir fortgeschritten, doch Meine allreine Mutter setzte sich vermittelnd ein, Papst Johannes Paul II. betete, und Meine barmherzige Liebe triumphierte in deinem Herzen. Was Ich in dir gewirkt habe, das möchte Ich so gerne bei zahllosen anderen tun. Bete also für deine Priester-Brüder. Bring sie in das Licht Meines eucharistischen Angesichts. Opfere sie Meinem eucharistischen Herzen auf. Ich werde deine Fürbitte für sie entgegennehmen, und durch Vermittlung Meiner allreinen Mutter verspreche Ich eine Überfülle an Bekehrungsgnaden, Heilung und Heiligkeit für Meine Priester durch dieses Werk, um das Ich dich gebeten habe.

Ich habe Meinen Diener Papst Benedikt XVI. dazu inspiriert, dieses Jahr der Priester auszurufen.[189] Das ist ein Zeichen und eine Bestätigung, die Ich dir gebe. Halte dich an Meine Worte, und bleib dem treu, worum Ich dich bitte. Du wirst ein mächtiges Ausströmen des Heiligen Geistes über die Priester Meiner Kirche erleben. Das Leben von vielen wird verwandelt werden. Das Angesicht meiner Priesterschaft wird erneuert, und alle werden staunen über das neu gefundene Strahlen ihrer Reinheit.

---

189 Am 16. März 2009 kündigte Papst Benedikt XVI. an, dass die Kirche ein »Jahr der Priester« begehen werde, zur Feier des 150. Jahrestages des *dies natalis* des heiligen Pfarrers von Ars. Das Jahr sollte am Fest des Heiligsten Herzens Jesu in jenem Jahr (am 19. Juni) beginnen und zum selben Fest 2010 (am 11. Juni) zu Ende gehen.

## Samstag, 21. März 2009
## Hinübergang Unseres heiligen Vaters Sankt Benedikt

Der Sinn aller Worte, die Ich zu dir spreche, besteht darin, dich mit Mir im Schweigen der Liebe zu vereinen. Freunde und Liebende sprechen miteinander, um auszudrücken, was sie in ihrem Herzen bewegt. Wenn diese Dinge erst ausgedrückt sind, dann reicht es für sie, miteinander im Schweigen vereint zu bleiben, das ein vollkommenerer Ausdruck ihrer Liebe ist.

So viele Seelen fürchten sich vor dem Schweigen, in das Ich sie führen würde, wenn sie Mich nur ließen. Aus Furcht verstecken sie sich hinter einer Barriere aus Wörtern und Vorstellungen, wohingegen Mein Wunsch doch darin besteht, sie direkt mit Mir zu vereinen – mit den Mitteln von Glaube, Hoffnung und vor allem Liebe. Liebe ist das Band Meiner Vereinigung mit dir und mit jeder Seele, die Ich erwählt habe, im Geschenk Meiner göttlichen Freundschaft zu leben.

Es gibt Zeiten, in denen Worte nützlich und notwendig sind, weil du ein schwacher Mensch bist und weil du es brauchst, Meiner Liebe zu dir versichert zu werden, aber letztlich ist Schweigen der reinste Ausdruck Meiner Liebe zu dir und deiner Liebe zu Mir.

Schritt für Schritt werde Ich dich in das Schweigen der geeinten Liebe führen. Ich werde nicht ganz aufhören, zu dir zu sprechen, weil du Meine Worte brauchst und weil sie außerdem nützlich sein werden für andere Seelen, aber Ich werde dich lehren, Meinen geliebten Jünger Johannes nachzuahmen, indem du dein Haupt – das so voller Gedanken und Sorgen und Ängste und Wörter ist – an Mein Allerheiligstes Herz legst. Dort wirst du lernen, Frieden zu finden und das vollkommene Glück, indem du nichts anderes tust, als dem stetigen ewigen Rhythmus Meines Herzens zu lauschen, das in Liebe zu dir und zu allen Priestern schlägt. Dabei ist nicht die Dauer dieser Momente wichtig, sondern nur die Intensität göttlicher Liebe, die sie ausfüllt.


## Montag, 23. März 2009

Ich werde deine Liebe zu Mir vermehren. Ich werde das in dir bewirken, weil du Mich darum bittest; aber auch in den Seelen von anderen, die Mich darum bitten, vor allem in den Seelen Meiner Priester.

Damit du Mich lieben kannst, wie Ich wünsche, dass du Mich liebst, brauchst du Mein Geschenk der Liebe. Ohne Mich kannst du nichts tun.¹⁹⁰ Diejenigen, die Mich auf richtige Weise geliebt haben, Meine Heiligen im Himmel, rühmen Mich in alle Ewigkeit dafür, dass Ich in ihren Herzen die glühende Liebe entfacht habe, mit der sie Mich auf Erden liebten.¹⁹¹ Also liebe Mich so, wie Ich es dir eingebe, Mich zu lieben, und in dieser Liebe wirst du das Eine finden, das notwendig ist.¹⁹²

## Mittwoch, 25. März 2009
## Verkündigung

Ich bin deine Mutter, die dir in der feierlichen Stunde Seines Opfers von meinem Sohn Jesus am Kreuz gegeben wurde. Und du bist mein Sohn, bist meinem schmerzensreichen und unbefleckten Herzen lieb, bist mir kostbar, und wirst immer unter meinem Schutzmantel sein. Lass mich mit dir leben, wie ich mit Johannes gelebt habe, dem zweiten Sohn meines Herzens und dem Vorbild für alle meine Priestersöhne für alle Zeiten. Sprich mit mir auf einfache Weise und mit vollständigem Vertrauen in das Mitgefühl meines mütterlichen Herzens und in die meiner mütterlichen Fürsprache gegebene Macht.

Es gibt nichts, was du nicht zu mir bringen könntest, nichts, das du mir nicht übergeben und nichts, das du mir nicht aufopfern könntest, bis hin zu deinen Sünden. Alles, was mir von meinen Söhnen gegeben wird, drücke ich an mein Herz; alles Unreine, jede Spur von Sünde wird verzehrt in der Liebesflamme, die in Meinem allreinen Herzen brennt, im Feuer der Liebe, das der Heilige Geist in mir ist, das Feuer der Göttlichkeit selbst. Gib mir also all das, was du meinem Sohn und Seinem Vater geben willst. Es wird geläutert wie Gold im Schmelzofen, weil ich es an mein Herz drücken werde. Nichts Unreines übersteht die Liebesflamme, die in meinem Herzen brennt. Es bleibt nur Liebe.

Gib mir deine Schwächen, deine vergangenen Sünden, deine täglichen Fehler, und ich werde meinem Sohn nur die Liebe vorstellen, mit der du trotz all deiner Schwächen begehrst, Ihn zu lieben, und mit Ihm den Vater zu lieben.

Ich bin deine Mutter. Ich bin die Mutter, vor der du nichts verstecken musst. Selbst die Dinge, von denen du meinst, sie seien verborgen, liegen klar und offen vor mir im reinen Licht der Gottheit. Wenn ich einen meiner Priestersöhne sehe, der von der Sünde entstellt oder verschmutzt ist, dann bewegt mich das nicht dazu, ihn zu verurteilen,

---
190 Joh 15,5.
191 Röm 5,5; Ez 11,19.
192 Lk 10,42.

sondern ihm Barmherzigkeit zu zeigen und alle mir gegebenen Mittel einzusetzen für seine vollständige Befreiung von den Verheerungen durch die Sünde. So viele von denen, die gegen eingefleischte sündhafte Gewohnheiten und verderbliche Laster kämpfen, würden sich schnell davon befreit finden, wenn sie nur mit dem Zutrauen von Söhnen zu mir kämen und mir erlauben würden, das für sie zu tun, wozu mich mein mütterliches, barmherziges Herz drängt.

Meinem vermittelnden Gebet sind keine Grenzen gesetzt, denn so hat es der Vater bestimmt.[193] Man geht nie in die Irre, wenn man sich an mich wendet. Es ist unwichtig, wie komplex das Problem ist, wie schmutzig die Sünde – ich bin die Magd der göttlichen Barmherzigkeit, die Zuflucht der Sünder und die Mutter aller, die gegen die Mächte der Finsternis kämpfen. Komm also zu mir. Ich darf sogar die tröstenden Worte sprechen, die zuerst mein geliebter Sohn sprach: »Kommt zu mir, und ich will euch erquicken.«[194]

Es reicht nicht, für mich im Lauf des Tages die eine oder andere Gebetsübung zu praktizieren: Ich möchte mehr, und du bist zu mehr berufen. Du bist dazu berufen, das Leben des heiligen Johannes mit mir im Obergemach und in Ephesus nachzuleben.[195] Wenn du doch nur die Bande kennen würdest, die die Seele von Johannes mit der meinen verbanden: das Band der Liebe zu Jesus, das Band des Gehorsams gegenüber dem Vater, und das Band der Freude im Heiligen Geist! Wir waren der Kern einer Familie von Seelen, die sich im Lauf der Jahrhunderte wundersam vergrößert hat – der Familie all jener, die wie Johannes mit mir lebten, von mir lernten und mir erlaubten, sie so zu lieben, dass meine Liebe zu meinem Jesus in ihren Herzen wie ein großes Feuer entflammt wurde, jenes Feuer, das auf die Erde zu werfen mein Sohn gekommen war.[196]

---

193 Joh 2,1–11.
194 Mt 11,28.
195 Obwohl einige Kirchenväter von Jerusalem als der Wohnstätte der heiligen Jungfrau Maria nach der Auferstehung Christi sprechen, weiß eine andere alte Tradition, dass sie beim heiligen Johannes in der Nähe von Ephesus lebte, was besser dazu passt, dass unser Herr sie Seinem geliebten Jünger anvertraute (Johannes 19,26–27), und was durch eine Vision der seligen Anna Katharina Emmerick zu Beginn des 19. Jahrhunderts bestätigt wird: eine Vision von der Wohnstätte der Jungfrau Maria auf dem Berg Koressos in der Nähe von Ephesus. Anna Katharina Emmericks detaillierte Beschreibung ermöglichte es einem Forscherteam 1881, den Ort zu finden, der unter dem türkischen Namen Meryem Ana Evi ein beliebtes Heiligtum geworden ist, das auch von den Päpsten Paul VI., Johannes Paul II. und Benedikt XVI. aufgesucht wurde.
196 Lk 12,49; Dtn 4,36.

Ich bin froh, dass ich an diesem Tag der Verkündigung mit dir gesprochen habe, die mich vor vielen, vielen Jahren in Nazareth mit göttlicher Freude erfüllt hat. Die göttliche Freude ist immer noch da. Niemand wird je bewirken können, dass sie abnimmt. Sie vermehrt sich in der Ewigkeit zur Unendlichkeit: Sie ist ein Meer von Freude ohne Grenzen, ihre Tiefe unermesslich. Und diese Freude möchte ich mit dir und mit allen meinen Priestersöhnen heute teilen.

## 14. April 2009, Osterdienstag

*Unser Herr richtete meine Aufmerksamkeit auf die beiden Episteln, die für die Messe am Osterdienstag vorgegeben sind.*[197]

*Als unser Paschalamm ist Christus geopfert worden. Lasst uns also das Fest nicht mit dem alten Sauerteig feiern, nicht mit dem Sauerteig der Bosheit und Schlechtigkeit, sondern mit den ungesäuerten Broten der Aufrichtigkeit und Wahrheit!*

1. KORINTHER 5,8

Ich berufe dich zu einer Erneuerung des Lebens in Herzensreinheit und gläubiger Anbetung. Herzensreinheit ist das Ergebnis unermüdlicher Anbetung und ihre Frucht. Man kann nicht Tag für Tag vor Meinem eucharistischen Antlitz verweilen, ohne von einer Stufe der Reinheit – also der Helligkeit – zur nächsten verwandelt zu werden.[198] Diejenigen, die Mein eucharistisches Angesicht anbeten, werden wie Spiegel in der Kirche sein, die Meine Heiligkeit, Meine Majestät und Mein grenzenloses Mitleid allen vor Augen bringen.

So möchte Ich die Verwandlung Meiner Priester bewirken: Ich möchte, dass sie in Meiner Gegenwart verweilen, bis der Widerschein Meiner Heiligkeit in ihnen und auf ihren Gesichtern allen zeigt, dass Ich Meinen Verheißungen treu bin, und dass die Anbetung Meines eucharistischen Angesichts für alle Meine Priester ein bevorzugtes Mittel der Verwandlung in Mich ist.

Ich berufe dich zu einer Erneuerung des Lebens, und das Prinzip dieser Erneuerung soll die Treue sein, mit der du Anbetung hältst. Du hast in Meiner Gegenwart und vor dem Bischof, den Ich dir gegeben

---

197 Im revidierten Lektionar sind die beiden Optionen für die zweite Lesung Kol 3,1–4 und 1 Kor 5,6b–8, die hier in umgekehrter Reihenfolge kommentiert werden.
198 2 Kor 3,18; Hebr 1,3; 1 Kor 15,41; Weish 7,24–30; Bar 5,3. Ende 3

habe, das Versprechen abgelegt, in unaufhörlicher Anbetung zu leben. Das ist deine Berufung. Das ist der Weg, den Ich vor dir zu deiner Heilung und Reinigung aufgetan habe. Dieser Weg ist nicht für dich allein gedacht. Er ist auch für die, die Ich dir senden werde, und für alle Meine Priester.

Meine Priester nehmen sich kaum die Zeit, bei Mir zu sein, Mein Angesicht anzuschauen, in Meiner Gemeinschaft zu bleiben. Dieses kommende Jahr für die Priester wird für Meine Kirche in dem Ausmaß fruchtbar sein, wie Meine Priester auf die ihnen angebotenen Gnaden reagieren; die kostbarste dieser Gnaden ist Meine Einladung, Mein eucharistisches Antlitz anzuschauen und anzubeten. Das Werk der Überformung in Mich ist Mein Werk. Meine Priester müssen sich nur Meinem eucharistischen Antlitz aussetzen. Ganz allmählich wird das Strahlen Meines Angesichts dazu führen, dass das unauslöschliche Wesen Meines Priestertums in ihnen aus der Sünde auftaucht, durch welche dieses Wesen verdunkelt und entstellt wurde. Es wird anfangen zu strahlen, und das wird Seelen durch Meine Priester zu Mir ziehen.

Die Heiligkeit eines Priesters ist Mein Leben in ihm. Die Pflichten des heiligen Dienstes tragen zur Heiligkeit bei, aber sie reichen nicht aus. In jedem Priester muss die Bereitschaft, der Wunsch lebendig sein, in Meiner Freundschaft zu wachsen, in Meiner Gegenwart zu verweilen, sich schweigend und ruhend vor Meinem Angesicht Meiner verwandelnden Liebe hinzugeben.

*Seid ihr nun mit Christus auferweckt, so strebt nach dem, was oben ist, wo Christus zur Rechten Gottes sitzt! Richtet euren Sinn auf das, was oben ist, nicht auf das Irdische. Denn ihr seid gestorben und euer Leben ist mit Christus verborgen in Gott. Wenn Christus, unser Leben, offenbar wird, dann werdet auch ihr mit Ihm offenbar werden in Herrlichkeit.*

Kolosser 3,1–4

Das ist die Lebensregel, die Ich dir für diese Osterzeit gebe und darüber hinaus für dein ganzes weiteres Leben. Lebe mit Mir, verborgen in Mir, so wie Ich in der Herrlichkeit Meines Vaters verborgen bin, und verborgen in der sichtbaren Gestalt von Brot im Sakrament Meiner Liebe. Suche Mein Angesicht, und Ich werde deines suchen, Meine Helligkeit in deine Seele eindringen lassen und dich von innen verwandeln.

Diejenigen, die sich von Mir im Sakrament Meiner Liebe abwenden, wählen die Dunkelheit anstelle Meines Lichtes, und sie werden von der

Dunkelheit verunstaltet, die ihre Seelen durchdringt und macht, dass die Sünde sie beherrscht.[199]

Ich habe dir den Weg zu priesterlicher Heiligkeit gezeigt, einen Weg, von dem Ich wünsche, dass alle Meine Priester ihm folgen. Wenn doch Meine Priester sich die Zeit nehmen würden, vor Meinem eucharistischen Antlitz zu verweilen und sich der Liebe Meines eucharistischen Herzens zu überlassen! Auf diese Weise möchte Ich das Priestertum in Meiner Kirche erneuern. Dieses Jahr der Priester ist der Zeitpunkt, den Ich gewählt habe, um mit einer umfassenden Aktion in den Seelen Meiner Priester zu beginnen. Ich werde die Spreu vom Weizen trennen.[200] Einige werden verloren gehen,[201] und schon jetzt ist Mein Herz und das Herz Meiner Mutter tief betrübt wegen ihnen. Aber viele werden auch ihrem Leben eine neue Richtung geben, es wird dann geprägt sein von Anbetung und von strahlender Reinheit, der Frucht der Anbetung.

## Mittwoch, 15. April 2009

Der Weg, den Ich für dich gebahnt habe, ist der Weg der Anbetung. Gehe diesen Weg im Licht Meines eucharistischen Angesichts, und du wirst sehen, dass er direkt in Mein geöffnetes Herz führt. Eben diesen Weg möchte Ich allen Meinen Priestern anbieten. Ich möchte, dass sie im Licht Meines Angesichts wandeln,[202] dass sie alles Dunkle hinter sich lassen und nichts sehnlicher wünschen als in Meiner heiligen Seite zu ruhen. Mein durchbohrtes Herz ist der Urquell der Reinheit, der Heilung und der Heiligkeit für alle Meine Priester. Wie sehr wünsche Ich Mir, sie im Sakrament Meiner Liebe an Mein offenes Herz zu ziehen! Sie müssen nichts weiter tun als zu Mir kommen, auch dann, wenn sie erschöpft sind und wenn es ihnen an Worten oder liebevollen Gedanken mangelt. Durch den schlichten Akt des Zu-Mir-Kommens zeigen sie ihre Liebe zu Mir und ihren Wunsch nach Meinem heilenden und läuternden Wirken in ihren Seelen.

Du sollst lernen, in Meiner Gegenwart zu verweilen, hier zu bleiben, so lange du kannst, denn das ist der innerste Sinn des Lebens, zu dem Ich dich hier berufen habe. Wenn du Mich wegen anderer Dinge im Stich lässt, dann gefährdest du die unermessliche Gnade, die Ich dir

---

199 Unter anderem Mt 6,23; Lk 11,34; Joh 3,19; Ijob 24,13–17; Weish 18,4.
200 Mt 3,12; Mt 13,49; 25,32; Lk 3,17; Jer 23,28.
201 Vgl. etwa Mt 22,12–13; 25,24–30; Lk 13,2–5; 1 Kor 1,18; 2,15–16; 2 Kor 4,3–4; Phil 3,16–19; 1 Tim 1,19; 2 Petr 2; Offb 20,12–15.
202 Ps 89,16.

erwiesen habe, indem Ich dich hierher gebracht habe, auf dass du der priesterliche Anbeter Meines eucharistischen Angesichts sein mögest. Die Heilung und Reinigung vieler priesterlicher Seelen hängt von deiner Treue zu dieser Berufung zu Anbetung und Sühne ab. Ich habe dir eine schwere Verantwortung für die Heilung deiner Priester-Brüder aufgebürdet und für die Rückkehr vieler von ihnen zu Meinem offenen Herzen. Ihre Heilung und Heiligung hängt von deiner Liebe zu ihnen ab und von dem Ausdruck dieser Liebe in Form der Treue zur Anbetung. Ich habe bestimmt, dass du Mir und Meiner allheiligen Mutter für dieses Werk beigesellt sein sollst. Du bist nicht allein. Es gibt viele andere Seelen, die Ich zu diesem Leben der Anbetung und Sühne für Meine geliebten Priester berufen habe. Aber du musst zu diesem Plan Meiner barmherzigen Liebe deinen Teil beitragen, was niemand außer dir vermag. Du siehst also, dass Ich auf dich zähle. Aber fürchte dich nicht. Ich werde dir die Gnade geben, auf dass du allem entsprechen kannst, was Ich von dir verlangt habe. Nicht du bist es, der große Dinge für Meine Priester vollbringen wird, sondern Ich, der in dir lebt als in einer *humanité de surcroît*,[203] einer zweiten Menschennatur, die durch Mein Priestertum geprägt ist; eine zweite Menschennatur, in der Ich Mich dem Vater aufopfern und Mich für die Seelen dahingeben kann.

Das ist die Berufung eines jeden Priesters: Er soll Mir erlauben, in ihm Meinen Auftrag des ewigen Priesters und Opfers zu leben. So habe Ich schon im Anfang beschlossen, Seelen zu retten und Meinen Vater zu verherrlichen. Und deshalb habe Ich in der Nacht vor Meinem Leiden gebetet, dass Meine Apostel eins mit Mir sein sollten, so wie Ich eins bin mit Meinem Vater. Das Gebet, das du nach der heiligen Kommunion gesprochen hast, ist inspiriert von Meinem Gebet für alle Meine Priester:

> O geliebter Jesus,
> vereine mich mit Dir,
> meinen Leib mit Deinem Leib,
> mein Blut mit Deinem Blut,
> meine Seele mit Deiner Seele,

---

[203] Einer zusätzlichen Menschennatur. Die Wendung stammt aus dem Gebet *Ô mon Dieu, Trinité que j'adore* der Heiligen Elisabeth von der Dreifaltigkeit: *O Feu consumant, Esprit d'amour, survenez en moi, afin qu'il se fasse en mon âme comme une incarnation du Verbe: que je Lui sois une humanité de surcroît en laquelle Il renouvelle tout son Mystère.* »O allverzehrendes Feuer, Geist der Liebe, komm auf mich herab, damit sich in meiner Seele quasi eine Menschwerdung des Wortes vollziehe, ich Ihm eine zusätzliche Menschennatur sei, in der Es Sein ganzes Geheimnis erneuern kann.«

> mein Herz mit Deinem Herzen,
> alles, was ich bin, mit allem, was Du bist
> und mache so aus mir, o Jesus,
> einen Priester und ein Opfer mit Dir,
> dargebracht der Herrlichkeit Deines Vaters
> aus Liebe zu Deiner Braut, der Kirche ...

Und bitte füge noch hinzu:

> für die Heiligung Deiner Priester,
> die Bekehrung der Sünder,
> die Anliegen von Papst Benedikt XVI.,
> und in zerknirschter Sühne für meine zahllosen Sünden
> gegen Dich in Deinem Priestertum
> und im Sakrament Deiner Liebe.
> Amen.

Wenn ein Priester sündigt, dann sündigt er jedes Mal ganz unmittelbar gegen Mich und gegen die heilige Eucharistie, auf die sein ganzes Sein hingeordnet ist. Wenn ein Priester sich Meinem Altar nähert, und er ist beladen mit Sünden, die nicht gebeichtet wurden oder für die er nicht Buße getan hat, dann schauen Meine Engel mit Entsetzen auf ihn, Meine Mutter trauert, und Ich werde erneut an Meinen Händen, Meinen Füßen und in Meinem Herzen verwundet. Ich werde erneut auf den Mund geschlagen und mit Schmach und Schande bedeckt. Deshalb verlange Ich von Meinen Priestern Reinheit des Herzens und häufiges Beichten. Deshalb verlange Ich von dir, dass du deine Sünden jede Woche beichtest und dass du es zulässt, dass die Anbetung Meines eucharistischen Angesichts dein Herz reinigt und dich weniger unwürdig macht, Mein heiliges Opfer darzubringen. Die Sünden Meiner Priester sind eine schlimme Beleidigung von Mir, dem ewigen Hohenpriester und unbefleckten Opfer.

Jeder Meiner Priester soll *für* den Altar und *vom* Altar leben. Mach dir das bewusst, und du wirst lernen, die Sünde zu hassen und dich mit Abscheu von ihr abzuwenden. Verinnerliche das, dann wirst du dir nichts inniger wünschen als ein reines Herz und einen heiligen Lebenswandel.

Wenn ein Priester sündigt, dann sündigt er gegen Meinen eucharistischen Leib und gegen Meinen mystischen Leib, so eng ist die Verbindung zwischen seinem innersten Sein und dem Sakrament Meines Leibes und Blutes, das dem Vater aufgeopfert und für das Leben Meiner Braut, der Kirche, hingegeben wird.

*Ich fragte unseren Herrn zum Thema Lesen während der Anbetung.*

Es ist gut, in Meiner eucharistischen Gegenwart ein wenig zu lesen, vor allem aus der Heiligen Schrift, vorausgesetzt, dass dein Herz fest auf Mich ausgerichtet bleibt und deine Augen vom Licht Meines Angesichts erleuchtet werden.

### Dienstag, 12. Mai 2009

Deine Schwäche ist Meine Gabe für dich. Anstatt Mir deine Erfolge vorzutragen, opfere Mir deine Armut auf, deine Schwäche, dein Scheitern im Vollbringen großer Taten, und Ich werde dein Opfer annehmen und es, indem Ich es mit Meiner eigenen, vollkommen genügenden Passion vereine, fruchtbar für Meine Priester und für Meine ganze Kirche machen.[204] Solange du, demütig angesichts deiner Schwäche und angetrieben von heiliger Sehnsucht nach Mir allein, zu Mir kommst, werde Ich deine anderen Mängel übersehen, und in Meiner Barmherzigkeit werde Ich sie auslöschen und dir an ihrer Stelle Gnaden zuteil werden lassen, die Ich für dich und für keinen anderen auserwählt habe, und das von Anbeginn an.

Mein Plan für dich sieht anders aus als der, den du in deinem Geist erschaffen und weitergesponnen hast. Mein Plan für dich entfaltet sich Tag für Tag in all den Erniedrigungen und offensichtlichen Fehlschlägen bei der Erreichung großer Dinge, die für diese Phase deines Lebens typisch sind. Akzeptiere deine Schwächen, und dann opfere sie Mir auf; opfere sie Mir durch Meine Mutter auf. Lege sie in ihre Hände und vertraue sie ihrem allreinen Herzen an. Jede Schwäche, die Meiner Mutter anvertraut wird, wird zu einer Gelegenheit der Gnade und der Ausgießung Meiner barmherzigen Liebe in die Seele, die das erduldet.

Vertraue nicht auf das, was du für Mich tust, sondern vielmehr auf das, was Ich für dich tun werde, denn Ich bin ganz und gar Liebe, und Ich bin allmächtig. Du hast die Liebe Meines Herzens gewonnen, und Ich werde dir nie nehmen, was von Mir kommt. Du fragst, wie du die Liebe Meines Herzens gewonnen hast? Indem du gelernt hast, aufrichtig und mit Vertrauen zu sprechen: »O Jesus, König der Liebe, ich vertraue auf deine barmherzige Güte.«[205] Diese kleine Anrufung drückt

---

204 1 Kor 2,3; 2 Kor 8,9; 11,30; 12,5–10; 13,4; Hebr 4,15; 5,1–2; Kol 1,24; Gal 4,12–14; Mt 5,3; Lk 6,20.
205 Vgl. S. 31, Anm. 13.

alles aus, was eine Seele sagen muss, die die zärtliche Gunst Meines Herzens gewinnen möchte.

**Mittwoch, 17. Juni 2009**

Du darfst nun unmittelbar auf die Erfüllung der Versprechen warten, die Ich dir gab, denn die Zeit ihrer Erfüllung ist nahe. Empfange aus Meinen liebenden Händen alles, was Ich dir senden möchte, und lass dich durch alle diese Dinge in das geheime Heiligtum Meines durchbohrten Herzens hineinziehen. Dort werde Ich dich mit Mir als Priester und Opfer vereinen, so wie du es täglich in der Messe erbittest. Ich werde dir eine Teilhabe an Meinem eigenen priesterlichen Gebet zum Vater mitteilen, und dieses Gebet wird in deiner Seele durch eine erneute Ausgießung des Heiligen Geistes belebt.

Weise nichts von dem zurück, was Ich für dich vorbereitet habe. Lass dich demütig und dankbar auf diesen Meinen Plan ein. Deine Übereinstimmung mit Meinen Plänen ist das Mittel, mit dem Ich dich heiligen und für die Heiligung Meiner Priester benutzen werde.

Vor allem aber: Bleibe deinen Anbetungszeiten treu. Ich warte darauf, dass du zu Mir im Sakrament Meiner Liebe kommst. Während dieser Zeiten der Anbetung werde Ich weiterhin mit dir die Geheimnisse Meines Herzens teilen, so wie Ich sie Meinem geliebten Apostel Johannes mitgeteilt habe, als er beim letzten Abendmahl an Meiner Brust ruhte, und als er auf Golgotha auf Meine durchbohrte Seite blickte.

Lebe in der Gesellschaft Meiner allreinen Mutter und geh zu ihr, wie ein Sohn zu seiner Mutter geht, voller Vertrauen auf ihre Liebe zu ihm. Bezweifle nie, dass sie dich innig liebt und dass sie jederzeit bereit ist, dich zu trösten, dir beizustehen, dir aufzuhelfen, wenn du fällst, und dich über den Lebensplan zu belehren, der dir nach Meinem Beschluss an diesem Ort zugedacht ist.

Danke mir für die *dona disciplinae*,[206] Ich habe sie dir gegeben, weil du damit in kurzer Zeit große Fortschritte machen kannst. Diese Disziplin-Geschenke befähigen dich, dem kleinen Weg einer bescheidenen und liebevollen Treue von einem Augenblick zum anderen zu folgen, zur rechten Zeit zu tun, was zu tun ist, und für alles andere auf Meine Gnade zu vertrauen. Tu was du kannst: das, was Ich von dir erbeten habe, und der

117

---

206 »Disziplin-Geschenke«. Die Wendung bezieht sich auf die bescheidenen, kleinen Praktiken der Selbstverleugnung, mit denen man auf die Gnaden im Alltag reagieren kann: Man könnte sie als »kleine Gelegenheiten der Entsagung« bezeichnen.

Rest wird dir in Überfülle dazugegeben, und so, dass genug übrig bleibt, um Priestern in Not zu helfen.²⁰⁷ Und jetzt knie nieder und bete Mich im Schweigen der Liebe an, die dich mit Meinem Herzen vereint.

### Donnerstag, 18. Juni 2009
### Nach der ersten Vesper
vom Fest des Heiligsten Herzens Jesu

Ich werde Meine Priester in der Heiligkeit erneuern.²⁰⁸ Ich werde ihre Ehre in den Augen der Nationen wiederherstellen, denn sie sind Mein, und alles, was mit ihrer Ehre zu tun hat, berührt Meine Herrlichkeit. Ich werde diejenigen reinigen, die in den Pfuhl gewohnheitsmäßiger Sünde gefallen sind. Ich werde die heilen, die im Geist gebrochen sind, und auch jene, deren Leib erschöpft und geschwächt ist. Sie werden entdecken, dass Ich ebenso ihr Arzt bin wie ihr Freund.²⁰⁹ Ich werde nichts ungetan lassen, auf dass Meine Priester im Feuer Meiner Liebe erneuert werden.

Ein geläutertes Priestertum wird vor den Augen einer Welt, die verdunkelt ist von jedem nur denkbaren fleischlichen Laster und sündigen Exzess, im Glanz der Keuschheit erstrahlen. Ein demütiges, bescheidenes Priestertum wird eine Welt in Erstaunen versetzen, die von Macht und Einfluss und Ausbeutung der Armen besessen ist. Ein gehorsames Priestertum wird ein Stachel im Fleisch einer Welt sein, die im Gefolge ihres Herrn und Meisters sagt: »Ich werde nicht dienen.«²¹⁰

Ich werde in den Herzen aller Meiner Priester das Geschenk erneuern, das Ich vom Altar des Kreuzes aus Johannes gegeben habe, Meinem geliebten Jünger; Ich werde Meine Mutter jedem Priester auf neue, persönliche Weise übergeben. Diejenigen, die dieses überaus kostbare Geschenk von Mir annehmen und Meiner Mutter Einlass in das innerste Geheimnis ihres Lebens gewähren, werden eine herrliche apostolische Fruchtbarkeit erfahren. Wo Meine Mutter ist, da ist auch der Heilige Geist offenbar, in einer Überfülle an Charismen und Zeichen, die Meinem Leib und Meiner Braut, der Kirche, zuliebe gegeben werden.

---

207 Lk 6,38; 12,31; 2 Kor 9,8; Ps 23,5; Ps 78,25.
208 Ps 132,9 und 16; 2 Chr 6,41.
209 Vgl. zum Arzt etwa Ps 147,3; und allein nur bei Matthäus: 4,23; 8,16; 9,12; 9,5; 12,15; 12,22; 14,14; 15,30; 19,2; 21,14; zum Freund vgl. Mt 11,19; Lk 12,4; Joh 3,29; 11,11; 15,13–15.
210 Jer 2,20; Jes 14,11–19; Joh 14,30–31; Eph 2,1–3.

Sag Meinen Priestern, sie sollen aufmerksam den Lehren des Papstes (Benedikts XVI.) lauschen, denn Ich habe ihn inspiriert, sich direkt an sie zu wenden und sie aus den Schatten in das strahlende Licht einer authentischen priesterlichen Heiligkeit herauszurufen.

Dafür habe Ich Meinen Priestern Meinen Diener Jean-Marie Vianney gegeben.[211] Sie können aus seiner Demut, seiner Armut, seiner Reinheit und seinem Beten alles lernen. Ich möchte, dass alle Meine Priester seinen Eifer um die Seelen nachahmen, sein Mitleid für die Sünder, und seine klaren und schlichten Ausführungen über die Wahrheiten des Glaubens.

Und du, geliebter Freund und Priester Meines heiligen Herzens, halte treu an der Anbetung fest, um die Ich dich gebeten habe, und vertraue Mir, dass Ich alles vollbringe, was Ich versprochen habe, denn Ich bin treu in Meiner Freundschaft, und Ich habe dir Meine Liebe in diesem Leben und im nächsten versprochen. Verherrliche Meine Liebe, indem du Mir in allen Dingen, den großen und den kleinen, vertraust. Vor allem: Suche Mich auf und verweile in Meiner Gegenwart; deine Anbetung ist in Meinen Augen kostbar, und durch sie werde Ich die Herzen vieler Priester berühren und an Mich ziehen, so wie Ich dich an Mich gezogen und ganz nah an Meine durchbohrte Seite herangeholt habe. Ergib dich Meiner Liebe zu dir und lass Mich für dich alle Wünsche Meines Herzens erfüllen.

Mein Vater wünscht, dass Mein heiliges Herz all Meinen Priestern wieder bekannt gemacht werden soll, und durch sie und ihre Erfahrung der ganzen Kirche und der Welt. Meine Priester werden die unendlichen Schätze Meines Herzens entdecken, indem sie Mich im Sakrament Meiner Liebe aufsuchen und in Meiner Gegenwart verweilen. Nichts kann diese Zeiten der Nähe zu Mir im Sakrament Meiner Liebe ersetzen. Während dieser Zeiten heilige Ich Meine Priester und bilde sie angesichts des heiligen Opfers, das sie darbringen, und angesichts ihres hei-

---

211 Der französische Gemeindepriester – Curé – Jean-Baptiste-Marie Vianney (8. Mai 1786 – 4. August 1859) wurde bei seiner Seligsprechung durch den heiligen Papst Pius X. im Jahr 1905 als Vorbild des Gemeindepriestertums vorgestellt und vier Jahre nach seiner Heiligsprechung im Jahr 1924 durch Papst Pius XI. zum Schutzpatron der Gemeindepriester erklärt. Zu Ehren des 150. Todestages des Pfarrers von Ars verkündete Papst Benedikt XVI. ein Jahr der Priester, das vom Fest des Heiligsten Herzens – am 19. Juni 2009 – bis zum selben Fest ein Jahr später, am 11. Juni 2010, währte. Die Predigten des heiligen Pfarrers von Ars sind exemplarisch in ihrer Reinheit der Lehre, durch ihre einprägsamen Analogien, ihre konkreten moralischen Hinweise und den glühenden Glaubenseifer, vor allem in Verbindung mit seiner intensiven eucharistischen Frömmigkeit.

ligen Dienstes in Mich um. Jene Priester, die alles hinter sich lassen, um nur in Meiner Gegenwart bleiben zu können, werden von allen Priestern die tüchtigsten und ertragreichsten Arbeiter in Meinem Weinberg sein.

### Montag, 22. Juni 2009

Ich werde dein Gebet lenken und das Gebet erhören, das Ich lenke. Das wird die Wirkung des Heiligen Geistes sein, den Ich auf eine neue Weise über dich kommen lasse, auf dass er die Seele deiner Seele werde und das Licht und Leben deines Geistes. Gib jeder Bewegung Meines Heiligen Geistes nach, und du wirst in Heiterkeit und Sicherheit voranschreiten, bewahrt vor den Fallstricken des Feindes und vor den Illusionen der Selbstliebe.

Ich werde dich lehren, Mich so anzubeten, wie Ich von allen Meinen Priestern angebetet werden möchte, und Ich sende dich zu Meinen Priestern, damit du ihnen mitteilst, was Ich dich lehre. So wird sich Mein Plan erfüllen, während dieses Jahres der Priester in Meiner Kirche ein Obergemach von priesterlichen Anbetern zu errichten, die mit den Plänen Meines Herzens übereinstimmen.

### Dienstag, 23. Juni 2009 – Nach der ersten Vesper zur Geburt des heiligen Johannes des Täufers

Wenn du für eine Seele betest, dann beginne damit, dass du dich ganz und gar mit Meinem vollkommenen Willen für diese Seele vereinst, indem du dich in all die Pläne Meines Herzens für diese Seele einfügst. Wünsche nur, was Ich wünsche. Begehre, was Ich begehre. Lass dein Gebet eine Weise sein, dich an Mich zu binden, auf dass wir für die Seelen und zur Verherrlichung Meines Vaters zusammenwirken können. Eben das habe Ich gemeint, als Ich Meine lieben Freunde aufforderte, Mein Joch auf sich zu nehmen. Ich wollte, dass sie lernen, sich mit Mir zusammen abzumühen.[212]

Durch das Gebet der Anbetung für Meine Priester arbeitest, wirkst du mit Mir für sie. Du wirkst mit Mir zusammen, sie aufzuheben, wenn sie fallen; ihre Wunden zu verbinden, sie aus den Fesseln des Bösen zu befreien, sie für Meine Gaben empfänglich zu machen, und sie offener zu machen für das heiligmachende Wirken des Heiligen Geistes.

---

212 Mt 11,28–30; 12,30; 27,32; Mk 15,21; Lk 11,23; 23,26–27; Joh 4,38; 6,27; 3 Joh 1,8; 1 Kor 3,8–9.

Deine Einheit mit Mir im Gebet verkleinert den Widerstand vieler Priester, entschlossen den Weg der Heiligkeit einzuschlagen, den Ich vor ihnen auftue. Wenn du Meine Priester vor Meinem eucharistischen Antlitz vertrittst, dann erhältst du Gnaden für sie, darunter auch die Gnade, jene Gnaden anzunehmen, die Ich ihnen verleihen möchte. So vieles von dem, was Ich Meinen Priestern geben möchte, wird zurückgewiesen, weil sie unfähig sind, sich über ihre Ängste und ihre Selbstbezogenheit hinwegzusetzen.

Ich würde an jedem Ort der Erde durch den Dienst Meiner Priester Wunder wirken, wenn sie die Gnaden annehmen würden, die Ich für sie aufbewahre. Ich würde sie zuerst reinigen und heiligen, und dann würde Ich mit Hilfe ihres heiligen Dienstes eine große Schar Seelen reinigen und heiligen, um aus ihnen ein Lob- und Dankopfer zur Verherrlichung Meines Vaters zu machen.

Warum sperren sich Meine Priester gegen die Gaben, die Ich ihnen in reicher Fülle geben möchte? Viele sind selbstzufrieden, verlassen sich auf ihre naturgegebenen Fähigkeiten und Talente und meinen, diese natürlichen Gaben seien ausreichend für den Erfolg in ihrem Dienst. Aber ihre Vorstellung von Erfolg ist nicht die Meine. Die Mittel, mit denen sie vorgehen, sind ebenfalls nicht die Meinen. Und Ich habe keinen Bedarf an ihren naturgegebenen Fähigkeiten und Talenten.[213] Ich kann mit einem einzigen armen Priester, der wie der Pfarrer von Ars demütig ist und im höchsten Grade durch unaufhörliches Gebet mit Mir vereint, mehr anfangen als mit einem Priester, der die Welt mit seinem Wissen in Staunen versetzt und sich in den Augen der Menschen brillant selbst darstellt.[214]

Wenn Ich einen Priester finde, der für Meine Gaben aufgeschlossen ist, dann überschütte Ich ihn mit diesen Gaben. Nichts fehlt dem Priester, der in seiner Armut, ja sogar mit seinen Sünden vor Mich kommt, vorausgesetzt, er übergibt Mir seine Armut und vertraut Mir seine Sünden an und setzt alle seine Schwächen dem verwandelnden Licht Meines eucharistischen Angesichts aus.

Das verlange Ich von dir, und zwar nicht nur für dich, sondern für alle Meine Priester. Ich bin dabei, Mein Priestertum in der gesamten Kirche zu erneuern. Ich werde die Söhne Levis in Erfüllung der alten Prophezeiung reinigen und läutern, nicht diejenigen aus der physischen priesterlichen Nachkommenschaft, sondern die, welche den Platz der vormaligen Priester eingenommen haben und die mit Mir eins sind

---

213 Unter anderem Dtn 7,7; Ps 147,10–11; Jes 31,3; 40,13–17; Sir 42,18–22; Röm 11,34–36.
214 Jes 66,2.

im Priestertum auf ewig nach der Ordnung Melchisedeks.[215] Ich werde das Gesicht der Priesterschaft verändern, auf dass es strahlt von dem Licht, das von Meinem eucharistischen Angesicht ausgeht.

### Dienstag, 7. Juli 2009

Mein Herz ist für deine Gebete offen, und Ich empfange sie gerne, weil Ich es bin, der dich inspiriert, so zu Mir zu sprechen. Das ist das Geheimnis des Gebets, das Meinem Herzen wohlgefällt: Es erhebt sich aus einer Gnade, die Ich in die Seele eingepflanzt habe, noch bevor du in Meine Gegenwart kommst, noch bevor du deinen Mund öffnest oder zur Feder greifst oder anfängst, Worte zu formulieren. Das sind die Gebete, die Ich am bereitwilligsten erhöre; die Gebete, die Ich unfehlbar erhöre, weil sie die Frucht des Wirkens des Heiligen Geistes in der Seele sind, weil sie die Seele lehren, in vollkommener Übereinstimmung mit den Wünschen und Plänen Meines heiligen Herzens zu beten.

Ergib dich dem Gebet des Heiligen Geistes, mit dem du betest, wie du beten sollst, und durch dessen Gnade deine Gebete wie Weihrauch vor Mein Angesicht aufsteigen.[216] Das war das Geheimnis der Heiligen, wenn sie Mich im Gebet suchten: Ganz allmählich wich ihre eigene persönliche Gebetsweise einer göttlichen Weise zu beten: dem unaussprechlichen Seufzen und Stöhnen Meines Heiligen Geistes in ihnen.[217] Einige Meiner Heiligen besaßen sogar die Gabe, dieses vom Geist eingegebene Gebet in Worte zu übersetzen, und so wurde die Kirche mit einem vom Heiligen Geist inspirierten Gebetsschatz bereichert, mit Gebeten, die Meinen Vater verherrlichen, Gebeten, die Mein Herz berühren und Mein Erbarmen erwecken.[218]

Bete auf diese Weise. Überlass dich dem Heiligen Geist, auf dass er verursache, dass das Gebet in dir aufsteigt wie eine Quelle lebendigen

---

215 Mal 3,3; Gen 14,17–20; Ps 110,4; Hebr 5–7; Lk 22,19; Apg 2,42; 2,46.
216 Ps 141,2; Offb 5,8; 8,3–4.
217 Röm 8,26; Lk 10,21; Joh 11,38; Ex 2,23–25; Ps 6,7; Ps 38,9–10; Ez 9,4.
218 Wir lesen weiter unten, dass zu diesen Gebeten vor allem die Gebete der heiligen Liturgie gehören. Die christliche Tradition schreibt Teile des römischen Messritus dem heiligen Damasus, dem heiligen Leo I. und dem heiligen Gregor zu; und byzantinische Anaphora-Gebete dem heiligen Johannes Chrysostomos, dem heiligen Basilius dem Großen und dem heiligen Jakobus. Einige Heilige bereicherten die Liturgie zu ihren Lebzeiten durch die Hinzufügung erlesener Dichtung: der heilige Romanos der Melode im Osten, der heilige Thomas von Aquin im Westen.

Wassers.[219] Dieses Gebet erblüht zur Anbetung im Geist und in der Wahrheit.[220] Das ist die Art von Gebet, das die Kirche bewahrt hat, und durch die Gnade des Heiligen Geistes bringt sie es in neuer, lebendiger Weise in der Feier der heiligen Liturgie zum Ausdruck. Ich möchte dir diese Gabe des Gebets schenken. Ich möchte Meinen Heiligen Geist auf dich herabsenden, auf dass Er in deinem Herzen ein Gebet erschafft, das ganz und gar dem Gebet Meines Herzens zum Vater und Meinem Willen für dein Leben in dieser und der nächsten Welt entspricht. Werde also demütig in Meiner Gegenwart und empfange diese Gabe des Gebets, nicht als etwas Menschliches, nicht als eine Fähigkeit, die zu deiner Natur gehört, sondern als göttliche Gabe und eine Offenbarung des Heiligen Geistes in deiner Natur, ja auch in deiner von der Sünde gezeichneten und in der Vergangenheit durch den Zusammenstoß mit dem Bösen verdunkelten Gebrochenheit.

Nun rufe Ich dich, Ich bringe dich in das reine Licht eines neuen Lebens in Meiner eucharistischen Gegenwart, und um dieses Leben mit Meinen Gaben zu erfüllen, verleihe Ich eine Gnade des Gebets, durch die du lernen sollst, dich all dem zu öffnen, was Ich dir zu geben wünsche. Sei also dankbar und öffne dich dem Heiligen Geist. Rufe den Heiligen Geist, den Herrn und Lebensspender, durch das unbefleckte Herz Meiner Mutter an, und du wirst die Erfahrung der alles überbietenden Freude Seiner Gegenwart machen.

*Dann sagte ich unserem Herrn, dass ich Angst hatte, verblendet oder getäuscht oder von meiner Einbildungskraft in die Irre geführt zu werden, wenn ich Worte wie diese vernahm. Seine Antwort lautete:*

122

Sieh doch, was Ich alles für dich getan habe, um dich in Meine Nähe zu führen, um dich in Meiner Gegenwart und im Licht Meines eucharistischen Angesichts leben zu lassen. Schau auf die Veränderungen, die Ich in dir bewirkt habe, und erschließe dir aus diesen Dingen die Wahrheit unserer Unterredungen, denn es ist und bleibt Mein Wunsch, zu deinem Herzen zu sprechen, so wie ein Mann mit seinem Freund spricht.[221]

Wenn Zweifel kommen, mach dich davon frei. Wisse, dass Ich zu dir in einer Sprache spreche, die sich aus deiner Erfahrung nährt und aus den Beständen deiner eigenen Vorstellungskraft und deines Geistes. Trotzdem stammt die Botschaft von Mir. Ich bin es, der mit dir auf

---

219 Joh 4,10–14; Joh 7,37–38; Esther 11,10; Ps 36,10; Spr 18,4; Hld 4,15; Jes 58,11; Sach 13,1; Sir 21,16; Offb 21,6.
220 Joh 4,23–24.
221 Ex 33,11; 2 Joh 1,12.

diese Weise kommuniziert, um dich in Meiner göttlichen Freundschaft festzuhalten und dich in das Heiligtum Meines Herzens zu ziehen, um dort mit Mir den Vater zu verehren und zu verherrlichen, die Quelle aller Gaben des Himmels. In Meinem Herzen wirst du auch mit Meinem Heiligen Geist erfüllt und in die Einheit mit Meinem priesterlichen Gebet hineingenommen, was keine menschliche Anstrengung verdienen oder hervorbringen könnte. Du siehst also: All das ist Mein Geschenk an dich, ein Geschenk, das Ich dir aus Meiner gnädigen, barmherzigen Liebe anbiete.

Gib keiner Angst nach, keinem Zweifel, und keiner rein menschlichen Überprüfung bei einer Sache, die von Mir kommt und die Ich dir frei, aus Liebe, mitteile. Sei vor allem dankbar, und lass zu, dass Mein Friede in dein Herz herabkommt und dich mit einer heiligen Freude erfüllt.

## Mittwoch, 8. Juli 2009

Mein Herz trauert über so viele Priester, die nicht den Wunsch verspüren, sich Mir im Sakrament Meiner Liebe zu nähern. Ihre Herzen sind kalt geworden, während Mein Herz noch immer in Liebe zu ihnen brennt. Wie sehr leide Ich doch unter ihrer Kälte, ihrer Gleichgültigkeit, ihrer Bedürfnislosigkeit gegenüber Mir und der Freundschaft, die Ich ihnen anbiete. Ich mache Mich vor ihnen zum Bettler. Ich flehe sie an, Meine Freundschaft anzunehmen und Mir jeden Tag nur eine Stunde ihrer Zeit zu schenken. Sie verschwenden so viel Zeit mit wertlosen Dingen, Dingen, die nichts bewirken, und während dieser ganzen Zeit warte Ich darauf, dass sie zu Mir kommen.

Werden sie während diesem Jahr der Priester Meinen Ruf vernehmen? Werden sie sich abwenden von den verderblichen Dingen, die sie faszinieren und versklavt halten, und sich Mir zuwenden, der sie wahrhaft glücklich machen kann, und der ihnen Gaben geben kann, die ihnen kein Geschöpf zu geben vermag?

Meine Priester brauchen eine große Revolution, eine Revolution der Liebe. Ich habe das Leben von so vielen Priestern gesehen; Ich kenne ihre Leiden. Nichts ist vor Mir verborgen. Ich werde eine Gemeinschaft treuer Freunde Meines Herzens gründen, priesterlicher Anbeter Meines eucharistischen Angesichts. Ich werde sie versammeln, so wie Ich einst die Zwölf im Abendmahlssaal versammelt habe, und Ich werde zu ihnen von Herz zu Herz sprechen, wie ein Mann zu den Freunden spricht, die er sich erwählt hat. Ich werde heilen, die verwundet sind. Ich werde die Ermatteten erfrischen. Ich werde sie alle heiligen, aber nur, wenn sie Meinen Ruf hören, dem Klang Meiner Stimme folgen, Mich aufsuchen und lernen, in Meiner Gegenwart zu verweilen. So will Ich Mein Priestertum während diesem Gnadenjahr erneuern.

Ich verlange nicht, dass Meine Priester den ganzen Tag in der Kirche leben, wie es Mein treuer Diener Johannes Vianney getan hat, aber Ich verlange von jedem Priester eine Stunde in Meiner Gegenwart, eine Stunde im Licht Meines eucharistischen Angesichts, eine Stunde nahe Meinem Herzen. Lass sie zu Mir kommen, und Ich werde für sie mehr tun, als sie je erbitten oder sich vorstellen könnten.[222]

Ich rufe Meine Priester in Meine Gemeinschaft. Ich dränge sie, in den Abendmahlssaal zu kommen und dort im Licht Meines Angesichts zu erstrahlen. Ich möchte, dass sie den Geheimnissen Meines Herzens lauschen, jenen Geheimnissen, die Ich für diese Generation aufgehoben habe und zur Freude für Meine Braut, die Kirche, in diesem Gnadenjahr.

Und du sollst der Tröster Meines eucharistischen Herzens sein. Verweile in Meiner Gegenwart. Sprich zu Mir, wie der Heilige Geist dich zu sprechen bewegt. Hör Mir zu und empfange die Worte, die Ich an dich richte, Worte, die etwas vom Feuer der Liebe mitteilen, das in Meinem Herzen für dich und für jeden Meiner Priester lodert.

Tröste Mich, tröste Mich, denn die Meinen haben Mich zurückgestoßen. Tröste Mich, denn Ich bin verlassen von denen, die Ich Mir auserwählt habe – jene, von denen Ich erwartete, dass sie Meine Liebe mit Liebe erwidern würden, Meine Zärtlichkeit mit einer ebensolchen Zärtlichkeit. Zumindest du gib Mir alle Zärtlichkeit deines Herzens, und wisse, dass Mein Herz offen für dich ist, dich zu empfangen und das Heiligtum deines Priestertums hier und in der zukünftigen Welt zu sein.

## Donnerstag, 9. Juli 2009

Mein Herz fließt über von barmherziger Liebe für Meine Priester. Es gibt nicht einen unter ihnen, für den Ich nicht die Treuebrüche und Erniedrigungen Meiner Passion noch einmal erdulden würde, so groß ist Mein Wunsch, jeden Meiner Priester ganz gemacht zu sehen, rein gewaschen in Meinem kostbaren Blut und geheiligt im Feuer des Heiligen Geistes. Alles, was Ich damals erlitten habe – vor allem die Leiden Meines priesterlichen Herzens –, bleibt für die Priester Meiner Kirche, die erwählten Freunde Meines Herzens, verfügbar bis zum Ende der Zeit. Mein Leiden bleibt für sie ein Quell der Heilung, und aus Mei-

---

222 Eph 3,20–21; Spr 9,4.

124 nen Wunden fließt für Meine Priester ein Balsam der Reinheit und der Liebe. Wenn doch nur Meine Priester zu Mir kämen und für sich selbst die Verdienste und die Macht Meines so bitteren Leidens und Meines kostbaren Blutes beanspruchen würden!

Es gab Augenblicke während Meines Leidens – die dunkelsten Augenblicke von allen –, als Mein Herz wie in einer Weinpresse niedergedrückt wurde unter einem Gewicht von Schmerz und Gram, das Worte nicht beschreiben können: damals, als Ich besonders für Meine Priester litt. Ich sah sie vor Mir vorbeiziehen, eine scheinbar endlose Prozession bis zum Ende der Zeit. Ich sah die Sünden jedes einzelnen, die Treuebrüche, die Sakrilegien, die Kaltherzigkeit jedes einzelnen. Ich sah auch diejenigen, die im Licht lebten und im Licht wandelten; sie waren Mein Trost, und in jedem von ihnen sah Ich den Einfluss Meiner allreinen Mutter. Sie formte sie für Mich, und das wird sie weiterhin tun, bis der letzte Priester geweiht ist und die Sakramente, die Ich Meiner Kirche gab, in den Strahlenglanz der Herrlichkeit übergehen, auf den sie in der Zeit hindeuteten. Ich schaute jedem Meiner Priester in die Augen. In einigen sah Ich eine glühende Liebe und den Wunsch, Mir in allen Dingen zu gefallen. In anderen sah Ich einen Krämergeist, eine Unfähigkeit, die Notwendigkeiten der Organisation Meiner Kirche in jene Geheimnisse hinein zu überschreiten, für die sie aus Meiner durchbohrten Seite entsprang und in der dritten Stunde des Pfingsttages den Heiligen Geist empfing. Und in wieder anderen sah Ich eine entsetzliche Gleichgültigkeit, den Verlust ihrer ersten Liebe, einen Verrat an all dem, wofür Mein Priestertum steht. Diese waren es, die den Leiden, die Ich erduldete, unermesslichen Schmerz hinzufügten.[223]

In diesem Jahr der Priester bitte Ich um priesterliche Seelen, die Mich trösten und die das ausgleichen, was an einem Teil Meines Priestertums noch fehlt. Für die Kälte von so vielen bitte Ich um ungeteilte,

---

223 Vgl. die Intention und das Gebet für den achten Tag der Novene zur Göttlichen Barmherzigkeit: »Bringe Mir heute die lauen Seelen und tauche sie ein in das Meer Meiner Barmherzigkeit. Diese Seelen verwunden Mein Herz am schmerzlichsten. Vor ihnen ekelte Mir am meisten im Ölgarten, und sie entrissen Mir die Klage: ›Vater, lass diesen Kelch an Mir vorübergehen! Jedoch nicht Mein, sondern Dein Wille geschehe!‹ Für sie ist Meine Barmherzigkeit die letzte Rettung. / Barmherziger Heiland, Du bist die Güte selbst, nimm in den Schutz Deines barmherzigen Herzens alle lauen Seelen. Mögen die eisigen Seelen - der Fäulnis des Todes gleich und Dich bisher mit Abscheu erfüllend - sich erwärmen am Feuer Deiner reinen Liebe. O mitleidigster Jesus, gebrauche Deine Barmherzigkeit und nimm sie auf in den Brennpunkt Deiner Liebe, damit auch sie, von neuem Eifer beseelt, Dir dienen mögen.«

zärtliche Liebe. Für die Gleichgültigkeit von so vielen bitte Ich um heiligen Eifer. Für die Ehrfurchtslosigkeit von so vielen bitte Ich um ein erneuertes Bewusstsein Meiner göttlichen Majestät und der Heiligkeit, die Meinen heiligen Stätten gebührt.

Die Zeit ist bemessen, und sie wird schnell vorübergehen. Lass die Priester zu der Wunde in Meiner Seite zurückkehren. Lass sie dem Leuchtfeuer folgen, das von Meinem eucharistischen Antlitz strahlt, um sie in Meine Gegenwart zu ziehen. Ich warte auf sie. Sehnlichst wünsche Ich Mir ihre Gesellschaft und den Trost, den nur sie Meinem durchbohrten Herzen geben können.

## Freitag, 10. Juli 2009

Geh weiter in Einfachheit, ohne Angst und voller Vertrauen in Meine barmherzige Vorsehung, die alle Dinge für eine hoffnungsvolle Zukunft ordnet. Überlass die Vorbereitung der Zukunft ganz und gar Meinen Händen. Dein Teil besteht darin, der Anbetung treu zu bleiben, um die Ich dich gebeten habe. Indem du deiner Berufung entsprichst, der priesterliche Anbeter Meines eucharistischen Angesichts zu sein und der tröstende Freund Meines Herzens, hast du bereits aktiv Anteil an der Vorbereitung Meines Werkes in all seinen Dimensionen.

Höre auf die Inspirationen des Heiligen Geistes. Wenn es an der Zeit ist, zu handeln oder in irgendeiner Einzelfrage weiterzugehen, wird es dir kundgetan. Bevor du nicht diese Gewissheit hast, gib dich damit zufrieden, in diesem verborgenen Leben der Anbetung auszuharren. Das Werk ist Mein Werk, und Ich werde erfüllen, was Ich dir versprochen habe. Ich werde dir Söhne und Brüder schicken. Ich habe sie bereits erwählt und berufen, und wenn sie sich dir vorstellen, wirst du sie als die Männer erkennen, die Ich dafür vorbereitet habe, dass sie mit dir dieses Werk zur Verherrlichung Meines eucharistischen Angesichts und zur Heiligung und Heilung Meiner Priester vollbringen.

Das Herz dieses Werks ist die Sühne: Ihr sollt Mich anbeten für die Priester, die Mich nicht anbeten; Mich aufsuchen für die, die vor Meinem Angesicht fliehen; Mir bedingungslos vertrauen für all diejenigen, die ihr ganzes Vertrauen auf sich selbst und auf das Treiben der Welt setzen. Vor allem: Liebt Mich. Liebt Mich um derjenigen Meiner Priester willen, deren Herzen kalt geworden sind.

Priester müssen sich als Opfer für ihre Priester-Brüder darbringen. So möchte Ich Mein Werk der Reinigung, Heilung und Heiligung vollbringen und die Schönheit der Heiligkeit Meines Priestertums wieder herstellen:[224] indem Ich Opferpriester bei Meinem auf dem Altar erneuerten Opfer versammle, und indem Ich die Aufopferung ihrer Leiden Meinem eigenen Leiden hinzufüge, um sie mit Mir zu Mit-Erlösern zu machen, zu Mit-Erlösern jener Priester, die aus den fernen Regionen der Sünde zurückgeholt werden müssen, wo Satan sie schon viel zu lange gefangen hält.[225]

### Samstag, 11. Juli 2009

Der Wunsch Meines Herzens ist, dass Meine Priester Mich anbeten, sich jeden Tag die Zeit freihalten, in der sie vor Meinem eucharistischen Angesicht verweilen. Dort werde Ich sie mit all den Gnaden erfüllen, die für ihren heiligen Dienst notwendig sind. Dort werde Ich ihnen die Tugenden geben, ohne die sie unfähig sind, den Seelen Mein Angesicht und Mein Herz zu zeigen.

Ich würde Meine Priester nötigen, herbeizukommen von den Straßen und Wegen, auf denen sie unterwegs waren und wo der Böse auf der Lauer liegt, um sie zu verderben.[226] Ich würde sie zu Mir kommen lassen, denn Ich warte auf sie mit einem Herzen voller göttlicher Freundschaft für jeden von ihnen. Es wird dort keine Vorwürfe und keine Verdammung geben, sondern nur Vergebung und eine große Freude bei den Engeln des Himmels,[227] dass Meine Priester endlich ihren Platz der Anbetung vor Meinen Altären gefunden haben.

Mach den Priestern diesen drängenden Wunsch Meines Herzens bekannt. Die Zeit ist kurz. Ich werde das Gesicht Meines Priestertums erneuern, indem Ich es mit dem Widerschein Meines eucharistischen Angesichts erfülle. So wird Meine Priesterschaft verwandelt werden. Die Kirche und die Welt wartet auf heilige Priester. Und Ich warte darauf, sie im Sakrament Meiner Liebe zu heiligen.

### Sonntag, 12. Juli 2009

Du meinst, deine Unfähigkeit, aufmerksam und ohne Ablenkungen zu beten, bilde für Mein gnadenreiches Wirken ein Hindernis. Wäre es so,

---

224 1 Chr 16,29; 2 Chr 20,21; Ps 29,2; Ps 96,9. Zum Begriff »Schönheit« vgl. Anm. 84 auf S. 77.
225 Kol 1,24; Mt 4,16; Lk 10,30–34; 15,13–14; Jes 9,2; Ez 34,25–31.
226 Mt 22,9; Lk 14,23; Jer 6,25; Ez 21,21; I Ios 6,9–7,1; 1 Makk 5,4.
227 Lk 15,10.

dann hätte Ich eine beträchtliche Zahl derer, die Meine Kirche als Heilige verehrt, nicht heilig machen können. Wenn Zerstreuungen nicht willentlich nachgehangen wird, dann sind sie kein Hindernis für Mein Wirken. Meine Gnade geht durch sie hindurch und berührt die Mitte der Seele, wo alles still ist und bereit für Meine heilende, heiligmachende Berührung.

Komm mit dem lebhaften Wunsch zu Mir, dich Mir zu überlassen: Das genügt. Komm um Meinetwillen zu Mir, um Mir deine Gemeinschaft als Ausdruck dankbarer Liebe darzubringen. Ich brauche nichts von dir;[228] der Wunsch Meines Herzens ist es, auf all deine Bedürfnisse mit einer Überfülle an geistlichen Gaben zu reagieren. Der Wunsch Meines Herzens ist es, dich in die engste Vereinigung mit Mir zu ziehen.

Bring Mir deine Wünsche, deinen guten Willen, tiefe Reue über all deine Sünden, und vor allem ein grenzenloses Vertrauen in Meine barmherzige Liebe. Komm zu Mir, um zu empfangen, was Ich dir geben möchte. Wenn du mit Einfachheit und einem dankbaren Herzen empfängst, was Ich dir gebe, dann verherrlichst du Meine Barmherzigkeit.

Ich bin kein strenger Lehrmeister des Gebets. Ich verlange von dir nichts Belastendes oder schwer zu Vollbringendes. Ich bitte dich, Mir die Gesellschaft eines liebenden Freundes zu schenken und die Zuneigung deines Herzens. Ich bitte dich, in Meiner Gegenwart zu bleiben, dich damit zufrieden zu geben, vor Meinem eucharistischen Angesicht zu sein, in der Nähe Meines eucharistischen Herzens.

Ein müde und zerstreut vorgetragenes Gebet erfreut Mich nicht weniger als eines, das von Tröstungen begleitet und mit Aufmerksamkeit gesprochen wird. Deine subjektiven Befindlichkeiten behindern nicht das Wirken Meiner Gnade in deiner Seele. Lerne daher, dich darauf zu verlassen, dass Ich die Dinge tun werde, die du nicht selbst tun kannst, und erlaube Mir, insgeheim in dir zu wirken, in einer Weise, die für den Blick Meines Vaters wahrnehmbar ist, und durch das Wirken Meines Heiligen Geistes.

## Donnerstag, 3. Dezember 2009

Deine Vereinigung mit Mir, Mein Geliebter, wird durch Meine allreine Mutter und durch das behutsame, kontinuierliche Wirken des Heiligen Geistes in deiner Seele stattfinden. Der Heilige Geist und Meine

---

228 Ps 16,2: »Ich habe zum Herrn gesagt, Du bist Mein Gott, denn meiner Güter bedarfst Du nicht«; Ps 40,7; Ps 50,8–14; Mi 6,6–7; Jes 40,15–17; Apg 17,25.

allreine Mutter stellen sich zusammen in den Dienst an Seelen, die die Vereinigung mit Mir suchen. Ist das nicht wunderbar? Gott der Heilige Geist, die Quelle aller Heiligkeit in den Geschöpfen und die wesenhafte Liebe, durch die Mein Vater und Ich ewig eins sind, stellt sich ganz und gar in den Dienst eines endlichen und sündigen Geschöpfs, um eine Vereinigung mit Mir zu bewirken, die in einer menschlichen Seele der vollkommene Ausdruck von der Einheit Meiner menschlichen Seele und Meiner Göttlichkeit mit Meinem Vater ist.

*Am jenem Tag werdet ihr wissen, dass Ich in Meinem Vater bin, und ihr in Mir, und Ich in euch.*
JOHANNES 14,20

Und in diesem Werk, eine Seele mit Mir zu vereinen, kann niemand den Platz Meiner allreinen, liebenden Mutter einnehmen. Sie ist die Mittlerin aller Gnaden, und gerade so wie niemand zum Vater kommen kann außer durch Mich, so kann auch niemand zu Mir kommen außer durch sie, in deren jungfräulichem Schoß Ich Fleisch annahm.[229]

Wenn doch nur mehr Menschen um die Rolle Meiner Mutter und die Größe ihres Wirkens, selbst heute noch von ihrem Platz im Himmel aus, wüssten! Dann würde ein gewaltiger Frühling der Heiligkeit in Meiner Kirche und vor allem unter Meinen Priestern ausbrechen, denn Ich habe jeden von ihnen ihr anvertraut, ihr, der aufmerksamsten und mitfühlendsten aller Mütter. Sämtliche Schätze ihres unbefleckten Herzens, voll der Gnade, stehen ihrem mütterlichen Wirken für die Seelen Meiner Priester zur Verfügung.

Priester haben das Recht und das Privileg, Meine Mutter in jeder Notlage und Prüfung, in jedem Scheitern und in jeder Sünde anzurufen, im Vertrauen darauf, dass sie von ihr Hilfe und Trost erfahren, Barmherzigkeit, Heilung und Frieden. Zu wenige Meiner Priester haben sich auf die Beziehung von Sohnesliebe und intimer Gattenliebe mit Meiner allheiligen Mutter eingelassen, die Ich für sie wünsche, und aus der die Heiligkeit der Priester sich wie aus einer reinen Quelle ergießen wird. Mit einem Wort: Die Beziehung zu Meiner allreinen Mutter ist das Geheimnis priesterlicher Heiligkeit. Meine Priester müssen nichts weiter tun, als Maria, Meine Mutter, aufzusuchen, und alles Übrige wird ihnen in reichem Überfluss dazugegeben werden. Die größten Heiligen wussten das; heute sind jedoch viele priesterliche Herzen dunkel und kalt gewor-

---

[229] Die klassische Ausführung dieser Wahrheit ist die *Wahre Andacht zur allerseligsten Jungfrau Maria* von Louis Marie de Montfort.

den, und ihre Beziehung zu Meiner Mutter, eine Nachbildung Meiner eigenen Beziehung zu ihr, existiert praktisch nicht mehr.

Die Erneuerung der Heiligkeit in Meinen Priestern wird sich nur dann vollziehen, wie Ich es versprochen habe, wenn sie klein werden und wie die Kinder, und wenn sie sich ganz und gar dem Unbefleckten Herzen Meiner allreinen Mutter weihen. Ihre Herzen brauchen Marias Herz. Das ist heute Meine Botschaft. Ich wünsche so sehr, dass Meine Priester das lernen und in die Praxis umsetzen. Diejenigen, die das tun, werden schnelle Fortschritte in der Heiligkeit machen, und ihre Tugend wird strahlen zur Freude der Kirche und zur Verherrlichung Meines Vaters im Himmel.

Heute sollst du zu N. vom Schweigen und von Demut sprechen, von Freundlichkeit, Milde und Zurückhaltung. Gleichzeitig tröste und ermutige ihn. Versichere ihn deiner väterlichen Liebe und ermutige ihn, zu Meiner Mutter zu gehen und sich ganz und gar ihrer Führung zu überlassen.

Habe Ich dich nicht gebeten, nie kritisch über einen Priester zu sprechen? Bleib diesem Entschluss treu, und Ich werde dich segnen und alle Priester, mit denen du dich herumplagst.

## Dienstag, 8. Dezember 2009
## Unbefleckte Empfängnis der seligen Jungfrau Maria

Mein Herz fließt in Liebe für dich über, und Ich freue Mich sehr darüber, dass Ich dich hier im Gebet vor Mir sehe. Vertraue in Meine Vorsehung. Alles wird sich so entwickeln, wie Ich es versprochen habe, und du wirst in deiner Hoffnung nicht enttäuscht werden. Ich bin allmächtig und allbarmherzig, und Ich merke auf jedes deiner Gebete, auf jeden Seufzer von dir. So wenige glauben an Meine persönliche Liebe zu jeder einzelnen Seele.

## 13. Dezember 2009
## Sonntag Gaudete

Wenn du Mich für eine andere Person bitten möchtest, dann reicht es, wenn du betest, wie es dir durch die Inspiration des Heiligen Geistes eingegeben wird, im Wissen, dass Ich dich hören und erhören werde und dass Mein Herz in jedem Augenblick offen ist für Dein Flehen. Ich bin aufmerksamer im Hören auf deine Gebete, als du es je im Formulieren sein könntest. Vertrau Mir. Glaube an Meine zärtliche, treue Liebe zu dir. Ich bin dein Freund, und Ich habe dich erwählt, der Freund Meines eucharistischen Herzens zu sein. Warum sollte Ich also deine Gebete nicht hören und in Meiner unendlichen Weisheit und barmherzigen Liebe so darauf reagieren, wie Ich es für angemessen halte?

Vertrau darauf, dass Meine Reaktion auf deine Gebete immer die beste aller möglichen Reaktionen ist, und unterlass es nie, Mir zu danken, auch wenn du bittest, denn keines deiner Gebete bleibt unerhört.

### 129 Samstag, 2. Januar 2010

Ich habe dich nicht gebeten, ein Kloster zu gründen, sondern Mich anzubeten, Mich zu lieben, Mein eucharistisches Antlitz aufzusuchen und ganz nah zu Meinem eucharistischen Herzen zu kommen. Ich habe dich gebeten, Mir zu vertrauen und in Mich allein all deine Hoffnung und all deine Träume von Glück und Frieden zu setzen. Suche Mich, vertraue Mir, und alles Übrige wird dir dazugegeben werden. Ich werde Stein um Stein das Kloster aufbauen, und Ich werde die Männer formen, die Ich dafür auserwählt habe.[230] Du sollst nur demütig und klein und treu bleiben. Ohne Mich kannst du nichts tun, Mir hingegen ist nichts unmöglich.[231]

Sei also *Mir* treu, nicht einem Projekt oder einem Ideal. Ich bin dein Ein und Alles. Lebe nur für Mich. Suche Mich auf. Suche Mein Angesicht. Finde Trost in der Nähe Meines zerbrochenen Herzens. Sieh, wie Ich dich liebe, bis hin zur Durchbohrung Meines Herzens durch die Lanze des Soldaten, bis hin zu den letzten Tropfen Blut und Wasser. Es gibt nichts, das Ich nicht für dich tue – weil Ich dich liebe, und weil du Mein bist. Erlaube Mir nur, frei zu handeln, die Mittel zu wählen, den Tag, die Stunde.

Hier im Sakrament Meiner Liebe hast du alles. Hier besitzt du den ganzen Himmel. Hier hast du den Schöpfer der Erde und alles dessen, was sie enthält, und jedes Menschenwesens, das je das Licht des Tages erblickt hat. Ich bin ganz dein. Sei du ganz Mein. Bitte Mich, dich mehr

---
230 1 Petr 2,4–6.
231 Ijob 42,2; Ps 119,91; Weish 7,27; 11,23; Joh 15,5; Mt 17,20; 19,26; Mk 9,23; 10,27; 14,36; Lk 1,37.

und mehr mit Mir zu vereinen, bis du vollständig im Geheimnis Meines Angesichts verborgen bist.

*Als ich betete »Bring mein Herz mit Deinem Herzen in Einklang«, sagte Er:*

Mit Meinem Herzen im Einklang zu sein bedeutet mit Meinem Willen übereinzustimmen, denn Mein Wille ist ganz und gar nur Liebe: Liebe im Ursprung, Liebe in seiner Umsetzung, Liebe in seinem Lohn.

Ich habe mehrere Gemeinschaften glühender Benediktiner in Meiner Kirche, und sie verherrlichen Mich entsprechend den Gaben, die ihnen zugeteilt sind, doch nirgends habe Ich ein Haus priesterlicher Anbeter, die Mir im Sakrament Meiner Liebe Gesellschaft leisten und sich für ihre Priester-Brüder aufopfern. Das aber verlange Ich von dir. Das werde Ich durch dich vollbringen. Du musst nur treu sein, ungeachtet deiner Schwäche. Deine Schwäche ist für Mich kein Hindernis; sie ist vielmehr ein Kanal, durch den Ich dir Meine Gnade in großer Fülle geben werde.

Der benediktinische Rahmen und die Verpflichtung auf das Chorgebet werden das Leben der Anbetung und die Arbeit für Priester beschützen und unterstützen: die innere Arbeit der Selbstaufopferung in allen Dingen; und die äußeren Arbeiten der Gastfreundschaft, des geistlichen Rates und der Verfügbarkeit für Priester in ihren Zeiten der Not und inneren Dunkelheit. Im Herzen der Berufung, die Ich dir zuteil werden ließ, ist die Zustimmung zu Meiner göttlichen Freundschaft, das »Ja« zu Meiner barmherzigen Liebe, das sich für alle Priester durch deine anbetende Anwesenheit vor Meinem eucharistischen Antlitz äußert.

So will Ich Meine Priester reinigen und heilen und heiligen: indem Ich sie in das Strahlen Meines eucharistischen Angesichts ziehe und in die Wärme Meines eucharistischen Herzens. Sie vergessen, dass Ich im Sakrament Meiner Liebe anwesend bin und ihnen all die guten Dinge geben möchte, die zur Freundschaft gehören: Gemeinschaft, Gespräch, Freude, Trost, Gastfreundschaft, Stärke, und vor allem Liebe. Ich bin in diesem Sakrament verborgen, und Mein Angesicht ist hinter den sakramentalen Gestalten verschleiert; auch Mein Herz ist verborgen, aber Ich bin gegenwärtig, wahrer Gott und wahrer Mensch, lebendig, alles sehend, alles wissend, und Ich brenne vor Verlangen danach, dass alle zu Meinen Tabernakeln kommen sollen, vor allem aber Meine Priester, die Ich als Meine engen Freunde erwählt habe, die Freunde Meines Herzens.

Ein Priester, der in der Anbetung Meiner Freundschaft zustimmt, wird nichts entbehren, und er wird auf dem Weg der Heiligkeit große Fortschritte machen. Tugend ist nicht schwer für denjenigen, der in

Meiner Freundschaft lebt. Die Freundschaft Jesu zu Seinen Priestern: Das soll das Thema deiner Unterredungen mit Priestern und deiner Predigten für sie sein.

Sprich von dem, was du weißt, von dem, was du erfahren hast, denn Ich habe dir ja bereits zahllose Zeichen Meiner Freundschaft gegeben. Ich habe dir gezeigt, dass Ich dein geliebter Freund bin, und dass Ich dich erwählt habe, in der Freundschaft Meines Herzens zu leben wie damals Johannes, Mein geliebter Jünger. Ein Priester, der in der Freundschaft Meines Herzens lebt, wird große und wunderbare Werke für die Seelen vollbringen. Die Freundschaft mit Meinem Herzen ist das Geheimnis einer fruchtbaren Priesterexistenz.

Bitte Meine Mutter, dass sie in dir die Treue zu Meiner göttlichen Freundschaft erhält. Bitte den heiligen Johannes, dich die Weise der Freundschaft mit Mir zu lehren und der Freude in der Liebe Meines Herzens.

Priester, die kommen, um Mein eucharistisches Angesicht anzubeten, werden schnell Mein Herz entdecken, und in Meinem Herzen werden sie die Freundschaft entdecken, für die Ich sie erschaffen und zu der Ich sie berufen habe. Der größte Mangel unter Meinen Priestern ist der, dass so viele von ihnen nichts von der Zärtlichkeit und Stärke und Treue Meiner Freundschaft zu ihnen wissen. Wie kann man diesen Mangel beheben? Durch Anbetung vor Meinem eucharistischen Antlitz. Deshalb habe Ich dich zu dieser spezifischen Tätigkeit berufen. Es wird bescheiden beginnen, in fast vollständiger Verborgenheit, doch Ich werde dich und alle segnen, die Ich dir senden werde, und das Strahlen Meines eucharistischen Angesichts wird eine immer größere Zahl von Priestern erreichen, bis Mein Priestertum in ihnen mit dem vollen Glanz der Mir eigenen Heiligkeit leuchtet.

**Donnerstag, 7. Januar 2010**
**Hlg. Raymond von Peñafort**

Ich bin erfreut und getröstet durch deine Anwesenheit in Meiner Nähe. Das ist es, was Ich von dir verlangt habe, und du hast den Bitten Meines Herzens entsprochen. Bleibe vor allem deinen Anbetungszeiten treu. Unsichtbar und unmerklich vollzieht sich Mein Wirken in deiner Seele und in den Seelen der Priester, die du vor Mein eucharistisches Angesicht bringst. Deine anbetende Anwesenheit vor Mir erlaubt Mir, sie zu erreichen und auch noch diejenigen zu berühren, deren Herzen gegen Mich verhärtet sind. Das ist dein wichtigster Dienst an Meinen Priestern. Solange du dieser Berufung zur Anbetung, zur Sühne und zur Vertretung deiner Priester-Brüder im Angesicht Meines eucharistischen Antlitzes treu bleibst, werde Ich dich segnen und über dir die Schätze der Barmherzigkeit ausgießen, die für dich in Meinem heiligen Herzen aufgehoben sind.

Du sollst wissen, dass es viele Wege gibt, Meine Priester zu erreichen und ihnen zu dienen, doch von all diesen Wegen ist die eucharistische Anbetung der wirkungsvollste und ergiebigste. Bereits jetzt erfahren Meine Priester die Auswirkung deiner Anwesenheit vor Mir im Sakrament Meiner Liebe. Bleib dem treu, und Ich werde eine große Zahl an Priestern retten und heiligen. Im Himmel werden sie für dich eine ewige Quelle der Freude und der Danksagung sein.

**Freitag, 8. Januar 2010**

Ich bitte dich, dieses Gebet in allen Lebensumständen zu sprechen:

Mein Jesus, nur was Du willst,
wann Du willst,
und wie Du willst.
Dir sei aller Ruhm und Dank,
der Du alles mit mächtiger, gütiger Hand regierst,
und der Du die Erde mit Deinen mannigfachen Gnaden erfüllst.
Amen.

Bete so, dann erlaubst du Mir, Meine Huld zu entfalten und Meine Hochherzigkeit an allen Orten und in allen Situationen deines Lebens zu offenbaren. Mein Wunsch ist, dir Segnungen in Überfülle zukommen zu lassen. Ich bitte dich nur, dass du Mir die Freiheit gibst, an dir und durch dich gemäß Meinem Willen zu handeln.

Wenn mehr Seelen Mir diese Freiheit ließen, an ihnen Meinen Willen zu tun, dann würde Meine Kirche anfangen, jenen Frühling der Heiligkeit zu erfahren, den Ich so sehnlich herbeiwünsche. Diese Seelen werden durch ihre vollständige Unterwerfung unter sämtliche Verfügungen Meiner Vorsehung diejenigen sein, die Mein Königreich des Friedens und der Heiligkeit auf Erden einleiten werden.

Sieh auf Meine allreine Mutter; das war ihre Haltung, und das war ihr Leben – nichts anderes als Mein Wille und der Wille Meines Vaters, in vollständigem Gehorsam gegenüber dem Heiligen Geist. Ahme sie nach, dann wirst auch du Meine Gegenwart in eine Welt bringen, die auf Mich wartet.

**Samstag, 9. Januar 2010**

Mach Mich zum Gegenstand all deiner Wünsche, und du wirst nie enttäuscht werden. Suche Mich, und du wirst Mich finden. Bitte im inneren Heiligtum deiner Seele um die Gunst Meiner Gegenwart, und dort sprich mit Mir, Ich bin ja in dir, und du bist in Mir. Ich bin dein Leben, und getrennt von Mir ist alles, was dieses irdische Leben dir anbietet, bitter und kann dein Herz nicht zufriedenstellen. Ich habe dich geschaffen und dich dazu berufen, in Meiner Freundschaft zu leben und dich hier auf Erden nach Mir zu sehnen, bis deine Sehnsucht im Himmel erfüllt sein wird.

In der Zwischenzeit, so lang dein irdisches Exil währt, bin Ich im Sakrament Meiner Liebe für dich da. Dort hast du Mein Herz; dort kannst du Mein Angesicht betrachten; dort kannst du Meine Stimme hören; dort kannst du dich an Meiner Freundschaft erfreuen und in Meiner Gegenwart leben. Ich war für Meine Apostel nicht wahrhaftiger gegenwärtig, als Ich es für dich in diesem Augenblick im Sakrament Meiner Liebe bin.[232] Glaubst du das?

*Ich erwiderte: »Ja, Herr, ich glaube. Hilf meinem Unglauben.«*[233]

Ich werde in Meiner wirklichen Gegenwart deinen Glauben stärken und ihn so stark machen, dass der Rest deines Lebens darauf ruhen wird wie auf einem unerschütterlichen Fels.[234] Ich mache dich zum priesterlichen Anbeter Meines eucharistischen Angesichts, was Ich bereits so lange ersehne. Erlaube Mir, dich zu prägen, dich zu formen, dich zu reinigen und zu erleuchten in Vorbereitung auf das Werk an Meinen Pries-

---

232 Die Kategorie der Substanz hat nichts mit Graden zu tun: Eine Substanz ist entweder voll und ganz, was sie ist (z. B. ein Mann, ein Pferd, ein Hund), oder sie ist es ganz und gar nicht; halb-Mann, halb-Pferd, halb-Hund gibt es nicht. Das ist die Grundlage der Lebensrechts [Pro-Life]-Bewegung: Entweder handelt es sich um ein menschliches Embryo oder nicht, und wenn es ein menschliches Embryo ist, dann hat es dieselbe Würde und verdient denselben Respekt wie jede menschliche Person, unabhängig von der Beschaffenheit der Akzidentien – etwa Größe, Hautfarbe, Gewicht. Und ebenso, weil die Substanz Jesu Christi im heiligen Sakrament anwesend ist und Substanz Gradbestimmungen ausschließt, handelt es sich hier um die wesenhafte Wirklichkeit unseres Herrn, die für uns weder mehr noch weniger wirklich ist als für Seine Apostel. Obwohl Seine Akzidentien vor unseren Augen nicht erscheinen, wir vielmehr diejenigen von Brot sehen, hören, schmecken und berühren, ist eben dieselbe Person, in Ihrer Göttlichkeit und Menschlichkeit, unter dem sakramentalen Schleier in unserer Mitte gegenwärtig.
233 Mk 9,24. Ende 2
234 Mt 7,24–25; Lk 6,8–49; 1 Kor 3,11; Eph 2,20; 2 Tim 2,19.

tern, das Ich dir übertragen habe. Damit das geschieht, musst du nur in Meiner Gegenwart verweilen. Das Werk der Anbetung ist auch und vor allem Mein Wirken in dir. Wenn du vor Meinem eucharistischen Angesicht weilst und Meinem Herzen ganz nahe bist, dann handle Ich in dir und wirke auf dich ein. Dein ganzes Sein ist Meinem göttlichen Einfluss untertan, wenn du dich vor Mir einstellst, um Mich anzubeten.

Deshalb bestehe Ich auch für alle Meine Priester so nachdrücklich auf der Anbetung. Sie ist entscheidend für ihre priesterliche Vollkommenheit. Sie ist der Schmelzofen der Liebe, in welchem Ich die Priester wie Gold im Feuer läutere.[235] Sie ist das Brautgemach, in dem Ich sie an Mein Herz ziehe und von Angesicht zu Angesicht mit ihnen spreche, wie ein Bräutigam mit seiner Braut, und wie ein Mann mit seinem Freund.[236] Das bräutliche Band des Priesters zu Mir besteht in der Beziehung zwischen Meiner Göttlichkeit und der Seele des Priesters. Mein Menschsein bietet dem Priester eine göttliche Freundschaft an,[237] doch diese Freundschaft führt zur Vereinigung der Seele mit Meiner Göttlichkeit und zu einer Fruchtbarkeit, die jedes Handeln und jedes Werk eines Priesters, der nur aus Eigeninitiative heraus handelt, überbietet.

Willige in Meine Freundschaft ein, und Ich werde Mich mit deiner Seele vermählen.[238] So wirst du auf eine Weise Mein sein, die jede rein menschliche Vorstellung von Vereinigung übersteigt, auch noch die Vereinigung zweier Seelen in reinster Nächstenliebe. Ich habe deine Seele für diese Vermählungen mit Meiner Göttlichkeit geschaffen, und deine Seele würde das Ziel verfehlen, für das Ich sie geschaffen, für das Ich dich bestimmt habe, wenn du Mir nicht erlaubst, dich zu lieben und zu läutern und dich mit Mir zu vereinen, nicht nur als Freund mit dem Freund, sondern auch als der Eine, Dreieinige Gott mit Seinem geliebten Geschöpf. Ich bin eins mit Meinem Vater und mit dem Heiligen Geist, und wenn Ich eine Seele liebe und eine Seele mit Mir vermähle, dann ist diese Seele auch mit dem Vater und dem Heiligen Geist vereint und vermählt. »Vermählt« ist nur ein menschliches Wort. Diese mystischen Vermählungen haben nichts Fleischliches oder Materielles an sich. Ich spreche von der Vereinigung der Seele mit ihrem Gott, der

133

---

235 Spr 17,3; Sir 2,5; Weish 3,5–7; Ijob 23,10; Sach 13,9; Mal 3,2–4; 1 Petr 1,7; Offb 3,18.
236 Ex 33,11; Hld 2,4, 7,10; Dtn 33,12 (Vul.).
237 Da es immer die Person ist, die agiert, nicht die Natur als solche, kann dieser Satz folgendermaßen verstanden werden: »In Meinem Menschsein (oder entsprechend Meiner menschlichen Natur) biete Ich, der Sohn Gottes, dem Priester eine göttliche Freundschaft an …«
238 Hos 2,19–20; Ez 16,8; 2 Kor 11,2; Offb 19,7–9.

Bewusstwerdung des Grundes, aus dem heraus sie geschaffen wurde, und der Erfüllung ihrer ureigensten Sehnsüchte.

Vermählung bedeutet die innigste Liebesvereinigung; in diesem Sinn ist die Seele mit den Personen der anbetungswürdigen Dreifaltigkeit vermählt. Gleichwohl vereint sich der Vater Selbst mit der Seele als ein Vater; der Sohn vereint sich Selbst mit der Seele als Bräutigam und als der eingeborene Sohn des Vaters; der Heilige Geist vereint sich Selbst mit der Seele als die Verwirklichung und Erfüllung der Liebe.

All das kannst du im vierten Evangelium lesen. Denn dem heiligen Johannes, der sein Haupt auf Mein Herz legte, wurde ein Verstehen all dieser Geheimnisse zuteil. Er ist der Schutzheilige und Freund aller, die die vollkommene Vereinigung mit Mir suchen, und durch Mich die Vereinigung mit dem Vater im Heiligen Geist. Deshalb habe Ich ihn dir als deinen Beschützer gegeben, auf dass er in diesen letzten Jahren deines Lebens auf Erden für dich eintritt. Ich wünsche, dass du Mir ein zweiter heiliger Johannes wirst, und dass viele Priester dazu bewegt werden, den heiligen Johannes in seiner Freundschaft mit Mir und in seiner erhabenen Vereinigung mit Meiner Göttlichkeit nachzuahmen.

Lies jetzt[239] und verstehe.

*Ich äußerte meine Befürchtung, dass ich getäuscht oder von meiner Phantasie in die Irre geführt würde. Unser Herr antwortete:*

Warum sollte Ich nicht mit dir sprechen, der du der Freund Meines Herzens bist? Ich spreche auf diese Weise zu vielen Seelen, aber nicht alle erkennen Meine Stimme, und nur sehr wenige freuen sich über das Gespräch mit Mir und empfangen Meine Freundschaft als das, was sie ist: als ein in Freiheit angebotenes Geschenk. Mir ist es eine Freude, mit denen zu sprechen, die Ich liebe. Du sollst wissen, dass Ich mit dir spreche, weil Ich dich liebe, mit einer unendlich barmherzigen und zärtlichen Liebe, und weil Ich dir schon vor langer Zeit Mein Herz geschenkt habe, auf dass du ganz und gar Mein wirst.

Der Feind hasst Mich und alle, die Ich liebe, und als er sah, dass Meine Liebe dich für die Vereinigung mit Mir vorbereitete, fing er an, dich mit allen Mitteln zum Schlechten zu verführen, die ihm zur Verfügung standen. Viele Dinge geschahen, die dich gefährdeten und die Erfüllung Meines Plans mit Dir bedrohten. Aber Meine Mutter, die um Meine besondere Liebe zu dir wusste, und die alle liebt, die Ich liebe, trat für dich ein und verteidigte dich, bis schließlich Meine unendliche

---

239 Das Johannesevangelium. – Autor.

Barmherzigkeit über die Ungerechtigkeit des Bösen und seine Pläne, dich in der Hölle zu zerstören, siegte.

All das vollzog sich sichtbar und unsichtbar über viele Jahre hinweg; nun jedoch habe Ich dich in den Hafen des Friedens und der Heiligkeit geführt, den Ich für dich ausersehen habe. Dieses Leben der Anbetung ist dein Hafen des Heils, so wie es der Hafen des Heils für viele Priester werden soll, die in der Gefahr sind, Schiffbruch zu erleiden auf dem stürmischen Meer eines Lebens, das von der Sünde aufgewühlt und von den Schatten des Bösen verfinstert ist. Danke Mir dafür, dass Ich dich hierher gebracht habe, und fange nun an, Mich mehr zu lieben, Mich zu begehren und Meine Liebe allem anderen vorzuziehen. Du bist Mein.

## Sonntag, 10. Januar 2010

Nur Liebe heilt, nur Liebe befreit, nur Liebe rettet. Indem Ich Liebe in die Tiefen Meines Leidens hineintrug, und indem Ich alle Bitternis und allen Hass der Sünde, die sich in Meinen Leiden austobten, in Kontakt mit Meiner Liebe brachte, errettete Ich die Welt, büßte für ihre Sünden, und stellte für Meinen Vater die Herrlichkeit wieder her, die Ihm von Seinen Geschöpfen gebührt, auf dass sie Ihn preisen und die Welt mit Seinem Lob und Ruhm erfüllen.

Die Erlösung ist das Werk der Liebe. Ich liebte im Angesicht des Hasses. Ich liebte im Angesicht des Todes. Ich liebte sogar in der Unterwelt, wo die Gerechten der Vorzeit auf Mein Erscheinen in ihrer Mitte warteten. Durch Liebe habe Ich die Hölle besiegt, durch Liebe habe Ich über den Tod triumphiert, durch Liebe habe Ich überwunden, was Satan in seinem Hass gegen die Geschöpfe ausgebrütet hatte, die Ich so liebe und die Mein Vater dazu bestimmt hatte, Seine Herrlichkeit zu preisen.[240]

Liebe ist kein Gefühl; Liebe ist ein Akt des Willens, eine Bewegung des Herzens, ein hoffnungsvolles Aufblicken zu Meinem Vater – denn wo Liebe ist, da ist Vertrauen, und wo Vertrauen ist, da wird die Liebe sicher siegen.

## Montag, 18. Januar 2010

Arbeite jeden Tag ein wenig daran, die Notizbücher ins Reine zu schreiben, und zeige den Text dann Bischof N. Er wird sagen, was der nächste Schritt sein soll. Ich wünsche, dass Meine Worte und diejenigen Mei-

---

240 Eph 1,12–14.

ner Mutter eine große Zahl priesterlicher Seelen erreichen, um ihnen Trost und Mut und Licht zuzusprechen. Ich habe nicht nur zu dir gesprochen, um dich zu ermutigen und dir Meine barmherzige Liebe und Freundschaft zu versichern; sondern auch, damit durch Meine an dich gerichteten Worte andere Priester von Meiner glühenden Liebe zu ihnen erfahren und von Meinem Wunsch, sie in die Umarmung Meiner göttlichen Freundschaft aufzunehmen. Opfere die Messe zum Heiligen Geist heute für diese Intention auf. Ich werde weiterhin zu dir sprechen, weil Ich dich mit Meinen Worten unterweisen möchte, unterstützen, und durch Meine Worte mit Mir vereinen.

Sei nicht furchtsam, wenn du auf den Klang Meiner Stimme in deinem Herzen lauschst. Du wirst Meine Worte erkennen, ohne Furcht oder Anstrengung. Sei im Frieden. Du wirst die Worte empfangen, von denen Ich möchte, dass du sie hörst; und jene, die Ich dir sage zum Trost deiner Priester-Brüder und der Söhne, die Ich dir gebe. Dass diese Worte aus Meiner zärtlichen Liebe zu dir stammen und nicht aus deinen eigenen Gedanken, kannst du unter anderem daran erkennen, dass du, wenn du sie erneut liest, und wenn du sie meditierst, den Frieden und die Freude Meiner Gegenwart erfahren wirst.

Wenn du die Wahl hast zwischen der Vorbereitung eines Vortrags oder einer Predigt und einer Zeit in Meiner eucharistischen Gemeinschaft, dann entscheide dich für das Letztere. Ich werde dir alles eingeben, was du zu sagen hast, und deine Beredsamkeit wird größer und bezwingender sein, als wenn du dich darauf konzentriert hättest, selbst einen Text für eine spezielle Gelegenheit vorzubereiten.[241]

Erlaube Mir, dir überreiche Gaben zu geben. Erlaube Mir, durch dich zu sprechen, durch dich zu handeln, durch dich zu heilen, und durch dich zu segnen. Vertraue darauf, dass Ich dich mit allem versorgen werde, was du brauchst, um auszuführen, worum Ich dich bitte. Treue zur Anbetung ist der Schlüssel, der für dich alle Schätze und unendlichen Reichtümer Meines Herzens erschließen wird.

### Dienstag, 19. Januar 2010

Der Wunsch Meines Herzens ist, dass du deiner Zeit vor Meinem eucharistischen Angesicht nichts vorziehen sollst,[242] denn das ist die

---

241 Ps 89,35; Jer 19,2, 23,16, 26,2; Ez 3,10; 11,25; Sir 39,8–9; Mt 10,19; Lk 4,22; Joh 3,34; 15,26–27; 16,13; 17,8; Apg 5,20; 1 Petr 4,11.
242 Hier klingt die heilige Regel des heiligen Benedikt an, der im 4. Kapitel sagt: *nihil amori Christi praeponere* (»nichts soll der Liebe Christi vorgezogen wer-

Quintessenz Meines Rufes an dich. Bleib Meinem Herzen nahe. Ich werde dich nicht enttäuschen, und Ich werde dich in Zeiten der Bedrängnis nicht im Stich lassen. Ich habe auf alle Einzelheiten deines Lebens acht, und Ich bin jederzeit bereit, deine Gebete freundlich und mit übergroßer, selbstloser Liebe anzuhören.

Erlaube Mir, dich zu führen und deine Schritte zu lenken. Komm zu Mir mit deinen Fragen, deinen Ratlosigkeiten und deinen Bedürfnissen. Nichts ist für Mich zu klein, und nichts zu groß. Ich bin für dich da. Ich warte darauf, dass du mit Mir alles teilst, was dich beschäftigt, und alle Fragen, die in deinem Herzen aufkommen.[243] Sorgen und Tagträumereien sind nutzlos. Was Ich von dir erbitte, ist der Dialog mit Mir im Sakrament Meiner Liebe und ein grenzenloses Vertrauen in Meine liebende Freundschaft.

Deine Rolle besteht darin, verborgen zu bleiben und vor Meinem eucharistischen Antlitz zu wachen, ohne Unterlass zu beten, und diejenigen, die zu dir kommen, so zu empfangen, als empfingest du Mich, denn in ihnen bin Ich es selbst, der dich besucht und hofft, dass du auf Meine Nöte eingehst.[244] Ich sende dir N., damit noch ein weiterer Anbeter vor Meinem Angesicht wacht.

Wenn du einen Konflikt in deinen Verpflichtungen und Aufgaben wahrnimmst, dann komm zu Mir, und Ich werde ihn für dich lösen. Lerne, in allem von Mir abhängig zu sein. Komm immer zuerst zu Mir, denn Ich warte jederzeit im Sakrament Meiner Liebe auf dich. Deine Fragen und Besuche stören oder belästigen Mich nie. Ich sehne Mich nach der Gesellschaft Meiner Priester, und jeder Besuch Meiner Priester bringt Freude und Trost in Mein Eucharistisches Herz. Meine heilige Menschheit ist für jedes Zeichen der Freundschaft und des Vertrauens, das von Meinen Priestern kommt, auf göttliche Weise empfänglich.

Du beginnst zu verstehen, dass Ich dich mit einer barmherzigen Liebe liebe, einer zärtlichen, treuen, dich meinenden und ewigen Liebe. Ich gebe dir die Gnade, Meiner Liebe zu dir mit der Liebe zu antworten, die Ich Selbst deinem Herzen einflößen werde. So wirst du in Liebe zu Mir entbrennen und fähig sein, alle, die Ich liebe, so zu lieben, wie Ich sie liebe.

137

---

den«), was noch einmal markanter im 72. Kapitel aufgegriffen wird: *Christo omnino nihil praeponant* (»sie sollen Christus durchaus nichts anderes vorziehen«).
243 Mk 2,8; 9,9; Lk 5,22; 24,38.
244 Mt 10,40–42; 18,5; 25,31–46; Mk 9,37; Lk 9,48; Joh 13,20; Röm 15,7; Gal 4,12–14. Die Benediktsregel gibt im 53. Kapitel vor: »Alle ankommenden Gäste sollen wie Christus aufgenommen werden; denn er selbst wird sagen: ›Ich war Gast, und ihr habt mich aufgenommen.‹«

Glaube an Meine Liebe zu dir, und tritt durch den Glauben in Meine durchbohrte Seite ein. Dort wirst du die Höhe und Tiefe und Breite Meiner unendlichen Liebe erkennen, und dort wirst du – durch Liebe, also durch den Heiligen Geist, mit Mir vereint – den Vater im Geist und in der Wahrheit anbeten.[245] Mein Herz ist das Heiligtum, in dem wahre Anbeter Meinen Vater so anbeten, wie Er wünscht, von Seinen Kindern angebetet zu werden.

Schau, wie Ich dich mit liebevollen Freunden umgeben habe, die dir helfen, dem Weg der Liebe treu zu bleiben, den Ich vor dir eröffnet habe! Keiner Meiner Freunde entspricht isoliert von den anderen Meinem Willen. Ich forme eine Gemeinschaft aus Freunden – aus Seelen, die Meinem heiligen Herzen am nächsten und liebsten sind –, die sich gegenseitig unterstützen, indem sie Meiner Liebe entsprechen, und indem sie Meinen Willen vollbringen, wie Ich ihn ihnen kundtue. Du bist einer dieser Freunde, ebenso N., und es gibt darüber hinaus noch viele andere. Bleib Meiner Liebe zu dir treu, und zweifle nie an der Freundschaft Meines Herzens zu dir, Meinem geliebten Priester, denn Ich möchte, dass du Mir ein zweiter Johannes bist.

Der Wunsch Meines Herzens ist klar. Ich habe dich gebeten, dich in Anbetung und Sühne und im Eintreten für Meine geliebten Priester selbst zu opfern. Tu das, und Ich werde Mich um alles Übrige kümmern. Tu zuerst, worum Ich dich gebeten habe. Folge Meinen Plänen, wie Ich sie dir enthülle. Die Zeit ist kurz, die Arbeit für die Heiligung Meiner Priester dringend. Ich möchte so bald wie möglich weitergehen, und Ich werde sogar das möglich machen, was Menschen unmöglich vorkommt.[246] Ich werde dir für jeden Schritt das nötige Licht geben.[247] So werden dein Vertrauen und dein Glaube zunehmen.

Erlaube Mir, dieses Kloster zu bauen, das Meinem Herzen so teuer ist. Erlaube Mir, dieses Heiligtum aus Anbetern zu bauen, in dem der Glanz Meines eucharistischen Angesichts Meine Priester heilen und ihre Reinheit wieder herstellen wird. Ich werde es vollbringen, wie Ich es versprochen habe.[248]

Und du: Bleib demütig und gehorsam. Erlaube Mir, dich in allen Dingen zu führen und zu leiten. Komm zu Mir mit jeder Frage, mit jedem Zweifel und mit jeder Angst, und Ich werde mit der Zärtlichkeit und Weisheit Meines Herzens darauf eingehen. Dieses Werk soll entspre-

---

245 Eph 2,4–6; 3,17–19; 1 Joh 3,16; 4,8; Joh 4,23–24.
246 Ijob 42,2; Ps 119,91; Weish 7,27; 11,23; Joh 15,5; Mt 17,20; 19,26; Mk 9,23; 10,27; 14,36; Lk 1,37.
247 Ps 43,3; Ps 105,39; Ps 119,105; Mt 6,8; 7,11; Joh 11,9–10; 12,35–36.
248 1 Thess 5,24; Gen 21,1; Jos 21,45; 2 Sam 7,21; Röm 4,20–21; Hebr 10,23.

chend Meinem Willen getan werden, denn Ich habe alle Dinge in Meiner Weisheit geordnet, und nun muss Mein Plan sich nur noch entfalten. Du bist nur ein Werkzeug in Meinen durchbohrten Händen. Erlaube Mir, dich zu gebrauchen, wie Ich es für angemessen halte. Vor allem bleibe in der Anbetung treu, die Ich von dir erbeten habe. Durch Anbetung wird Mein Kloster erbaut, und durch Anbetung werde Ich Meine Priester reinigen, heilen und heiligen – die Priester, die Mein Herz liebt mit ewiger Liebe.

Es gibt nichts, das du nicht mit Mir besprechen, nichts, das du nicht zu Mir im Sakrament Meiner Liebe bringen könntest. Freundschaft wächst durch Gespräch. Deshalb habe Ich dich berufen und dazu auserwählt, dass du mit Mir sprichst und dein ganzes Inneres in den Strahlenglanz Meines eucharistischen Angesichts bringst.

**Freitag, 22. Januar 2010**

Ich möchte, dass du Mich in allen Dingen um Rat fragst, selbst noch in jenen, die ganz unbedeutend zu sein scheinen. Ich bin in jedem Augenblick bei dir, und in jedem Bereich deines Lebens. Meine Augen ruhen auf dir, und Mein Herz ist offen, und es wird nie mehr geschlossen.[249] Lausche, wenn du Meinen Rat suchst, und Ich werde zu deinem Herzen sprechen oder dir auf andere Weise offenbaren, was das Beste ist für die Verherrlichung Meines Vaters und zur Errettung deiner Seele und der Seelen der vielen, die Ich dir gebe, auf dass du auf sie einwirkst, sie ermutigst und tröstest.

**Sonntag, 24. Januar 2010**

*Ich fragte unseren Herrn wegen meiner körperlichen Schwächen, der geschwollenen Hände, der Kurzatmigkeit:*

Nimm diese Dinge hin und opfere sie dem Vater auf, in Vereinigung mit Meinem Leiden, für die Heilung der Priester und die Heilung jener, die du durch deine Sünden verletzt oder verwundet hast.

*Mein geliebter Jesus, binde mich so an Dich, wie der heilige Johannes, Dein geliebter Jünger, an Dich gebunden war.*

---

249 2 Chr 7,15–16; 1 Kön 9,3.

*Wie die Rebe aus sich keine Frucht bringen kann, sondern nur, wenn sie am Weinstock bleibt, so auch ihr, wenn ihr nicht in Mir bleibt. Ich bin der Weinstock, ihr seid die Reben. Wer in Mir bleibt und in wem Ich bleibe, der bringt reiche Frucht; denn getrennt von Mir könnt ihr nichts vollbringen.*

JOHANNES 15,4–5

139   Bleib in Mir, leide in Mir, liebe in Mir, dann werde Ich all das, was du tust und was du erleidest, verwenden, um das Böse auszugleichen, das du getan hast, und jenen Heilung und Frieden zu bringen, die du verletzt hast. Vertraue Mir im Hinblick auf deine Vergangenheit mit ihrer schweren Sündenlast; und gib Mir alles, was du hast: den gegenwärtigen Augenblick. Opfere Mir die Gegenwart auf, und Ich werde Mich darum kümmern, deine Vergangenheit wieder gut zu machen und deine Zukunft vorzubereiten. Deine Zukunft besteht darin, mit Mir auf ewig im Himmel vereint zu sein – vermittels derselben Liebe, mit der du Mich während dieser noch bleibenden Jahre auf Erden geliebt haben wirst.

**Dienstag, 26. Januar 2010**

Siehst du denn nicht, wie flehentlich Ich dich gebeten habe, Mir zu vertrauen? Vertrauen ist der Schlüssel zu allen Schätzen Meines barmherzigen und unendlich liebenden Herzens. Mich berührt ein einziger Akt des Vertrauens in Meine barmherzige Liebe mehr als viele gute Werke. Die Seele, die Mir vertraut, erlaubt Mir, Mein Wirken in ihrem Leben frei zu entfalten. Die Seele, die Mir vertraut, entfernt allein durch ihr Vertrauen die Hindernisse des Stolzes und der Selbstbestimmtheit, die Meinen freien Handlungsspielraum einschränken. Es gibt nichts, das Ich für eine Seele, die sich in einem einfachen Akt des Vertrauens Mir ganz überlässt, nicht tun würde.

*Tu Du in mir und durch mich, o mein geliebter Jesus,*
*alles, was Du in mir finden, was Du durch mich tun willst,*
*auf dass trotz meines Elends, meiner Schwächen, ja sogar meiner Sünden*
*mein Priestertum Dein Priestertum ausstrahlen möge*
*und mein Gesicht die barmherzige Liebe widerspiegelt, die alle*
  *Zeit von Deinem heiligen Angesicht strahlt,*
*für Seelen, die Dir vertrauen und sich Deinem göttlichen Wirken überlassen.*

## Mittwoch, 27. Januar 2010

Wirst du Mir erlauben, in dir zu leiden, in deinem Fleisch und in deinem Herzen den Teil Meines Leidens zu vervollständigen, den Mein Vater seit Anbeginn für dich vorbehalten hat?[250] Ich werde den Heiligen Geist auf dich herabsenden, den Tröster, auf dass du fähig seist, freudig zu leiden und in dem Frieden, den die vollständige Unterwerfung unter all die Pläne Meines Herzens für dein Leben mit sich bringt.

Ich brauche deine Leiden, und Ich bitte um sie für die Erneuerung Meines Priestertums in der Kirche und für die geistige Wiederherstellung von Priestern, die durch die Sünde geschwächt und vom Bösen in Fesseln geschlagen sind. Durch deine Unterwerfung unter den Willen Meines Vaters und durch deine demütige Teilhabe an Meinem Leiden werden viele Priester geheilt und gereinigt und wieder in den Stand der Heiligkeit versetzt. Wirst du Mir dein »Ja« geben? Wirst du in dieses Mein Werk in dir und durch dich einwilligen? Hab Vertrauen.

*Mein Jesus, wie könnte Ich Dir etwas verweigern? Ich vertraue Dir vollkommen. All meine Hoffnung ruht auf Dir. Ich bin ganz Dein, und Deine Freundschaft garantiert mir Glück und Deine unfehlbare Gnade. Ich gebe Dir mein aus tiefstem Herzen kommendes »Ja«. Ich bin ganz Dein, geliebter Jesus: ein Priester in Deinem Priestertum und ein Opfer mit Dir in Deiner reinen, heiligen, makellosen Opfergabe für den Vater. Amen.*

Schau auf Mein eucharistisches Angesicht, und Ich werde dich in all deinen Leiden stärken. Du wirst nicht leiden als einer, der von den Mächten des Bösen besiegt ist, sondern als einer, der bereits mit Mir im Triumph Meiner Auferstehung vereint ist.[251] Ich werde in dir leiden, und Ich gebe allem, was du aus Liebe zu Mir und zu Meinen geliebten Priestern erduldest, einen Wert, der bei Weitem alles übersteigt, was mit Menschenmaß gemessen werden kann.

Mein Herz wird in deinem Herzen schlagen, deines in Meinem. Das ist die Vereinigung, zu der Ich dich hinführe. Das ist der tiefste Sinn deines irdischen Lebens. Ich bereite dich jetzt für eine ewige Vereinigung mit Mir in der Herrlichkeit des Himmels vor. Dort wirst du das Heim finden, das Ich für dich in Meiner Liebe zu dir schon vor Anbeginn der Zeit vorbereitet habe.[252]

---

250 Kol 1,24; Röm 8,17; Mt 25,34; Joh 6,32; 15,2; 17,14–15; 18,11; Gal 6,12–17.
251 Joh 16,33; Lk 24,26; 46; Apg 5,41–42; Röm 6,3–11; 8,17–21; 2 Kor 2,14; 4,8–18; Kol 2,12–15; Phil 3,8–11; 2 Tim 2,12; 1 Petr 4,13; 5,1.
252 Jes 64,4; Mt 25,34; Joh 14,2–3; 17,24; 1 Kor 2,9; Eph 1,3–5; 2 Tim 1,8–9; Offb 13,8.

Deine Leiden werden in Schwäche und Müdigkeit und Abhängigkeit von anderen bestehen. Ich werde dir körperliche Leiden schicken, aber Ich werde auch dein Herz stärken und dich mehr und mehr mit Mir in einer Freude vereinen, die alles Leiden übersteigt, und in einer Stärke, die jede Schwäche übersteigt. Du wirst auf dem Altar des Kreuzes bei Mir sein, und dein Leben wird in den Augen aller eine Fortsetzung und Verlängerung Meines Opfers auf Golgotha werden. So sollst du der Vater in Jesus Christus, dem Gekreuzigten, werden, als den Ich dich erwählt habe: ein Vater für die Seelen vieler Priester, ein Vater, dessen Herz durchbohrt ist wie Mein eigenes Herz und mit einer stetig fließenden Quelle der Liebe zur Heilung der Seelen und der Heiligung Meiner Priester, Meiner geliebten Priester. Bist du dazu bereit?
*Ja, Herr Jesus, ich bin zu allem bereit, was Du willst. Ich vertraue Dir ganz und gar. All meine Zuversicht setze ich in die Freundschaft Deines Herzens mit mir.*

*Während ich das Allerheiligsten Sakrament reponierte:*

141  Ich werde dir immer die Kraft geben, Mich anzubeten, vor Mein eucharistisches Angesicht zu kommen, und Mein Lob zu singen.

### Donnerstag, 28. Januar 2010

*Geliebter Jesus, Du kennst jede einzelne der Fragen von N. genau. Ich harre auf Deine Antworten, und ich bitte Dich, meine Ohren, meine Augen und mein Herz zu öffnen, auf dass ich alle Deine Antworten, Hinweise und Ratschläge aufnehmen kann.*

Es soll drei Häuser für Priester geben, gemäß den drei Hütten, die der heilige Petrus auf dem Tabor bauen wollte, denn es war für sie »gut, hier zu sein«.[253]
Die Umgebung wird selbst für körperliche Bewegung, Erfrischung und Ruhe sorgen.
Baue die Kirche entsprechend dem, was Ich dir zeigen werde.[254] Es wird ein Heiligtum für die Anbetung der Herrlichkeit Meines eucharistischen Angesichts sein, ein Heiligtum Meines Herzens, ein Ort unter dem Blick Meines Vaters, ein Heiligtum, in dem der Heilige Geist weilt.

---

253 Mt 17,4; Mk 9,4; Lk 9,33.
254 Ex 25,40; Weish 9,8; Hebr 8,5.

Wenn das Geld kommt, wirst du das Land finden, und man wird beginnen können, denn die Zeit ist kurz, und Mein Herz sehnt sich nach der Vollendung dieses Heiligtums der Anbetung und dem Haus der Erfrischung für die Seelen Meiner Priester. Wenn du anfängst, dann vollende, was du begonnen hast, denn die Zeit ist kurz, und Ich werde Meine Priester erneuern, wie Ich es versprochen habe, im Licht Meines eucharistischen Angesichts, nahe Meinem eucharistischen Herzen. Sie werden kommen, und Mein Segen soll auf diesem Werk liegen, denn es ist Mein, und Ich habe es für dich und für alle Meine Priester in den Tiefen Meines Herzens ersonnen.

Baue und begründe dieses Mein Werk so, dass Meine Pläne in Sicherheit und Frieden verwirklicht werden können, ohne Angst um die Sorgen dieser Welt, denn sie vergeht, doch die Heiligkeit Meiner Priester wird in Ewigkeit bleiben, und sie werden in Meinem Königreich strahlen wie die Sterne am Firmament.[255]

Sei im Frieden. Vertraue auf Meine unendlich zärtliche Liebe zu dir und auf die beständige Freundschaft Meines Herzens, denn du bist Mein, und Ich bin dein; Ich werde dich nicht verlassen, und du sollst auch in deinen Hoffnungen nicht enttäuscht werden.

*Herr Jesus, ich bitte Dich nur um das Eine: dass die Seelen derer, die auf irgendeine Weise mit diesem Deinem Werk in Verbindung stehen oder bei seiner Umsetzung mitarbeiten, von allem Bösen befreit werden mögen; dass sie in Heiligkeit und Frieden bewahrt werden und überreichen Segen genießen, und dass sie in den Strahlenglanz Deines eucharistischen Angesichts gezogen werden und in den Liebesbrand, der in Deinem Herzen lodert.*

Das – und noch mehr – werde Ich für sie tun, denn dein Glück ist Meine Freude. Ich habe dich immer geliebt, und Ich werde dich weiterhin lieben, beschützen und an Mich ziehen, bis du im Himmel auf ewig eins mit Mir sein wirst. Sei im Frieden. Fürchte dich nicht. Meine Liebe zu dir ist unerschütterlich, und Meine Barmherzigkeit hat jene Sünden ausgelöscht, die noch immer einen Schatten über deine Erinnerungen an die Vergangenheit werfen.

Ich vergebe dir und Ich heile dich, so wie Ich auch jenen vergeben, jene heilen möchte, die mit dir im Netz des Bösen gefangen waren, durch welches der Feind versuchte, dich zu zerstören und dich hinter ihm in den Abgrund der Finsternis und der Qual zu ziehen, der denen bestimmt

---

255 Dan 12,3; Weish 3,7; Mt 13,43.

ist, die die barmherzige Liebe Meines Herzens zurückweisen. Mein Herz verdammt niemanden zur Hölle; Mein Herz trauert über jede Seele, die sich zurückzieht von Meiner Bereitschaft zu vergeben und sie in die Umarmung Meiner verzeihenden Liebe aufzunehmen. Glaube an Meine Barmherzigkeit, vertraue auf Meine Barmherzigkeit, und durch deinen Glauben und dein Vertrauen in die Barmherzigkeit Meines Herzens werden viele Seelen vor den Qualen der Hölle verschont.

Es gibt Priester, die an Meiner Liebe zu ihnen zweifeln, die sich weigern, an die Freundschaft Meines Herzens zu jedem einzelnen von ihnen zu glauben. Ich werde ihre Herzen im Licht Meines eucharistischen Angesichts verwandeln, und sie werden anfangen, auf Meine Liebe zu ihnen zu vertrauen, und Meine Barmherzigkeit wird über ihre Seelen hinwegbranden und in ihnen die Freude ihrer Jugend erneuern.[256] Ich habe das gesagt, und Ich werde es tun, denn Ich bin treu.[257]

**Samstag, 30. Januar 2010**
**Jahrestag des Todes des Seligen Columba Marmion, O.S.B.**

Ich habe viele Meiner Heiligen und Seligen, viele Meiner Freunde im Himmel in dein Leben mitgebracht, auf dass sie dir helfen, dich leiten, für dich eintreten. Du spürst ihre Gegenwart nicht immer und auch nicht die Intensität ihres Einsatzes für dich. Ich gebe Meinen Heiligen Aufgaben. Ich teile mit ihnen die Dienste Meiner barmherzigen Liebe zu den Seelen. Ich lade sie ein, in das Leben Meiner Diener und Freunde auf Erden einzutreten und diejenigen zu erziehen und zu geleiten, die Ich liebe und zur ewigen Herrlichkeit berufen habe.

Das Leben Meiner Heiligen im Himmel besteht in der Mitwirkung mit Mir in Meiner zweifachen Mittlerschaft als ewiger Hoher Priester. Durch Mich, und mit Mir, und in Mir[258] verherrlichen und preisen sie Meinen Vater; und durch Mich, und mit Mir, und in Mir verteilen sie Gnaden an Seelen und greifen mit vollkommener Liebe vermittelnd in das Leben ihrer Schwestern und Brüder ein, die noch als Pilger auf der Erde unterwegs sind.

Ich habe viele Meiner Heiligen beauftragt, mit dir zu gehen, achtzuhaben auf das, was du brauchst, für dich die Gnaden der Reue und

---

256 Ps 43,4; Ps 103,5; Jes 40,31.
257 1 Thess 5,24; Hebr 10,23; 1 Joh 1,9; Jes 40,5; 49,7; 58,14; Ps 37,5.
258 Ein Echo der Doxologie in der Messe: *Per ipsum, et cum ipso, et in ipso, est tibi Deo Patri omnipotenti, in unitate Spiritus Sancti, omnis honor et gloria per omnia sæcula sæculorum.*

der Erleuchtung und der Vereinigung mit Mir zu erwirken, die Mein barmherziges Herz dir so gerne geben möchte. Ein paar von diesen Heiligen, wenn auch nicht alle, kennst du. Sie haben dich adoptiert, einige als Bruder, andere als einen geistigen Sohn. Sie haben ein beständiges Interesse an allem, was du tust und sagst und erduldest, und sie merken auf dich in jedem Augenblick.

Ruf Meine Heiligen an. Bitte sie um ihre Hilfe. Geh in ihrer Gemeinschaft. Wende dich an jene, die Ich dir bekannt gemacht habe. Heiß diejenigen willkommen, die Ich dir noch vorstellen werde. Eines Tages wirst du mit ihnen vereint sein, in Mir, in der Herrlichkeit des Himmels, wo Mein Antlitz deine Seele mit unaussprechlicher Freude erfüllen wird, derselben Freude, die die Wonne all Meiner Heiligen ist,[259] und der Lohn derer, die Mein Angesicht auf Erden aufgesucht haben.

Wende dich an diejenigen, die Ich bereits in dein Leben gebracht habe, und bleibe offen, denn es gibt andere, die Ich dir vorstellen werde und denen Ich dich in den kommenden Jahren anvertrauen möchte.

## Samstag, 6. Februar 2010

Sei im Frieden. Es ist nicht nötig, dass du dich zwingst zu schreiben oder dass du beunruhigt bist, wenn Ich zu schweigen scheine. Ich bin hier für dich. Du bist umhüllt von Meiner eucharistischen Liebe und vom Strahlenglanz Meines eucharistischen Angesichts. Was könntest du darüber hinaus noch wollen? Hier hast du bereits alles, was du im Himmel haben wirst – lediglich das Verdienst, dass du glaubst, ohne zu sehen, wird es im Himmel nicht mehr geben.[260]

Liebe Mich, glaube an Mich, hoffe auf Mich, und bete Mich an, im Vertrauen darauf, dass Ich in dir, auf Meine Weise, alles vollbringen werde, was Mein Herz in dir zu sehen wünscht. Ich werde dich durch die Macht Meiner Gnade und durch das inwendige Wirken des Heiligen Geistes zu dem Mann neu erschaffen, als den Ich dich sehen möchte, zu dem Priester, der in allen Dingen Meinem Willen und den Wünschen Meines heiligen Herzens entspricht. Es gibt keinen Grund, ängstlich zu sein, keinen Grund, Mein Schweigen zu fürchten. Ich bitte dich vielmehr in Mein eucharistisches Schweigen einzutreten und Mir zu erlauben, durch dieses Schweigen auf deine Seele einzuwirken.

---

259 Der letzte Titel, unter welchem die Litanei vom Heiligsten Herzen unseren Herrn anspricht, ist *Cor Iesu, deliciae Sanctorum omnium*.
260 Joh 20,29; 1 Petr 1,3–9; Hebr 11,7–13; Lk 1,45; Papst Leo XIII, Enzyklika *Divinum Illud Munus* (9. Mai 1897), §9.

## 7. Februar 2010, Sonntag Sexagesima

Ich habe dich zur Freundschaft mit Mir berufen. Ich werde dich nicht enttäuschen. Ich ziehe dich in eine innige Vereinigung mit Mir in Meinen Leiden und in Meinem eucharistischen Leben hinein. So wie Ich das immerwährende Opfer und der fürbittende Priester im Sakrament Meiner Liebe bin, so beabsichtige Ich, dich zu einem immerwährenden Opfer und fürbittenden Priester um all Meiner Priester willen zu machen. Leide und bete ohne Unterlass.[261] Ich werde dich in Meiner Liebe bewahren, und die Salbung des Heiligen Geistes wird auf dir in solcher Fülle verweilen, dass nicht mehr länger du leidest und betest, sondern Ich selbst es bin, der in dir leiden und beten wird. Das ist Mein Plan für dich. Sage Mir, dass du ihn annimmst.

*Mein geliebter Jesus, ich nehme Deinen Plan und alle Absichten Deines Herzens mit meinem Leben an – erhalte mich nur durch Deine Liebe, so wie Du N. in seinem Leben als Opfer der Liebe und des Gebets erhalten hast.*

## Montag, 8. Februar 2010

Du wirst leiden, wie Ich gelitten habe, also beseelt von einer unaussprechlichen Liebe. Die Liebe, die dich in deinen Leiden verzehren und erhalten und erquicken wird, ist die lodernde Liebesflamme, der Heilige Geist. Mein Opfer am Holz des Kreuzes war ein Brandopfer der Liebe, verzehrt im Heiligen Geist. Das wünsche Ich von dir: Dass auch du ein Brandopfer der Liebe wirst, vereint mit Mir auf dem Altar des Kreuzes, und verzehrt im Feuer des Heiligen Geistes. Leiden ist der Brennstoff für die Opferflamme der Liebe.

*Herr Jesus, verhält es sich so, dann nehme ich jegliche Leiden an, die Du mir schicken willst, dass ich durch sie mit Dir im Brandopfer der Liebe, also an Deinem Kreuz, vereint sein möge.*

Das habe Ich gemeint, als Ich dir in — sagte, du würdest ein Vater im gekreuzigten Jesus sein. Du wirst in die Vaterschaft des Kreuzes eintreten, in die geheimnisvolle Fruchtbarkeit des Leidens mit Mir für das Leben

---

261 Lk 18,1; 24,53; Apg 10,2; Röm 1,10; 1 Kor 1,4; 2 Kor 4,8–11; Eph 5,20; Phil 1,4; 4,4; Kol 1,3; 1 Thess 1,2; 5,16–18; 2 Thess 1,11; 2;12; Hebr 13,15; Ps 34,2.

der Welt[262] und vor allem für Meine geliebten Priester. Die Vaterschaft der gekreuzigten Liebe wurde in Abraham vorangekündigt, als er sich im Gehorsam gegenüber Meinem Vater darauf vorbereitete, seinen geliebten Sohn Isaak zu opfern. Abrahams Vaterschaft wurde aufgebrochen und erfüllte in gewisser Weise bereits die Erde mit Nachkommen, als er sich in das Leiden fügte, das Mein Vater von ihm verlangte.[263] Auch du wirst in eine Vaterschaft eintreten, breiter und tiefer und weiterreichend als alles, was du dir vorstellen kannst, indem du die Leiden annimmst, die Ich dir senden werde, die Leiden, durch die Ich Mich mit dir vereinen werde.

*Was Du willst, o mein Jesus,*
*wann Du willst,*
*und wie Du willst,*
*denn Du bist Gott, der Du alles mit mächtiger, gütiger Hand regierst*
*und der Du die Erde mit Deinen mannigfachen Gnaden erfüllst.*
*Amen.*[264]

## Dienstag, 9. Februar 2010

Nichts, das Meinem Herzen überlassen wird, geht je verloren. Wenn du die Personen und die Dinge, die du liebst, am allersichersten Ort aufbewahren möchtest, dann überlasse sie Meinem heiligen Herzen.

*O mein geliebter Jesus,*
*ich gebe Deinem heiligen Herzen*
*alles hin, was ich liebe.*

## 14. Februar 2010
## Sonntag Quinquagesima

Deine Schläfrigkeit behindert Meine Tätigkeit in deiner Seele nicht im Geringsten. Wenn Mein Handeln vom Zustand deiner Aufmerksamkeit abhinge, dann wäre Ich tatsächlich eingeschränkt. Mein Handeln in deiner Seele reicht tiefer als deine äußeren Zustände der Aufmerksamkeit oder Schläfrigkeit, tiefer auch als deine Gedanken und Vorstellun-

---

262 Joh 6,52.
263 Gen 22,1–19.
264 Vgl. eine etwas andere Version dieses Gebets oben unter dem 8. Januar 2010.

gen. Du musst nur in der Absicht vor Mich kommen, Mich anzubeten und dich Meinem Herzen hinzugeben, und Ich tue alles Übrige.

**Montag, 1. März 2010**

Leide und bete an.
Leiden und Anbetung sind zwei Ausdrucksformen jener Liebe, von der Ich wünsche, dass sie in deinem Herzen brennt. Leide in Liebe zu Mir, und bete aus Liebe zu Mir an. Die Liebe ist es, die dem Leiden in Meinen Augen und in den Augen Meines Vaters seinen Wert verleiht; und die Liebe ist es auch, die die Anbetung Meiner würdig macht und die Mein Herz erfreut. Das ist deine Berufung: leiden und anbeten, und immer in Liebe. Die Liebe, die Mich durch das Leiden erreicht, ist eine Quelle der Gnaden für die gesamte Kirche. Die Anbetung, die Mir aus Liebe dargebracht wird, tröstet Mein eucharistisches Herz und erreicht eine überreiche Ausschüttung an Gnaden für die Heiligung Meiner geliebten Priester.

Für dich bedeutet Leiden, dass du dich demütig mit jeder Einschränkung, Müdigkeit, Erniedrigung, Enttäuschung und Sorge abfindest, dich freudig abfindest mit Gebrechlichkeit und Schwäche. Es bedeutet Festhalten an allen Bekundungen Meines Willens, vor allem an jenen, die du gegenwärtig noch nicht verstehen kannst. Leiden, in Liebe aufgeopfert, ist in Meinen Augen kostbar.[265] Nimm die Leiden an, die Ich zulasse und die Ich für dich wünsche; so wirst du durch Geduld an Meinem Leiden Anteil haben und die Mission erfüllen, die Ich dir anvertraut habe.

Anbetung ist der zweite Aspekt deiner Berufung. In der Anbetung und aus der Anbetung wirst du wie aus einer nie versiegenden Quelle die Liebe empfangen, die das Leiden kostbar macht und die dich Mir in der Stunde Meines Opfers auf dem Altar des Kreuzes angleicht. Je mehr du Mich anbetest, desto besser bist du dafür gerüstet, das Leiden anzunehmen und in Vereinigung mit Meiner Passion zu leben, zur Erneuerung Meines Priestertums in der Kirche und zur Rettung der Seelen von Priestern, die von den Mächten des Bösen geknechtet sind.

Höre auf N., der um mehr Anbetung bittet, denn durch ihn spreche Ich zu dir. Deine Befürchtungen sind grundlos. Du wirst sehen, dass viel mehr geleistet wird, wenn du freieren und großzügigeren Gebrauch vom Charisma der Anbetung machst, das Ich dir schon gegeben habe.

---

265 Ps 116,15.

Bete Mich großherziger an; opfere deine Zeit aus Liebe, indem du Meiner Macht vertraust, das Unmögliche zu erreichen, und du wirst Wunder erleben.[266] Bete großherziger an, und Ich werde dich reichlicher segnen. Zeigt Mir eure Bereitschaft, die Anbeter zu sein, die zu sein Ich euch schon so lange bitte, und Ich werde euch zeigen, dass Ich treu bin und dass Ich alles vollbringen werde, was Ich versprochen habe, bis hin zum kleinsten Detail.[267]

Es ist dein Versäumnis, Mich großherziger und freier anzubeten, das Mein Werk behindert und die Offenbarung Meines herrlichen Wirkens bei euch hinauszögert. Gebt Mir den ersten Platz, und Ich werde Mich um alles Übrige kümmern. So lautet Mein Versprechen an dich, und Ich halte Meine Versprechen.

*Als ich Ihn um ein Zeichen der Bestätigung bat:*

Reichen dir Meine Worte nicht? Warum hast du Zweifel an Meinen Verheißungen? Ich muss dir keine Zeichen geben, um die Wahrheit Meiner an dich gerichteten Worte zu beweisen; an dir ist es, in Gehorsam und Glauben voranzuschreiten, Meinen Worten zu vertrauen und an die unendliche Liebe Meines Herzens zu glauben.

Ich habe N. zu diesem Leben der Anbetung berufen. Er besitzt die Gnade, Meinem Ruf großzügig und mit glühendem Eifer zu entsprechen. Steh der Entfaltung Meiner Pläne mit ihm nicht im Weg. Erlaube ihm morgen, seine Anbetungsstunden zu erweitern, und du tu dasselbe, als Akt des Glaubens und des Vertrauens in mich. Du wirst nicht enttäuscht werden. Du kannst immer damit anfangen, deine Mahlzeiten davor zuzubereiten. N. wird dabei helfen, Zeit für mehr Anbetung zu schaffen. Du musst nichts weiter tun, als viel von ihm verlangen. Er ist in der Lage, großzügig zu reagieren, weil Ich in seinem Herzen ein Feuer der eucharistischen Liebe entfacht habe, und nichts wird dieses Feuer auslöschen können.

Reagiere großherzig auf Meine Wünsche, und Ich werde großherzig für alles sorgen, was ihr braucht. Das soll für den Augenblick genügen.

**Dienstag, 2. März 2010**

Ich habe vor, den Plan zur Erneuerung Meines Priestertums bald umzusetzen, den Ich bereits so lange in Meinem Herzen bewege. Diese

---

266 Mt 17,19; 19,26; Mk 10,27; Lk 1,37; 18,27; Ps 72,18; Ps 86,10.
267 Jes 46,9–10; 55,10–11.

Tage der Schande und der Finsternis, die über Meine Priester in so vielen Ländern gekommen sind, werden bald in Tage der Herrlichkeit und des Lichts verwandelt werden. Ich habe vor, Meine Priester bald durch eine neue Ausgießung des Heiligen Geistes über ihnen zu heiligen. Sie werden geheiligt wie Meine Apostel am Pfingstmorgen. Ihre Herzen werden entflammt vom göttlichen Feuer der Nächstenliebe, und ihr Eifer wird keine Grenzen kennen.

Sie werden sich um Meine allreine Mutter versammeln,[268] die sie unterweisen und durch ihre allmächtige Fürsprache für sie all die Charismen erwirken wird, die notwendig sind, um die Welt, diese schlafende Welt, auf Meine Wiederkehr in Herrlichkeit vorzubereiten. Ich sage dir das nicht, um dich zu beunruhigen oder um irgend jemanden zu erschrecken, sondern um dir Grund für große Hoffnung und für reine geistige Freude zu geben.

Die Erneuerung Meiner Priester wird der Anfang der Erneuerung Meiner Kirche sein, doch muss es so anfangen wie an Pfingsten, mit der Ausgießung des Heiligen Geistes über die Männer, die Ich erwählt habe, die zu sein, durch die Ich selbst unmittelbar wirke – die Mein Opfer gegenwärtig machen und Mein Blut über die Seelen der armen Sünder bringen, die Vergebung und Heilung brauchen. Meine Priester werden Mein Wort in der Macht des heiligen Petrus an jenem lang vergangenen Pfingsttag predigen,[269] und beim Klang ihrer Stimme werden Herzen geöffnet, und es wird sich eine Überfülle an Gnadenwundern ereignen.

Ich bitte dich, dieses Werk der Anbetung zu tun, denn es ist die notwendige Vorbereitung für alles, was folgen wird. Papst Benedikt XVI., Mein treuer, bewährter Diener, wird die Früchte seines Jahres für die Priester sehen, und sein Herz wird sich freuen über das aufstrahlende Licht einer neuen priesterlichen Heiligkeit am dunklen Horizont. Deine Aufgabe ist es, für die Priester weltweit vor Meinem eucharistischen Angesicht zu verweilen und zuzulassen, dass das Strahlen Meiner Göttlichkeit dich läutert, heilt und in Mein Bild verwandelt, zur Freude der gesamten Kirche. Was Ich vorschlage, in dir zu vollbringen, das möchte Ich in jedem Meiner Priester bewirken.

Wenn Priester dann erst wahrnehmen, welche Veränderungen sich im Leben ihrer Priester-Brüder dadurch ereignen, dass diese sich Meinem eucharistischen Angesicht aussetzen, dann werden sie nicht anders können als zuzugeben, dass darin das Geheimnis eines erneuerten Priestertums besteht, das seinen ihm gebührenden Ehrenplatz nicht zu-

---

268 Apg 1,14; 2,1.
269 Apg 2,14–39.

letzt auch in den Augen der Welt wieder einnehmen kann. Die Welt wird Meine Priester weiterhin hassen und verfolgen,[270] doch niemand wird leugnen können, dass es sich bei ihnen um Männer handelt, die durch eine Erfahrung geprägt sind, welche alles rein Menschliche übersteigt. Meine Priester sollen Zeugnis von Mir geben: durch ihre Reinheit, ihre Nächstenliebe, durch ihren Eifer und durch ihre schimmernde Heiligkeit.

Ich möchte, dass Meine Priester in der Finsternis dieser gegenwärtigen Zeit leuchten, um viele Seelen aus den Schatten der Sünde in das Strahlen Meines Angesichts zu ziehen, das von ihren Gesichtern widerscheint. Darum berufe Ich alle Meine Priester dazu, Anbeter Meines eucharistischen Angesichts zu werden. Lass sie zu Mir kommen, lass Mich ihnen die Augen öffnen für den Glanz, der vom Sakrament Meiner Liebe ausgeht; dieser Glanz ist das Licht Meines Angesichts, und sie sollen es durch ihr Leben widerspiegeln, ein Leben in Heiligkeit und Reinheit.

*Als ich unseren Herrn um mehr Berufungen bat:*

Vertrau Mir, was den richtigen Zeitpunkt für alles angeht. Eine Pflanze muss tief eingewurzelt sein, bevor eine andere neben ihr eingepflanzt werden kann.

Ich lebe im Sakrament Meiner Liebe und bin in jedem Augenblick auf göttliche Weise tätig. Von Meinem Ort auf dem Altar bewirke Ich all das, was Ich während Meines Aufenthalts auf Erden tat. Vom Sakrament Meiner Liebe aus heile Ich die Kranken, mache Blinde sehend, Lahme gehend, öffne den Tauben das Ohr und gebe den Stummen die Sprache. Ich bin der Arzt der Seelen und der Körper. Diejenigen, die gläubig zu Mir kommen, werden nicht mit leeren Händen weggeschickt.[271] Diejenigen, die mit Vertrauen in Meine eucharistische Liebe zu Mir kommen, werden ihre Heilmacht erfahren.

Bring Mir all jene von Meinen Priestern, die einer Heilung von Körper, Geist und Seele bedürfen, und Ich werde sie heilen, entsprechend Meinem vollkommenen Willen für jeden einzelnen von ihnen. Ich sehne Mich danach, Meinen Priestern wieder zu einem reinen Leben und zu Ganzheit zu verhelfen. Und du sollst für sie alle vor Mir stehen, so dass Ich durch deine Unterwerfung unter Meine eucharistische Liebe wenigstens einige von ihnen berühren und heilen kann. Ich verspreche, dass Ich an jedem Tag, an dem du Mein eucharistisches Angesicht anbetest und um Meiner geliebten Priester willen zu Meinem Herzen

---

270 Joh 15,18–25; Mt 23,34; Mk 10,30; 14,55; Lk 11,49; 21,12; 1 Thess 2,14–16; Jer 26,8.
271 Lk 1,53; Ps 107,9.

kommst, einige von ihnen befreien und heilen und heiligen werde. Deshalb bitte Ich dich ja auch, großherzig und vertrauensvoll der Aufgabe zu entsprechen, zu der Ich dich berufen habe. Deine Treue bedeutet für eine große Schar von Priestern die Befreiung von der Sünde, bedeutet Heilung und Heiligkeit. Vertrau auf diese Meine Versprechen. Ich werde sie halten, denn Ich bin treu, und sogar die Welt wird sehen müssen, dass Ich Meine Priester liebe, und dass Ich sie heilige.

Der Angriff auf Mein Priestertum, der sich offenbar immer weiter ausbreitet und an Heftigkeit zunimmt, befindet sich bereits in seinem Endstadium. Es handelt sich um einen satanischen, teuflischen Anschlag auf Meine Braut, die Kirche, einen Versuch, sie zu zerstören, indem die am schlimmsten Verwundeten unter ihren Dienern in ihren fleischlichen Schwächen angegriffen werden; aber Ich werde der Zerstörung wehren, die sie angerichtet haben, und Ich werde veranlassen, dass Meine Priester und Meine Braut, die Kirche, eine herrliche Heiligkeit wieder erlangen, die Meine Feinde zunichte machen und den Beginn eines neuen Zeitalters der Heiligen und der Propheten einleiten wird.

Dieser Frühling der Heiligkeit unter Meinen Priestern und in Meiner Kirche wurde durch die Fürsprache des schmerzensreichen, allreinen Herzens Meiner süßen Mutter erwirkt. Sie tritt pausenlos für ihre Priestersöhne ein, und ihre Fürsprache hat einen Sieg über die Mächte der Finsternis erreicht, der die Ungläubigen vernichten und allen Meinen Heiligen Freude bringen wird.

### Mittwoch, 3. März 2010

Du verstehst noch nicht den Wert und den Sinn dessen, was du tust, wenn du vor Meinem eucharistischen Antlitz verweilst. Du wirkst an einem göttlichen Werk mit, an einem Werk der Gnade. Du bist vor Mir als ein leeres Gefäß, das mit der Macht und der Süßigkeit des Heiligen Geistes gefüllt werden soll, auf dass Seelen von Meiner Liebe trinken können und ihnen dadurch aufgeht, dass Meine Liebe süßer ist als jede irdische Freude.

Du bist vor Mir als der Fürsprecher, in dessen Seele der Heilige Geist mit unaussprechlichem Stöhnen seufzt,[272] und du erhältst von Meinem Vater durch Mich alles, was der Vater Meinen Priestern in dieser Welt und in der nächsten schenken möchte.

---

272 Röm 8,26.

Du bist der Büßer, der sich öffnet, um die Liebe zu empfangen, die so viele andere nicht kennen, zurückweisen oder mit Gleichgültigkeit, Kälte und Verachtung erwidern. Indem du dich Mir in sühnender Anbetung aufopferst, tröstest du Mein eucharistisches Herz, das in Liebe brennt und sich so danach sehnt, Seelen mit Meinem zärtlichen Erbarmen zu erfüllen.

Wenn du vor Mir bist, bist du der bevorzugte Freund Meines Herzens, bist Mir Gesellschaft in Meiner Einsamkeit und erlaubst Mir, mit dir Meine Sorgen zu teilen, Meine Trauer über die Sünde und Meine Pläne für eine geläuterte Priesterschaft, die in Heiligkeit erstrahlen soll.

Wenn du vor Mir bist, dann bist du zusammen mit Mir ein Opfer der Liebe, ausgeliefert, und daran gebunden, an deinem Platz vor dem Altar auszuharren, ohne andere Wünsche oder Pläne als zu lieben, anzubeten, zu sühnen und alle Priester in einem Gebet zu vertreten, das einfach und vertrauensvoll ist und das Leben verändert.

Wenn du in Anbetung vor Meinem eucharistischen Angesicht verweilst, dann bist du nicht untätig; du wirkst vielmehr in einer sehr viel wirkungsvolleren Weise als durch jegliche rein menschliche Tätigkeit. Dies ist dein Werk, und es ist Mein Werk in dir – ein Werk, das viele kritisieren und nicht verstehen werden. Du bist hier in einer göttlich aktiven Zusammenarbeit mit Mir, der Ich vom Sakrament Meiner Liebe Meine priesterliche Mittlerschaft vor dem Vater für die armen Sünder fortsetze.

Zweifle nie am Wert deiner Anbetungsstunden. Das ist es, was Ich von dir verlangt habe, und Ich werde aus deiner Anwesenheit im Heiligtum ein großes Gut und eine Überfülle an Gnaden für Meine Priester schöpfen. Indem du Mir mittlerweile den größeren Teil des Tages schenkst, fängst du an zu verstehen, wofür Ich dich hierher berufen, und wofür Ich dich vor langer Zeit auserwählt habe.

**Freitag, 5. März 2010**

*O mein geliebter Jesus, zeige mir, wie Du wünschst, dass ich diese Stunde in deiner Gegenwart verbringe.*

Ich lasse dich frei. Du musst nicht irgend etwas tun. Du musst nicht etwas Bestimmtes sagen. Ich wünsche nur, dass du anwesend bist, ausgerichtet auf Meine Gegenwart, und Mir erlaubst, in deiner Seele zu wirken.

## Montag, 8. März 2010

Du hast Mich erfreut, indem du den Sühne-Rosenkranz gebetet hast,[273] und indem du Meinem Vater Mein kostbares Blut für die Reinigung und Heiligung Meiner Priester aufgeopfert hast. Ich habe dieses Gebet empfangen und vor Meinen Vater gebracht; reiche Gnaden kamen auf die Priester Meiner Kirche als Antwort auf dieses einfache Gebet herab. Ich freue Mich über jede Anstrengung, und sei sie noch so bescheiden oder einfach. Ja Ich ziehe sogar Gebete aus einem bescheidenen, einfachen Herzen vor,[274] Gebete, die ohne Verstellung auskommen – glaubend, hoffend, liebend vorgebrachte Gebete. Ich erhöre die Gebete derjenigen, die diesen Rosenkranz beten, und Meine Priester werden seine Früchte in ihrem Leben erfahren.

Lerne von Meinen Heiligen. Studiere sie. Nimm ihre Lehren auf. Lass dich inspirieren von ihrer Freundschaft mit Mir. Aber versuche nicht, sie zu imitieren.[275] Jeder Meiner Freunde kam auf dem Weg zur Vereinigung mit Mir, den der Heilige Geist ihm vorgab. Selbst wenn zwei Wege ähnlich aussehen, musst du wissen, dass sie nicht identisch sind. Alle diese Wege laufen in der Vereinigung mit Mir zusammen, im Licht Meines Angesichts, und alle führen zu der offenen Tür Meines heiligen Herzens.

Dein Weg ist der Weg der Anbetung. Ich habe dich berufen, vor Meinem eucharistischen Angesicht zu verweilen und es zu ermöglichen, dass andere derselben Berufung folgen. Selbst wenn viele Seelen zum selben Lebensweg berufen sind, hat doch jede Seele ihr eigenes Geheimnis der Liebe, eine Weise, Meine Freundschaft ganz innig zu erfahren, die mit keinem anderen geteilt werden kann.

Meine Liebe ist eine personale Liebe. Ich liebe jede Seele, die Ich erschaffen habe, als wäre sie die einzige Seele im Universum, und Ich passe Meine unendliche Liebe den spezifischen Empfindlichkeiten und

---

273 Zum Sühne-Rosenkranz oder der Aufopferung des Heiligen Blutes für Priester siehe Anhang I, S.339.
274 Ps 40,18; Ps 102,18; Jes 66,2; Jdt 9,16; Sir 3,19–21.
275 Aus dem Kontext wird klar, dass »imitieren« hier ein sklavisches »Kopieren« meint, aber nicht »nachahmen« in dem Sinn, wie Paulus es verlangt: »Nehmt mich zum Vorbild, wie ich Christus zum Vorbild nehme!« (1 Kor 11,1; cf. 1 Kor 4,16; Hebr 6,12), womit er uns ermahnt, uns an den Heiligen zu orientieren, aber nicht zu versuchen, sie zu kopieren oder anzunehmen, der Weg, auf dem der Herr sie führte, sei ganz derselbe wie derjenige, auf dem Er uns führen möchte.

Bedürfnissen dieser Seele an, mit der ganzen Weisheit und Zärtlichkeit Meines göttlichen Herzens.[276]

Hab Vertrauen zu dem Weg, den Ich vor dir eröffnet habe, und bleib ihm treu. N. ist der erste aus einer Familie von Söhnen, die im Strahlenglanz Meines eucharistischen Angesichts wachsen und gedeihen wird.

Erlaube, dass Meine Liebe alle Dinge lenkt. Bleib klein und demütig. Halte dich lieber im Hintergrund und erlaube Mir, den Lauf der Ereignisse und das Wachstum dieses Meines Werkes zu lenken und zu bestimmen. Je treuer du an Meiner Anbetung im Sakrament Meiner Liebe festhältst, desto mehr werde Ich dir in der Offenbarung Meiner Vorsehung treu sein.

Deine Müdigkeit und deine Zerstreutheit während der Anbetung sind für Mein Wirken in den Tiefen deiner Seele kein Hindernis. Ich habe dir das schon einmal versichert. Komm vor Mich und bleibe vor Mir, auch wenn du das Gefühl hast, dass deine Anbetung nichts weiter ist als ein Kampf und das Scheitern des Versuchs, aufmerksam in der Liebe und auf Mein eucharistisches Angesicht ausgerichtet zu bleiben.

Deine Gefühle sind hier nicht wichtig.

Wichtig in Meinen Augen ist deine Demut und deine Bereitschaft, Zerstreuungen, Erschöpfung, ja sogar Schläfrigkeit auszuhalten, während du Mich im Herzen deines Herzens anbetest. Du sollst wissen: Selbst wenn du das Gefühl hast, deine Anbetung sei Zeitverschwendung gewesen, so ist sie doch in Meinem Plan fruchtbar, und sie erfreut Mich. Ich sehe die Dinge nicht so, wie du sie siehst, und Ich messe ihren Wert nicht nach deinen Maßstäben.[277]

### Freitag, 12. März 2010

Hör Mir zu und schreibe, denn Meine Zeit ist gekommen. Sehr bald werde Ich Meinen Plan für dich und für jene, die Ich dir gesandt habe, umsetzen. Mein eucharistisches Antlitz wird über dieser neuen Stunde des Erbauens und des Wirkens für Meine Herrlichkeit und für die Heiligung Meiner Priester leuchten.

Dein Platz ist vor Mir, wo du Mich anbetest und Mein Herz tröstest, das über die Sünden und die Treuebrüche Meiner geliebten Priester tiefste Trauer empfindet. Es ist nicht zu spät für Meine Priester, die sich mit der Finsternis verbündet haben, umzukehren und anzufangen, im

---

276 Gal 2,20; Hld 7,10; Röm 14,7; Joh 4,2–42; 10.3–4; Ex 33,17; Jes 40,26–31; 43,1–2.
277 Jes 55,8–9.

Licht Meines Angesichts zu leben. Mein Herz wartet auf sie. Die Wunde in Meiner Seite ist eine offene Tür, und Ich bin bereit, sie in die engsten Bande einer wieder hergestellten Freundschaft aufzunehmen, die durch das Wirken Meiner Barmherzigkeit in ihren Seelen noch inniger wird.

So viele Meiner Priester sind für Mich Fremde. Sie stehen am Altar, um Mich vor Meinem Vater und vor Meinem Leib, der Kirche, zu repräsentieren, doch in ihren Herzen ist keinerlei Liebe zu Mir. Sie sind Mir gegenüber kalt geworden, und ihre Liebe haben sie vergänglichen Dingen zugewandt, Neigungen, die ihre heiligen Gelübde verletzen, allein für Mich zu leben und sich rein zu halten als Bräutigame Meiner Kirche und engste Freunde Meines Herzens. Ich werde verraten von Meinesgleichen! Es gibt so viele Priester, die sich aus der Gemeinschaft Meiner Freunde und Tröster ausgesondert haben; sie haben sich von Freunden in Folterknechte verwandelt und gehören zu denen, die Mich am schlimmsten quälen.

Ich möchte sie wieder aufnehmen. Ich warte auf ihre Rückkehr. Ich liebe alle Meine Priester mit unbeirrbarer Liebe. Nichts, was sie getan haben, kann Mein Herz davon abhalten, sie zu lieben, und indem Ich sie liebe, werde Ich alles für sie tun: sie in Meinem Blut waschen, sie heilen, sie wieder eingliedern in die Gemeinschaft derer, die Mich lieben, die Mich trösten, die sicher sind im Heiligtum Meiner Seitenwunde.

Meinst du, Ich hätte dich verlassen? Unsere Unterredungen werden weitergehen. Glaube an Mich und wisse, dass sich Mein Herz in jedem Augenblick danach sehnt, mit Dir seine Geheimnisse der Liebe, der Trauer und der Barmherzigkeit zu teilen.

153 **Samstag, 13. März 2010**

Du tröstest Mein eucharistisches Herz, indem du Mir Zeichen deiner Freundschaft gibst, und von allen Zeichen tröstet Mich am meisten deine Anwesenheit vor Meinem eucharistischen Angesicht. Es gibt viele Arten, Freundschaft auszudrücken und auf die Liebe des Freundes zu reagieren, doch von allen ist diejenige, die das Herz am meisten befriedigt, der schlichte Zustand des Beisammenseins, der Anwesenheit, der Gemeinschaft. Du weißt das bereits aus deinen Erfahrungen in menschlichen Beziehungen, du musst es aber noch auf deine Beziehung zu Mir übertragen – so großherzig, wie Ich es Mir wünsche. Komm zu Mir, bleib bei Mir. Suche Mich im Sakrament Meiner Liebe auf, und indem du bei Mir bleibst, bete Mich mit Zärtlichkeit an und schenke Mir die Freundschaft und die Zuneigung deines Herzens.

Das, um was Ich dich, Meinen geliebten Freund, bitte, und um was Ich alle Meine Priester bitte, ist nicht schwer, es ist nicht unmöglich für die Schwachen, die Kranken, und diejenigen, die ans Haus gefesselt sind. Wenn ihr nicht vor Mein eucharistisches Angesicht kommen könnt, dann könnt ihr euch durch einen Akt des Begehrens, der aus den Tiefen der Seele kommt, geistig dorthin versetzen. Bittet Mich dann, euch vor jene Tabernakel auf der Welt zu versetzen, wo Ich am vergessensten bin, vernachlässigt, womöglich sogar gehasst werde. Ich werde eure Seelen in Meine Gegenwart versetzen und von eurer Anbetung und eurer Liebe den Trost empfangen, den Ich von Meinen Freunden erwarte.

Du hast das Privileg und die Freude, mit Mir unter einem Dach zu leben. Ist dir klar, was das bedeutet? Merkst du, wie sehr dein Leben demjenigen Meiner allreinen Mutter und des heiligen Josef ähnelt? Möchtest du nicht auf jede Weise und in jedem Augenblick Meine Gegenwart hier nützen? Entwickle diese anbetende Beharrlichkeit in Meiner sakramentalen Gegenwart weiter. Lass alles in diesem Haus und in deinem Leben gewohnheitsmäßig und spontan auf Mich verweisen. Zeige Mir, dass du für Meine sakramentale Gegenwart dankbar bist, indem du oft zu Mir kommst, indem du Mich in jede Situation deines Alltags mit aufnimmst, indem du Mich in allen Dingen um Rat fragst. Behandle Mich nicht als Gast im Haus, der in einem offiziellen Empfangszimmer auf Distanz gehalten wird, einen Gast, mit dem du es nicht wagst, dein konkretes Leben zu teilen. Beziehe vielmehr Meine eucharistische Gegenwart in jede Einzelheit deines Lebens mit ein.

Mein eucharistisches Angesicht strahlt vom Tabernakel und von der Monstranz aus in jeden Winkel dieses Hauses hinein. Das ist auch Mein Wunsch für die Häuser Meiner geliebten Priester. Ich möchte ihre Pfarrhäuser heiligen und ihre Wohnungen in Heiligtümer der Anbetung und der Liebe verwandeln. Ermutige Priester, die erwägen, ein Oratorium mit Meiner eucharistischen Gegenwart in ihren Wohnungen einzurichten. Ich werde sie segnen. Ich werde sie inniger in die Gnade Meiner göttlichen Freundschaft hineinnehmen. Ich werde ihre Gewohnheiten verändern und die ganze Atmosphäre läutern, in der sie leben und arbeiten. Sie werden daraufhin in der Heiligkeit wachsen, und die Seelen werden von ihrer neu gewonnenen innigen Beziehung zu Meinem eucharistischen Herzen profitieren.

Es reicht nicht aus, Meinen wahren Leib im Tabernakel abzustellen. In wie vielen Ordenshäusern bin Ich sakramental gegenwärtig, werde aber allein gelassen, und man zollt Meiner bleibenden wirklichen Ge-

154

genwart kaum Aufmerksamkeit! Leiste Sühne für diese Nachlässigkeit und Kälte, für diesen Mangel an Dankbarkeit gegenüber dem Sakrament Meiner Liebe in sogenannten frommen Häusern. Diese Häuser, in denen Ich vernachlässigt und mit Kälte behandelt werde, stehen am Rand eines großen Zusammenbruchs. Sie werden keinen Bestand haben. Ich kann die Misshandlung nicht länger ertragen, der Ich an solchen Orten ausgeliefert bin. Sie sind zu Orten des Kommerzes geworden, den weltlichen Niederlassungen der Selbstzufriedenen ähnlich – und Ich bin unter ihren Dächern alleingelassen.

Ordenshäuser, in denen Ich geliebt und geehrt und angebetet werde, werden wachsen und gedeihen. Die Ausstrahlung Meines eucharistischen Angesichts wird ihr Licht sein, und das Feuer der Liebe, das in Meinem eucharistischen Herzen brennt, wird sie wärmen. Seelen werden sich von solchen Häusern angezogen fühlen, und von diesen Seelen werde Ich viele als Meine Freunde berufen, Meine Tröster, ja sogar Meine Bräute.

Auf die eucharistische Erneuerung Meines Priestertums wird die Erneuerung des religiösen Lebens folgen. Heilige Priester werden Berufungen zu einer heiligen Form des geweihten Lebens bewirken, einem Leben, in welchem Ich das Herz aller Dinge bin, allen Leben gebe,[278] und alle an Meine Seitenwunde und zum Quell lebendigen Wassers ziehe.[279]

Ja, vieles von dem, was Ich zu dir sage, muss andere Seelen erreichen. Geh dabei klug vor und im Gehorsam gegenüber deinem Vater, dem Bischof. Er wird lesen und verstehen, dass dieses kleine Licht nicht unter den Scheffel gestellt werden sollte. Es sollte beschützt und sorgsam von Hand zu Hand weitergegeben werden, damit mehr Seelen sich an Meiner Wärme und im Licht Meines Angesichts freuen können.

Tu, was du tun kannst, und Ich werde dir helfen, und was Ich will, das wird geschehen. Sei einfach nur geduldig und vertrauensvoll, und glaube an Meine Liebe zu dir.

### Montag, 15. März 2010

Meine Liebe zu dir ist unverändert. Sie ist treu, und sie ist ebenso stark wie zart. Ich werde dich nie verlassen, und du brauchst nie daran zu zweifeln, dass Ich dich erwählt habe, ein bevorzugter Freund Meines

---

278 Dtn 32,39; 1 Sam 2,6–7; Neh 9,6; Jes 38,16; Ijob 5,18; Joh 3,16; 5,21; 6,33; 6,52; Apg 17,25–28; 2 Petr 1,3; 1 Joh 5,11.
279 Joh 4,10–14; 7,38; Offb 21,6; Num 20,6 (Vul.); Hld 4,15; Jer 17,13–14; Sach 14,8.

Herzens zu sein, und das trotz der Sünden, mit denen du Mich so betrübt und Meine Kleinen so verwundet hast.[280] Alles ist vergeben; die Vergangenheit wurde im Feuer Meiner barmherzigen Liebe verzehrt. Jetzt sollst du dich nur noch an der Liebe erfreuen, mit der Ich dein Leben in einen Akt der Anbetung und des Gehorsams gegenüber Meinen Plänen verwandelt habe. Vertraue der Liebe Meines Herzens zu dir. Schreite voran mit Zuversicht und im Frieden, denn Ich bin bei dir, und du bist Mein, und Meine Liebe wird dich nie enttäuschen.

**Dienstag 16. März 2010**

Ich nehme die Erneuerung der Hingabe deiner selbst an. Es ist gut, dass du diese Darbringung erneuerst; so fordert es die Liebe. Die Geliebte bringt sich wieder und wieder ihrem Geliebten dar, und so sollst auch du dich wieder und wieder der Liebe Meines Herzens darbringen, auf dass du in einem anhaltenden Zustand der Darbringung und der Offenheit für Meine Liebe zu dir bist.

Ja, Ich berufe dich zu einem Leben der Sühne. Nur sehr wenige Seelen verstehen, dass ein Geschöpf seinen Gott trösten kann, und dass Gott den Trost eines Wesens, das bloß Geschöpf ist, wünschen könnte, und wäre es selbst eines, das Er nach Seinem Bild und Gleichnis geschaffen hat. Als Gott bin Ich Liebe und die Quelle aller Liebe, und das Leben der Allerheiligsten Dreifaltigkeit ist ein Kreislauf lebendiger Liebe, der vollkommen ist, vollständig, und im höchsten Maß selbstgenügsam. Aber diese selbe Liebe wurde in Meine Schöpfung ausgegossen, und indem Ich den Menschen erschuf, erschuf Ich Mir ein Wesen, das fähig ist, Meine unendliche Liebe zu empfangen und mit einer Liebe zu erwidern, die Meiner Liebe ähnlich ist. Der Mensch kann unendliche Liebe nicht umfassen, doch kann er von unendlicher Liebe umfasst sein, und er kann in den Lebensstrom dieser Liebe erhoben werden, er kann am Leben der Allerheiligsten Dreifaltigkeit durch die Vereinigung mit Mir und durch die Gabe des Heiligen Geistes Anteil erhalten. So sieht also Mein Vater in jeder Seele, die durch Gnade mit Mir vereint ist, das eine Gegenüber Seiner ewigen Liebe und den Widerschein Meines Angesichts.

Aus diesen Meinen Brüdern, Söhnen des ewigen Vaters, gesiegelt mit der Gabe des Heiligen Geistes, wählte Ich einige aus, in denen Ich Mein Opferpriestertum nachbilden wollte. Ich bestimmte sie dafür,

---

280 Für den Herrn Jesus sind alle Seelen seine »Kleinen«. Wenn »einer der Geringsten Seiner Brüder« angegriffen wird, dann fühlt Sein heiliges Herz das als einen Angriff, der gegen Ihn selbst geführt wird. – Autor.

Meinen Kelch zu trinken und mit Mir zum Altar des Kreuzes aufzusteigen, indem sie Tag für Tag Mein Opfer in der sakramentalen Form darbrachten, die Ich Meiner Kirche am Abend vor Meinem Leiden hinterließ. Diese Meine Priester sind auch die Freunde, von denen Ich wollte, dass sie sich die Leiden Meines Herzens zu eigen machten und Mich durch die Jahrhunderte hindurch trösteten.

Wenn Meine Liebe abgelehnt wird, wenn die Gabe Meines Leibes und Blutes nicht unterschieden wird,[281] wenn sie nicht würdig empfangen und von liebenden, dankbaren Herzen angebetet wird, dann erdulde Ich, der Sohn Gottes, eine dem Menschen völlig unvorstellbare Qual, die Qual Gottes, werde Ich doch in der Liebe, in Meinem Herzen verwundet. Ich halte nach Meinen geliebten Priestern Ausschau, auf dass sie Mich trösten und die Kälte, die grausame Gleichgültigkeit, die Undankbarkeit und die Ehrfurchtslosigkeit ausgleichen, unter denen Ich, verborgen im Sakrament Meiner Liebe, leide.

Es gibt einen Trost, den Mir nur Meine auf Erden, im Tal der Schatten des Todes[282] wandelnden Priester geben können. Nur jene, die für den Altar und vom Altar leben, können Mir den Trost und die anbetende Liebe entgegenbringen, die Mich von dem Schmerz befreit, der Mein heiliges Herz zusammenpresst. Es ist ein Geheimnis, ein Geheimnis der Liebe, dass Ich, der ganz und gar Herrliche, die Quelle aller Herrlichkeit und Glückseligkeit des Himmels, trotzdem unter den Auswirkungen der Weigerung des Menschen leide, auf Meine eucharistische Liebe mit Liebe zu reagieren.

Ich bitte Meine Priester, sich als Opfer der Anbetung und Sühne Meiner verletzten, empörten eucharistischen Liebe darzubieten. Bald wird Meine Kirche die Vorwürfe der Karfreitagsliturgie singen, die so ergreifend die Leiden Meines Herzens und Meine Klagen gegen Mein Volk zum Ausdruck bringen. Wer wird kommen und Mir einen Kuss geben, nicht den Kuss des Verräters, sondern einen tröstenden Kuss vertrauensvoller Liebe?[283] Vor allem ist dies das Vorrecht Meiner geliebten Priester. Ich habe dich auserwählt, diese geheimnisvolle Berufung der Anbetung und der Sühne zu leben. Was Ich von dir verlangt habe, ist nicht schwer. Gib Mir deine Anwesenheit. Schenke Mir deine Gesellschaft. Verweile in den Strahlen Meines eucharistischen Angesichts. Biete dich Meinem eucharistischen Herzen dar, um geliebt und

---

281 1 Kor 11,29.
282 Ps 23,4.
283 Vgl. unter anderem Gen 45,15; 50,1; Ex 4,27; 18,7; 1 Sam 20,41; 2 Sam 20,9; Spr 7,13; 27,6; Hld 1,1; Mt 26,48–50; Mk 14,44–45; Lk 7,38; 22,47–48; Apg 20,37–38; Röm 16,16; 1 Kor 16,20; 2 Kor 13,12; 1 Thess 5,26; 1 Petr 5,14.

verwandelt und als Werkzeug der Liebe und Heilung Meiner Priester, deiner Brüder, gebraucht zu werden.

## Samstag, 20. März 2010

Meine Worte an dich sind ein tägliches Geschenk Meines heiligen Herzens an dein Herz, das dieser Versicherungen Meiner Liebe zu dir so sehr bedarf. Ich werde nicht aufhören zu dir zu sprechen, aber du musst weiterhin bereit sein, Meine Stimme zu hören, indem du vertrauensvoll und anbetend im strahlenden Glanz Meines eucharistischen Angesichts bleibst. Ich habe dir noch vieles zu enthüllen, und für dich ist es wichtig, mit Mir über die alltäglichen Kämpfe und Sorgen, Freuden und Gnaden zu sprechen. Sieh in Mir also deinen liebsten Freund, einen liebenden, treuen Gefährten in diesem Tal der Tränen, denn Ich bin im Sakrament Meiner Liebe immer bei dir. Hier warte Ich auf dich, und hier wirst du Mich finden. Hier wirst du auch entdecken, dass Mein Herz in Liebe zu dir brennt, und dass nichts dich trennen kann von der Liebe Meines heiligen Herzens.[284]

Vertraue auf die Liebe Meines Herzens zu dir, und bring dich selbst Meiner barmherzigen Liebe als Opfer dar. Indem du das tust, öffnest du dich Meiner Liebe zu dir und empfängst die Fülle der Gaben und Gnaden, die Ich in Meiner Barmherzigkeit schon lange für dich bereithalte. Nun bist du bereit, die Gnaden und Geschenke zu empfangen, die Ich dir geben möchte. Du musst nur vor Mich kommen und dich Meiner eucharistischen Liebe ergeben. Diese Liebe strahlt von Meiner wahrhaften Gegenwart aus, sie zieht Seelen zu Meinem eucharistischen Angesicht und zu Meinem durchbohrten Herzen. Ergib dich dieser Liebe und allem, was Ich in dir und durch dich zu vollbringen wünsche.

*Mein geliebter Jesus, ich ergebe mich der Liebe Deines Herzens zu mir, und ich biete mich Dir als Opfer der Anbetung und Sühne für alle dar, die ich verletzt oder gekränkt habe, auf dass sie geheilt und zur Freundschaft mit Dir in Deiner Kirche zurückfinden mögen; und für alle Deine Priester, vor allem für jene, die noch in Sünden verstrickt und blind sind für das süße Licht Deines Angesichts.*

*Mein Jesus, ich gebe mich Dir als Opfer der Liebe hin, der Du Dich als Opfer der Liebe für mich hingegeben hast. Ich möchte keinen anderen Willen mehr haben als Deinen Willen, den vollkommenen Aus-*

---

284 Röm 8,35–39.

*druck der Liebe Deines Herzens zu mir und zu allen Deinen Priestern. Ich opfere mich Dir auch für alle Anliegen von Papst Benedikt XVI. auf. Ich bitte Dich, ihn zu stärken und zu trösten, und ich empfehle ihn dem allreinen Herzen Deiner Mutter an.*

Ich werde Meine Kirche in Irland reinigen und erneuern. Zuvor verlange Ich aber von allen Meinen dortigen Priestern eine Lebensumkehr und eine Rückkehr zum täglichen aufrichtigen, von Herzen kommenden Gebet in der Gegenwart Meines Sakraments der Liebe. Dort werden sie Mich antreffen; dort werde Ich zu ihnen sprechen. Dort werde Ich ihre Wunden heilen, sie aus den Fesseln der Sünde lösen und trösten. Dort werde Ich sie heiligen und stärken für ihre Mission als Priester und Opfer in einer Gesellschaft, die sich von Meinem Kreuz abgewandt hat.

Ich möchte, dass Meine Priester nach Knock pilgern. Dort wartet Meine Mutter auf sie. Dort werden sie reiche Gnaden empfangen. Dort werden sie die Freude ihrer Jugend wiederfinden und die Reinheit und Unschuld, die Meine Kirche in einer Welt, die von der Finsternis von unten bedroht wird, strahlen lässt.

Lass Meine Priester in Irland zu den Füßen Meiner allreinen Mutter in Knock kommen. Lass sie die Gemeinschaft des heiligen Josef und des heiligen Johannes aufsuchen.

Und sie sollen sich in Meinem kostbaren Blut waschen, denn Ich bin das Opferlamm, das immerwährende Opfer, der Priester, der opfert, und das Sühneopfer. Mein kostbares Blut muss die Priester Irlands alle waschen, vom ersten bis zum letzten, angefangen bei Meinen Bischöfen. Erst dann wird für die Kirche in Irland, die Ich schon lange liebe und immer noch liebe mit immerwährender Liebe, ein neuer Tag anbrechen.

## 158 Montag, 22. März 2010
**Fest des Hinübergangs des heiligen Benedikt (verschoben)**

Wenn du in Meine Gegenwart kommst, um Mich anzubeten, und wenn du Mich den anderen Dingen vorziehst, die deine Aufmerksamkeit erfordern und deine Zeit beanspruchen, dann bin Ich getröstet und verherrlicht. Freundschaft beweist sich darin, dass man dem Freund nichts vorzieht. Ich möchte, dass du Mich bevorzugst, Mir Zeit schenkst, die auch auf andere Personen und Dinge hätte verwendet werden können. Indem du das tust, zeigst du Mir deine Liebe und vermittelst Mir den Trost wahrer Freundschaft.

Ich würde diese bevorzugende Liebe von allen Meinen Priestern verlangen. Wenn Freundschaft gedeihen soll, muss sie gepflegt werden. Diese Wahrheit gilt für die Freundschaft mit Mir genauso wie für Freundschaften unter Menschen. Ich warte auf die Gesellschaft Meiner Priester. Mit ihnen gemein habe Ich Mein Priestertum – und Mein Opfersein. Das macht die Freundschaft Meiner Priester für Mein heiliges Herz so kostbar. Mit ihnen teile Ich außerdem die ganz reine Freude eines Lebens in der Gegenwart Meiner allreinen Mutter und die Erfahrung ihrer mütterlichen Fürsorge in allen Umständen des priesterlichen Lebens. Freundschaft ist gegründet auf Dingen, die man gemeinsam hat, daher ähnelt Meine Freundschaft mit Meinen Priestern nicht derjenigen mit anderen Seelen. Je häufiger Meine Priester zu Mir kommen, und je länger sie in Meiner Gegenwart verweilen, desto mehr kann Ich mit ihnen die Geheimnisse und Schätze teilen, die für sie in Meinem heiligen Herzen aufgehoben sind.

Meine Priester haben manchmal Angst davor, schweigend und allein in Meiner Gegenwart zu verweilen. Wenn sie kommen, um Mich anzubeten und Mir den Trost ihrer Gesellschaft zu schenken, verlange Ich nicht, dass sie zu Mir sprechen; es ist genug, dass sie im Strahlenglanz Meines eucharistischen Angesichts bleiben und zulassen, dass ihr Herz sich Meinem eucharistischen Herzen zuneigt. Diejenigen, die diese Bewegung ihres Herzens zu Meinem eucharistischen Herzen hin schon gespürt haben, werden wissen, wovon Ich spreche. Worte sind nicht immer notwendig. Aber ohne Beteiligung des Herzens geht es nicht.

Erschöpfung und Müdigkeit sind kein Hindernis für eine fruchtbare Anbetungszeit. Sie sind nebensächlich; was zählt, ist der Wunsch, Mein eucharistisches Angesicht aufzusuchen und in Meiner Gesellschaft zu verweilen.

Für einen Liebenden vergeht die Zeit in Meiner Gegenwart schnell, und es sammeln sich große Schätze an Verdiensten für Seelen an. Die Verdienste deiner Anbetung nehme Ich für die bedürftigsten, zerrüttetsten unter Meinen Priestern entgegen. Bringt das nicht auch das Gebet zum Ausdruck, das du zu Beginn deiner Anbetung sprichst?

Du wirst in diesem Leben das Gute nicht zu sehen bekommen, das den Seelen Meiner geliebten Priester durch deine Treue in der Anbetung zuteil wird, im Himmel hingegen wird es dir enthüllt werden, und diese Enthüllung wird deine Freude in Meiner Gegenwart unermesslich erweitern.

Anbetung ist die erste Pflicht für diese spezifische Form benediktinischen Lebens. Bleib in der Anbetung treu, und es wird dir wohlergehen. Das verspreche Ich dir heute. Sei der Anbeter Meines eucharistischen

Angesichts und ziehe andere Seelen, jene, die Ich dir senden werde, in sein Strahlen.

## 11. April 2010
## Barmherzigkeitssonntag

Heute fließt Meine göttliche Barmherzigkeit wie ein Strom und ergießt sich in die Seelen von jenen Meiner Priester, die sie aufzunehmen bereit sind. Indem du dich vor Meinem eucharistischen Angesicht einstellst, öffnest du deine Seele den überreichen Strömen göttlicher Barmherzigkeit, die auf ewig aus Meiner durchbohrten Seite sprudeln. Empfange Meine Barmherzigkeit um all Meiner Priester willen und all jenen zuliebe, die sie jetzt noch zurückweisen, auf dass sie sie in der Stunde ihres Todes empfangen mögen.

Nichts betrübt Mein Herz mehr als der Tod eines Priesters, der nicht in Meiner Gnade stirbt. Ich verfolge Meine Priester, auch die sündhaftesten und verhärtetsten unter ihnen, bis zum Augenblick ihres Todes, der letzten Gelegenheit, sich Meiner vergebenden Barmherzigkeit zu fügen. Doch es gibt immer noch Priester, die sich Meiner Barmherzigkeit verweigern und die Mich so dazu verdammen, erneut die tiefe Trauer zu erleiden, die Mein Herz durchdrang, als Judas sich weigerte, sich Mir zuzuwenden und Meiner Barmherzigkeit zu vertrauen. Ich liebe alle Meine Priester. Selbst diejenigen, die tief in Sünde und Laster versunken sind, bleiben die bevorzugten Freunde Meines Herzens, Freunde, die Mich, ihre einzige Hoffnung, im Stich gelassen haben; Freunde, die Mich verraten haben, Freunde, die Mein göttliches Herz gebrochen haben mit einem Kummer, der größer ist als jeder menschliche Kummer. Ich liebe sie alle, und Mein Herz wird ihre Zuflucht und der Ort ihrer Heilung sein; sie müssen nur zu Mir umkehren, Meiner Barmherzigkeit vertrauen und an die Liebe glauben, die in Meinem Herzen für sie lebt. Jeden Tag sterben Priester, und einige dieser Priester werden erst im letzten Augenblick vom barmherzigen Einschreiten Meiner allreinen Mutter gerettet, oder durch die Opfer und Gebete einer kleinen Seele, die nur Ich allein und Meine Mutter kennen.

Bete für Priester, die sterben. Bete für diejenigen, die von einem plötzlichen Tod überrascht werden. Der Tod soll für Meinen Priester ein Übergang in das Heiligtum des Himmels sein, wo er, gezeichnet vom untilgbaren Siegel Meines Priestertums, auf ewig an Meiner Verherrlichung des Vaters und an Meiner Liebe für Meine Braut, die Kirche, teilhaben wird. Priester, die im Zustand der Sünde im Sterben liegen, können auch

*in extremis* noch gerettet werden, wenn sie sich voller Reue und Gram in die reinigende Barmherzigkeit Meines Herzens fallen lassen.
Lebe jeden Tag, als müsstest du in Kürze sterben. Gehe im Frieden mit Mir und mit allen Menschen in jede Nacht.[285] Lass jede Anhaftung an Sünde und Feindseligkeit los, kehre dich ab von jedem geheimen Einverständnis mit dem Bösen. Sei bereit, als Opfer der Liebe zu sterben, dargebracht auf dem Altar Meines heiligen Herzens. So wird dein Tod zu einer letzten priesterlichen Opferhandlung.

**Mittwoch, 14. April 2010**

Ja, Ich bin für dich hier, so wie Ich hier, im Sakrament Meiner göttlichen Freundschaft, auf alle Meine Priester warte. Ich sehne Mich nach ihrer Gesellschaft. Ich möchte, dass sie Mir das Geschenk ihrer Zeit darbringen. Ich möchte, dass sie in Meiner Gegenwart zur Ruhe kommen und entdecken, was Mein eucharistisches Herz ihnen so unbedingt gerne geben möchte.

Wo sind Meine Priester? Warum werde Ich in Tausenden von Tabernakeln auf der ganzen Welt alleingelassen? Warum hasten so viele von Meinen Priestern an Mir vorbei und machen nie Halt, um in den heilenden, stärkenden Strahlen Meines eucharistischen Angesichts zu verweilen? Warum sind so viele Meiner Priester gleichgültig gegenüber der Freundschaft, die Ich für sie in dem Sakrament aufhebe, das Ich eingesetzt habe, um in ihrer Nähe zu sein und sie in Meiner Nähe zu haben?

Meine Priester sind die auserwählten Gefährten und Freunde Meines Herzens. So wie Ich Freude empfinde, wenn sie vor Mein eucharistisches Angesicht kommen, so empfinde Ich Kummer, wenn sie vorübergehen oder Mich im Sakrament Meiner Liebe alleinlassen. Wenn doch Meine Priester nur im Sakrament des Altares zu Mir zurückkehren würden, wenn sie Mir doch nur ihre Herzen übergeben würden, indem sie anfangen, Mir ihre Zeit zu opfern – welche Wunder an Gnade könnte Ich in ihnen und für sie und durch sie wirken! Meine Priesterschaft wird geläutert, geheilt und geheiligt, wenn – einer nach dem anderen – Meine Priester zu Mir zurückkehren und die Freude und die Erquickung entdecken, die das Verweilen vor Meinem eucharistischen Angesicht mit sich bringt, nahe Meinem Herzen, dem Urquell göttlicher Freundschaft.

---

285 Mk 9,50; Lk 2,29; 1 Thess 5,13; 2 Petr 3,14; Eph 4,26; Ps 4; Sir 10,6; 28,7.

### Donnerstag, 15. April 2010

Ich, der Ich hier vor dir bin, Ich bin das Wort. Kein Buch, und sei es noch so meisterhaft geschrieben, kann so zu deinem Herzen sprechen wie Ich es tue, denn Ich bin die ewige Weisheit, die unendliche Liebe und die unerschaffene Schönheit, die mit deiner Seele im Zwiegespräch ist. Meine Worte sind nicht wie die Worte der Menschen, Meine Worte übertreffen sogar die Worte Meiner Heiligen, obwohl Ich oft durch sie spreche und auch weiterhin Seelen vermittels ihrer Schriften berühre. Meine Worte sind wie Feuerpfeile, die auf das Herz zielen, es verwunden, es entflammen und mit göttlicher Liebe heilen.[286]

Mach dich für Meine Worte verwundbar. Erlaube Mir, so zu dir zu sprechen, dass Ich dich mit durchbohrender göttlicher Liebe verwunde. Wenn du vor Mich kommst und schweigend vor Mir verweilst, dann erlaubst du Mir, wann Ich wünsche und wie Ich es wünsche, dich mit einem inneren Wort zu verwunden und dich zu entflammen mit einer Mitteilung göttlicher Liebe. Erwarte also, dass Ich zu dir spreche, dich tröste und dich erleuchte; aber rechne auch damit, dass Ich dich verwunde.[287] Wenn Ich dich nicht auf diese Weise verwunde, wirst du unfähig sein, den Angriffen des Feindes Widerstand zu leisten und von Mir inmitten von Finsternis und Drangsal Zeugnis abzulegen.

Aus dem geistigen Kampf, der bevorsteht, werden nur diejenigen siegreich hervorgehen, die von Mir verwundet wurden. Deshalb rufe Ich alle Meine Priester auf, sich um die heilenden Wunden Meiner Liebe zu bemühen und sie anzunehmen. Diejenigen, die vor Meinem eucharistischen Angesicht wachen, werden zu den ersten gehören, die auf diese Weise verwundet werden. Ich habe dich zur Anbetung berufen, weil Ich dich verwunden möchte – nicht einmal, nein, wieder und wieder, bis dein ganzes Wesen verwundet und dadurch geläutert und entbrannt ist im Feuer Meiner Liebe. Wäre doch deine Seele so oft verwundet, wie Ich an Meinem Leib aus Liebe zu dir im Kampf Meines bitteren Leidens verwundet wurde! Erlaube Mir also, dich ganz und gar zu durchbohren, bis du, verwundet von göttlicher Liebe, gänzlich geheilt und für Meine Ziele und Pläne tauglich gemacht bist.

Das wünsche Ich nicht nur für dich, sondern für alle Meine Priester. Ich möchte jeden wieder und wieder mit Meiner glühenden Liebe verwunden, um den gesamten Priesterstand in Meiner geliebten Kirche

---

286 Hld 4,9; Ps 38,3; Ps 77,18; Jes 49,2.
287 Spr 20,30; 27,6; Ijob 5,18; Jer 30,12–17; 33,6–8; Sach 13,6; Hebr 12,6; Offb 3,19; Lk 10,34.

zu läutern und ihn den Augen der Welt als eine Opferpriesterschaft vorzustellen, die im Ganzopfer göttlicher Liebe geheiligt ist.

Bevor Meine Bischöfe und Meine Priester Mir nicht erlauben, sie mit den feurigen Pfeilen Meiner göttlichen Liebe zu verwunden, werden ihre eigenen Wunden – ihre Sündenwunden – weiterhin eitern und die widerwärtige Infizierung mit Korruption und Unreinheit in der Kirche weiter verbreiten. Jeder soll darum bitten, von Mir verwundet zu werden, denn indem Ich Meine geliebten Priester verwunde, werde Ich sie heilen, und indem Ich sie heile, werde Ich sie heiligen, und indem Ich sie heilige, verherrliche Ich meinen Vater und erfülle die Welt mit dem Strahlen Meines Angesichts und mit der Liebe Meines Herzens.

Erkenne, wer du bist: ein Sünder, der in der Umarmung Meiner göttlichen Freundschaft festgehalten wird. Wenn Ich diese Gnade der Unterredung mit Mir eine Zeitlang von dir nehme, dann geschieht das, damit du sie nicht für ein Produkt deiner Einbildung hältst, und auch, damit du dich nicht an Meine Worte gewöhnst und so allmählich aufhörst, sie dir zu Herzen zu nehmen und hochzuschätzen. Ich spreche zu dir, damit du Meine Worte mit anderen teilen kannst, wenn sich die Möglichkeit dafür ergibt. Teile Meine Worte demütig mit, ohne an dich selbst zu denken. Bleib in Mir verborgen: Ich werde dich vor den neugierigen Beobachtungen der Menschen im Geheimnis Meines Angesichts verbergen, Ich werde für dich einen geheimen Ort tief im Inneren des Heiligtums Meiner durchbohrten Seite schaffen.[288] Dort kannst du verborgen und in Ruhe bleiben und Meine Worte frei mitteilen, ohne Angst haben zu müssen, aufzufallen oder gepriesen zu werden.

Bitte Mich, dich in Meinen Wunden zu verbergen. In jeder Meiner fünf Wunden gibt es einen Platz für dich; jede steht für eine Zuflucht vor den Versuchungen, die dich bedrohen, und vor den Fallstricken des Teufels, der dich fesseln will und triumphieren würde, wenn du fällst.

Die Wunde in Meiner rechten Hand ist deine Zuflucht vor Sünden des Ungehorsams und Eigenwillens. Flüchte dich hierher, wenn du versucht bist, den leichten, breiten Weg einzuschlagen.

Die Wunde in Meiner linken Hand ist deine Zuflucht vor Sünden des Egoismus, davor, alles zu deinem Besten einzurichten und die Aufmerksamkeit anderer zu erheischen, indem du versuchst, dir selbst zuzuschreiben, was deine rechte Hand Mir gegeben hat.

Die Wunde in Meinem rechten Fuß ist deine Zuflucht vor Sünden der Unbeständigkeit. Flüchte dich hierher, wenn du versucht bist, wankelmütig zu werden, wenn deine Entschlossenheit nachlässt, Mich

---

288 Kol 3,3; Ps 27,5 (Vul.); Jes 45,3; 49,2; 1 Petr 3,4; Offb 2,17.

über alles zu lieben und Mich an die erste Stelle deiner Neigungen und Wünsche zu setzen.

Die Wunde in Meinem linken Fuß ist deine Zuflucht gegen Sünden des Müßiggangs und spiritueller Trägheit. Flüchte dich hierher, wenn du versucht bist, den Kampf aufzugeben und dich Verzweiflung und Entmutigung hinzugeben.

Und schließlich ist die Wunde in Meiner Seite deine Zuflucht vor jeder falschen Liebe und jeder fleischlichen Versuchung, die Süßigkeit verspricht, aber nur Bitternis und Tod einbringt.[289] Flüchte dich in Meine durchbohrte Seite, wenn du versucht bist, Liebe bei einem Geschöpf zu suchen. Ich habe dich für Meine Liebe geschaffen, und nur Meine Liebe kann die Wünsche deines Herzens befriedigen. Tritt also in die Wunde in Meiner Seite ein, und indem du bis zu Meinem Herzen vordringst, trinke in tiefen Zügen aus den Quellen der Liebe, die dich erquicken und deine Seele erfreuen werden, und die dich waschen in Vorbereitung für die Hochzeit deiner Seele mit Mir, denn Ich bin der Bräutigam deiner Seele, dein Retter vor all dem, was dich erniedrigt, und dein Gott, der Liebe ist und Barmherzigkeit, jetzt und in alle Ewigkeit.

**Sonntag, 2. Mai 2010**

Sprich von Meiner allreinen Mutter, von ihrer Demut, ihrem Gehorsam, ihrem Schweigen, ihrer Reinheit und ihrer aufrichtigen Liebe zu Mir. Sprich von ihrer Freude daran, Meinen Vater für die Überfülle Seiner Gnaden zu preisen, mit denen Er sie beschenkt hat, und Ihm zu danken. Sprich auch von ihrem mit Mir geteilten Opfer auf Golgotha und von ihrer mystischen Teilhabe an Meinem Priestertum.

Meine Mutter ist das strahlende Vorbild für jeden Mönch, jede Nonne, jeden Oblaten. Sie ist die Gussform, in der Mönche entsprechend dem Plan Meines Vaters für jeden einzelnen von ihnen gestaltet und geprägt werden. Um an Heiligkeit zuzunehmen, muss man in das Herz der Jungfrau eintreten und sich gleichsam in ihrem jungfräulichen Schoß verbergen. So wird man in ein Leben der Vollkommenheit wiedergeboren, das Ich an jedem Glied Meines mystischen Leibes zu sehen wünsche. Ein Leben in Mir, mit Mir und durch Mich ist ohne Meine allheilige Mutter unmöglich. Wer die Vereinigung mit Mir erstrebt, wird sicherer und mit größerer Gewissheit und ungehinderter zu dieser Vereinigung gelangen,

---

289 Unter anderem Mk 4,19; Röm 1,26–32; 6,16–23; 7,5; 8,1–13; Gal 5,13–24; 6,8; Eph 2,3; 1 Petr 1,11; 2 Petr 2,17–22; 1 Joh 2,15–17; Jud.

wenn er zuerst zu Meiner Mutter geht, und indem er sich vorbehaltlos und für immer ihrem allreinen Herzen weiht.[290]

## Freitag, 7. Mai 2010

Mein Herz ist liebevoll und großzügig. Ich bin gegenüber Meinen Freunden großzügig, jenen, die Meiner Liebe zu ihnen vertrauen, und jenen, die voller Zuversicht auf Meine Güte zu Mir kommen und in der Erwartung, dass sie aus dem Schatz Meines heiligen Herzens Gutes empfangen werden.

So ist Meine Liebe zu dir. Ich liebe dich mit einer zärtlichen, treuen Liebe, mit einer barmherzigen und erlösenden Liebe. Es gibt nichts, das Ich nicht für dich tun würde, denn du bist Mein, und Ich habe dir schon vor langer Zeit Mein Herz geschenkt.

So viele Seelen machen wenige oder keine Fortschritte in der Heiligkeit, die Ich für sie wünsche, weil sie kein Vertrauen in Meine huldvolle Gnade haben. Sie versuchen, sich selbst zu ändern, setzen dafür rein menschliche Mittel ein und vergessen, dass Ich allmächtig und allbarmherzig bin und in jedem Augenblick bereit, diejenigen zu heilen und zu heiligen, die sich mit ihren Schwächen und Sünden an Mein Herz wenden, das nur Liebe ist. Ich verlange keine Vollkommenheit von denen, die Ich zu Meinen Freunden erwählt habe; Ich bitte einfach darum, dass sie Mir ihre Unvollkommenheit und ihre Sündenlast übergeben und Mir erlauben, das für sie zu tun, was sie aus sich selbst nicht tun können.

Habe Ich zu Meinen Aposteln in der Nacht vor Meinem Leiden nicht gesagt: »Ohne Mich könnt ihr nichts tun«?[291] Warum wird dieses Mein Wort so häufig vergessen? Dieses Wort hat eine ungeheure Macht, Seelen zu heilen und zu befreien, denn wenn man es sich wahrhaft aneignet, dann verpflichtet es einen, in jeder körperlichen, geistigen oder seelischen Not zu Mir zu eilen und Mir zu erlauben, als Retter, Arzt und Gott zu wirken.

Du hast Mich in den letzten Tagen nicht verstimmt. Du brauchtest in vielerlei Hinsicht Ruhe, und Ich habe dir die Möglichkeit geboten, die Ruhe und Erholung zu bekommen, die du brauchtest. Ich bin dir gegenüber nicht so streng, wie du selbst es bist. Ich bitte dich nur, dich an Mir festzuhalten, Meiner Liebe nichts vorzuziehen[292] und geduldig die körperlichen,

---

290 Eine ausführliche Darstellung der hier angeführten Wahrheiten ist die *Vollkommene Hingabe an Maria* des heiligen Louis Marie de Montfort.
291 Joh 15,5.
292 Dtn 4,4; 10,20; 13,4; 30,20; Jos 22,5; 23,8; Ps 73,28; vgl. auch *Die heilige Regel*

seelischen und geistigen Beeinträchtigungen zu ertragen. Ich habe zugelassen, dass sie dich schwächen und in Meinen Augen demütig machen. Wenn du Mir deine körperlichen Begrenztheiten und Schwächen für die Heiligung und Heilung Meiner Priester aufopferst, dann setze Ich dieses Opfer sofort um. Meine Priester erfahren die Wirkung deines Opfers, weil es ein Akt der Liebe ist, und Liebe kennt nicht die Grenzen von Zeit und Raum, ja nicht einmal die Grenze des Todes.[293]

Verfalle nie auf den Gedanken, Ich hätte das Geschenk unserer Unterredungen von dir genommen. Ich bin in jedem Augenblick bereit, dich in Meiner Gegenwart willkommen zu heißen, alles entgegenzunehmen, was du Mir geben oder sagen möchtest, und von Herz zu Herz, von Angesicht zu Angesicht zu dir zu sprechen, wie ein Mann, der mit seinem Freund spricht.[294] Ich habe dir das bereits gesagt, aber du vergisst Meine Worte und Meine Versprechen leicht, die Ich dir gegeben habe. Bitte den Heiligen Geist, Meine Worte und Meine Versprechen in deinem Herzen lebendig zu halten, und in Stunden der Bedrängnis erinnere dich an sie.

### Sonntag, 16. Mai 2010

Wenn Ich etwas zu dir sagen möchte, dann kann das Wort, das Ich dir geben möchte, durch nichts aufgehalten werden, abgesehen nur von deiner fehlenden Vorbereitung oder deiner Weigerung, Meine innere Stimme zu vernehmen. Es ist die Stimme, die du in deinem Inneren vernimmst, die aber von Mir kommt. Es ist der Ausdruck Meines Herzenswunsches für dich – Ausdruck der Dinge, die Ich mit dir teilen möchte, von Herz zu Herz, wie ein Mann mit seinem Freund spricht. Bleib also offen für den Klang Meiner Stimme, und lass dich nicht zu dem Gedanken verführen, Ich hätte dich verlassen, oder unsere Unterredungen seien beendet. Ich habe dir so viel zu sagen, dass dein restliches irdisches Leben nicht ausreichen würde, alles zu vernehmen, aber du wirst trotzdem alles hören, von dem Ich wünsche, dass du es hörst. Alles Übrige wird im Paradies für dich offenbar werden.

Es ist tatsächlich so, dass Ich dein Herz mit dem Herzen Meines Dieners Benedikt XVI. vereinigt habe, und zwar schon seit Beginn seines Pontifikats. Achte gut auf alle seine Lehren. Nimm sie auf und mach sie bekannt, denn er ist Mein Botschafter und Mein Opferpriester inmitten einer Welt, die ihre Ohren vor Meinem Wort verschließt

---

*des heiligen Benedikt*, Kapitel 4 und 72.
293 Hld 8,6; 1 Kor 13,7–8.
294 Ex 33,11; 2 Joh 1,12.

und das Geheimnis des Kreuzes nach wie vor verlacht. Bald werde Ich der Welt ein Zeichen geben, das viele Herzen bekehren wird. Viele andere werden verschlossen bleiben, und in ihrer Weigerung, zu hören und sich von den Verwüstungen der Sünde heilen zu lassen, werden sie zu Stein gewordenen Herzen gleichen, die unfähig sind, auf Meine erlösende Liebe zu reagieren.[295]

Das ist Meine Sorge: dass so viele – sogar in Meiner Kirche und in den Reihen der Kleriker, Meiner Erwählten, Meiner Freunde – ihre Herzen gegen Mich verhärtet haben und dass sie zu Meinem unermesslichen Schmerz in ihren Sünden sterben werden.[296]

Du aber: Studiere die Worte Meines Dieners Benedikt XVI. und benutze sie, wenn du zu Priestern predigst, und auch in deinem Dienst an jenen, die für Meine Priester beten und sich für sie aufopfern. Du wirst sehen, wie eng Ich dich mit dem Heiligen Vater vereint habe. Gib dein Leben für sein Leben. Opfere dich für seine Gebetsanliegen auf. Unterstütze ihn, indem du ihm gut zuhörst und alles umsetzt, was er für die Kirche und für die Priester wünscht. Die Seele des Heiligen Vaters ist in vieler Hinsicht deiner Seele ähnlich. Ihr habt beide ein tiefes, gründliches Verständnis der heiligen Liturgie empfangen – Meiner Geheimnisse, die für das Leben der Kirche und für die Rettung der Welt gefeiert werden –, und ihr seid beide vom Heiligen Geist in eine tiefere, innigere Vereinigung mit Meiner allreinen Mutter geführt worden. Für euch beide ist Mein heiliges Angesicht ein Licht, das im Dunkeln scheint. Seine Schönheit hat eure Seelen ganz für sich eingenommen und sie mit dem heiligen Wunsch nach der Vereinigung mit Mir erfüllt. Und von Meinem Angesicht lernt ihr beide die Geheimnisse Meines Herzens abzulesen. Der Heilige Vater spürt, dass es Seelen gibt, die mit ihm vereint sind, Seelen, die für ihn eintreten, Seelen, die ihre Leiden für ihn aufopfern. Tatsächlich habe Ich ihn mit einer Heerschar solcher Seelen umgeben – ohne ihr wirkungsvolles Selbstopfer und anhaltendes Gebet würde er unter dem Gewicht seines Amtes ins Straucheln kommen und unerträglich zu leiden haben.

Sag N., alle ihre Leiden und Prüfungen sind in Meinen Augen kostbar. Ich habe sie auf der Waagschale der gekreuzigten Liebe gewogen und sah, dass sie mehr wert sind als feinstes Gold. Mit ihren Opfern werde Ich Wunder an barmherziger Liebe in den Seelen vieler Priester wirken. Sie muss keine Angst haben wegen ihrer Zukunft und dem, was die Zukunft bringt, denn Ich bin immer bei ihr, und Ich mache Mir alle ihre

---

295 Ex 8,15; 1 Sam 6,6; 2 Kön 17,14; Spr 28,14; Dan 5,17–21; Weish 17,20–21; Röm 2,1–6; 1 Petr 2,7–8.
296 Joh 8,12–30.

Sorgen zu eigen. Ich werde sie schützen und für sie sorgen, und in Meiner liebenden Fürsorge soll es ihr und N. an nichts fehlen.

Schreib auch an N. und teile ihm mit, dass die Liebe Meines Herzens für ihn ein lodernder Feuerofen ist, und dass Ich das Ganzopfer seines Leidens und seines Gebets angenommen habe. Er ist Mein Opferpriester: Ich opfere Mich in ihm und durch ihn dem Vater, und durch Mich wird er zu einer Opfergabe, die der göttlichen Majestät würdig ist: wohlriechender Weihrauch, der auf dem Altar einer glühenden Liebe verzehrt wird.

Bring auch weiterhin deine Gebrechlichkeit und deine Leiden vor Mich. Auch sie sind in Meinen Augen kostbar, und nichts von dem, was du Mir gibst, ist verloren. Im Gegenteil, Ich vereine das, was du Mir darbringst, mit Meinem Opfer; so wird es zu einem Bestandteil der priesterlichen Fürsprache, die ohne Unterlass aus Meinem durchbohrten Herzen zum Vater aufsteigt.

Meine Mutter freut sich an diesem kleinen Kloster, wo du sie liebst und ehrst. Je mehr du ihr die dankbare und zärtliche Liebe erweist, die ihr von allen ihren Söhnen gebührt, desto mehr wird sie sich als Mutter zeigen,[297] voller liebender Freundlichkeit und jederzeit bereit, sich vermittelnd einzusetzen und zu deinem Besten zu handeln. Liebe Meine Mutter, und alles andere wird dir hinzugegeben werden.[298] Liebe sie mit grenzenloser Liebe, denn so liebe Ich sie, und es ist Mein Wille, dass Meine Liebe zu ihr sich in den Herzen aller Meiner Priester fortsetzt bis zum Ende der Zeit.

Ich spreche zu Seelen nicht nur durch innere Worte, sondern auch durch die Anstöße, die vom Heiligen Geist kommen, und durch Ereignisse und Umstände, die von Meiner liebevollen Vorsehung angeordnet wurden, um Seelen zu ermöglichen, sich über irdische Erwägungen zu erheben, die sie in den Fesseln irdischer Dinge gefangenhalten,[299] und enger mit Mir vereinigt zu werden, der Ich die Liebe ihres ganzen Herzens begehre, ihren ganzen Geist und ihre gesamte Stärke.[300]

Nichts liegt außerhalb des Wirkungsbereiches Meiner Vorsehung, und Ich ordne alle Dinge voll Güte und Macht zum Wohl der Seelen und zur Verherrlichung Meines Vaters.[301] Du musst nur alles hinnehmen, was Ich will, und alles, was Ich zulasse – mit einem vertrauensvollen Herzen,

---

297 Vgl. die vierte Strophe des Hymnus Ave Maris Stella: *Monstra te esse matrem* (»Zeige dich als Mutter«).
298 Mt 6,33; Lk 12,31.
299 Phil 3,18–20; Kol 3,1–7.
300 Mt 22,37; Mk 12,29–33; Lk 10,27.
301 Weish 8,1; Röm 8,28.

mit einem Herzen, das in allen Dingen das Wirken göttlicher Liebe und die Offenbarungen Meiner unendlichen Barmherzigkeit erkennt.

## Dienstag, 25. Mai 2010

Du tust gut daran, Meiner barmherzigen Güte zu vertrauen, denn Ich bin Meinen Freunden treu, und alles, was Ich ihnen verheiße, kann Ich ihnen geben. Ich bitte dich nur, dein Verweilen vor Mir nicht aufzuschieben. Wie du nach Menschenart Dinge kalkulierst und Zeit misst, das entspricht nicht Meiner schlichten Wahrnehmung aller Zeiten und Weltalter in einem ewigen Jetzt. Deine jetzigen Gebete werden in künftigen Jahrhunderten nicht ohne Wirkung bleiben, und das Gebet von vielen, die in früheren Jahrhunderten zu Mir gebetet haben, kommt heute dir zugute. Meine Hand ist nicht zu fern und Mein Herz ist nicht verschlossen für deine Bitten.[302] Höre nicht damit auf, Mein kostbares Blut zu verehren und anzubeten; nimm deine Zuflucht zu Meinen fünf glorreichen Wunden, und vor allem: Hab Vertrauen in die Liebe Meines heiligen Herzens zu dir. Nichts berührt Mich so sehr wie eine Seele, die Mir vertraut und auf Mich allein baut.

## Donnerstag, 27. Mai 2010

Du musst nicht furchtsam und ängstlich werden. Alles wird geschehen, wie Ich es versprochen habe, allerdings entsprechend Meinem vollkommenen Plan und zu der von Mir gewählten Zeit, der bestmöglichen Zeit für dich und für alle Beteiligten. Höre nicht auf, Mir zu vertrauen, und sage Mir oft, dass du dein ganzes Vertrauen auf die barmherzige Güte Meines Herzens gesetzt hast. Ich werde dich nicht enttäuschen, und Ich werde dich nicht ungeschützt lassen vor den zerstörerischen Einflüssen, die dieses Mein Werk zu unterhöhlen trachten. Ich habe dich erwählt, den gebrochensten, sündengebeugtesten aller Meiner Priester, um deine Armut mit Meinen Gaben zu erfüllen und um Meine Macht in deiner Schwäche zu erweisen.[303] Deine Seele war von tiefen Wunden gezeichnet, den Wunden, die Unreinheit und Sünde ihr bereits in frühem Alter zugefügt hatten. Du hättest auf dem Weg des Bösen weitergehen können, den der Satan und seine Handlanger für

---

302 Jes 50,2; 59,1.
303 Ps 35,10; Ps 72,13; Ps 81,11; Joel 3,10; Weish 9,5–6; Röm 5,6; 1 Kor 1,25–27; 4,0; 2 Kor 11,29–30; 12,5–10; 13,3–4; 1 Tim 1,15.

dich vorbereitet hatten, aber Meine Mutter trat für deine Rettung ein, und sie erlangte von Mir, dass du dieses Werk der Anbetung, der Sühne und des Dienstes an Meinen geliebten Priestern vollbringen solltest.

Das Werk wird langsam anfangen, und es wird auf alle Arten von Opposition, Kritik und Widerstand stoßen, aber die barmherzige Liebe Meines Herzens wird siegen, und das Licht Meines eucharistischen Angesichts wird an Orten wieder erstrahlen, die lange von den Mächten der Finsternis besetzt waren. Höre nicht auf, Mir zu vertrauen, und nimm Zuflucht zu Meiner Mutter, zum heiligen Josef und zum heiligen Johannes, denn sie habe Ich dir gegeben, auf dass sie über dich wachen, dich beschützen und für dich eine Fülle an Schätzen aus Meinem eucharistischen Herzen erwirken.

### Freitag, 28. Mai 2010

Ich empfange deine Bitten und deine Gebete und nehme sie in Mein heiliges Herz, den glühenden Feuerofen der Liebe[304] und den Ursprung jeder Gnade und jedes Segens.[305] Jedes Gebet, das in Meinem Herzen empfangen wird, wird auf wunderbare Weise erfüllt, denn Mein Herz kann nicht gleichgültig bleiben gegenüber Gebeten, die mit Vertrauen, Demut und Glauben vorgetragen werden.

### Samstag, 29. Mai 2010

Mein Herz spricht zu dir, auf dass du Meine Worte zu den Herzen vieler anderer sprechen kannst, derer, die Ich dir senden werde, und derer, zu denen Ich dich sende, dass du vor ihnen predigst. Solange du treu weiterhin vor Meinem eucharistischen Angesicht wachst, werde Ich dir Meine Worte geben und dafür Sorge tragen, dass sie im Schatzhaus deiner Seele aufgehoben bleiben, auf dass sie hervorgeholt und anderen Seelen dargeboten werden können, an jenem Tag und in jener Stunde, die in der Absicht Meiner Vorsehung liegen.[306]

---

304 *Fornax ardens caritatis:* aus der Litanei zum Heiligsten Herzen Jesu.
305 Ein Echo des *Supplices te rogamus* aus dem römischen Kanon: »Demütig bitten wir Dich, allmächtiger Gott: ... Lass uns alle, die wir gemeinsam von diesem Altare das hochheilige Fleisch und Blut Deines Sohnes empfangen, mit allem Gnadensegen des Himmels erfüllt werden.«
306 Mt 12,35; 13,52; Lk 6,45; Ijob 23,12; Spr 2,1–5; Jes 45,3; Tob 4,7–10.

Deine wirksamste Vorbereitung für das Predigen, das Ich von dir verlange, ist deine Zeit in Meiner Gegenwart. Dort umgebe Ich dich und tauche dich ein in Meine Liebe. Jedes Wort, das aus diesem Eintauchen in Meine Liebe gesprochen ist, wird überaus große Wirkung haben. So will Ich durch dich Seelen berühren, sie heilen, erleuchten und in Liebe zu Meiner Liebe entflammen.

Halte deine Anbetungszeiten treu ein. Suche Mein eucharistisches Angesicht auf, denn Ich höre nie auf, dein Angesicht zu suchen. Darin liegt das Geheimnis Meiner göttlichen Freundschaft: dass Ich, der unendliche, ganz heilige Gott, das Gesicht eines sündigen Geschöpfs suche, seinen Anblick liebe und Mich freue, wenn Ich sehe, dass es Mir zugewandt ist. Amen. Das ist Mein Herzenswunsch: Zu sehen, dass die Gesichter aller Meiner Priester Meinem eucharistischen Angesicht zugewandt sind, erhoben in Anbetung, um den Widerschein Meines Angesichts zu empfangen und sich von jedem Gefühl, jeder Bewegung Meines heiligen Herzens prägen zu lassen.

## Dienstag, 1. Juni 2010

Ich opferte Mich dem Vater auf vom Altar des schmerzensreichen und allreinen Herzens Meiner Mutter. Sie gab ihr Ja, stimmte zu, das ganze Gewicht Meines Opfers zu tragen, der Ort zu sein, von dem Mein Ganzopfer der Liebe aufflammte. Sie opferte sich ihrerseits dem Vater mit Mir vom Altar Meines heiligen Herzens. Dort brachte sie sich selbst zum Opfer dar, wurde ein Opfer mit Mir zur Rettung der Welt. Ihr Opfer wurde in Meinem Ganzopfer durch die Herabkunft des Heiligen Geistes entflammt. So wurden unsere Herzen zu zwei Altären, von denen der süße Duft eines einzigen Opfers aufstieg: Meine Opferung auf dem Altar ihres Herzens, und ihre Opferung auf dem Altar des Meinen. Das ist gemeint, wenn du von Meiner Mutter als Co-Redemptrix, als Miterlöserin sprichst. Unsere beiden Herzen bildeten nur ein einziges Ganzopfer der Liebe im Heiligen Geist.

## Donnerstag, 26. August 2010

169

Es gibt so viele Tabernakel auf Erden, in denen Ich Mich im Grunde wie in einem Grab befinde, versteckt, vergessen, aus dem Blick gerückt. Meine göttliche Strahlkraft ist herabgesetzt, weil es so wenige Anbeter gibt, die als Empfänger Meiner strahlenden eucharistischen Liebe wirken und Mein Strahlen durch den Raum und in das Universum der Seelen ausdehnen.

Wo der Glaube an die Realpräsenz, an Meine wirkliche Gegenwart lebt, dort gibt es Anbetung, und wo es Anbetung gibt, dort wird auch Meine Gegenwart wirkungsvoll strahlen können, sie wird Seelen an Mein eucharistisches Herz ziehen, und sie wird die Seelen auch noch auf die Entfernung mit dem heilenden Einfluss Meines eucharistischen Angesichts umgeben.

An den Orten, wo Ich auf dem Altar ausgesetzt werde, um Anbetung, Sühne und die Gesellschaft Meiner Freunde – vor allem Meiner Priester – zu empfangen, ist Meine Strahlung mächtig und stark. Glaube, Anbetung und Liebe wirken als Empfänger; so wird Meine Macht evoziert und – unsichtbar, aber real – in Raum und Zeit wirksam gemacht. Dasselbe geschah mit Meiner heiligen Menschheit während Meines Lebens auf Erden: Der Glaube und die Liebe Meiner Freunde zog die Wirksamkeit Meiner Göttlichkeit heraus, und eine unsichtbare Strahlung wirkte in den Seelen und auf sie, brachte Heilung, Heiligkeit und viele Bekehrungsgnaden.

Wenn Ich an einem Ort angebetet werde, wird Meine verborgene Wirkkraft auf Seelen wunderbar vermehrt. Der Ort, wo Ich angebetet werde, wird zu einem strahlenden Zentrum, von dem Liebe, Leben und Licht in eine Welt ausstrahlen, die sich im Klammergriff von Hass, Dunkelheit und Tod befindet.

Anbetungskapellen sind nicht nur Rückzugsorte für die Frommen. Sie sind strahlende, pulsierende Zentren einer intensiven göttlichen Aktivität, die sich durch die Mauern des Ortes, wo Ich angebetet werde, hindurch in Wohnhäuser und Schulen und Krankenhäuser fortsetzt; und sie erreicht sogar jene dunklen, kalten Orte, in denen Seelen sich in der Knechtschaft Satans befinden; sie dringt in Herzen ein, heilt die Kranken und ruft jene nach Hause, die weit von Meinem Weg abgeirrt sind.

Aus diesen Gründen ist das Werk der ewigen Anbetung, oder auch schon einer täglich gehaltenen längeren Anbetung im höchsten Maße apostolisch und von übernatürlicher Wirksamkeit. Wenn doch nur Meine Bischöfe das verstünden! Sie würden nicht zögern, die Aufforderung umzusetzen, die aus Rom bereits vor drei Jahren erging.[307]

---

307 Vgl. Papst Benedikt XVI., Nachsynodales Apostolisches Schreiben *Sacramentum Caritatis* (22. Februar 2007), § 67; Kongregation für den Klerus, *Brief zur Heiligung des Klerus* (8. Dezember 2007). Letzteres Dokument enthält die Aufforderung: »Daher bitten wir alle Ortsordinarien, die in besonderer Weise den für die Kirche spezifischen und unersetzbaren Charakter des geweihten Priestertums schätzen und sich der Dringlichkeit einer diesbezüglichen

Doch leider setzen sie ihr Vertrauen in menschliche Projekte, in Pläne, die von cleveren Machern entworfen wurden, und in Programme, die sich an kurzsichtigen menschlichen Prinzipien orientieren. Und so schreiten sie fort, und werden weiterhin fortschreiten, von Misserfolg zu Misserfolg und von Enttäuschung zu Enttäuschung.

Ich habe nicht Bischöfe über Meine Herde gesetzt, auf dass sie diese mit ihren persönlichen Fähigkeiten leiten, lehren und heiligen, und indem sie sich der Weisheit dieser vergänglichen Welt bedienen. Ich habe sie als Lichter auf einen Leuchter gesetzt, der in jeden dunklen Ort hineinscheint,[308] und Ich habe sie mit übernatürlichen Gaben und göttlicher Macht ausgestattet, auf dass sie vollbringen, wofür Ich sie erwählt und über Meine Kirche gesetzt habe. Wehe jenen Bischöfen, die ihre Hoffnung auf rein menschliche Lösungen für die Probleme setzen, die Meine Kirche umtreiben! Sie werden grausam enttäuscht werden, und viele Seelen werden verloren gehen, weil die Bischöfe es versäumt haben, zu den übernatürlichen Waffen zu greifen, die Ich für sie in dieser Zeit des geistigen Kampfes vorbereitet habe.[309]

Meine Gegenwart im heiligen Sakrament ist, wenn sie gepredigt, bekannt und mit Anbetung, Liebe und aufrichtiger Sühne umgeben wird, das eine, wichtigste Mittel gegen die Sünden, die Meine Kirche quälen, und gegen die Sorgen, die Meine Priester so schwer belasten. Meine Wege sind nicht eure Wege,[310] und Ich handle nicht nach den Prinzipien weltlichen Erfolgs. Ich handle in der stillen, demütigen, verborgenen Wirklichkeit Meiner eucharistischen Gegenwart. Bete Mich an, und das Strahlen Meines eucharistischen Angesichts wird beginnen, das Angesicht der Erde zu verändern,[311] indem es Meine Priester heilt, indem es Sünder nach Hause, zu Meinem Herzen, zurückruft und die Herzen jener belebt, die erschöpft und traurig geworden sind (wie die Jünger auf der Straße nach Emmaus[312]) – indem es sie mit einem Funken göttlicher Lebendigkeit und mit dem Feuer Meiner eucharistischen Liebe belebt.

---

gemeinsamen Aktion bewusst sind, sich aktiv einzusetzen und dort, wo immer ihnen ein Teil des Gottesvolkes anvertraut ist, die Bildung regelrechter Zönakel zu fördern, in denen Kleriker, Ordensleute und Laien sich im Geiste wahrer Gemeinschaft, aufrichtiger Wiedergutmachung und Läuterung, miteinander vereint dem Gebet in Form einer kontinuierlichen eucharistischen Anbetung widmen.«

308 Mt 5,14–16; Mk 4,21; Lk 11,33–36; Offb 2,5; 4,5; 2 Petr 1,19; Ps 132,17.
309 Eph 6,13–17; Röm 13,12–14; 2 Kor 6,4–10; 10,3–5; 1 Thess 5,8; Ps 149,6; Hld 3,8; Lk 11,21–22; 22,36–38; Hebr 4,12; Jer 50,25; Sir 46,1–3; Weish 5,18–22.
310 Jes 55,8–9; Ez 18,25–32.
311 Ps 104,30.
312 Lk 24,13–33.

Ich spreche zu dir auf diese Weise nicht nur für dich, geliebter Freund Meines Herzens, sondern auch für die, die diese Worte hören, sie erwägen und aus ihnen die Inspiration empfangen, Mich großherziger, fruchtbarer und froher zu lieben. Um Meiner Priester willen spreche Ich zu dir. Du wirst darüber staunen, wie diese Meine Worte aufgenommen werden. Viele Priesterseelen werden durch sie erquickt und getröstet. Viele Priester werden dazu bewegt werden, Zeit im Strahlenglanz Meines eucharistischen Angesichts zu verbringen und nahe Meinem durchbohrten Herzen zu verweilen. Das ist es, was Ich Mir für sie wünsche. Ich möchte alle Meine Priester in das Strahlen Meines Angesichts ziehen und dann in das Heiligtum Meines geöffneten Herzens.

**Samstag, 19. Februar 2011**
**Nach der ersten Vesper zum Sonntag Septuagesima**

Seelen werden nicht durch Privilegien, spezielle Gnadengaben oder mystische Erfahrungen in der Liebe vollendet, sondern indem sie vollkommen an Meinem Willen anhaften und ganz und gar allem absterben, was nicht Mein Wille ist. Dein Leben geht schnell vorüber. Am Ende wird dich nur eines trösten: Das »Ja«, das du zur Liebe gesagt hast, mit der Ich dich liebe, und die Anhaftung an Meinen Willen, wie er sich Minute für Minute, Stunde für Stunde und Tag für Tag in deinem Leben offenbart.

Sag Mir also, dass du willst, was Ich will. Sag Mir, dass alles, was nicht zu Meinem Willen gehört, für dich nichts weiter als Unrat ist.[313] Bitte Mich, dein Leben von dem Unrat zu reinigen, der sich in so vielen Jahren angesammelt hat. Bitte Mich, dich reinen Herzens und arm im Geiste zu machen.[314] Suche nichts außer dem, was Mein Herz für dich wünscht. Bitte nur um das, was Mein Herz dir geben möchte. Darin liegt dein Friede. Darin liegt deine Freude. Darin liegt Erlösung und Herrlichkeit.

Deine Pläne, deine Wünsche und deine Ängste sind nur Rauch, der vom Wind verweht wird. Nur was Ich will, ist von Dauer. Nur was Ich will, wird dich glücklich machen. Strebe also nach dem, was Ich will, und vertraue Mir, dass Ich dir alles geben werde, was du erstrebst. Seelen, die nach dem Regenbogen haschen, übersehen die Schätze, die Ich ihnen zu

---

313 Phil 3,8; Dtn 7,25–26.
314 Mt 5,8; 5,3; Ps 51,12; Spr 20,9.

Füßen gelegt habe; sie eilen an ihnen vorüber und lassen sie um einer Zukunft willen zurück, die nicht existiert und nie existieren wird. Diese Übung erschöpft dich und viele Seelen, die dir ähnlich sind: Sie stehen im Bann eines Ideals und sehen nicht Mein Werk und die Herrlichkeit Meines Willens für sie, die sich im Gegenwärtigen offenbart.

Lebe also im gegenwärtigen Augenblick. Entscheide dich für die Treue zu Mir in den kleinen Dingen, die Ich dir gebe, um die Ich dich Minute für Minute, Stunde um Stunde, Tag für Tag bitte.[315] Es ist töricht, deine Hoffnungen an ein eingebildetes Gut zu heften, darauf deine Energie zu verwenden, wenn das wirkliche Gut, das Ich dir anbiete, sich jetzt hier befindet.

Ich verbiete dir nicht, Träume zu träumen oder dir eine Zukunft vorzustellen, von der du annimmst, sie würde dich glücklich machen – Ich habe dir deine Vorstellungsgabe gegeben, und Ich bin nicht verärgert, wenn du sie einsetzt. Das vorgestellte Gut wird allerdings zu einem Übel, wenn es dir Energie abzieht; wenn es die Vitalität aufzehrt, von der Ich wünsche, dass du sie Mir als Opfer darbringst, indem du der Wirklichkeit treu bleibst, die hier und jetzt ist; und wenn du deine Vorstellungskraft benutzt, um vor dem Gehorsam Mir gegenüber in den Umständen und an den Orten, an die Ich dich jetzt gebracht habe, zu fliehen.

Plane für die Zukunft, indem du in der Gegenwart lebst. Öffne dein Herz jeden Tag Meiner Stimme, und halte dich fest an den leisesten Manifestationen Meines Willens. Verzichte auf alles, was aus deinen eigenen Wünschen und Vorstellungen stammt, und sage »Ja« zu allem, was Meinem liebenden, allerbarmenden Herzen entspringt. Darin liegt dein Friede, deine Freude und deine Rettung.

Ich spreche täglich zu dir. Ich wirke in dir und in deiner Umgebung. Du bist Mein Priester, und Ich werde dich benutzen, um Worte des Trostes, des Lichts und Lebens zu Meinem Volk zu sprechen. Du bist Mein Priester, und in dir stehe Ich vor Meinem Vater, bitte für Sünder und verherrliche Seine unendliche Barmherzigkeit. Sei einfach nur das: Mein vermittelnder Priester; und erlaube Mir, dich so zu verwenden, wie Ich es für richtig halte. Aufgrund deines Priestertums – Meines Priestertums, das unauslöschlich in deine Seele eingeprägt ist – bist du in Mir und Ich bin in dir, in jedem Augenblick Gott zu den Menschen und Menschen zu Gott bringend. Am Altar erreicht diese priesterliche Mittlerschaft ihre höchste Stufe, diejenige Meines Todes am Kreuz, Meines eigenen priesterlichen Opfers auf Golgotha.

Ist das nicht genug für dich und für jeden Meiner Priester? Wehe dem Priester, der nach anderen Wirkmöglichkeiten anstelle dieses ei-

---

315 Lk 12,42–44; 16,10; 19,17; Mt 24,45–46; 25,20–23; Sir 19,1.

nen Werkes Ausschau hält: des erhabenen Werkes der Liebe, das das Kreuz ist, und des erneuerten Kreuzes am Altar im heiligen Messopfer.
Ich war es, der dich heute inspiriert hat, N. zu antworten und zu sagen, dass du Anbetung von fünf bis sieben Uhr hältst. Es wäre Mir lieb, wenn du das tust. Es wird eine Zeit besonderer Gnade für dich, eine Zeit des Trostes für Mein eucharistisches Herz. Höre auf die Inspiration, die Ich dir durch deinen Schutzengel mitteile, und alles, was du tust, wird gedeihen.

## 13. März 2011, Erster Fastensonntag

Predige die Liebe Meines Vaters, der im Himmel ist. Mach Seine Liebe allen bekannt, die dich in diesen heiligen Fastentagen predigen hören. Wie wenig bekannt ist die Liebe Meines Vaters, wie wenig bekannt ist das unendliche Erbarmen Seines Herzens für die Sünder. Wenn die Seelen doch nur um die Liebe Meines Vaters wüssten – sie würden herbeigeeilt kommen und sich zu seinen Füßen werfen, und Er, der ganz Liebe ist, würde sie zu sich emporheben und in Seine Arme nehmen. Von denen, die behaupten, Meinen Vater zu kennen, haben zu viele Angst vor Ihm und halten sich von Ihm fern, während doch Er, der ganz und gar Vater ist, sich mit göttlicher Sehnsucht danach sehnt, Seine Kinder nahe an Seinem Herzen zu haben.

Predige Meinen Vater. Verkünde das zärtliche Erbarmen Seines Herzens für alle Seine Kinder. Lehre die Seelen, dass Seine Majestät, obwohl sie doch unendlich ist, und obwohl sogar die reinsten der Engel vor Seinem Anblick erzittern, sich der väterlichen Bewegung Seines Herzens unterwirft, wann immer es darum geht, Ihm eine Seele zuzuführen.[316] Sprich von der Milde Meines Vaters und von der Behutsamkeit seiner Stärke. Nur jene, die Meinen Vater nicht kennen, fürchten Ihn und wehren sich dagegen, sich Ihm anzuvertrauen.

Überlass dich Meinem Vater, begib dich in Seine Obhut, und lehre andere Seelen, es ebenso zu halten. Die Welt braucht die frohe Botschaft von Meinem Vater so dringend. Um Ihn den Menschen bekannt zu machen, bin Ich Mensch geworden, und Meine Freude ist es, zu sehen, dass Menschen für Meinen Vater gewonnen werden, weil sie Mich gehört und Mir geglaubt haben. Wer Mich sieht, sieht den Vater; der Vater und Ich sind eins.[317]

---

316 Hos 11,8–9; Jer 31,18–20; Jes 49,14–16; Benedikt XVI., Enzyklika *Deus Caritas Est* (25. Dezember 2005), §10.
317 Joh 14,9; 10,30.

## Dienstag, 15. März 2011

Hör Mir zu, Mein Freund, Mein Bruder, Mein Anbeter, Mein Priester. Wer die Freuden und die Geborgenheit in der Liebe der göttlichen Sohnschaft nicht gekannt hat, kann die Gnade übernatürlicher Vaterschaft nicht empfangen. Man lernt, ein Vater zu sein, indem man ein Sohn ist, und noch in der Vollkommenheit spiritueller Vaterschaft bleibt man ein kleines Kind, ein von Meinem Vater geliebter Sohn, voller Vertrauen in Seine Vorsehung, und in jedem Augenblick bereit, Seinen Willen zu tun, wie er sich jeweils offenbart.

So viele Meiner Priester sind in der Ausübung ihrer geistigen Vaterschaft zurückgeblieben, weil sie in ihrer Identität als Söhne verwundet sind. Bald werde Ich viele Meiner geliebten Priester heilen, die tief in ihrer Seele an den Wunden einer Sohnschaft leiden, die sich nicht so entfaltet hat, wie Ich es gewünscht hätte: wegen der Sünden der Väter, und zwar über mehrere Generationen hinweg.

Ich möchte Meine Kirche mit spirituellen Vätern füllen, indem Ich viele verwundete Söhne unter Meinen Priestern heile. Ich wünsche die Versöhnung von Söhnen mit ihren Vätern und von Vätern mit ihren Söhnen.[318] Durch diese Versöhnung werden die Wunden, die den Seelen Meiner Priester zugefügt wurden, geheilt, sie werden dazu befreit, vollständig in Meine Liebe zum Vater einzutreten, in Meinen Gehorsam gegenüber dem Vater, in Meine Verherrlichung des Vaters.

Aus den auf diese Weise geheilten Priestern werden Seelenväter, sie werden teilhaben an der Zärtlichkeit und Stärke des ewigen Vaters und an der Vaterschaft Anteil bekommen, die die Apostel in Mir erkannten, während Ich auf Erden im Fleisch bei ihnen lebte. Ich habe Meinen Aposteln die Vaterschaft Gottes enthüllt und sie mit einer neuen Geburt in Meine eigene Gottessohnschaft begnadet. So wurden sie zu einer übernatürlichen Vaterschaft befähigt, die bis heute Leben in Meiner Kirche zeugt.[319]

O Meine Priester, Ich rufe euch zu Mir im Sakrament Meiner Liebe. Dort werde Ich euch von den Kindheitswunden heilen, die so lange verhindert haben, dass ihr dem Ruf Meines Vaters folgt. Ich werde euch dazu befreien, in die Gnade und das Geheimnis Meiner eigenen Sohnschaft einzutreten, und ihr werdet, jeder für sich persönlich, entdecken, was es bedeutet, »ein Sohn im Sohn« zu sein. Das ist Mein Wunsch. Das ist Mein Plan für euch. Lasst Mich eure Seelen heilen. Lasst es zu, dass Ich euch zur Geborgenheit und Freude der Gottessohnschaft

---
318 Mal 4,6; Lk 1,17; Sir 48,10.
319 Kor 4,15; 3,5–9; Phil 2,22; Phlm 1,10; 1 Thess 2,11; Eph 3,14–15.

wieder herstelle. Lasst es zu, dass Ich euch zur Vaterschaft in Meiner Kirche berufe und zu einer starken, zärtlichen Sorge um die Seelen.

## Montag, 21. März 2011
### Hinübergang Unseres heiligen Vaters Sankt Benedikt

Erlaube Mir, dich auf den Weg der vollkommenen kindlichen Abhängigkeit von Meinem Vater in allen Dingen und für alle Dinge zu führen. Das soll der Ausdruck Meines Lebens als Sohn in dir sein. Ich möchte, dass du in jeder Bedürftigkeit zum Vater schaust, dem Vater in jeder Widrigkeit vertraust, dich in jeder Schwäche auf den Vater stützt. So wirst du Meinen Vater verherrlichen, und so werde Ich Ihn in dir verherrlichen.[320]

Die Güte und Liebe Meines Vaters bleibt sehr vielen Seelen verborgen. Sie haben nicht verstanden, dass Ich in die Welt kam, um Meinen Vater zu offenbaren, der ganz und gar Liebe ist, und Seelen zu Ihm zu ziehen in kindlichem Vertrauen und in der Freude, sich ganz Seiner Güte überlassen zu können. Liebe unseren Vater. Vertraue unserem Vater. Stütze dich auf unseren Vater in jeder Schwäche.

Diese Offenbarung von Gott als einem Vater, der Seine Kinder liebt, der sie so sehr liebt, dass er Mich, Seinen eingeborenen Sohn, in die Welt sandte, um zu leiden und zu sterben, gehört zum innersten Herzen Meines Evangeliums.[321] Liebe Meinen Vater und öffne dein Herz der Unermesslichkeit Seiner Liebe zu dir. So wirst du für Ihn in Mir ein geliebter Sohn werden, an dem Er Wohlgefallen hat.[322]

## Freitag, 29. April 2011

Mein Herz ist von Mitleid für jene bewegt, die du Meiner barmherzigen Liebe anempfiehlst. Meine barmherzige Freundlichkeit ist grenzenlos. Seelen, die an Meiner Barmherzigkeit zweifeln oder Mich fürchten, wie man einen gestrengen Richter fürchtet, betrüben Mein liebendes Herz. Ich wünsche Mir von den Seelen, dass sie Mir vertrauen und an Meine barmherzige Güte glauben. Empfange Meine barmherzige Liebe, empfange sie für jene, die sich weigern, sie zu empfangen, für jene, die sich

---

320 Joh 14,13–14.
321 Joh 3,16; 1 Joh 4,9.
322 Mt 3,17; 17,5; Mk 1,11; 9,7; Lk 3,22; 9,35; 2 Petr 1,17.

auf der Suche nach falschem Trost und trügerischen Lehrern von Mir abgewandt haben.[323]

Zu viele Priester haben ihr Vertrauen in Meine Barmherzigkeit verloren, und daher sind sie unfähig, in den Seelen, die ihnen anvertraut sind, Vertrauen in Meine Barmherzigkeit zu erwecken. Man kann nicht überzeugend von Meiner göttlichen Barmherzigkeit sprechen, ohne sie selbst erfahren zu haben.

Ich warte auf Meine Priester im Sakrament Meiner Liebe. Sie sollen alle zu Mir kommen, um die Erfahrung Meiner Barmherzigkeit zu machen. Dann werde Ich sie in einer Welt, die göttliche Barmherzigkeit mehr als irgend etwas anderes braucht, zu Kanälen und Kündern Meiner Barmherzigkeit machen.

**Sonntag, 10. Juli 2011**
**Nach der ersten Vesper unseres heiligen Vaters Benedikt**

Vor langer Zeit habe Ich aus Liebe zu dir und in Meiner unendlichen Weisheit deine Seele in eine besondere Beziehung zu Meinem Knecht, dem heiligen Benedikt, gebracht. Ich gab dich ihm als einen Sohn, und Ich gab ihn dir als einen Vater. Er ist dir treu gefolgt, selbst während der Zeiten, als du von seinen Lehren abgewichen bist und dich von seiner väterlichen Sorge für dich abgewandt hast.

Jetzt bist du selbst ein Vater, der an der Vaterschaft des heiligen Benedikt für die Seelen Anteil hat. Ich möchte dich noch enger mit ihm vereinen, sodass sich seine Tugenden in dir entwickeln können, und dass du fähig wirst, deinen Söhnen einen Teil des Geistes mitzuteilen, den du von ihm empfangen hast.[324] Ich werde dir eine durchdringende Erkenntnis der Weisheit der heiligen Regel geben, nicht damit du es dir zum Ruhm gereichen lässt, sondern damit du dein Leben ändern kannst und täglich hin zu einer immer tieferen Ähnlichkeit mit dem spirituellen Erbe fortschreitest, das Ich dir durch den heiligen Benedikt geschenkt habe.

Der heilige Benedikt besaß die Gnade einer innigen Vereinigung mit Mir in den anbetungswürdigen Geheimnissen Meines Leibes und Blutes. Er lebte vom Altar und für den Altar. Seine Anbetung in Meiner Gegenwart war erfüllt von einer tiefen Verehrung Meiner göttlichen Majestät, und für den heiligen Benedikt war Anbetung die Schule der Demut, der Selbsthingabe und des Opfers.

---

323 Mt 23,8; 1 Tim 1,6–7; 2 Tim 4,3–4; Gal 2,4; Hebr 5,12; 2 Petr 2,1–3; 1 Joh 4,1; Offb 2,2.
324 Num 11,25; 2 Kön 2,9–15.

Ohne irgendetwas Erfundenes zu den nüchternen Fakten seiner Existenz hinzuzufügen, musst du wissen, dass sein gesamtes Leben zutiefst eucharistisch geprägt war. Er konnte sich nicht vorstellen, einen einzigen Tag ohne Teilhabe an dem täglichen Brot derer, die reinen Herzens sind, zu leben – Meinem Leib, für euch dahingegeben. Im Sakrament Meiner göttlichen Liebe erkannte er das Muster des mönchischen Daseins: einem Leben, das für die Sünde tot und vor der Welt verborgen ist,[325] einem Leben in Vereinigung mit Meinem Priestertum und mit Meinem Opfer – eben jenem Opfer, das Ich auf den Altären Meiner Kirche durch den Dienst Meiner Priester erneuere.

Catherine-Mectilde de Bar[326] wurde Einblick in die eucharistische Qualität des benediktinischen Lebens gewährt, und sie übertrug ihre Erkenntnisse in ihre Schriften, so dass andere, und heute du und die Söhne, die Ich dir gegeben habe, von dem leben können, was sie verstanden hatte und so gern mitteilen wollte.

Der Mönch ist ein Opfer, das mit Mir zur Verherrlichung des Vaters geopfert wird und zur Versöhnung und Heilung der Sünder. Du bist ein Opfer, geopfert zum Lob der Herrlichkeit Meines Vaters[327] und als Sühne für die Beleidigungen dieser Herrlichkeit, die von Priestern begangen werden; Priestern, die Ich erwählt habe und noch immer liebe. Opfere dich für sie auf, für sie alle. Nimm ihren Platz vor Mir ein. Lass das Licht Meines eucharistischen Angesichts deine Seele so durchdringen, dass Ich dich verwenden kann, um den Priestern Licht zu bringen, die in der äußersten Finsternis und in der Gesellschaft der Verdammten leben.

Aus dieser Dunkelheit habe Ich dich errettet, und die Fürsprache des heiligen Benedikt und einer Vielzahl anderer Heiliger erwirkte für dich die Gnade, in Meinem Licht leben zu können, trotz der Versuche des Bösen, dich für die Finsternis zu gewinnen und dich in die Schrecken der Hölle herabzuzerren. Danke Mir mit deiner Anbetung und antworte auf die erbarmungsreiche Liebe Meines Herzens zu dir mit aller

---

325 Röm 6,2–4; 6,10–11; Kol 3,3.
326 Catherine-Mectilde de Bar (31. Dezember 1614 – 6. April 1698), eine geistliche Führerin und Autorin vom Format einer heiligen Gertrud der Großen und einer heiligen Teresa von Avila, war 1653 die Gründerin eines Zweiges der benediktinischen Familie, die – in einem Geist der Sühne und des unaufhörlichen Lobpreises – der immerwährenden Anbetung des Heiligsten Sakraments geweiht war. Ihre tiefe Spiritualität war um die heilige Messe zentriert, das göttliche Offizium und die eucharistische Frömmigkeit. Sie nimmt um mehrere Jahrhunderte die Lehren von Joseph Ratzinger / Benedikt XVI. vorweg. Mutter Mectildes leidenschaftliche, erhellende Schriften verdienen eine sehr viel größere Bekanntheit.
327 Eph 1,12–14.

Liebe, zu der dein Herz fähig ist. So werde Ich dein Herz rein machen und fähig, Mich eines Tages von Angesicht zu Angesicht im Licht zu sehen.[328]

Bleib in Meiner Nähe,
    und Ich werde dich mit Meinem Gebet zum Vater vereinen.
Bleib in Meiner Nähe,
    und Ich werde dich mit Meiner priesterlichen Fürsprache für die Seelen vereinen.
Bleib in Meiner Nähe,
    und Ich werde dir den Frieden geben, den die Welt nicht geben kann.[329]
Bleib in Meiner Nähe,
    auf dass Ich Mich in dir verberge und dich in Meinem heiligen Herzen.
Bete Mich in Meinem Schweigen an,
    und Ich werde dir Schweigen schenken.
Bete Mich in Meiner Einsamkeit an,
    und Ich werde dich von allem abtrennen außer von Mir selbst.

## Montag, 11. Juli 2011
### Nach der zweiten Vesper unseres heiligen Vaters Benedikt

Bete Mich in Demut an, und Ich werde dich demütig machen.
Bete Mich in Gehorsam an, und Ich werde dich gehorsam machen.
Bete Mich in Meinem Gebet zum Vater an,
    und Ich werde beginnen, in dir zu Meinem Vater zu beten.
Bete Mich in Meiner barmherzigen Liebe zu den Sündern an,
    und Ich werde durch dich Sünder retten.
Bete Mich in Meiner Schwäche und in Meiner Armut an,
    und Ich werde dich stark machen in Meiner Gnade
    und reich an himmlischem Segen.[330]

---

328 Mt 5,8; 1 Kor 13,12–13; Kol 1,11–14.
329 Joh 14,27; 16,33; 20,19–22; Röm 1,7; 5,1; 8,6; 14,17; 15,13; Eph 2,14–17; Phil 4,7; Kol 1,20; 3,15; 2 Tim 3,1–5.
330 Ein Echo des römischen Kanon: *Supplices te rogamus ... ut quotquot, ex hac altaris participatione sacrosanctum Filii tui Corpus et Sanguinem sumpserimus, omni benedictione caelesti et gratia repleamur.* »Demütig bitten wir Dich, allmächtiger Gott: ... Lass uns alle, die wir gemeinsam von diesem Altare das hochheilige Fleisch und Blut Deines Sohnes empfangen, mit allem Gnadensegen des Himmels erfüllt werden.« Siehe 1 Kor 1,5; 2 Kor 8,9; Eph 1,7–8; 2,4–7; 3,8; Phil 4,19; Kol 1,27; Jak 2,5; Offb 2,9; 3,18; Mt 8,20; Lk 9,58; Jes 52,13–53,12.

Bete Mich an, und Ich werde in dir leben.
Bete Mich an,
und zur Stunde deines Todes werde Ich dich zu Mir nehmen
und dir die Schönheit Meines Angesichts unverhüllt in Herrlichkeit
zeigen.

**Sonntag, 7. August 2011**

Mein Herz brennt in Liebe zu dir und zu den Brüdern, die Ich dir gegeben habe. Sie sind auch deine Söhne, denn Ich habe sie deiner väterlichen Sorge anvertraut, und Ich bitte dich, sie mit väterlicher Zärtlichkeit zu lieben. Sei nicht schwach in deiner Liebe zu ihnen, und schrecke nicht davor zurück, sie zu einer Umkehr in ihrem Leben aufzufordern und zum Wachstum in der Heiligkeit. Ich gebe dir und ihnen allen die Gnaden, die nötig sind, um weiterzugehen und Frucht zu bringen, die bleiben wird: zum Segen für Meine geliebten Priester und für die Heiligkeit Meiner Braut, der Kirche – selbst noch vor dem Angesicht ihrer Feinde.

Die Rolle, die du in der Entfaltung Meines Plans spielst, mag unbedeutend, ja sogar wertlos scheinen, aber Ich sage dir, dass nichts von dem, was in diesem kleinen Kloster gesagt und getan wird, in Meinen Augen wertlos ist, denn Ich habe dein Opfer angenommen und das Opfer jener, die sich mit dir vereinen werden zur Wiederherstellung einer Priesterschaft, die sich durch die Schönheit der Heiligkeit auszeichnet,[331] und durch eine wahrhafte Gleichgestaltung mit Mir im Geheimnis Meines Selbstopfers an den Vater.

Auch N. wird zu euch gerechnet. Er ist in jeder Hinsicht ebenso Teil dieses kleinen Klosters wie diejenigen, die jetzt hier vor Mir sind. Seine Leiden haben beim Abwägen großes Gewicht auf Seiten der Liebe, der Sühne, der Danksagung zum Ruhm Meiner Herrlichkeit. Ich empfange seine Selbstaufopferung gemeinsam mit der deinen, und es erfreut Mich, dass du seinen Namen am Altar nennst, während du Mein heiliges Opfer darbringst.

All diese Dinge sind Teil Meines vollkommenen Planes für die Reinigung und Erneuerung der Priester Meiner Kirche. Eine gewaltige Flut an Gnaden wird in die Herzen aller Meiner Priester eindringen und als mächtiger Sturzbach aus Meinem eucharistischen Herzen strö-

---

331 1 Chr 16,29; 2 Chr 20,21; Ps 29,2; Ps 96,9. Vgl. zum Begriff »Schönheit« Anm. 84 auf S. 77

men, vor allem an den Orten, wo man sich zu Meiner wirklichen Gegenwart bekennt und wo Ich im Sakrament Meiner Liebe angebetet und geliebt werde.

Bleib also der Mission treu, die Ich dir gegeben habe. Um treu zu sein, musst du nur auf Mich vertrauen und dich auf die unerschöpflichen Vorräte Meiner Gnade verlassen.

## Dienstag, 9. August 2011

Meine Gedanken sind nicht eure Gedanken, und Meine Wege sind nicht eure Wege.[332] Noch eine kleine Weile, und du wirst sehen, was Ich für dich vorbereitet habe, und dein Herz wird sich freuen.[333] Dann wirst du sehen, dass alles gut wird, und du wirst in Frieden weitergehen, voller Vertrauen in Meine vorausschauende Liebe zu dir. Es ist nicht nötig, Angst zu haben oder sich in Situationen zu stürzen, die nur wie Lösungen aussehen. Warte auf Mein Handeln.[334] Zeige Mir, dass du Mir vertraust, und in jener Stunde, die Meine Liebe zu dir vorsieht, wirst du sehen, dass Mein Plan sich entfaltet.

Bete viel zu Meiner Mutter, der Königin von Irland und Lieben Frau von Knock, dass du bereit sein mögest, in Meinen Plan einzutreten, wenn die Stunde da ist.

## Montag, 22. August 2011

Nichts in deinem Leben ist wichtiger als die Zeit, die du in Anbetung vor Meinem eucharistischen Antlitz verbringst. Deine Energie und deine Fähigkeit, andere Dinge effizient und in der gebotenen Ordnung auszuführen, wird im Verhältnis zu der Zeit zunehmen, die du Mir allein widmest.

Ich sehne Mich nach dem Geschenk deiner Liebe als Antwort auf Meine Liebe, und nach deiner Gegenwart als Antwort auf Meine sakramentale Gegenwart. Wie lange muss Ich dich um deine Zeit anflehen, deine Liebe, deine Gemeinschaft? Ich bin hier für dich; sei du hier für Mich. Erlaube Mir, dich zu erfüllen, in dem Maß, wie du dich vor Mir

---
332 Jes 55,8–9.
333 Joh 14,2–3 und 16,16–22; 1 Kor 2,9.
334 Ps 27,14; Ps 37,9; Spr 20,22; Jes 8,17; 30,18; 49,23; 64,4; Lam 3,24–26; Mi 7,7; Hab 2,3; Röm 8,25; Sir 2,3; 2,7; 36,16.

ganz entäußerst. Ich bin ganz dein; sei du ganz Mein. Zieh Meiner eucharistischen Liebe nichts vor.[335] Komm vor Mich mit Dank.[336]

### Dienstag, 23. August 2011

Bete Mich immer und an allen Orten durch eine einfache Bewegung deines Herzens an. Bedenke, dass Ich dich sehe und das Begehren deines Herzens kenne, wo auch immer du dich befindest.[337] Wünsche, Mich jederzeit anzubeten, und wisse, dass Ich diesen Wunsch von dir mit großer Freude entgegennehme.

Komm zu Mir so oft du kannst. Nutze jede Gelegenheit, vor Mich im Sakrament Meiner Liebe zu kommen. Es ist nicht nötig, die Länge der Zeit zu berechnen, die du Mir im Lauf eines Tages zuwendest. Wenn dein Herz jederzeit in einem Zustand der Anbetung ist, dann wirst du deinen Weg zu Meinem Tabernakel häufig finden, und du wirst gern und dankbar in Meiner Gegenwart verweilen.

Erlaube Mir, dich in dem Leben der Anbetung, zu dem Ich dich berufen habe, zu führen und zu unterweisen. Der Heilige Geist wird dein unfehlbarer Führer und der Lehrer deiner Anbetung sein.

### Samstag, 27. August 2011

Du hast erfahren, wie Ich auf dich eingehe, wenn du mit deinen Fragen und Problemen zu Mir kommst. Ich bin jederzeit für dich verfügbar und merke auf deine Gebete. Sprich zu Mir offenherzig von all den Dingen, die dich beschäftigen und die dir schwer auf dem Herzen liegen. Stelle Mir all die Fragen, die dich bedrängen, und sei offen für Meine behutsame Führung in allen Dingen.

Wenn Meine Antwort sich verzögert, dann geschieht das, damit du darauf vertraust, dass Ich die Antwort, die du suchst, in den Personen enthülle, die um dich sind oder mit denen du kommunizierst; in Ereignissen, in Umständen und in jenen kaum wahrnehmbaren Zeichen Meiner Vorsehung, durch die Ich Meine Liebe kleinen Seelen mitteile.

Unterlass nie das Gespräch mit Mir. Jedes Gespräch enthält sowohl Fragen als auch Antworten. Sprich mit Mir vertrauensvoll und ohne Angst, missverstanden oder verurteilt zu werden. Ich kenne deine in-

---

335 Vgl. *Die heilige Regel* des heiligen Benedikt, Kap. 4 und 72.
336 Ps 95,2; Ps 100,4; Lk 17,16; Kol 1,12; 3,17; Tob 2,14; 11,7.
337 So auch der heilige Benedikt in der *Heiligen Regel* in den Kapiteln 4, 7 und 19.

nersten Gedanken, und die Fragen, die du Mir im Sakrament Meiner Liebe vorträgst, sind Mir wohlbekannt. Trotzdem wünsche Ich mit dir zu sprechen, weil Ich dich erwählt habe, Mein Freund zu sein und in Meiner Liebe zu verweilen, nahe Meinem Herzen.

**Donnerstag, 1. September 2011**

Wenn du Mir nahe bleibst, im Licht Meines eucharistischen Angesichts, nahe Meinem eucharistischen Herzen verweilst, dann werde Ich nicht zulassen, dass du in den Worten, die du von Mir hörst, getäuscht wirst; und Ich lasse auch nicht zu, dass du andere in die Irre führst. Du musst nur Meine Gesellschaft jeder anderen Gesellschaft vorziehen, die Liebe Meines Herzens der Liebe jedes anderen Herzens, und den Klang Meiner Stimme im Schweigen deiner Seele jeder anderen Stimme.

Ich habe dich berufen, ein zweiter Johannes für Mich zu sein, und diese deine Berufung bleibt Mein Plan für dich. Du musst nur in Meiner Nähe verweilen, Mich vor allem anderen begehren, und nichts, überhaupt nichts Meiner Liebe zu dir vorziehen und der Liebe, die Ich dir ins Herz gelegt habe, um Mich zu lieben.[338]

Liebe Mich so – nicht nur für dich allein, sondern für all deine Priester-Brüder, deren Herzen gleichgültig und kalt geworden sind. Liebe Mich für sie. Nimm vor Meinem eucharistischen Antlitz ihren Platz ein. Für diese Meine armen Priester, die Mich nicht mehr lieben und die Mich nie anbeten, bleibe du in der Liebe zu Mir und in der Anbetung vor Mir. Es sind ihrer so viele, und der Kummer Meines Herzens über solche Priester ist ein Schmerz, den menschliche Sprache nicht zu beschreiben vermag, denn es ist ein göttlicher Schmerz; die Trauer eines göttlichen Herzens. Es ist der Schmerz einer unendlichen Liebe, die wieder und wieder von endlichen, in einer entsetzlichen Dunkelheit des Geistes blind gewordenen Geschöpfen zurückgewiesen wird.

Liebe Mich also und tröste Mein Herz, indem du für sie anbetest. Wenn Ich dich vor Mir sehe, werde Ich sie sehen; und indem Ich sie sehe, werde Ich bewegt, ihnen Mitleid zu zeigen, und viele von denen, die weit von Mir entfernt sind, werden zu Meinen Tabernakeln zurückkehren;[339] und viele von denen, die Meine göttliche Freundschaft abgelehnt haben, werden sich schließlich Meiner barmherzigen Umarmung ergeben. Tu du deinen Teil, und Ich werde alles erfüllen, was Ich versprochen habe.

181

---

338 Vgl. *Die heilige Regel* des heiligen Benedikt, Kap. 4 und 72.
339 Unter anderem Neh 1,9; Jes 19,22; 44,22; Jer 3,12–14; 24,7; Hos 2,7; 6,1.

## Montag, 5. September 2011

Es ist nicht nötig, dass du dein Gebet forcierst, als wäre es etwas, das du selbst machen könntest. Es reicht, wenn du bei Mir bleibst, zufrieden damit, in Meiner Gegenwart zu sein, so wie Ich in deiner Gegenwart zufrieden bin.

Bete Mich an und vertraue Mir, dass Ich deine Energie, deine Gesundheit und deine Freude in Meinem Dienst wieder erneuere. Jene, die Mich anbeten, wissen, dass Meine Gegenwart Seele und Leib erneuert. Mach diese Erfahrung, wie es ja heute schon geschehen ist, und lehre andere, in Meiner Gegenwart die Ruhe zu finden, nach der sie sich sehnen; den Frieden, den die Welt nicht geben kann; die Freude, die das Herz neu macht; und die Stärke, Mir in Meinen Leiden bis hin zu Meinem Kreuzweg zu folgen.

Mich anbeten bedeutet: zeigen, dass du all deine Hoffnung auf Mich gesetzt hast. Mich anbeten heißt, Mir zu zeigen, dass du nicht auf dich selbst und auch nicht auf andere baust, sondern auf Mich allein.[340] Mich anbeten heißt, Mir die Freiheit zu geben, in dir und durch dich zu wirken, so dass du ganz mit Mir vereint wirst, worum du Mich ja auch gebeten hast: Mein Herz mit deinem Herzen, Meine Seele mit deiner Seele, Mein Leib mit deinem Leib, Mein Blut mit deinem Blut.

Wenige, auch die, die behaupten, Meine Anbeter zu sein, verstehen, worin das Werk der Anbetung besteht. Es ist nicht nötig, die Zeit der Anbetung mit Gedanken und Wörtern zu füllen, als ob alles davon abhinge, dass du irgendetwas tust. Es reicht, zu Mir zu sprechen, wie der Heilige Geist es dir eingibt; auf Mich zu hören mit dem Ohr deines Herzens,[341] und im Licht Meines Angesichts zu verweilen in Stellvertretung für diejenigen, die in der Dunkelheit der Sünde schmachten und in der Ablehnung Meiner Liebe, Meiner Wahrheit und Meines Lebens.

Es gibt kein kostbareres Werk als dieses Werk. In Meiner Gegenwart dienst du Seelen zu allen Zeiten und an allen Orten. In Meiner Gegenwart benutze Ich dich, um alles zu vollbringen, was Mein Herz den Seelen, vor allem aber Meinen Priestern mitzuteilen wünscht. Ich habe dich nicht berufen, etwas aufzubauen oder zu organisieren, und Ich habe dich auch nicht dazu berufen, viel zu reden oder dauernd vor den Menschen aufzutreten. Ich habe dich zu einem verborgenen Leben berufen, so verborgen wie Mein Leben im Sakrament Meiner Liebe.

---

340 Jer 17,5; Ps 40,5; Ps 60,13; Ps 146,2; 2 Chr 14,11; Jdt 9,7; Spr 3,5; Jes 31,1.
341 Vgl. *Die heilige Regel* des heiligen Benedikt, Prolog.

Willige in die Verborgenheit ein. Lass zu, dass Ich dich verberge, so wie Ich Mich im Tabernakel verberge.

Ich bitte dich, das deinen Brüdern mitzuteilen, denn bis jetzt hast du das Licht, das Ich dir gegeben habe, unter den Scheffel gestellt; du hast nicht zugelassen, dass die Flamme dieser Berufung allen im Haus leuchtet.[342] Es ist an der Zeit, dass du frei heraus sprichst, an Meine Treue glaubst und an Meine Macht, alte Wunden zu heilen, Herzen zu wandeln und Seelen in Liebe an Mich zu ziehen.

Ich benutze dich, um den Schwestern zu helfen und das Leben in ihnen hervorzubringen, das Ich für sie vorsehe. Du bist der Freund des Bräutigams, Mein Freund, und Ich bin der Bräutigam, das Lamm, dem sie ihr Leben weihen werden.[343] Du wirst weggehen, und sie werden bleiben. Du wirst zu ihnen in Meinem Namen sprechen, dann aber werde Ich dich im Geheimnis Meines Angesichts verbergen. Ich werde dir Worte geben, und dann das Schweigen in Meiner Gegenwart.

## Dienstag, 6. September 2011

Du bist noch zu furchtsam in deinem Gebet, zu sehr mit dir selbst beschäftigt, mit deinen eigenen Ideen und Vorstellungen. Die vollkommene Liebe vertreibt die Furcht.[344] Sei klein und arm in Meiner Gegenwart, und überlass dich Meiner verwandelnden Liebe, der Liebe, die von Meiner eucharistischen Gegenwart ausstrahlt.

## Mittwoch, 7. September 2011

Wenn du für eine andere Person bittest, dann tu das mit grenzenlosem Vertrauen in Meine Liebe zu dieser Seele. Gleichzeitig lass jeden Wunsch los, dass deine Fürbitte so erhört wird, wie du es dir vorstellst oder wünschst. Erlaube Mir, dein Gebet zu empfangen und darauf in einer Weise zu reagieren, die Meiner unendlichen Weisheit, Meiner Liebe und Meinem vollkommenen Willen für die Person entspricht, die du vor Mein eucharistisches Angesicht bringst.

Komm nicht mit Lösungen zu Mir; komm nur mit Problemen und erlaube Mir, für die Lösungen zu sorgen. Ich brauche deine Lösungen nicht; wenn du Mir aber Probleme, Leiden, Fragen und Nöte bringst,

---

342 Mt 5,15–16; Mk 4,21; Lk 11,33–36.
343 Joh 3,29–30; Mt 9,15; 25,1–13; Mk 2,19–20; Lk 5,34–35; Offb 19,7; 21,9.
344 1 Joh 4,18.

dann werde Ich durch dein Vertrauen auf Meine barmherzige Liebe verherrlicht.[345]

Bring Mir deine Fragen, deine Probleme und deine Ängste, und Ich werde Mich ihrer annehmen; denn Meine Dunkelheit ist nicht dunkel, und Nacht leuchtet wie der Tag.[346] Keine Situation und kein Leiden ist so schwer, dass Ich sein Ertragen nicht leicht machen könnte und es sogar, wenn das Mein Wille ist, von jenen völlig wegnehmen kann, die unter seinem Gewicht zusammenbrechen.[347]

Bete mit Vertrauen und mit Hingabe zu Mir, nicht mit dem geheimen Wunsch, Mich zu einer bestimmten Aktion zu zwingen und von Mir nur das zu erhalten, was du dir vorstellst.

Bitte, und du wirst empfangen.[348] Bitte aber mit vertrauensvollem Glauben – mit dem Glauben, dass was auch immer Ich dir gebe, das Beste für dich ist und am glorreichsten für Mich und Meinen Vater. Suche, und du wirst finden. Ja, suche, aber erlaube Mir, dich zum Gegenstand deiner Suche zu führen. Suche Mein Angesicht, und der Rest wird dir hinzugegeben.[349]

Es gibt Seelen, die derartig an dem hängen, von dem sie meinen, so und nicht anders müsse Meine Erhörung ihres Gebetes aussehen, dass es ihnen, wenn Ich ihnen gebe, was das Beste für sie und das Glorreichste für Mich und für Meinen Vater ist, nicht gelingt, das zu erkennen. Das liegt daran, dass sie nicht im Heiligen Geist Fürbitten oder Bitten vorbringen. Stattdessen beten sie aus der Dunkelheit, Blindheit und Enge ihrer eigenen Wahrnehmungen; sie begrenzen dadurch, was Ich für sie tun kann, und benutzen ihr Gebet als einen Versuch, Meine liebende Allmacht zu kontrollieren.

Wenn du bittest, dann tu das mit vollständiger Ergebung in Meine Weisheit, Meine Liebe und Meinen vollkommenen Willen. Bete so, dann wirst du beginnen Wunder zu sehen, die alles übersteigen, was du dir vorstellen kannst.

Wie unglücklich sind diejenigen, die zu Mir kommen und ihre eigenen Lösungen vorschlagen, wo sie doch nur ihre Probleme, Nöte und Bitten vorbringen müssten. Wenn du für jemanden bittest, der krank ist, dann reicht es, wenn du zu Mir sagst: »Herr, der, den du liebst, ist

---

345 Joh 14,13–14; 17,10; 2 Thess 1,10–12; 2 Makk 3,30.
346 Ps 139,12.
347 Num 11,14–17; Ps 55,23; Ps 81,7; Jes 9,4; Mt 11,30; 1 Kor 10,13; 2 Kor 4,16–17; 1 Joh 5,3–5.
348 Mt 7,7; 21,22; Lk 11,9; Joh 16,24; 1 Joh 3,21–22; Ps 13,6; Ps 37,3–5; Spr 3,5–8.
349 Mt 7,7–11; Lk 11,9–13; Apg 17,26–28; Dtn 4,29; Jer 29,13–14; Weish 6,12–16; Sir 32,14.

krank.«³⁵⁰ Überlass alles Übrige Meinem liebevollsten Herzen. Wenn du um eine Besserung oder Heilung bittest, dann tu das mit solchem Vertrauen in Meine Liebe, dass dein Glaube bereit ist, jede Form Meiner Erhörung deines Gebetes anzunehmen.

Wenn Ich dich lehre, wie du vor Meinem eucharistischen Angesicht Fürsprache einlegen und wie du Meinem eucharistischen Herzen Seelen vorstellen sollst, dann tue Ich das, weil Ich möchte, dass du viele Fürbitten formulierst, dass du kühn bittest und dass du große Dinge von Meiner allmächtigen Liebe erhältst. Wenn du gut betest, also so betest, wie Ich es dich lehre, dann handle kühn und voller Zuversicht,³⁵¹ denn Ich bin bei dir, und Ich werde dich nicht im Stich lassen, und Mein Segen wird auf allem ruhen, was du mit reinem Herzen zu Meiner Verherrlichung und zur Verherrlichung Meines Vaters unternimmst.

**Donnerstag, 15. September**
**Die sieben Schmerzen der seligen Jungfrau Maria**

Ja, mein geliebter kleiner Sohn, es gibt einen achten Schmerz meines mütterlichen, allreinen Herzens: dass mein Sohn im Sakrament Seiner Liebe so verletzt wird. Dieser mein Schmerz wird andauern bis zum Ende der Zeiten, wenn die wirkliche Gegenwart meines Sohnes im Allerheiligsten Sakrament dem Anblick Seiner göttlichen Majestät weichen wird. Dann wird Glaube dem Schauen weichen, und Hoffnung dem Besitz. Und dann wird die Liebe für alle, die in der Umarmung Seiner göttlichen Freundschaft gestorben sind, sicher und in alle Ewigkeit feststehen.

Aber wisse, dass bis dahin mein mütterliches Herz leidet und trauert über die Ehrfurchtslosigkeit, die Kälte und die Undankbarkeit so vieler Seelen gegenüber dem Sakrament der unsterblichen Liebe meines Sohnes. In diesem Sakrament liebt Er die Seinen, liebt sie bis zum Ende³⁵² – bis zum Ende jeder geschaffenen Möglichkeit und bis zum Ende dieser vergänglichen Welt. Seine eucharistische Liebe übertrifft alle Gesetze der verderblichen Natur: Es gibt kein größeres Wunder auf der ganzen Erde als die Realpräsenz meines Sohnes im Sakrament des Altars. Trotzdem wird Er alleingelassen, vernachlässigt und Sündern ausgehändigt, um wieder und wieder verraten zu werden – und zwar ausgerechnet von Seinen Erwählten, Seinen geliebten Priestern, von den Männern, die Er

---
350 Joh 11,3.
351 Ps 26,14; Ps 31,25; Dtn 31,6; 1 Chr 19,13; 22,13; 28,20; 2 Chr 32,7; 1 Makk 2,64; 1 Kor 16,13.
352 Joh 13,1; Lk 22,15.

erwählt hat, auf dass sie der Trost und die Freude Seines Herzens seien. Das ist der achte Schmerz meines Herzens: der Verrat und die Vernachlässigung Meines Sohnes in der heiligen Eucharistie.

Wie wird er verraten? Seine Priester, meine Söhne, verraten Ihn, wenn sie es unterlassen, Ihn den Seelen nahezubringen, wenn sie das Geheimnis Seiner wirklichen Gegenwart nicht lehren und so die Seelen im Dunkel der Unwissenheit belassen, ohne Feuer oder Licht.[353] Sie verraten meinen Sohn, wenn sie durch das Beispiel, das sie geben, Ehrfurcht und Anbetung und ein liebendes Aufmerken auf Seine Gegenwart verhindern. Sie verraten Ihn, wenn sie das heilige Opfer der Messe unwürdig darbringen, und wenn sie Ihn Sündern aushändigen, die nicht die Absicht haben, Ihm ihr Herz zu überlassen und Seine Barmherzigkeit und Seine Vergebung für ihre Sünden zu erbitten. Sie verraten Ihn, wenn sie Ihn hinter verschlossenen Kirchentüren alleinlassen, und wenn sie es für Seelen schwer oder unmöglich machen, Seine Tabernakel aufzusuchen und im Strahlen Seines eucharistischen Angesichts zur Ruhe zu kommen. Sie verraten Ihn, wenn sie zulassen, dass Seine Kirchen Orte des Lärms und weltlichen Geschwätzes werden, und wenn sie nichts unternehmen, um die Seelen an das lebendige Mysterium Seiner Liebe, das heißt an Seine Gegenwart im Tabernakel zu erinnern.[354]

Soll ich dir noch mehr über den achten Schmerz meines Herzens sagen? Mein Herz schmerzt, wenn du es an Großzügigkeit fehlen lässt, wenn du Liebe nicht mit Liebe erwiderst, wenn du nicht großherzig deine Zeit darauf verwendest, für Ihn gegenwärtig zu sein, der in der heiligen Eucharistie aus Liebe zu dir gegenwärtig ist. Ich spreche hier nicht nur zu dir, sondern zu allen meinen Priestersöhnen und zu allen geweihten Seelen, die mit meinem Sohn unter demselben Dach leben, ihn aber kalt oder beiläufig oder mit distanzierter Formalität behandeln.

Auch das gehört zum achten Schmerz meines Herzens: dass das heilige Opfer der Messe in aller Eile gefeiert wird, ohne viel Ehrfurcht, ohne Danksagung, und alle Aufmerksamkeit ist nicht auf meinen Sohn, das Lamm, gerichtet, sondern vielmehr auf die menschliche Gegenwart Seines Dieners, der, indem er Aufmerksamkeit für sich beansprucht, Gott etwas wegnimmt, was eigentlich nur Gott allein zusteht: die liebende Aufmerksamkeit jedes Herzens während der heiligen Mysterien.[355]

---

353 Mt 6,23; Lk 1,78–79; 11,34–36; Joh 12,35; 12,46; Apg 26,16–18; 2 Kor 4,6; Eph 4,18; 5,8–11; 2 Tim 4,1–5; Tit 2,15; 1 Petr 1,14–16; 1 Joh 1,6; Weish 14,22.
354 Jes 56,7; Jer 11,15; 23,11; Ez 23,39; 44,7; Mt 21,12–13; Mk 11,15–17; Lk 19,45–46.
355 1 Chr 16,24–29; Ps 122,2; Koh 5,1; Mal 1,6–7; 2 Makk 9,12; Mt 22,21; Mk 12,17; Lk 20,25; Röm 12,1–3; 1 Thess 1,9–10; Hebr 5,1; 12,28–29; Jak 4,5–10.

Was soll ich dir noch mehr erzählen? Trauerst du nicht mit mir über diesen achten Schmerz meines Herzens, der von vielen Schmerzen herrührt, die immer neu wiederholt werden? Trauere heute mit mir und tröste mein mütterliches, allreines Herz, indem du meinen Sohn anbetest, die gebenedeite Frucht meines Leibes, und indem du Ihm in einem Liebesopfer dein ganzes Sein übergibst.

**Freitag, 16. September 2011**

Du – bete Mich an, und alles Übrige wird dir dazugegeben werden.[356] Suche Mein Angesicht, und verweile nahe Meinem Herzen. Das soll dein Lebenswerk sein: nicht viel zu schreiben, nicht veröffentlicht zu werden, nicht viel zu reden vor den Menschen, nicht bei den Reichen und Mächtigen aufzutreten, sondern das Schweigen zu wählen, alles Niedrige, Arme anzunehmen, in Meine Verborgenheit einzutreten und in Meine eucharistische Demut.

Dort wird es dann deine Aufgabe sein, Mich zu lieben: Mich zu lieben für diejenigen, die Mich nicht lieben, vor allem für Meine armen Priester, die von den Reizen der Welt und den Täuschungen des bösen Feindes verblendet sind; und Mich anzubeten als Sühne für jene, die sich falsche Götter gesucht haben; und auf Mich allein zu hoffen, als Sühne für jene, die auf ihre eigene Stärke bauen.

An dir ist es, Mich zu preisen für jene, die Mich nie preisen, und Mir zu danken anstelle jener, die Mir nie danken. Du sollst eine Gebetswache des Glaubens vor dem Sakrament Meiner Liebe halten, bis die Schleier fallen und Ich dich rufe, auf dass du Mich in Ewigkeit von Angesicht zu Angesicht schaust.

Lebe in dieser Welt als einer, der ihr vollständig gestorben ist.[357] Bleibe unberührt von ihren Interessen und unbefleckt von ihrer Verderbtheit.[358] Verbirg dich in Mir, bis der Sturm vorübergezogen ist,[359] denn dein Friede ist in Mir allein,[360] und dein einziges Glück in diesem Tal der Tränen und des Haders ist es, in Meiner Nähe zu sein.[361]

Vertrau Mir und höre nicht auf, Mich anzubeten. Bleibe in Meiner Gemeinschaft, und Ich werde Dinge bewirken, die du dir nicht vorstel-

---

356 Mt 6,33.
357 Röm 6; Kol 3,3; Joh 17,14; 2 Kor 10,3; Gal 2,20; 5,24; 6,14.
358 1 Joh 2,15–17; Eph 1,4; Kol 1,22; 2 Kor 7,2–3; Jak 1,27; 2 Petr 1,3–4; 3,14.
359 Ps 31,21; Ps 57,2; Jes 26,20.
360 Ps 4,9–10; Ps 85,9; Jes 57,19; Bar 3,13; Ez 37,26–28; Lk 2,29, 19,42; Joh 16,33.
361 Ps 65,5; Ps 72,28; Dtn 30,20; Phil 1,21–23.

len kannst. Folge den Anzeichen Meiner Vorsehung, wie du sie wahrnimmst, und setze größeres Vertrauen in Mich und in Meine Liebe zu dir als in dich selbst.

**Dienstag, 20. September 2011**

Erkenne Mich im Sakrament Meiner Liebe. Die heilige Hostie, die du siehst, ist stumm, schweigsam, demütig, arm und verborgen. Ahme Mich im Sakrament Meiner Liebe nach. Werde stumm, schweigsam, demütig, arm und verborgen. Verbirg dich in Mir, so wie Ich im Tabernakel verborgen bin, und so wie Ich hinter dem äußeren Anschein der heiligen Hostie verborgen bin.

Außerhalb von Mir gibt es nichts für dich, bei Mir aber, in Meiner Gegenwart, ist alles, was dein Herz begehrt.[362] Halte nicht jenseits von Mir nach irgend etwas Ausschau, das deine Herzenswünsche erfüllen könnte. Verbirg dich stattdessen in Mir, so wie Ich Mich aus Liebe zu dir im Allerheiligsten Altarsakrament verberge.

Wie sehr Ich die verborgenen Seelen liebe! In ihnen erkenne Ich einen Widerschein der Verborgenheit Meiner Mutter, und der Verborgenheit des heiligen Josef, Meines Nährvaters auf Erden.

Verborgenheit ist die Tugend derer, die Mich, den Verborgenen, im Sakrament Meiner Liebe anbeten. Ich bin ein verborgener Gott,[363] doch Ich offenbare Mich von Angesicht zu Angesicht jenen, die sich in Mir verbergen.

Ziehe dich immer mehr aus der Sicht der Menschen zurück. Bemühe dich, unbemerkt zu bleiben. Verbirg dich in Mir und mit Mir an der Brust Meines Vaters. Bleib in Mir, und gib dich damit zufrieden, dort zu verweilen, wo du nicht gesehen, nicht gekannt, nicht gepriesen wirst. Vollbring das Werk, mit dem Ich dich betraue, und willige dann gerne ein zu verschwinden, wenn du Seelen zur Betrachtung Meines eucharistischen Antlitzes geführt und in ihnen die Liebe zu Meinem Eucharistischen Herzen entzündet hast.

Die Gnade der Verborgenheit und des Schweigens ist nicht allen verliehen. Es ist die Gnade, durch die Ich Seelen auszeichne, die für ein eucharistisches Leben bestimmt sind, für ein Leben der Anbetung, in welchem sie Mir immer ähnlicher werden, verborgen im Sakrament Meiner Liebe. Das geschieht nicht auf einmal, doch wird es allen wider-

---

362 Dtn 4,39; 1 Sam 2,2; Jes 45,18–22; Mk 12,32; Apg 4,12; Bar 3,36 (3,35); Ps 34,11.
363 Jes 45,15; Ex 20,21; Dtn 5,22; 1 Kön 8,12; Ps 18,10–12; Ps 97,2; Sir 45,5.

fahren, die in das Wirken Meiner Liebe in ihren Seelen einwilligen, und die in der Anbetung Meines verborgenen Antlitzes, Meines eucharistischen Antlitzes treu verharren. Diese Verborgenheit kann nicht von außen aufgesetzt werden, und sie kann nicht gelehrt werden, so wie man eine Fertigkeit lehren würde. Sie ist Meine Gabe, die Erkenntnis und Verwirklichung Meiner Ähnlichkeit in jenen Seelen, die Ich zu einem Leben der eucharistischen Anbetung berufen habe.

Erkenne, wie Ich in den Evangelien verborgen bin. Selbst wenn Ich Mich offenbare, bleibe Ich verborgen. Nur der Vater kennt Mich, und jene kennen Mich, denen der Vater Meine Verborgenheit offenbart.[364]

## Donnerstag, 22. September 2011

Ich bin ein verborgener Gott,[365] und jene, die Ich berufen habe, Mich anzubeten, müssen sich in Mir verbergen; sie müssen verborgen sein vor den Augen der Welt, ja verborgen sogar vor sich selbst,[366] ihr Blick soll auf Mich allein gerichtet sein, so wie Mein reiner Blick, die Augen des Sohnes, auf Meinen Vater im Himmel gerichtet sind. Lerne, was es heißt, verborgen zu sein: Es heißt frei sein von der ständigen Beschäftigung mit dir selbst, mit den Meinungen anderer, und mit dem, was die Welt über dich oder über Mich sagt.[367] Es bedeutet, für Mich allein zu leben, so wie Ich für den Vater lebe.

Verbirg dich in Mir, so wie Ich in der Herrlichkeit Meines Vaters verborgen bin. Verbirg dich in Mir, so wie Ich in der strahlenden Wolke des Heiligen Geistes verborgen bin.[368] Verbirg dich in Mir, so wie Ich in den geweihten Gaben verborgen bin. Verbirg dich in Meinem Herzen, so wie Ich in den Tabernakeln auf der ganzen Welt verborgen bin, ungesehen, ungekannt, vergessen von den Menschen.

Ich berufe dich zu diesem verborgenen Leben, weil Ich der verborgene Gott bin, und weil Mein eucharistisches Leben in eurer Mitte ein verborgenes Leben ist. Wer Mich anbeten will, muss einwilligen, in Meinem Tabernakel zu leben, mit Mir verborgen zu sein und gleichzeitig zu lieben, wie Ich liebe: den Vater lieben, wie Ich ihn liebe; Seelen

---

364 Mt 11,27; Lk 10,22–23; Joh 6,44–46; 17,1–8.
365 Jes 45,15; Ex 20,21; Dtn 5,22; 1 Kön 8,12; Ps 18,10–12; Ps 97,2; Sir 45,5.
366 1 Kor 2,2; 4,3–4; Kol 3,3.
367 Ex 23,2; Ps 112,6–7; Spr 14,7; Koh 9,15; 10,12–14; Sir 9,15; Mk 4,19; Joh 14,31; Röm 14,1; Gal 6,14–17; 1 Joh 4,5.
368 Mt 17,5; Lk 9,34–35; Apg 1,9; Ex 16,10; 24,15–18; 33,9–10; Ijob 37,15; Ez 1,28; 10,4; Sir 24,4.

lieben, wie Ich sie liebe; Kälte, Ablehnung, Unverständnis und Verlassenheit erdulden – mit Mir und für Mich.

Versteh diese Dinge, und du wirst anfangen das eucharistische Leben zu verstehen, zu dem Ich dich immer mehr rufe. Den anderen, die Ich nicht zu diesem Leben der Anbetung berufe, wird eine solche Verborgenheit töricht und unmenschlich vorkommen, doch wird sie wie der Sauerteig in einer großen Menge Teig wirken, bis der Teig durchsäuert ist und ein perfekter Laib wird, ein Mir hingegebenes Opfer.[369] Die Verborgenheit ist ein Lichtfunke, eine Flamme, die nicht ausgelöscht werden kann, für eine Welt, die in Dunkelheit gestürzt ist. Sie ist ein Tropfen göttlicher Süßigkeit in einem Meer der Bitternis und des Elends.[370] Sie ist Präsenz der Liebe in einer Welt, aus der die Liebe verschwunden ist.

188 Liebe Meine Verborgenheit und verbirg dich in Mir. Wende dich von allem ab, das deine Aufmerksamkeit, deine Energie, deine Zeit abzieht, und tritt ein in das Geheimnis Meines eucharistischen Angesichts. Dort werde Ich dir zeigen, wie du die Dinge am besten vollbringst, um die Ich dich bitte. Dort werde Ich dir einen Frieden geben, den keiner stören oder von dir nehmen kann.[371] Dort werde Ich dich gebrauchen für die Heiligung Meiner Priester und für die Tröstung Meiner Kirche. Willst du das?

*Ja, Herr Jesus, weil Du es von mir verlangst. Ich willige von ganzem Herzen ein, und ich erbitte mir all das, was Du für mich willst.*

Bist du bereit, von denen getrennt zu sein, die du liebst, von denen, die dich kennen, von denen, die dich lieben, um alles zu verlieren außer Mir und Meiner Liebe?

*Ja, mein Herr Jesus, ich willige ein, alles zu verlieren außer Dir, denn wenn ich Dich besitze, verliere ich nichts, und indem ich Dich liebe, werde ich von Dir geliebt, und in dieser Liebe finde ich das vollkommene Glück und empfange die Gnade, andere so lieben zu können, wie Du mich geliebt hast.*

---

369 Mt 13,33; Lk 13,21.
370 Vgl. die Intention für den dritten Tag der Novene zur Göttlichen Barmherzigkeit: »Heute führe Mir alle treuen und frommen Seelen zu: Tauche sie ein in den Ozean Meiner Barmherzigkeit. Diese Seelen stärken Mich auf Meinem Leidensweg, sie waren der Tropfen Trost im Meer der Bitternis.«
371 Joh 14,27; 16,22; Jes 26,3; 32,17; 54,10; Ez 37,26.

Bist du bereit, aus den Augen der Welt zu verschwinden und in Mir verborgen zu leben, so wie Ich in Meinen Tabernakeln verborgen bin?

*Ja, mein Herr Jesus, ich bin bereit, das verborgene eucharistische Leben anzunehmen, zu dem Du mich berufst, und ich begehre nichts anderes mehr.*

Dann wisse, dass Ich heute dein »Ja« zu Meinen Plänen für dich annehme. Weil du Mir deine Einwilligung gegeben hast, gebe Ich dir Meine Einwilligung. Lebe ab heute als Mein in Mir, mit Mir verborgener Anbeter. Suche keine andere Lebensform. Dein Leben ist ab heute mit Mir verborgen im Sakrament Meiner Liebe und in der Herrlichkeit des Vaters.[372] Ich verspreche dir Freude im Geheimnis Meines Angesichts, und jene unermessliche Süßigkeit, den Geschmack des verborgenen Mannas, eine Süßigkeit nicht von dieser, sondern von der nächsten Welt, eine Süßigkeit, die Ich als Vorgeschmack des Himmels jenen schenke, die den bitteren Kelch Meiner eucharistischen Einsamkeiten auf Erden trinken.[373] [374]

Das ist die Vollkommenheit des Lebens, zu der Ich dich berufen habe. Die Zeit ist kurz. Nimm das Leben auf, das Ich für dich vorbereitet habe. Lass alles andere los. Unser beider Leben ist eines: dein Leben in Mir, und Mein Leben in dir, in einem Geheimnis der Verborgenheit, das Meinen Vater verherrlicht und Meine Kirche aufbaut.

## 23. September 2011, Quatemberfreitag, Heiliger Pio von Pietrelcina

Mein Weg ist ein Weg der Sanftheit, der Barmherzigkeit und des Mitgefühls. Ich biete Mein Kreuz Seelen an, Ich zwinge es nie auf, und wenn eine Seele beginnt, »Ja« zu den süßen, schrecklichen Forderungen Meiner Liebe zu sagen, dann passe Ich Mein Kreuz ihren Schultern an, und dann helfe Ich ihr, es Schritt für Schritt zu tragen, und Ich vermehre das Gewicht nur in dem Maß, wie die Seele in der Liebe wächst und in der Stärke, die vom Heiligen Geist kommt.

---

372 Kol 3,3–4; Röm 5,2; Mk 16,19; 1 Tim 3,16.
373 Es gibt auf Erden so viele Einsamkeiten, wie es alleingelassene Tabernakel gibt. – Autor.
374 Offb 2,17; Ex 16,31; Dtn 8,3; Neh 9,20; Ps 78,24; Joh 6,31–33; 57–59; Ps 31,20; Weish 16,20; Mt 20,22–23; 26,39; 27,34; Mk 10,38–39; 14,36; 15,23; Lk 22,42; Joh 18,11; Ps 60,5 (60,3); Jes 5,2; 63,2–3; Jer 23,9.

Plötzliche, exzessive Bekehrungen sind nicht Mein üblicher Weg, Seelen auf den Weg der Heiligkeit zu führen. Ich ziehe es vor, wenn Seelen mit kleinen Schritten entlang einem Weg spiritueller Kindheit voranschreiten[375] und Mir vertrauen, dass Ich sie zum Kalvarienberg leite und zur Fülle der Freude in Meiner Gegenwart und in der Gegenwart Meines Vaters.[376]

Dieser Weg ist nicht weniger anspruchsvoll als die hohe Straße, entlang der Ich aus Gründen, die nur Ich allein kenne, gewisse andere Seelen führe. Der kleine Weg, gekennzeichnet durch kleine Schritte, ist aber der Weg, den Ich vorziehe, denn er vervollkommnet Seelen schnell im Bild Meiner eigenen Kleinheit, Meiner Armut und Meiner Ergebenheit in den Willen Meines Vaters.[377]

Lehre die Seelen diesen kleinen Weg, und viele werden davon profitieren. Vor allem aber praktiziere ihn selbst, indem du Meinen Inspirationen in den kleinen Dingen gehorchst, und indem du alles aus Liebe zu Mir tust, der dich nur in einem vervollkommnen möchte: in der Liebe. Dieser kleine Weg passt am besten zu denen, die Ich berufe, Meine Anbeter und die Tröster Meines eucharistischen Herzens zu sein. Er führt eine Seele auf dem Weg Meiner eucharistischen Tugenden, jener Tugenden, die du sehen kannst, wenn du zu Meinem eucharistischen Angesicht aufblickst: Verborgenheit, Kleinheit, Stille, Schweigen, Armut, Friede, Beständigkeit und eine strahlende Liebe, die die Herzen jener erfreut, die in seine Einflusssphäre eintreten.

Das wünsche Ich Mir für Meine Priester: keine Heiligkeit, die übertrieben strenge Forderungen stellt, sondern eine Heiligkeit, die ganz kindlich ist, friedvoll und demütig. Das ist die Nachahmung Meines eucharistischen Lebens, und das möchte Ich für dich und von dir.

Hier spreche Ich zu dir, Mein geliebter Priester und Freund Meines Herzens. Tritt in die Nachahmung dessen ein, was du siehst, wenn du Mein eucharistisches Angesicht betrachtest: in Schweigen, Verborgenheit, Frieden, Stille, Armut und eine Liebe, die strahlt, aber nicht in gewaltigen Blitzen, welche die Seele erblinden lassen. Fang an, all diese Dinge zu praktizieren, und Ich werde sie in dir vervollkommnen, bis

---

375 Ps 131; Weish 12,2; Spr 13,11; Mt 18,3–4; Mk 10,15–16; Lk 18,17.
376 Ps 16,11; Ps 21,7; Joh 15,11; 17,13.
377 Phil 2,5–8. Der heilige Thomas von Aquin sagt im Prolog zum *Compendium theologiae*: »Um den Menschen, der durch die Sünde zu Boden geworfen wurde, wieder zu den Höhen göttlicher Herrlichkeit emporzuheben, wollte das Wort des ewigen Vaters, obwohl Es alle Dinge in Seiner Unermesslichkeit enthält, klein werden. Das tat Es nicht, indem Es seine Größe ablegte, sondern indem Es unsere Kleinheit auf sich nahm.«

du das wirst, was Ich im Sakrament Meiner Liebe bin, eine strahlende Hostie, die im Tabernakel verborgen ist, um Seelen zu retten und Meinen Vater hier auf Erden zu verherrlichen bis ans Ende der Zeit.

Die Worte, die Ich dir gebe, sollen dich unterweisen, trösten und dein Herz zur Liebe bekehren, aber sie sind nicht für dich allein gesprochen. Andere werden sie lesen, und auch sie werden zu Umkehr und Reue bewegt. Sie sollen getröstet werden, und sie werden beginnen, Mein Angesicht zu suchen und nahe zu Meinem Herzen im Sakrament Meiner Liebe zu kommen.

## 25. September 2011
## 15. Sonntag nach Pfingsten

Die Antwort für dich findet sich in den Schriften Meiner Dienerin Mectilde, der Ich dich für deine Zukunft auf besondere Weise anvertraut habe. Bis jetzt war die Zeit noch nicht gekommen, und du warst noch nicht bereit, ihre Lehre aufzunehmen und in das verborgene Leben der Anbetung und Sühne einzutreten, zu dem Ich dich schon immer bestimmt habe. Nun wirst du fähig sein, weiterzugehen, erleuchtet und gestärkt durch eine große Gemeinschaft von Freunden im Himmel, die die Entfaltung Meines Plans für dich sehen und über Meine Barmherzigkeit, Meine Weisheit und Meine liebende Vorsehung staunen.

Hab keine Angst, lass deine Fragen verstummen, denn jetzt werde Ich dir in aller Klarheit das Leben zeigen, zu dem Ich dich berufe und jene, die Ich dir senden werde. Es ist nicht das Leben, das du selbst für dich geplant hast, und es ist auch nicht die Frucht deiner Überlegungen oder die Umsetzung deiner Träume. Vielmehr ist es die Frucht Meiner zärtlichen Liebe zu dir, die Offenbarung Meiner unfehlbaren Vorsehung und die Umsetzung Meines vollkommenen Willens für dein Leben.

Du wirst Mich mit großer Liebe anbeten, und indem du Mich mit großer Liebe anbetest, wirst du Sühne leisten für deine eigenen Sünden und für die Sünden aller deiner Priester-Brüder, die wie du für einen Augenblick gefallen sind, die aber noch immer in die Dunkelheit der Sünde fallen, weit weg von Meinem eucharistischen Angesicht und weit weg vom Feuer der Liebe, das immer für sie in Meinem eucharistischen Herzen brennt. Das ist deine Berufung, und sie ist im Kern einfach und rein. Sie besteht darin, in Liebe und Anbetung vor Meinem Angesicht zu verweilen und Mir Sühne zu leisten im Sakrament Meiner Liebe.

191     Ich hätte dich zu anderen Werken und zur Umsetzung anderer Pläne zu Meiner Verherrlichung und dem Wohl der Seelen berufen können, doch dies ist das Werk, das Mein Herz vor allen anderen für dich erwählt hat: Ich erbitte von dir ein verborgenes Leben der Anbetung in Liebe und Sühne. Zu diesem Leben berufe Ich dich. Das ist das Leben, das Ich für dich ermöglichen werde, in einer Weise, die Meiner Macht, Meiner Vorsehung und Meiner zärtlichen Liebe zu dir und zu Meinen Priestern entspricht.

Es ist nicht nötig, sich wegen der Einzelheiten Sorgen zu machen, denn Ich habe alles in die Hand Meiner allreinen Mutter gelegt, und sie wird dir das Zartgefühl und die Aufmerksamkeit ihres mütterlichen Herzens entgegenbringen. Sie war es, die dieses Werk von Mir erbat und die es für dich erhielt. Es ist ihr Werk, und sie wird für dich mit ihren unendlichen Reichtümern sorgen, die ihr durch den Willen Meines Vaters und das Wirken des Heiligen Geistes, ihres göttlichen Bräutigams, zur Verfügung stehen. Alle, die dieses Werk sehen, werden ihr Handeln erkennen, und sie werden gezwungen sein anzuerkennen, dass Meine Mutter aus Liebe für Mich und aus Liebe für dich und all ihre Priestersöhne gehandelt hat.

Du wirst anbeten und Sühne leisten, und zwar in der Schule Meiner Braut und Magd Mectilde de Bar, und wie sie wirst du eine Schule der Anbetung und Sühne in Meiner Kirche errichten, eine Schule, nach der Mein Herz sich seit Langem sehnt und worauf Ich bis jetzt gewartet habe. Du brauchst dich um die Ausarbeitung der Einzelheiten nicht zu kümmern, die sowieso über das hinausgehen, was du vollbringen könntest.

Ich bitte dich nur, dich in die Schriften von Mutter Mectilde zu versenken. Ich werde diese Texte mit einer besonderen, ergreifenden Süße erfüllen, und sie werden deine Seele erfreuen und durchdringen. Und dann werde Ich dich bitten, Mich gläubig anzubeten und Meine wirkliche sakramentale Gegenwart zum Mittelpunkt deines Lebens zu machen, zu deinem einzigen Schatz hienieden, zur Perle, für die du alles andere verkaufen musst,[378] und zum Vorgeschmack der Herrlichkeit, die Ich für dich im Himmel bereits vorbereitet habe.

Bis jetzt warst du noch nicht bereit, die Berufung anzunehmen, die deine Berufung ist. Aber jetzt ist die Stunde der Erfüllung nahe. Komm in den Abendmahlssaal, wo Ich auf dich warte, und verweile dort in der Anbetung, ruhe an Meinem Herzen und schau auf zu Meinem eucharistischen Angesicht. Das wird deine Sühne sein, und dadurch werden viele Priester ihren Weg zurück zu Meinen Tabernakeln finden, und auch sie werden damit beginnen, im Gebet mit Meiner Mutter

---

378 Mt 13,44–46; 19,21; Lk 12,21; Kol 2,3; Dtn 33,18–19; Sir 6,14–16.

auszuharren,[379] Mein eucharistisches Antlitz anzubeten und die barmherzige Süßigkeit der Liebe Meines Herzens zu ihnen zu kosten.

Nimm diese Dinge an, jetzt, da Ich sie zu dir spreche, und gib Mir dein »Ja«, deine Zustimmung zu allem, was Mein Herz für dich bereit hält. Sage mit Meiner allreinen Mutter: »Mir geschehe nach Deinem Wort«,[380] und es wird geschehen.

*Mir geschehe nach Deinem Wort. Herr Jesus, ich nehme Deinen Plan an. Ich gebe meine freie, vollständige Zustimmung zu Deinem Willen. Ich will allem anderen entsagen und alles andere hinter mir lassen. Ich bin Dein Knecht und aufgrund Deiner unendlichen Barmherzigkeit der Freund Deines Herzens. Amen.*

## Montag, 26. September 2011
### Heilige Cosmas und Damian, Ärzte und Martyrer

Das mectildische Charisma[381] wird auf das benediktinische Leben dieselbe Auswirkung haben wie das teresianische Charisma für die Reform des Karmel. Bis heute ist das Werk Meiner Magd und Opfer-Braut Mectilde unvollständig, denn es verlangt nach einer priesterlichen Ergänzung in Klöstern von Mönchen, die sich ausschließlich der Anbetung und Sühne weihen, die dafür leben und darauf hoffen, dass alle Meine Priester zum Sakrament Meiner Liebe zurückkehren.

Siehe, die Stunde ist gekommen für die Erfüllung dieses Meines Herzenswunsches und für die Umsetzung jenes Teils, den Ich Mutter Mectilde übergab und der bis jetzt wie ein in der Erde vergrabenes Weizenkorn verborgen geblieben war.[382] Du bist der zarte Spross, der durch felsigen Boden bricht und beginnt, sich aufwärts zum Licht Meines eucharistischen Angesichts zu strecken. Dieser kleine Spross ist das Werk Meiner Mutter, und er wird Gegenstand all ihrer Sorge und mütterlichen Aufmerksamkeit sein.

Vertiefe dich in die Schriften Meiner Dienerin Mectilde. Ich werde durch sie zu dir sprechen, und Ich werde dir zeigen, dass das Charisma, das Ich ihr gegeben habe, zur Freude Meiner Kirche und zum Wohl einer großen Anzahl von Seelen – vor allem der Seelen Meiner Priester – bald wieder erblühen wird.

---

379 Apg 1,14; Mt 2,11; Joh 2,1; 19,27.
380 Lk 1,38.
381 Vgl. S. 228, Anm. 326.
382 Joh 12,24; 1 Kor 15,37–38.

Fang mit dem an, was dir zur Verfügung steht, der Rest wird dir hinzugegeben werden. Entscheidend ist, dass du mit einem offenen Herzen die Mission, mit der Ich Mutter Mectilde betraut habe, empfängst und in Meiner Gegenwart erwägst, jene Mission, die Ich in deiner Seele zum Wohle vieler erneuern werde.

Ich habe dich für dieses Werk vorbereitet und dich aufgerufen, es auszuführen. Geh demütig, aber auch zuversichtlich und mutig weiter. Sag nur, was gesagt werden muss, aber lebe die Fülle dieser Berufung mit männlicher Großherzigkeit und Kraft. Ich werde dir Gesundheit und Stärke geben, auch in deiner Schwäche, und du wirst fähig sein, diese Mission zur Erfüllung zu bringen, die Ich schon seit Langem für dich vorbehalten habe. Du bist nicht allein zu diesem Leben berufen; andere werden kommen, denn Ich habe sie vorbereitet und ihren Herzen dieselbe Vision und denselben Wunsch eingegeben, du aber wirst ihr Vater sein, und du wirst ihr Hirte sein, der sie auf die grünen Weiden führen wird, die Ich dir zeigen werde.

Verbanne jeden Zweifel, jedes Zögern. Für Unsicherheit und Furcht ist keine Zeit. Die Stunde ist da. Geh weiter, vertraue auf Meine Liebe zu dir und auf die Nähe Meiner allreinen Mutter, die sich um jede Einzelheit dieses Werks kümmern wird, zur Verherrlichung Meines Vaters und zur Freude für Meine Braut, die Kirche.

Entscheidend für dich ist, dass das mectildische Charisma gleichzeitig priesterlich und vom Opfergedanken geprägt ist. Insofern birgt es in sich die Saat einer großen Wiederbelebung der Heiligkeit unter Meinen Priestern und der Erneuerung Meiner Kirche durch das Werk der Sühne für Priester und durch Priester im innersten Kern ihrer Existenz: in Meinem Allerheiligsten Sakrament des Altars. Bevor nicht Meine Priester anbetend zu Meinen Tabernakeln zurückkehren, weinend über ihre eigenen Sünden und die Sünden des Volks, Mich liebend und Mir ihre zerbrochenen Herzen aufopfernd, wird die gesamte Kirche auch weiterhin dahinschmachten.

Erkennst du jetzt, warum dieses Werk in Meiner Vorsehung bis jetzt verborgen geblieben ist? Seid mectildisch, seid benediktinisch: Das heißt, seid Anbeter und Opfer – opfert euch Mir zu jeder Stunde im Sakrament Meiner Liebe.

## Mittwoch, 28. September 2011

Der Wunsch Meines Herzens besteht darin, dich fest untergebracht in einem ständigen Heim zu sehen, wo du dich, befreit von den Ungewissheiten und Kämpfen in einer Situation, die sogar für dieses Leben noch provisorisch ist, endlich uneingeschränkt und frei von Angst der Einen Sache widmen kannst, zu der Ich dich berufen habe. Es gibt dunkle Mächte, die gegen die Durchführung Meines Plans arbeiten, Ich aber werde siegen, und Ich werde dich an den Ort bringen, den Ich für dich vorbereitet habe – das wird ein Triumph Meiner barmherzigen Liebe in den Herzen von vielen sein.

Die Zeit für deinen Aufbruch ist nahe herbeigekommen; schon heute wirst du besser verstehen, was du tun musst. Geh mannhaft weiter,[383] im Vertrauen auf Mich und unangefochten von den Schatten, die Mein Werk zu bedrohen scheinen.

Ich gebe dir den heiligen Vinzenz,[384] der dir den Weg bereitet. Ich gebe dir die heilige Thérèse, die die Herzen und Gesinnungen jener bewegen wird, die durch ihr Wort den Weg vor dir öffnen können. Ich gebe dir Mutter Mectilde und Abt Marmion, die dich in einem Leben der Verborgenheit und des Lobpreises unterweisen werden, zu dem Ich dich zum Wohl Meiner Priester und Meiner Kirche berufe. Ich gebe dir Meine Engel, die dich behüten und dich vor den Anschlägen und Schlingen des unsichtbaren Feindes deiner Seele und der Seelen aller Priester bewahren werden. Ich gebe dir Mutter Yvonne-Aimée als enge Freundin und Begleiterin. Sie wird dich an ihr kleines Stoßgebet erinnern[385] und dich anspornen, mit männlichem Mut in allen Meinen Anliegen zu handeln.

Und Ich gebe dir Meine allreine Mutter, die unbefleckte Königin Irlands, die in Knock erschien, und die um ihre Kinder in Irland weint und für sie fleht, vor allem aber für ihre Priestersöhne, die ihren Weg verloren haben in einem Land der Nebel und der geistlichen Gefahren, die an jeder Wegbiegung lauern. Sie ist die Mutter des Lammes und des Hirten. Sie wird alle ihre Priestersöhne leiten, die sich in demütigem Gebet an sie wenden – vor allem mit dem Gebet des Rosenkranzes, der ihr Herz so erfreut –, und sie wird Meine Priester auf die grünen Weiden führen, die Ich für sie vorbereitet habe, wo sie Ruhe und Sicherheit finden und in tiefen Zügen aus den Wassern des Friedens trinken können.[386]

---

383 Ps 27,14; Ps 31,25; Dtn 31,6; 1 Chr 19,13; 22,13; 28,20; 2 Chr 32,7; 1 Makk 2,64; 1 Kor 16,13.
384 Der heilige Vinzenz von Paul half Mutter Mectilde de Bar, als sie und ihre Töchter nach ihrer Flucht vor dem Krieg in Lothringen heimatlos waren.
385 »O Jesus, König der Liebe, ich vertraue auf deine barmherzige Güte.« Vgl. S. 31, Anm. 13.
386 Ps 23; Hld 2,16; 6,3; Joel 2,21–23.

Nun habe Ich den Schleier von dem, was Ich für dich vorhabe, zurückgezogen. Sei mutig, lass dich durch kleine Rückschläge, die unvermeidlich sind bei jedem für Meine Herrlichkeit angepackten Werk, nicht entmutigen oder dazu bewegen, alles in Frage zu stellen. Ich bin bei dir. Fürchte dich nicht.

### Samstag, 1. Oktober 2011
### Heilige Thérèse vom Kinde Jesu und vom heiligen Antlitz

*So sprach die heilige Thérèse zu mir:*

Die Berufung, die du empfangen hast, mein kleiner Bruder, ist Liebe: Liebe im Herzen der Kirche;[387] die Liebe, die anbetet, die Liebe, die Sühne leistet, die Liebe, die sich der Liebe im Sakrament der Liebe zugesellt.

Lass dich nicht entmutigen. Sei mannhaft. Sei zuversichtlich und gehe voran. Der Herr ist mit dir als mächtiger Krieger, der sich deiner Sache annimmt,[388] und ich werde dich von hier bis zu dem Haus begleiten, das der Herr für dich vorgesehen hat und das ich selbst für dich und für deine Söhne vorbereite, so dass in diesem irischen Land, wo ich auch heute noch so geliebt werde, dieses Werk der Liebe und der Sühne gegenüber der Liebe im Herzen der Kirche erblühen kann.

Ich kenne dich, und ich folge dir schon lange, schon seit vielen Jahren. Wir werden unsere Freundschaft jetzt fortsetzen, sie wird aber klarer, offensichtlicher sein. Wir werden zusammenwirken für die Seelen der Priester, und zusammen werden wir den Priestern den Geschmack für Liebe vermitteln, auf dass sie in Liebe entbrennen und das Feuer der Liebe in ihrer Umgebung und in der gesamten Kirche verbreiten.[389]

Ja, es ist gewaltig, dieses Werk der Liebe für Priester – dein Teil aber soll sein, anzubeten für jene, die nicht anbeten, und deine Brüder zu vertreten, vor allem die Schwächeren unter ihnen, und jene, die von ihrer priesterlichen Würde abgefallen sind – sie zu vertreten vor dem eucharistischen, überaus barmherzigen und mitleidigen Antlitz Jesu,

---

387 Vgl. Hlg. Thérèse von Lisieux: »O Jesus, meine Liebe ... Meine Berufung, endlich habe ich sie gefunden ... meine Berufung ist Liebe! Ja, ich habe meinen Platz in der Kirche gefunden, und Du, o mein Gott, hast mir diesen Platz gegeben; im Herzen der Kirche, meiner Mutter, werde ich die Liebe sein. So werde ich alles sein, und so wird mein Traum wahr werden.«
388 Ex 15,3; Jes 42,13; Jer 20,11; Dtn 4,34; Sir 46,5–6.
389 Lk 12,35; 12,49; 24,32; Joh 5,35; Jes 62,1; Jer 20,9; Sir 48,1.

der auf die Rückkehr all jener wartet, die Er erwählt hat, an der Herrlichkeit Seines Priestertums Anteil zu haben.
Hab Vertrauen und sei mutig. Du hast nichts zu fürchten. Geh voran und glaube an die Liebe, denn du wirst überaus geliebt, und nichts wird dich der Liebe entreißen können, die dich besitzt und mit ihrem Siegel bezeichnet hat.[390]

**Mittwoch, 5. Oktober 2011**
**Heilige Faustina und Seliger Bartolo Longo**

Geh voran mit Vertrauen in Mich und in die unvergängliche Liebe Meines Herzens zu dir. Du bist in Meinen Augen kostbar, denn Ich habe dir Mein Herz gegeben, und Ich habe dich aus den Schlingen errettet, die für dein Verderben in dieser Welt und in der nächsten ausgelegt waren. Ich habe dich vor dem Fall in die tiefe Grube bewahrt, die für dich von den Feinden deiner Seele gegraben worden war, von denen, die Mich hassen, denen es graut vor Meinem Priestertum, Meiner Kirche, und Meinem Blut. Meine Mutter hat das für dich erbeten, außerdem die Vielzahl der Heiligen im Himmel, die dir seit Beginn deines Lebens folgen und die aus zärtlichster besorgter Freundschaft bei Mir und bei Meinem Vater Fürsprache für dich eingelegt haben.
Du bist in diesem gewaltigen Unternehmen nicht allein. Bleib klein und verbirg dich in Meinem Tabernakel, also in Meiner geöffneten Seite. Dort werde Ich dich im Feuer Meiner Liebe läutern und für das Werk vorbereiten, für das Ich dich bestimmt habe.

**Donnerstag, 6. Oktober 2011**
**Heiliger Bruno**

Keine Seele muss sich je davor fürchten, Meinem Blick zu begegnen, denn in Meinen Augen sind nur Barmherzigkeit und Liebe.
Diejenigen, die sich von Meinem Blick abwenden, diejenigen, die Angst davor haben, Mir von Angesicht zu Angesicht zu begegnen, sind dieselben, die von Meiner Liebe abfallen.
Ich berufe dich zu einem Leben der Anbetung, auf dass du Mein Angesicht betrachten und darauf all die Liebe Meines heiligen Herzens für arme Sünder, vor allem aber für Meine Priester, ablesen kannst.

---

390 Hld 8,6; Ps 135,4; Röm 8,35–39.

Immer, wenn eine Seele Meinen Blick sucht, wird Mein Herz bewegt, dieser Seele unermessliches Mitleid zu zeigen; sie aus der Sünde emporzuheben, in die sie gefallen ist, ihre Wunden zu verbinden,[391] und sie zu den Freuden der Freundschaft mit Meinem Herzen zurückzuführen.

Wenn ein Priester anfängt, den Blick auf Mein Angesicht zu vermeiden, dann hat er damit angefangen, sich von der barmherzigen Liebe Meines Herzens zu entfremden. So wird er nach und nach sein Vertrauen in Meine Barmherzigkeit verlieren, der Sünde zustimmen und in die Dunkelheit eines Lebens absteigen, aus dem Ich ausgeschlossen worden bin.

Schau du auf Mich für diejenigen, die sich von Mir abgewandt haben. Suche Mein Angesicht für die, die Meinem göttlichen Blick ausweichen. Nimm Meine Freundschaft an für diejenigen, die sie zurückweisen. Bleib bei Mir für jene, die vor Meiner Gegenwart fliehen. Das ist die Sühne, die Ich von dir verlange. Opfere dich Mir auf, wie es die kleine Thérèse getan hat;[392] so erlaubst du Mir, dich ungehindert zu lieben, und durch dich wird Meine barmherzige Liebe selbst noch in den Seelen verhärteter Sünder triumphieren.

Das »Ja« auch nur einer einzigen Seele zu Meiner barmherzigen Liebe bringt einer Vielzahl von Seelen unermesslichen Nutzen, die Angst haben, dieses »Ja« zu sprechen, oder die in der Verweigerung Meiner Liebe verhärtet sind.

### Sonntag, 9. Oktober 2011

Ja, du musst mannhaft und entschieden sein in der Durchführung Meines Willens, den Ich dir gezeigt habe und den Mein Diener N. dir in Meinem Namen bestätigt hat. Der Feind wird versuchen, dich zu überwinden, indem er dir eingebildete Ängste einflößt, und indem er sich deine Unsicherheiten und deine früheren Sünden zunutze macht. Schick ihn weg in der Macht Meines Namens,[393] und tritt um Meiner Priester willen in die Bresche, denn Ich bin mit dir. Nimm deinen Platz hier in Irland ein; Ich werde dich im Herzen der Kirche platzieren, auf dass du Mich anbetest und, von Liebe inspiriert, Sühne leistest.

Der genaue Ort dieses Meines Werkes ist für dich bereits vorbereitet. Geh, und nimm das Land in Besitz, das Ich dir gebe,[394] denn Ich werde

---

391 Ps 147,3; Jes 61,1; Jer 33,6; Ez 34,16; Hos 6,1.
392 Vgl. Hlg. Thérèse von Lisieux, »Akt der Aufopferung an die barmherzige Liebe«, in *Geschichte einer Seele* [paulinus 2009], S. 185 f.
393 Mk 16,17; Lk 10,17; Phil 2,9–11.
394 Dtn 9,23; 11,31; Jos 1,11; 18,3.

es zu einem Ort des Segens und der Heilung für viele Seelen machen. Priester werden sich angezogen fühlen, sich der Erfahrung des Strahlens Meines eucharistischen Angesichts auszusetzen, und in diesem Strahlen werden ihre Herzen zu Mir bekehrt und in Eifer und Liebe entflammt.

Es ist jetzt nicht die Zeit zu zögern, denn die Stunde ist da. Geh im Glauben und restlosen Vertrauen auf Mich, und fürchte nichts. Ich werde dieses Werk wie Meinen Augapfel verteidigen, und Ich werde es mit einer Mauer und einem Wall verteidigender Engel umgeben.[395] Du wirst erkennen, dass dieses Werk Mein Werk ist; du bist nur Mein Werkzeug, das Meine Mutter auserwählt hat, so dass Meine Gnade und Meine Barmherzigkeit in einer Seele verherrlicht werden, die von den Mächten der Finsternis bereits für ein entsetzliches Ende ausersehen worden war. Doch diese Mächte wurden besiegt und ihr Plan zunichte gemacht. Meine Liebe wird in deinem Herzen und in deinem Leben triumphieren, und dein Priestertum wird für viele Seelen ein Mittel sein, Mir im Sakrament Meiner Liebe zu begegnen; und eine Kraft zur Heilung Meiner am schlimmsten gebrochenen und verwundeten Priester.

Damit das geschieht, musst du nur deine Zustimmung geben. Du hast sie gegeben, und sie ist vom himmlischen Hof angenommen, und nun wird Mein Plan der Barmherzigkeit und der Liebe durchgeführt.

Verweile in Meiner Gegenwart. Suche Mein eucharistisches Angesicht. Das verlange Ich von dir vor und über allem. Ich gebe dir Mein Herz, Mein eucharistisches Herz, als Unterpfand Meiner Treue und als sichere Zuflucht in jeder Versuchung und jeder Bedrängnis. Meine heilige Seite ist offen, dich zu empfangen. Verweile in Mir, und Meine Liebe wird in dir und in deiner Umgebung zur Verherrlichung Meines Vaters triumphieren.

### Samstag, 15. Oktober 2011
### Heilige Teresa von Jesus

Ich habe zu dir in den Worten von Psalm 90 gesprochen, um dich Meines Schutzes zu versichern und Meiner Sorge um dich in jedem Augenblick, vor allem aber in diesen Tagen, die dich in die Erfüllung Meines Plans führen werden. Vertraue Meinem Schutz. Geh ohne Furcht voran. Ich werde die Herzen derer erleuchten, mit denen du verhandeln

---

395 Dtn 32,10; Ps 17,8; Sach 2,8; Ex 14,19; 23,20; Ps 34,8; Ps 91,11; Jes 63,9; Dan 6,22.

musst, und die Türen werden sich vor dir auftun, denn das ist Mein Werk, und seine Stunde ist gekommen.

Meine Mutter ist deine Gründerin und deine Äbtissin;[396] die Heiligen sind ihre Mitarbeiter; die Engel sind ihre Boten und die Beschützer derer, die sie liebt. Das ist ein göttliches Werk und die Umsetzung von einem Wunsch Meines heiligen Herzens. Ich habe dich für dieses Leben erwählt, weil dein Leben dich in Meinen Augen demütig gemacht hat, und deine Schwäche machte dich zu Meinem geeigneten Werkzeug.[397] Es gibt nichts in deiner Vergangenheit, das Ich nicht erlösen und für Meine Verherrlichung und das Heil der Seelen verwenden kann. Du wirst Seelen heilen und Meine Priester aufbauen können, weil Ich dich geheilt und dein Priestertum wieder aufgebaut habe. Ich liebe dich, und du bist Mein. Geh voran mit vollständigem Zutrauen in Meinen Schutz und in Meine Fürsorge.

### Montag, 17. Oktober 2011

Dein Fürbittgebet für N. findet Mein Wohlgefallen, weil es ein Akt der Liebe ist. Kein Akt der Liebe bleibt unbelohnt, nicht in diesem Leben und auch nicht im nächsten. Liebe ruft nach Liebe.[398] Das Gebet ist der Ausdruck von Liebe,[399] es kommt in Kontakt mit der göttlichen Liebe, und also steigt göttliche Liebe – die Liebe Meines Herzens zum Vater und die Liebe des Vaters zu Mir und die Flamme der einenden Liebe, der Heilige Geist – in die Seele des Betenden herab. Deine Seele besitzt also den Himmel in sich, denn der Ort der trinitarischen Liebe ist der Himmel.[400]

Ich wünsche, dich immer auf diese Weise beten zu sehen. Erlaube dir, von Liebe zu Liebe bewegt zu werden, dann wird Liebe in dich herabkommen und Wohnung in dir nehmen. Wo Liebe wohnt, sind alle

---

396 In der mectildischen Tradition wird die Jungfrau Maria immer als Äbtissin der Gemeinschaft angesehen und als solche verehrt.
397 1 Kor 1,26–31; 9,22; Joel 3,10.
398 Vgl. Ps 42,8.
399 Vgl. die hlg. Thérèse von Lisieux: »Für mich ist das Gebet ein Aufschwung des Herzens.« (Zitiert im Katechismus der Katholischen Kirche, Nr. 2559)
400 1 Kor 3,16; vgl. Hlg. Elisabeth von der Dreifaltigkeit, Brief 122, an Madame de Sourdon: »Wir besitzen unseren Himmel in uns, denn Er, der den Hunger der Seligen im Licht des Schauens sättigt und Sich uns in Glauben und Geheimnis schenkt, ist Ein und Derselbe! Mir scheint, ich habe meinen Himmel auf Erden gefunden, denn der Himmel ist Gott, und Gott ist [in] meiner Seele.« Brief 172, an Germaine de Gemeaux: »Die ganze Dreifaltigkeit wohnt in uns, das ganze Geheimnis, das unsere Vision im Himmel sein wird: Möge dies dein Kloster sein.«

Dinge möglich, denn wo Liebe ist, dort bin Ich, zusammen mit Meinem Vater und dem Heiligen Geist. Die Liebe wohnt in dir. Glaube das, und geh voran in Vertrauen und im Frieden.

**Samstag, 29. Oktober 2011**

Fürchte dich nicht. Die Versuchungen, die du erduldet hast, haben dich nicht von der Liebe getrennt, in der Ich dich, nahe Meinem Herzen, festhalte. Sei aber trotzdem auf der Hut, denn der Feind alles dessen, was wahr und rein und schön ist, streicht um dich herum und sucht einen Einfallspunkt in die Burg deiner Seele. Versiegle jeden Eingang und jedes Fenster mit dem Zeichen Meines Kreuzes und mit der Macht Meines Blutes, und du wirst unter Meinem Schutz sicher bleiben.

Sei im Frieden. Bete für N., so wie du für alle Priester betest, ohne allerdings eigens bei ihm zu verweilen. Auch er ist zu großer Heiligkeit und zur Gnade der Freundschaft mit Mir berufen, aber die Verlockungen der Welt, des Fleisches und des Teufels hatten bislang die Oberhand, und im Augenblick ist er taub für Meine liebevollen Beschwörungen. Bete friedvoll für ihn, und lass nicht zu, dass dein eigenes Herz verstört wird.[401] Ich werde Mich um ihn kümmern, so wie Ich Mich um dich gekümmert habe, mit allem Erbarmen Meines Herzens.

Diejenigen, die Mich kennen, haben grenzenloses Vertrauen in Mein Erbarmen und wissen, dass Ich selbst die schwierigsten Situationen mit einer Liebe auflösen kann, die ebenso zärtlich wie mächtig ist. Bete also mit Vertrauen zu Mir, denn Ich bin der König der Liebe, und so möchte Ich auch anerkannt sein. Ich herrsche in den Seelen nicht durch Zwang, sondern durch Meine süßeste Liebe.[402] Ich herrsche als Kind-König, mit Freundlichkeit und mit einer Zuneigung, die ganz und gar göttlich ist. Ich bin kein Tyrann, und Ich werde niemandem Meine Herrschaft aufzwingen. Ich bin der Kind-König, der in Verkleidung eines Bettlers kommt, auf der Suche nach der Gastfreundschaft jedes einzelnen Herzens.[403] Denjenigen, die Meine Herrschaft willkommen heißen, gebe Ich Wärme und Licht, Essen und Trinken, ein herrliches Gewand und einen ewigen Anteil an Meinem Königreich.[404]

---

401 Joh 14,1; 14,27.
402 Mt 11,29–30; Röm 8,5; Gal 2,4; 5,1; Ex 6,6; Jer 30,8.
403 Mt 25,37–43, außerdem die Geschichte vom heiligen Martin von Tours und dem Bettler am Tor.
404 Joh 6,55; Offb 2, vv. 7,10,17; Offb 3, vv. 5,12,21; Jes 61,10.

Mach Mich bekannt als den König der Liebe, als den Kleinen, Armen, der darauf wartet, in eure Gemeinschaft aufgenommen und in eurer Mitte willkommen geheißen zu werden, um dort zu herrschen – nicht durch Macht, sondern demütig und mit unendlichem Mitgefühl. Wenn Seelen Mein Königtum als das kennen würden, was es tatsächlich ist, dann würden sie sich Mir augenblicklich unterwerfen, und Ich würde sie daraufhin mit dem Glück Meiner Gegenwart erfüllen. Liebe Mich also, und erlaube Mir, dich mit Meinem Herzen, dem Herzen eines Königs, zu lieben. Es ist etwas Großartiges, vom Herzen eines Königs geliebt zu werden, und Ich bin der König alles dessen, was ist, was war und was sein wird. Mein Herz gehört dir. Gib Mir dafür dein Herz. So wird unsere Freundschaft im Himmel und auf Erden besiegelt.

**Donnerstag, 3. November 2011**

Wenn alles verworren und widersprüchlich zu sein scheint, dann wende dich an Mich mit noch größerem Vertrauen, denn Ich bin und bleibe ganz und gar Weisheit, Liebe und Barmherzigkeit, und nichts entgeht Meiner fürsorgenden Voraussicht. Hab keine Angst, denn Ich bleibe treu, auch wenn du untreu bist.[405] Ich bin stark, wenn du nichts als Schwäche bist. Ich bin Heiligkeit, wenn alles in dir danach schreit, sich mit der Sünde einzulassen. Ich bin Ganzheit und Friede, wenn du gebrochen und verstört bist.

Komm also zu Mir und empfange von Mir all das, was du in deiner Armut nicht hast. Ich werde dir großzügig geben, und du wirst dich freuen an Meiner Freigiebigkeit.[406] Wisse, dass Ich mit dir bin und dass Mein Plan für dich feststeht und sich nicht ändert. Traue Mir, während Mein Plan sich entfaltet, auch inmitten von Ungewissheiten und Rückschlägen, denn Ich halte alle Meine Versprechen, und Ich habe dir und diesem Werk, das ganz und gar Mein ist, Mein Herz gegeben.

Wenn du zweifelst oder wenn du von Versuchungen und Ängsten bestürmt wirst, dann komm zu Mir und bleib eine Weile in Meiner Gegenwart. Ich werde dein Vertrauen in Meinen Plan wieder herstellen, und Ich werde deinem verstörten Herzen Frieden geben. Zu viele Seelen vermeiden es, wenn sie sich in den Krallen der Versuchung befinden oder von Zweifeln und Ängsten bedrängt werden, in Meine Gegenwart

---

405 Mt 14,29–31.
406 Mt 10,8; Röm 10,12; Jak 1,5; Offb 21,6; Ps 84,12; Ps 112,9; Hos 14,5 (14,4).

zu kommen, wo sie doch hier und nur hier Herzensfrieden und Vertrauen in Meine barmherzige Güte finden werden.

### Sonntag, 6. November 2011

Wenn du zum Gebet kommst, dann sind eigentlich nicht so sehr die Wörter wichtig; vielmehr ist es deine liebende Aufmerksamkeit auf Meine Gegenwart, die Mein Herz tröstet. Gib Mir deine Aufmerksamkeit, und Ich werde die Wunder Meiner barmherzigen Liebe in deiner Seele wirken. Bleibe vor Meinem Angesicht. Verweile friedvoll in Meiner Gegenwart, ohne dich dazu zu zwingen, Gedanken, Gefühle oder Empfindungen zu produzieren. Nichts davon ist nötig für ein Gebet, das Mich erfreut und Mir die Freiheit gibt, in einer Seele zu wirken. Alles, was notwendig ist, ist Glaube, und mit dem Glauben Hoffnung, und mit der Hoffnung die Liebe, die die Seele an Mich bindet und die Vereinigung mit Mir Wirklichkeit werden lässt.

Ich spreche zu dir, weil du die Versicherung Meiner Freundschaft und die Führung brauchst, die nur Ich dir auf diese Weise geben kann. Vielleicht erinnerst du dich nicht an alles, was Ich zu dir sage, doch Meine Worte sind nicht ohne eine bleibende Wirkung, auch wenn du sie vergisst oder nicht mehr liest. Keines Meiner Worte ist vergeblich. Jedes Wort, das Ich äußere, ist in der Seele, die ihm keinen Widerstand entgegensetzt, fruchtbar.[407]

Du hast Meinen Worten keinen Widerstand entgegengesetzt – ganz im Gegenteil: Du hast sie entsprechend deiner Fähigkeit aufgenommen, daher mache Ich sie nun in deiner Seele und in deinem Predigen und in deinem weiteren Leben fruchtbar.

Es gibt keinen Priester, zu dem Ich nicht auf diese Weise sprechen würde, oder auf eine andere Art, die seiner Fähigkeit zu hören angemessen ist – vorausgesetzt, er glaubt an Meine göttliche Freundschaft und an Meine Wahl, an die Liebe zu den Männern, die Ich berufen habe, Anteil an Meinem Priestertum zu haben.

Habe Ich dir nicht bereits gesagt, dass das Priestertum vor und über allem anderen eine Beziehung inniger Freundschaft mit Mir ist?[408] Die Priester, die das nicht wissen, haben keine Vorstellung davon, was ihr Priestertum für Mich und Meinen Vater im Himmel bedeutet. Es schmerzt Mein heiliges Herz ganz besonders, dass Priester nicht zu Mir

---

407 Jes 55,11; Mt 13,23; Mk 4,20; Lk 8,15; Jak 1,18.
408 Joh 15,14–15; Mk 6,31–32; Hld 5,16; Jes 41,8.

als einem Freund kommen, dass sie es unterlassen, Meine Gesellschaft aufzusuchen, im Strahlen Meines Angesichts zu verweilen und nahe Meinem Herzen auszuruhen.

Den Seminaristen werden viele Dinge beigebracht, einige sind nützlich, andere weniger. Aber lehrt man sie, Mich zu lieben, Mir ihr Herz zu geben, in Meiner Gegenwart zu verweilen, Mein Angesicht zu suchen und auf Meine Stimme zu hören? Wenn ihnen diese Dinge nicht beigebracht werden, dann haben sie letztlich überhaupt nichts Nützliches gelernt, und all ihre Bemühungen werden seicht und steril bleiben. Warum sind die Seminare Meiner Kirche nicht Schulen der Liebe, Feueröfen göttlicher Barmherzigkeit, in denen die Schlacke weggebrannt wird und nur das lautere Gold der Heiligkeit übrigbleibt, ein Gold, das – in einer Welt, die in Dunkelheit getaucht ist – die Herrlichkeit Meiner göttlichen Natur und den Glanz Meiner Wahrheit widerzuspiegeln vermag?

Weh denen, die es Männern erlauben, ihre Institutionen zu durchlaufen, ohne ihnen das eine Notwendige beizubringen![409] Werde Ich am Jüngsten Tag zu denen, die Ich erwählt habe, sagen müssen: »Ihr kennt Mich nicht, und obwohl Ich euch durch und durch kenne, finde Ich in Euch Kälte und Widerstand gegen Meine Gnade«?[410]

Bete also nicht nur für Meine Priester, deine Brüder, sondern auch für die Männer, die Ich dazu berufen habe, Meine Priester zu werden: dass sie lernen mögen, *Mich zu lieben*, bevor sie ihre Begabungen und ihre Energien in eine Vielzahl anderer Dinge stecken, die verderblich sind und keinen Wert haben, es sei denn in den Händen und im Geist jener, die sich ganz und gar zur Liebe Meines Herzens bekehrt haben.

Jeder Seminarist und jeder Priester muss sich dem mütterlichen, allreinen Herzen Meiner Mutter weihen. Getrennt von Meiner Mutter laufen sie Gefahr, erst lau zu werden und dann kalt. Getrennt von ihr werden sie in sündhafte Gewohnheiten verfallen und dann zu schwach sein, wieder aufzustehen, wenn sie gefallen sind. Getrennt von ihr wird ihr Leben ohne Freude sein, ohne Zärtlichkeit, ohne Süßigkeit und ohne die Wärme, die das allreine Herz Meiner Mutter in die Seelen jener strahlt, die ihr geweiht sind.

Liebe Meine Mutter, und lass es dir ein Anliegen sein, dass sie von anderen geliebt wird. Es kann darin keine Übertreibung geben; hab keine Angst davor, Meine Mutter zu sehr zu lieben. Deine Liebe zu Meiner Mutter wird nie an Meine Zärtlichkeit, Meinen kindlichen Respekt, Meine Aufmerksamkeit für alle Wünsche ihres Herzens heranreichen.[411] Ich

---

409 Lk 10,42.
410 Mt 7,21–23; 25,11–12; 26,69–75; Lk 6,46–49; 13,24–27; Apg 7,51.
411 Lk 2,51; Joh 2,3–5.

habe Meine Mutter während Meines Erdendaseins geliebt und andere dazu bewegt, sie zu lieben; vor allem Meine Apostel bewegte Ich dazu, sie zu lieben, und indem sie sie liebten, nahmen sie in der Liebe zu Mir zu. Nach Meiner Himmelfahrt versammelten sie sich um sie wie um eine wärmende, leuchtende Feuerstelle.[412] So wurden sie vorbereitet, die Ausgießung des Heiligen Geistes an Pfingsten zu empfangen.

Ein Priester nach Meinem Herzen wird Meine Mutter von ganzem Herzen lieben. Ein Priester nach Meinem Herzen wird aufmerksam sein für alles, was Meine Mutter wünscht; er wird auf sie hören und ihren Ratschlägen folgen. Das Heilmittel gegen so viele der zahlreichen Übel, die Meine Priesterschaft entehrt und Schande über Meine Kirche gebracht haben, ist die Weihe von Priestern und Seminaristen an das allreine Herz Meiner Mutter. Ich habe von Meinem Kreuz herab alle Meine Priester bis ans Ende der Zeit gesehen, und zu jedem einzelnen von ihnen habe Ich gesagt: »Siehe, deine Mutter.«[413]

## Samstag, 12. November 2011

Meine Liebe zu dir ist konstant und unwandelbar. Sie verändert sich nicht je nach Stimmungen oder Jahreszeiten. Meine Liebe zu dir glüht und brennt wie eine stetige Flamme, eine hohe, helle Flamme. Zweifle nie an Meiner siegreichen Liebe zu dir, einer Liebe, die in dir und in deiner Umgebung triumphieren wird, vorausgesetzt, du kommst voller Vertrauen zu Mir und bringst all deine Unsicherheiten, deine Schwächen, ja selbst deine Sünden vor Mich.

Nichts bereitet Meinem göttlichen Herzen solchen Schmerz wie Zweifel an Meiner barmherzigen Liebe. Sünde in all ihren Formen und Manifestationen beleidigt Mich und betrübt Mein liebendes Herz, aber Zweifel an Meiner barmherzigen Liebe schmerzt Mich in einer Weise, die du dir nicht vorstellen kannst. Das ist so, weil Ich die Liebe bin, ganz und gar Liebe; weil Meine Barmherzigkeit der Ausdruck Meiner Liebe zu den Sündern ist; und Mein Herz leidet, wenn diese Sünder sich vor Mir verschließen, indem sie daran zweifeln, dass Ich ganz Liebe bin und bereit, alles zu vergeben.

Lass nie zu, dass Sünde ein Vorwand wird, dich von Mir fernzuhalten. Nein, lass die Sünde vielmehr ein Auslöser werden, der dich in Meine Gegenwart treibt. Hier, in Meiner Gegenwart, wird die Sün-

---

412 Apg 1,14.
413 Joh 19,27.

203 de wie in einem Feuerofen vom Feuer barmherziger Liebe verzehrt,[414] und Seelen werden rein gemacht, geheilt und für Meine Freundschaft wiederhergestellt. Ich stoße keinen zurück, der im Vertrauen auf Meine barmherzige Liebe zu Mir kommt. Meine Arme sind offen, reuige Sünder in die Umarmung Meiner barmherzigen Liebe aufzunehmen; ja mehr noch: Meine Seite wurde verwundet, um Sündern einen Weg ins Innerste Meines Herzens zu bahnen: ihr Hospital, ihren Ort der Zuflucht, der Heilung, der Erneuerung und Heiligkeit – also der Trennung von allem, was mit Meiner Liebe unvereinbar ist.

Wenn du schwach bist, komm zu Mir. Wenn du mühselig und beladen bist, komm zu Mir. Wenn du Angst hast, komm zu Mir. Wenn Zweifel dich heimsuchen, komm zu Mir. Wenn du einsam bist, komm zu Mir. Nichts soll dich von Meinem Herzen trennen, das immer offen ist, dich zu empfangen. Der Böse ist es, der versucht, Seelen von Meinem Herzen abzuwenden. Der Böse ist es, der die Saat des Zweifels, der Angst, der Traurigkeit in die Seelen sät, um sie von Mir abzukehren und in die kalte Grube der Dunkelheit und Verzweiflung zu treiben, die er selbst bewohnt.

Meine Mutter hingegen hebt Seelen auf, wenn sie fallen; sie erfüllt sie mit Vertrauen in Meine liebevolle Barmherzigkeit, mit der Bereitschaft, an Meine barmherzige Liebe zu glauben, mit dem Wunsch, in Meine Gegenwart zu kommen und Mir, dem göttlichen Arzt, die Wunden zu zeigen, die im geistlichen Kampf geschlagen wurden. Meine Mutter ist die Mutter der heiligen Hoffnung.[415] Sie ist die Mutter heiliger Zuversicht. Wer sich Meiner Mutter anvertraut, wird nie in die Grube der Verzweiflung stürzen. Selbst wenn er schlimm versucht wird, wird in seiner Seele genug Zuversicht bleiben, dass er sich an Mich wendet und einen Akt der Hingabe an Meine barmherzige Liebe vollzieht, der Mein Herz berühren und einen Sturzbach der Vergebung, der Heilung und der Barmherzigkeit freisetzen wird.

Du hast nicht erwartet, heute diese Worte von Mir zu empfangen. Ich habe sie zu dir gesprochen, um deine Zuversicht in Meine barmherzige Liebe zu stärken und um Seelen zu trösten, die sich in den Fängen der Versuchungen gegen Meine Barmherzigkeit und gegen die unwandelbare Liebe Meines heiligen Herzens winden.

---

414 Dtn 4,24; Sach 13,9; Hebr 12,29.
415 Sir 24,24.

## Mittwoch, 16. November 2011
## Mein 25-jähriges Priesterjubiläum
## Fest der heiligen Gertrud

Ich habe dich in der Tat aus vielen Gefahren errettet, als dein Priestertum und dein Leben von Schiffbruch und vollständiger Zerstörung bedroht waren. Ich habe dich für Mich gerettet, weil Ich dich liebe, und weil Mein Herz dir zugewandt war, dich für Mich erwählt hat vom Mutterschoß.[416] Meine Wahl hat Bestand, denn Ich bin wandellos, und Meine aus Liebe geborenen Verfügungen können nicht ungeschehen gemacht werden, nicht einmal durch die Wankelmütigkeit sündiger Menschen. Du bist Mein, und Ich bin dein, und das gilt für immer.[417]

Glaube also an Meine Liebe zu dir. Geh mutig weiter und handle mit Glauben, mit Vertrauen in Meine Liebe. Es gibt keine Hindernisse, über die Meine Liebe nicht triumphieren könnte. Meine Liebe ist eine siegreiche Liebe, selbst dann, wenn alles besiegt zu sein scheint und gebunden in den Fesseln des Todes. Ich bin der Gott, der neues Leben aus dem entstehen lässt, was alt, zerfallen und begraben ist. Ich bin der Gott, der alle Dinge erneuert, auf denen Mein Blick ruht. Ich bin der Gott, für den nichts unmöglich ist und dem alle Dinge gehorchen.[418] Vertraue also Meiner Liebe zu dir, und geh weiter.

Ich habe den Weg vor dir bereitet, und Ich werde mit der Leichtigkeit eines Kindes, das während seines Spiels ein Blatt von der Erde vor sich aufhebt, aufkommende Hindernisse entfernen. Bete Mich an und bleibe in Meiner Gesellschaft, denn das ist es, was Ich von dir verlange. Ich werde alles Übrige tun. Je mehr du Mir deine Machtlosigkeit überlässt, in Zuversicht und in demütiger Anbetung, desto mehr wirst du erkennen, dass Ich alle Dinge mächtig und vortrefflich ordne[419] und dass Mein Plan obsiegen wird.

Das Haus, das Ich dir geben werde, soll auf Stunden der Anbetung und auf der treuen Rezitation Meiner Lobgesänge bei Tag und Nacht aufgebaut sein. Wer Mich preist, und sei es noch so demütig und schlicht, der vertraut Mir, und für einen Menschen, der Mir vertraut, gibt es nichts, das Ich nicht für ihn tun würde. Was in Meinen Augen wichtig ist und was Meinen Ohren wohlgefällt, das ist nicht der äußere Prunk und die Feierlichkeit, die Meiner Verherrlichung des Vaters inmitten Meiner

---
416 Ps 22,11; Ps 71,6; Jes 44,2; 44,24; 49,1; 49,5; Jer 1,5; Sir 49,7; Gal 1,15.
417 Ps 119,94; Hld 2,16; 6,3; Jes 43,1; Ez 18,4.
418 Ijob 42,2; Jdt 16,14; Esther 13,9; Ps 119,91; Weish 7,27; 11,23; Joh 15,5; Mt 17,20; 19,26; Mk 9,23; 10,27; 14,36; Lk 1,37; Röm 9,19.
419 Weish 8,1.

Kirche und in den Herzen jener, die Ich zu diesem Werk berufen habe, gegeben wird. Es ist die demütige Treue zu diesem Werk, bei Tag und bei Nacht, die Kontinuität der feierlichen Verpflichtung, bei Mir zu sein, der Ich im Sakrament Meiner Liebe gegenwärtig bin, und in das Geheimnis Meines glorreichen Priestertums im Himmel einzutreten. Dadurch wird der Himmel über dem Angesicht der Erde geöffnet; dadurch wird das Herz Meiner Kirche mit dem Glanz des Himmels erfüllt. Bemühe dich, treu zu sein. Wie einfach oder auch armselig dein Gebet ist: Wenn du mit Mir im Sakrament des Altars auf Erden vereinigt bist, dann wird dieses Gebet zu Meinem Gebet am himmlischen Hof.

Selbst wenn du allein bist, tritt Mein Gebet in deines ein, und dein Gebet in Meines. Dadurch wird Mein Vater verherrlicht.[420] Bete ohne Unterlass. Lass dein Herz nicht mutlos werden.[421] Beten heißt an Meine Liebe zu dir glauben. Beten heißt, Mir erlauben, die Wunder Meiner Liebe in deiner Seele zu wirken. Beten heißt, die Kirche einem erneuernden, läuternden Wind zu öffnen, der alle Dinge reinigt und die Erde mit einem göttlichen, aus dem Himmel stammenden Wohlgeruch erfüllt.

Es gibt Dinge, die Ich dir jetzt nicht sagen werde; es ist genug, dass du im Gebet verharrst, wenn du siehst, dass sie eintreffen.

205   So wenige Meiner Priester glauben überhaupt mit ganzem Herzen an Mich. Sie leben, als wäre Ich für sie keine Wirklichkeit, und ihre Herzen versinken tiefer und tiefer in einen todesähnlichen Schlaf der Gleichgültigkeit und Lauheit. Durch Glauben werden sie sich ändern können, denn durch Glauben werde Ich in ihnen zu wirken beginnen.[422] Was ist das Gebet anderes als eine Demonstration des Glaubens an Mich? Sie sollen also beten. Lehre sie zu beten. Hilf ihnen zu beten. Erst dann werden Meine Priester anfangen, Hoffnung zu schöpfen. Erst dann werden sie in einer Welt, die in Gram gehüllt und von zu vielen Tränen blind ist, Zeugen Meiner Freude sein können.

Ich habe noch mehr zu dir zu sagen, doch für den Augenblick ist es genug. Nimm Meine Worte und lies sie, bis sie sich in dein Gedächtnis eingeprägt haben. Du wirst sie am Tag der Versuchung und in der Stunde der Drangsal brauchen, denn diese Stunde wird kommen. Ich aber werde über alle triumphieren, und du wirst als der Priester Meines Herzens in Erscheinung treten, den Ich erwählt habe, und den Ich vor der Welt in Meiner geöffneten Seite verborgen habe.

---

420 Joh 14,13; 15,8.
421 Lk 18,1–8; Röm 12,12; Kol 4,2.
422 Hebr 11; Mt 17,19; 21,21; Mk 11,22; Apg 3,16; Eph 3,12.

**Samstag, 19. November 2011**

Wenn du auf diese Weise zu Mir kommst, erlaubst du es Mir, in deiner Seele zu wirken. Meine Wünsche für dich erfüllen sich im Verhältnis zu deiner Unterwerfung unter Meine Liebe im Sakrament Meiner göttlichen Freundschaft, im Geheimnis Meiner wirklichen Gegenwart. Wenn du Mich anbetest, dann unterwirfst du dich allem, was Ich wünsche, und du gibst Mir die Freiheit, die Wunder Meiner heilenden Gnade in dir zu wirken. Wenn du Mich anbetest, dann wisse, dass Ich mächtig in dir wirke, dich in aller Stille mit Mir vereine, dein sündiges Herz läutere und deine Seele mit dem Glanz Meiner Göttlichkeit erleuchte.

Das möchte Ich für alle Meine Priester tun, aber nur sehr wenige kommen zu Mir, suchen Mein Angesicht im Sakrament Meiner Liebe und finden nahe Meinem liebenden Herzen Ruhe. Warum bleiben sie Mir fern, wo Ich doch dieses Wunder der Liebe gewirkt habe – Meine wirkliche Gegenwart, Meine reale Präsenz im Allerheiligsten Sakrament des Altares –, um ihnen nahe zu sein? Warum bleiben sie Mir fern, betrüben Mein Herz durch ihre Kälte, ihre Gleichgültigkeit und ihre Undankbarkeit, wo Ich doch bereit bin, sie zu jeder Stunde des Tages oder der Nacht in eben jenen Tabernakeln zu empfangen, in denen sie Mich mit ihren eigenen Händen abgestellt haben?

Warum sind sie halsstarrig und hartherzig, suhlen sich in weltlichen Vergnügungen und erleiden die entsetzliche Langeweile jener, die auf der Suche nach einer Freude, die allein nur Ich ihnen geben kann, auf diese Welt und ihre trügerischen Reize blicken? Warum haben sich nur so wenige Meiner geliebten Priester in der gegenwärtigen Dunkelheit und in der Krise, die Meine Kirche fast überall quält, an Mich gewandt? Sie sind wie Kranke, die sich weigern, den Arzt aufzusuchen. Sie sind wie Einsame, die sich weigern, einem Freund, der sie einfach nur besuchen und sie trösten will, die Tür zu öffnen. Sie sind wie Hungrige, die sich von dem Essen abwenden, das ihnen vorgesetzt wird. Sie sind wie Durstige, die nicht aus dem Bach trinken wollen, der frisch und rein direkt vor ihren Füßen fließt.

Diese Meine Priester bekümmern Mein Herz; dennoch werde Ich sie mit Meiner barmherzigen Liebe verfolgen, bis sie sich Meinem Herzen ergeben und Mir erlauben, ihr Freund zu sein, die Freude ihres Herzens, das Licht ihrer Augen, der Arzt in Krankheit, ihre Nahrung, ihr Trank, ihre Zuflucht, kurz: ihr Alles.

Ich biete Meinen Priestern nichts als nur Zuwendungen und Gnaden an, sie aber wenden sich mit geballten Fäusten von Mir ab, unwillig wie kleine Kinder, etwas von den Gaben zu empfangen, mit denen Ich sie reichlich beschenken will. Wo haben sie gelernt, Mich so zu behandeln? Warum widerstehen sie Meinen sämtlichen Bemühungen, ihr Herz zu erwärmen, ihren Geist zu erleuchten, und ihr leeres Leben mit Meiner beständigen Gegenwart zu erfüllen? Ich warte darauf, dass Meine Priester umkehren, dass sie zurückkehren zu Mir im Sakrament Meiner Liebe. Ich warte darauf, dass sie Mich und keinen anderen als ihren ersten und besten Freund haben wollen. Ich warte darauf, dass sie in Meiner Gegenwart ihr Herz ausschütten, dass sie Mir von ihren Leiden, ihren Fehlschlägen, ihren Freuden und ihren Sünden erzählen. Ich werde keinen Priester abweisen, der zu Meinem eucharistischen Herzen kommt und Gnade in einer Zeit der Not, Licht in der Dunkelheit und einen Gefährten in der Einsamkeit sucht.

Ach, lass sie zurückkehren zu Meinen Tabernakeln, wo Ich auf sie warte, und lass sie Meine Kirchen öffnen, auf dass auch die ihnen anvertrauten Seelen Mich im Sakrament Meiner Liebe aufsuchen und mit Meinen Segnungen in ihren Zeiten der Not erfüllt werden können. Ich werde dem Priester, der Mein Angesicht im Sakrament Meiner Liebe aufsucht, keine Gnade vorenthalten. Nicht einen einzigen werde Ich enttäuscht oder mit leeren Händen fortschicken, denn Ich bin der Herr des Himmels und der Erde, und Ich warte auf sie in den Tabernakeln, in die sie Mich gestellt haben. An so vielen Orten bin Ich der göttliche Einsiedler, wo Ich doch jedem Meiner Priester und allen Meinen Gläubigen der göttliche Freund sein will, der immer bereit ist, die zu empfangen, die Mein Angesicht suchen.

## Montag, 21. November
## Darstellung der Seligen Jungfrau Maria

Ich werde dir zeigen, wie du viele Herzen berühren kannst, indem Ich dir eine Botschaft gebe, die aus Meinem Herzen kommt, das in Liebe für Meine Priester brennt in dem Sakrament, für das sie geweiht wurden, denn jeder Priester wird geweiht, damit er sich um Meinen Leib kümmert und ihm dient.[423] Der Priester ist seinem Wesen nach eucharistisch. Das Priestertum ist auf die Erneuerung Meines Opfers auf den Altären Meiner Kirche hingeordnet, vom Aufgang der Sonne bis zum Untergang.[424] Ich möchte die Erde mit

---

423 Vgl. Thomas von Aquin, *Summa theologiae*, III, q. 82, a. 3.
424 Mal 1,11; Ps 113,3.

Meinen Priestern bevölkern, auf dass an jedem Ort Mein Leib gegenwärtig gesetzt werde und Meine Kirche, Meine Braut an Heiligkeit und Schönheit zunehme, so dass alle es sehen können. Die Vision wurde dir gezeigt; du hast sie aufgeschrieben. Es ist an der Zeit, sie bekannt zu machen. Es werden Herzen bewegt werden, und durch die Freundlichkeit einer Vielzahl von Kleinen werde Ich für das sorgen, was gebraucht wird, damit Mein Werk weitergeht. Du warst nicht aktiv genug, wenn es um das Mitteilen des dir anvertrauten Werks ging: durch Schreiben, und indem du verbreitest, was du geschrieben hast. Ich rufe dich nicht zu einem Aktivismus auf, der dich erschöpfen und vom Gebet abziehen würde, aber doch zu einem mutigen Einsatz für das Projekt, das Ich dir gezeigt habe und dessen Umsetzung Ich ersehne, nicht als etwas nur für dich allein, nicht einmal nur für deine Lebenszeit, sondern als ein Geschenk an Meine Kirche und an Meine geliebten Priester. Schreib, verbreite das Wort, und dann vertraue Mir, dass Ich Herzen öffnen werde. Die Unterstützung für das Werk wird kommen, aber sie wird hauptsächlich von den Kleinen und Armen ausgehen, denen Ich ein Herz voller Mitleid für Meine leidenden Priester gegeben habe.

Die Umsetzung Meines Werks geschieht sogar jetzt, in diesem Augenblick, weil du hier vor Meinem Angesicht bist, und weil Ich dich sehe, und Mein Herz wird zu Mitleid bewegt für all die Priester, für die du hier bist. Ich habe dich zu einem Leben in Verborgenheit berufen, allerdings wünsche Ich, dass du aus dieser Verborgenheit heraus – und ohne sie zu verlassen, um dich um die Gunst der Reichen und Mächtigen zu bemühen – schreibst, und indem du schreibst, werden sich Türen öffnen, und du wirst staunen, wie vollkommen Meine Weisheit und Meine Liebe alle Dinge geordnet hat. Jetzt ist nicht die Zeit für Entmutigung und Zweifel. Es ist der Augenblick des Vorwärtsgehens: Mach Gebrauch von den Gaben, die Ich dir verliehen habe, und von den Gaben deiner Söhne.

Sprich, wenn du aufgefordert wirst zu sprechen, aber zieh das Schweigen in Meiner Gegenwart dem Sprechen vor den Augen der Menschen vor. Tritt auf, wenn du aufgerufen wirst aufzutreten, aber zieh die Verborgenheit im Geheimnis Meines eucharistischen Angesichts vor.

Die Zeit ist kurz, und dieses Mein Werk muss weitergehen, denn die geistigen Nöte Meiner Priester sind unermesslich. Ich möchte Meine Priester vor den Schlingen und Fallstricken retten, die der Böse ihnen auf ihren Weg gelegt hat. Er sinnt auf ihre Vernichtung und damit auf die Vernichtung Meiner Braut, der Kirche. Meine Priester stehen an vorderster Front; wenn sie fallen, hat Meine Braut, die Kirche, keine Verteidigung mehr, und er, der Mich von Anbeginn hasst, wird vorrücken, um ihren Sturz einzuleiten.⁴²⁵ Ich werde seine Pläne zur Zerstörung Meines Priestertums und Meiner Kirche vereiteln, indem Ich eine Kohorte von Anbetern aufstelle, von Priestern, die für Priester anbeten, Söhne Meiner jungfräulichen Mutter, die wie Johannes, Mein geliebter Jünger, angesichts der Verfolgung standhalten und die Tröster Meines eucharistischen Herzens bleiben, das in den Tabernakeln, in denen Ich wohne, immer mehr aufgegeben und verlassen wird.

Der Böse plant Meinen Verrat, einen Verrat durch Meine Erwählten, durch die Priester, die Ich auch noch in ihrem Schmutz, ihrer Sünde und in ihrer Kaltherzigkeit liebe. Deine Aufgabe ist es, sie vor Meinem Angesicht zu vertreten. Indem du das tust, wirst du viele dazu bewegen, zu Mir zurückzukehren, ihr stillschweigendes Einverständnis mit den Lügen des bösen Feindes zu bereuen, und zu einem liebenden Gehorsam zurückzukehren, der vom Gebet und von der Gegenwart Meiner hochheiligen Mutter getragen wird.

Das sind die Dinge, die Ich dir heute Abend sagen möchte. Es ist genug für den Augenblick. Sei im Frieden. Du bist in Meinem Herzen, und Ich liebe dich.

## Dienstag, 20. Dezember 2011

Die Praxis der Anbetung ist nicht schwer. Anbetung ist ein behutsames Verweilen in Meiner Gegenwart, ein Ausruhen im Strahlenglanz Meines eucharistischen Angesichts, Nähe zu Meinem eucharistischen Herzen. Wörter sind manchmal hilfreich, aber nicht notwendig, ebenso Gedanken. Was Ich von einem suche, der Mich im Geist und in der Wahrheit anbetet, das ist ein in Liebe entflammtes Herz, ein Herz, das froh ist, in Meiner Gegenwart zu verweilen, schweigsam und still, nur damit beschäftigt, Mich zu lieben und Meine Liebe zu empfangen. Obwohl das nicht schwer ist, ist es trotzdem Mein Geschenk an die Seele, die darum bittet. Bitte also um die Gabe der Anbetung.

Anbetung ist ein nüchternes Gebet, weil sie nur auf Glauben beruht. Aus dem Glauben erhebt sich die lautere Flamme der Hoffnung, und aus der Flamme der Hoffnung entzünde Ich in der Seele einen großen Brand der Liebe – Ich teile der Seele das Feuer mit, das in Meinem eucharistischen Herzen lodert. Das Feuer göttlicher Liebe zerstört nicht, was Ich geschaffen habe: eine Seele nach Meinem Bild und Gleichnis.

---

425 Joh 8,44; 1 Joh 3,8; Mk 4,15; Lk 4,13; 8,12; 22,3–4; 22,31; 2 Kor 12,7; 2 Thess 2,9–12; 1 Petr 5,8; Offb 12,1–9; Ijob 40,20–41,25 (Vul.); Sach 3,1–2.

Es läutert diese Seele und brennt nur das weg, was mit Meiner unendlichen Heiligkeit und mit der Lauterkeit Meines Wesens unvereinbar ist. Die Seele wird aber durchaus nicht vernichtet. Sie bleibt auch inmitten der läuternden Flammen göttlicher Liebe ganz und gar fähig, zu glauben, zu hoffen, und Mich zu lieben.

Anbetung ist ein Feuerofen und eine Schmiede. Die zu einem Leben der Anbetung berufene Seele muss damit rechnen, die Intensität des Feuerofens zu erleiden und in der Schmiede Meines göttlichen Willens die Umgestaltung alles dessen, was in ihr verunstaltet ist. Damit das geschehen kann, genügt es, dass sich die Seele Meiner Liebe darbietet und demütig, friedvoll und still bleibt, während Ich sie in Meiner Gegenwart läutere und verwandle. Wenn die Seelen doch nur die Läuterungs- und Verwandlungsmacht kennen würden, die von Meinen Tabernakeln ausgeht! Wenn Meine Priester das doch nur wüssten, dann würden sie eilends in Meine Gegenwart kommen, dort verweilen und darauf warten, dass Ich in ihnen bewirke, was sie allein nicht tun können. Das schlichte Gebet der Anbetung macht einen Priester tauglich für das heilige Amt, indem es ihm ein reines Herz verleiht, und indem es alles korrigiert, was mit Meiner göttlichen Heiligkeit und mit Meiner priesterlichen Liebe in seinem Leben nicht vereinbar ist. Dieser Weg der Heiligkeit durch Anbetung ist ein Geheimnis, das Meinen Heiligen in vergangenen Jahrhunderten offenbart wurde, und er ist ein Geschenk, das Ich Meinen Priestern in diesen Zeiten der Unreinheit, der Verfolgung und der Dunkelheit darbiete.

Um Unreinheit zu überwinden, werde Ich ihnen eine strahlende Reinheit geben, die vor den Augen der Welt als Zeugnis göttlicher Liebe leuchten wird. Um Verfolgung zu überwinden, werde Ich ihnen mannhafte Stärke und zielgerichtete Entschlossenheit geben, die jene zunichte machen wird, die auf ihren Sturz hinarbeiten. Um Dunkelheit zu überwinden, werde Ich ihnen ein klares Licht geben, mit dem sie ihre Schritte ordnen und erkennen können, welche Entscheidungen Mein Herz erfreuen.

Die in Meiner Gegenwart verbrachte Zeit ist keine vergeudete Zeit. Sie ist der Grund und die Stütze eines jeden Wortes, das Meine Priester in der Ausübung ihres Amtes sprechen; sie ist das Geheimnis eines priesterlichen Handelns, das übernatürlich fruchtbar ist, und das Frucht bringen wird, die nicht vergeht.

Wenn das auf die Priester zutrifft, die Ich erwählt habe für die Arbeit im Weinberg Meiner Kirche, um wieviel mehr muss es dann aber auf die zutreffen, die Ich für ein klösterliches Leben im Obergemach mit Meiner hochheiligen Mutter und mit dem heiligen Johannes, Meinem geliebten Jünger, erwählt und ausgesondert habe. Johannes war am stärksten in Meiner eucharistischen Gegenwart und in der Gesellschaft Meiner Mutter beheimatet. Johannes verstand besser und tiefer als die anderen Apostel die Geheimnisse, die Ich im Abendmahlssaal in der Nacht vor Meinem Leiden einsetzte. Johannes war der erste in einer langen Reihe eucharistischer Priester, die Ich dazu berief, Mich zu lieben und in Meiner eucharistischen Gegenwart zu verweilen, nahe Meinem Herzen und im Strahlen Meines Angesichts. Das ist die besondere Gnade, die der heilige Johannes mit denen teilt, die, indem sie Meinem Ruf folgen, ihren Weg in das Obergemach der Anbetung finden werden, das Ich als einen lebendigen Organismus innerhalb Meiner Kirche schaffen will, belebt vom Heiligen Geist und geformt im Herzen Meiner allreinen Mutter.

Bleib also diesem Werk treu, zu dem Ich dich berufen habe. Du musst nichts anderes tun, als mit Mir zusammenzuarbeiten – Ich führe und leite dich. Handle mutig: Vertraue auf Meine Macht, all das zu bestärken und zu bestätigen, was du aus Liebe zu Mir mit reinem Herzen und demütigem Geist tust.[426]

## 210 Dienstag, 27. Dezember 2011

Alles, worum du Mich gebeten hast, werde Ich dir geben, und mehr noch, denn Ich habe dich erwählt, für Mich ein zweiter Johannes zu sein, ein Freund Meines Herzens, ein Tröster in Meiner Einsamkeit, ein Anwalt für die armen Sünder, vor allem für gefallene Priester und jene, die ihre Hoffnung in Meine unendliche Barmherzigkeit verloren haben. Sei Mir ein Begleiter im Sakrament Meiner Liebe, dem Sakrament Meiner göttlichen Begleitung für jeden menschlichen Pilger in diesem Tal der Tränen.

Ich bleibe unbekannt. Ich werde allein gelassen. Selbst die, welche behaupten, das Geheimnis Meiner wirklichen Gegenwart im Sakrament des Altars zu bekennen, lassen Mich im Stich. Ich werde mit entsetzlicher Gleichgültigkeit behandelt, mit Kälte und mit Respektlosigkeit, worüber die Engel weinen, weil sie Mir für die Kälte und Gleichgültigkeit menschlicher Herzen keine Sühne leisten können.[427]

---

426 Vgl. das Gebet im Offertorium des *usus antiquior* des römischen Ritus: *In spiritu humilitatis et in animo contrito suscipiamur a te, Domine...* »Lass uns, Herr, im Geiste der Demut und mit zerknirschtem Herzen bei Dir Aufnahme finden...«

427 Da Engel keinen Körper haben, und da die guten Engel vollständig in der himmlischen Glückseligkeit aufgehoben sind, ist »weinen« hier eine Me-

Nur Menschen können für Menschen Sühne leisten.[428] Es fehlt die liebevolle Antwort eines menschlichen Herzens auf Mein eucharistisches Herz, Mein durchbohrtes, lebendiges, im Sakrament des Altars schlagendes Herz. Nur ein menschliches Herz kann für ein menschliches Herz Sühne leisten. Deshalb trauern die Engel.

Die Anbetung und der Lobpreis, die sie Mir darbringen, sind engelhaft. Sie sind der Ausdruck der Vollkommenheiten, die Ich ihrer Engelsnatur gegeben habe. Ohne je zu sterben, opfern sie sich vor Mir in den Tabernakeln, in denen Ich auf Erden weile, indem sie sich in demütigster Anbetung niederbeugen und indem sie alle Vollkommenheiten ihrer Engelnatur – ihre Schönheit, ihre Stärke, ihre Klugheit – Mir zu Füßen legen.[429] Die Engel sind wie lebendige Flammen, die in Meiner eucharistischen Gegenwart brennen, ohne sich je zu verzehren.[430] Aber trotz allem können Meine Engel nicht ein einziges Menschenherz in Meiner Gegenwart ersetzen. Wonach Ich bei Menschen Ausschau halte, was Ich vor allem von Meinen Priestern erwarte, das können Meine Engel Mir nicht geben.

Deshalb wandte Ich Mich an den heiligen Johannes, auf dass er Mich tröste; auf dass er Mich liebe, wenn die Liebe anderer erkaltete; auf dass er auf Mich hoffte, wenn das Vertrauen anderer erschüttert war; auf dass

---

tapher für eine Art geistiger Klage, die zu verstehen Menschen, gefallenen Menschen zumal, schwer fällt.
428 Vgl. Hebr 2,9–17; 5,1; 10,5; Thomas von Aquin, *Summa theologiae*, III, q. 1, aa. 2–4; q. 22, a. 2; q. 46, aa. 1,3.
429 Ps 103,20; Ez 1; Jes 6,1–7; Tob 12,15–20; Mt 4,11; 13,41; 16,27; 25,31; 26,53; Mk 1,13; 8,38; 13,27; Lk 2,13–14; Joh 1,51; 2 Thess 1,7; 1 Tim 3,16; Hebr 1,3–14; 12,22–24; 1 Petr 1,12; 3,22; Offb 4,6–11; 5,11–14; 7,11–12; 8,2–4; 19,9–10; 22,8–9. Vgl. *The Prayers of Saint Gertrude and Saint Mechtilde of the Order of St. Benedict* (London: Burns and Oates, 1917): »O unaussprechlicher Gott, wir nähern uns nun jenen furchterregenden Geheimnissen, die zu verstehen weder Cherubim noch Seraphim noch alle Mächte des Himmels hinreichen, denn Du allein weißt, mit welcher Kraft der Liebe Du Dich täglich Gott dem Vater auf dem Altar als ein Opfer des Lobes und der Sühne darbringst. Und deshalb beten alle Chöre und Ordnungen der Engel dieses Dein hochheiligstes und undurchdringliches Geheimnis tief gebeugt an und erblicken mit Ehrfurcht ihren König und ihren Herrn, der einst in unfassbarer Liebe vom Himmel herabgestiegen ist, um den Menschen zu retten. Nun ist Er geheimnisvoll auf dem Altar gegenwärtig, verborgen unter den schwachen, niedrigen Gestalten von Brot und Wein zur Errettung der Menschen ... Heil dir, glorreichster Leib und glorreichstes Blut meines Herrn Jesus Christus, hier wahrhaft gegenwärtig unter diesen sakramentalen Gestalten; Ich bete Dich an mit aller Hingabe und Ehrfurcht, mit der die neun Chöre der Engel Dich verehren und anbeten.«
430 Hebr 1,7; Offb 4,5; 10,1; Ex 3,2; Apg 7,30; 2 Thess 1,7; Ps 29,7; Ri 6,21; 13,20; Jes 6,2–7; Hld 8,6.

er Mir treu blieb, wenn die Treue der anderen fraglich wurde.⁴³¹ Unter den Aposteln war Johannes Mein liebender Freund, Mein Anbeter, der eine, der das Geheimnis der Sühne gegenüber Meinem Herzen verstand.

Johannes leistete Sühne, als Petrus Mich verleugnete – nicht indem er Petrus verurteilte, den er wie einen Vater ehrte und liebte, sondern indem er mit Petrus weinte und indem er sich als Sühne für den Fall des Petrus aufopferte.

Und es war wiederum Johannes, der Mir treue Liebe im Austausch für den treulosen Verrat des Judas aufopferte. Er leistete Meinem Herzen Sühne, das zutiefst erschüttert war, als Judas aus dem Abendmahlssaal hinaus ging in die Nacht.⁴³² Damals gab Johannes Mir alle Liebe Seines Herzens und flehte Mich an, sie als Sühne für den kalten, berechnenden Plan des Judas gegen Mich anzunehmen.

Sei für Mein Herz ein zweiter Johannes. Leiste Mir Sühne, indem du Mir *dich selbst* aufopferst: anstelle jener, die vor Meinem eucharistischen Angesicht fliehen; anstelle jener, die es nicht ertragen, in Meiner Gegenwart, nahe Meinem Herzen, zu verweilen; anstelle all jener unter Meinen Priestern, die für alles andere Zeit haben, nur nicht für Mich.

Gib Mir deine Begleitung, gib Mir dein Vertrauen, gib Mir deine dankbare Zuneigung. Lass dich durch nichts davon abhalten, diesen Meinen Plan durchzuführen. Wer für Meine Priester Sühne leistet, wird am Jüngsten Tag entdecken, dass seine eigenen Sünden, und mögen es auch viele sein, durch einen einzigen Akt der Sühne zugedeckt sein werden, denn Sühne ist eine Äußerungsform von Liebe, und Liebe deckt eine Vielzahl von Sünden zu.⁴³³

Liebe Mich, und du wirst alles vollbringen, worum Ich dich bitte. Liebe Mich, und Ich werde alles vollbringen, worum du Mich bittest. Ich wünsche eine Gemeinschaft johannëischer Seelen, anbetender, Sühne leistender Priester, und Ich werde Gnadenströme zur Erneuerung Meines Priestertums und zur Freude Meiner Braut, der Kirche, auf sie herabfließen lassen.

---

431 Joh 13,21–27; 19,26; 20,1–9.
432 Joh 13,30; Ps 41,10; Ps 88,19.
433 Lk 7,47; Ps 32,1; Röm 4,7; Jes 1,18; 43,25; 44,22; 1 Petr 1,1; 4,8; Sir 3,30; Tob 12,9.

## Sonntag, 7. Januar 2012

Steh früher auf. Gib Mir die ersten Stunden des Tages. Komm zu Mir, bevor du dich um irgendetwas oder irgendjemanden sonst kümmerst. Ich werde dich stärken, sodass du die Stunden jedes Tages, den du so anfängst, gut nutzt.

Ich habe dich dazu berufen, Mein Anbeter zu sein; alles andere ist zweitrangig. Ich warte auf dich im Sakrament Meiner Liebe, und Ich bin häufig enttäuscht, weil du es zulässt, dass andere Dinge deine Zeit beanspruchen und deine Energie verbrauchen. Gib Mir so viel Zeit wie du kannst, und Ich werde dir die Zeit und Energie geben, alles zu tun, was du tun musst. Du wirst sehen: Wenn du zuerst zu Mir kommst, wird alles andere für dich ins richtige Verhältnis rücken. Du wirst eine Sache nach der anderen tun, und alles, was du tust, wird von Gelassenheit und einer inneren Anbetung in Richtung Meiner immerwährenden Gegenwart im Tabernakel geprägt sein. Hast du das denn nicht aus der Lektüre des geistlichen Vortrags Meiner Dienerin Mutter Mectilde zum Fest Epiphanie gelernt?[434]

Ich berufe dich zu einem Leben immerwährender Anbetung. Immerwährende Anbetung ist das liebende Aufmerken auf Meine Gegenwart. Es ist Ausschau halten nach Meinem Angesicht und ein Gezogenwerden in die Nähe Meines Herzens, das nie nachlässt und jeden Augenblick des Lebens durchdringt. Diese immerwährende Anbetung beginnt aber doch mit Zeiten tatsächlicher Anbetung vor Meinem eucharistischen Angesicht, während denen alles andere beiseitegelassen ist, und sie kehrt auch immer wieder zu solchen Zeiten zurück.

So komm denn zu dem abgeschiedenen Ort, den Ich für die vorbereitet habe.[435] Ich warte dort auf dich. Komm zu Meinem Tabernakel und verweile in Meiner Gegenwart. Ich werde dich mit Freude erfüllen, mit Gelassenheit und mit Weisheit für die Anforderungen, die der Tag mit sich bringt. Fang immer damit an, Mich anzubeten. Lass nicht zu, dass dein Herz gegenüber Meiner eucharistischen Anwesenheit erkaltet. Ich habe dich nur aus einem einzigen Grund für dieses Leben

---

434 Das bezieht sich auf die große Lehransprache, die Mutter Mectilde im Alter von achtzig Jahren ihren Töchtern am Fest Epiphanie im Jahr 1694 hielt. Diese Ansprache drückt auf vollendete Weise ihre geistliche Lehre aus, die zentriert ist auf die heilige Eucharistie als Zusammenfassung und Darbietung aller Geheimnisse des Lebens Christi; auf den Zusammenhang zwischen Anbetung, Opfer und himmlischer Herrlichkeit; und auf den schlichten Weg des Glaubens, der außerordentliche Erscheinungsformen meidet.
435 Mt 14,13; 25,34; Mk 6,31–32; Lk 9,10; Joh 14,2–3.

berufen: dass du Mich anbetest um Meiner geliebten Priester willen, deiner Brüder, vor allem um derer willen, die nie in Meine sakramentale Gegenwart kommen, um nahe Meinem Herzen Erquickung, Licht, Frieden und vor allem jene Liebe zu finden, für die Ich sie erschuf und aus der heraus Ich sie zu Meinen Dienern gemacht habe.

Ich vergebe dir deine Schwächen in dieser Sache, aber Ich lade dich ein, dich aufzuraffen und zu der Großzügigkeit einer Liebe zurückzukehren, die keinen Aufschub duldet und sich von keinem Hindernis aufhalten lässt. Was Ich dir sage, ist einfach, und doch ist es das Geheimnis einer starken Vitalität und einer Weisheit, die alle Dinge richtig sieht und sie klug beurteilt.

Die Hauptschwierigkeit in deinem Leben und im Leben so vieler Meiner Priester ist die Vernachlässigung der Anbetung. Ich möchte, dass in deinem Leben Anbetung den ersten Platz einnimmt. Du bist vor allem anderen der Anbeter Meines eucharistischen Angesichts und der Tröster Meines heiligen Herzens. Das ist deine Mission, und das allein ist die Rechtfertigung für all deine sonstigen Unternehmungen. Ich freue Mich über die Anbetung, die du Mir schon darbietest, allerdings erwarte Ich von dir mehr Großzügigkeit. Suche zuerst Mich im Sakrament Meiner Liebe auf, und Ich verspreche, dass Ich dir alles Übrige dazugeben werde, und dass es dir an nichts fehlen soll.[436]

Anbetung ist der Austausch der Liebe, und Austausch der Liebe ist die Quelle aller Fruchtbarkeit. Wenn die Früchte dürftig sind, dann liegt das daran, dass du im Austausch der Liebe mit Meinem eucharistischen Herzen geizig gewesen bist. Fang nicht damit an zu sagen »Ich muss drei Stunden Anbetung pro Tag halten«. Halte es lieber so, dass du Mich so viel anbetest wie du kannst. Der Rest wird sich daraus mühelos ergeben.

Es gibt eine besondere Gnade, die Ich für jene, die aufgrund ihrer Berufung dafür bestimmt sind, mit dem Offizium der Matutin verbunden habe. Bete die Matutin ruhig und friedvoll in Meiner Gegenwart, und Ich werde deine Seele mit der Süßigkeit Meiner göttlichen Liebe aufsuchen und mit dem Aroma Meiner Anwesenheit in dir. Es tröstet Mich, wenn Seelen aufstehen, während es noch dunkel ist, und zu Meinem Tabernakel kommen, um Mein Lob zu singen und sich mit Meiner Anbetung des Vaters zu vereinen. Die Psalmen werden dich mit Meinem Herzen vereinigen, und du wirst aus dem nächtlichen Offizium erquickt und in der Liebe gestärkt hervorgehen.

---

436 Mt 6,33; Lk 12,31.

**Mittwoch, 10. Januar 2012**

Das Fürbittgebet für andere Seelen ist ein Werk der Liebe. Es besteht darin, sich mit Mir vor den Vater zu stellen, mit grenzenlosem Vertrauen in die Verdienste Meiner Passion und in die Wunden, die Ich dem Vater um all jener willen zeige, die sich Ihm durch Mich mit Zuversicht nähern.

Ich lebe im Sakrament Meiner Liebe, so wie Ich im Himmel lebe: in einem Zustand unaufhörlicher Fürbitte für alle, die an Mich glauben und bedrückt von der Last und den Sorgen ihres Lebens zu Mir kommen. Es gibt nichts, das Ich für eine Seele, die vertrauensvoll zu Mir kommt, nicht tun werde.

Aus diesem Grund wollte Ich im Sakrament Meiner Liebe bis zum Ende der Zeit gegenwärtig bleiben: auf dass die Seelen wissen, wo sie Mich finden, und leichten Zugang zu Mir haben, in der Sicherheit, dass sie erhört werden, und mit Vertrauen auf das Erbarmen Meines Herzens für eine Welt, die von Leiden gezeichnet und von der Sünde verwüstet ist. Es gibt keine wirksamere Form des Fürbittgebets als diejenige einer Seele, die in Meine eucharistische Gegenwart kommt und sicher ist, Mich dort zu finden und erhört zu werden. Ich bin nicht weit entfernt von Seelen in Not. Ich habe Mich selbst in ihre Nähe gebracht, so nah wie der nächste Tabernakel. Wenn doch Mein Volk das nur verstehen würde! Meine Kirchen wären zu jeder Tages- und Nachtstunde überfüllt. Nie würde Ich im Sakrament Meiner Liebe alleingelassen.

Das Praktizieren des Glaubens vermehrt den Glauben. Praktiziertes Vertrauen führt dazu, dass das Vertrauen wächst. Wer sich Meinem Tabernakel gläubig nähert, zeigt damit, dass er sich vollständig auf Meine barmherzige Liebe verlässt. Das heilige Altarsakrament ist Mein Herz – geöffnet, um jene zu empfangen, die Meiner überzeitlichen Einladung entsprechen: »Kommt alle zu Mir, die ihr mühselig und beladen seid, und Ich will euch erquicken. Nehmt Mein Joch auf euch und lernt von Mir, denn Ich bin sanftmütig und von Herzen demütig, und ihr werdet Ruhe finden für eure Seelen. Denn Mein Joch ist sanft, und Meine Last ist leicht.«[437]

Wer häufig zu Mir im heiligen Altarsakrament kommt, wird entdecken, dass er unter einem unzerstörbaren Joch der Liebe an Mich gebunden ist. Er wird durch persönliche Erfahrung entdecken, dass Ich all seine Sorgen teile, dass Ich ihm in seinen Nöten Erleichterung ver-

---
[437] Mt 11,28–30.

schaffe, dass Ich seine Lasten mit ihm trage und dass er nie auch nur für einen Moment aufgegeben wird oder sich selbst überlassen bleibt.

Was Ich dich lehre, ist mehr als nur der einfache Besuch bei Mir im Sakrament Meiner Liebe; es ist eine Weise, sich Mir in vollkommenem Vertrauen auf Meine Fürsprache beim Vater zu nähern. Es ist ein Akt des Glaubens an Meine barmherzige Liebe und eine Weise, sich selbst darauf auszurichten, die Wasser des Lebens zu empfangen, die überreich aus Meiner geöffneten Seite strömen.

Glauben die Seelen an die Realpräsenz, an Meine wirkliche Gegenwart in den Tabernakeln Meiner Kirchen? Oder haben sie völlig vergessen, wer Ich bin und wo sie Mich finden? Ist der Glaube Meiner Priester an das Sakrament Meiner Liebe so klein und so lau geworden, dass die ihnen anvertrauten Seelen den schlichten Instinkt des glaubenden Herzens verloren haben, der darin besteht, dass sie Mich in der heiligen Eucharistie aufsuchen und in Meiner Gegenwart verweilen, Mich lieben und Mir erlauben, großzügig die zu lieben, die zu Mir kommen, ihre Wunden zu heilen und sie in das Heiligtum Meiner geöffneten Seite zu ziehen?

Die Leere Meiner Kirchen ist ein Affront gegen Meine Liebe, die Mich zwang, Mich in den Gestalten von Brot und Wein den Händen Meiner Priester auszuliefern, auf dass keiner auf dem Weg zur Ewigkeit an Hunger oder Durst zugrunde gehe.

Ich bin im Sakrament Meiner Liebe ganz und gar nur Liebe. Mein Herz ist offen für alle, auch noch für jene, in deren Seele nur noch der kleinste Funke eines Glaubens an Meine Realpräsenz lebt. Lass sie zu Mir kommen, und dieser kleine Funke wird zu einer leuchtenden Flamme werden, die all denen, die ihr Licht wahrnehmen, Freude und Hoffnung bringt.

Die Leere Meiner Kirchen außerhalb der Gottesdienstzeiten ist vor allem für Meine Priester bezeichnend, demzufolge dann aber auch für Meine Gläubigen. Meine eucharistische Gegenwart trifft auf Kälte, auf Indifferenz und auf klirrende Undankbarkeit, sogar auf Seiten Meiner Priester und geweihter Seelen. Sie erkennen im Geheimnis der heiligen Eucharistie nicht die kostbare Perle – den im Acker vergrabenen Schatz, der nicht mehr vergraben, sondern allen zur Verfügung gestellt ist, die an seinen unerschöpflichen Reichtümern Anteil haben wollen.[438]

Ich bin alleingelassen in einer Welt, in der so viele über ihre Einsamkeit klagen. Wenn doch nur Seelen zu Mir kämen und in Meiner Gegenwart verweilen würden, dann würden sie die Liebe entdecken,

---

438 Mt 13,44–46.

die das Herz so vollständig erfüllt, dass sie jede Einsamkeit vertreibt und im Leben jener, die sie annehmen, herrlich fruchtbar wird.

Dein Leben, deine Berufung, deine jetzige Mission ist es, in Meiner sakramentalen Gegenwart zu verweilen. Damit soll Mein eucharistisches Herz getröstet und deine Seele dem Strahlen Meines eucharistischen Angesichts ausgesetzt werden, um vieler deiner Priester-Brüder willen, die in einer Dunkelheit umhertaumeln, aus der ihnen kein irdisches Licht den Ausweg weist.[439]

**Freitag, 27. Januar 2012**

*O mein geliebter Herr Jesus, wahrhaft hier gegenwärtig, ich bete Dich mit aller Liebe meines Herzens an. Dafür und für nichts anderes hast Du mich hierher gebracht: Dich anzubeten, in Deiner Gesellschaft zu verweilen, Dein Angesicht zu suchen und an Deinem Herzen zu ruhen. Gib, dass ich dieser Berufung, die Du mir gegeben hast, treu bleibe, und lass nicht zu, dass irgendetwas mich von Dir ablenkt, der Du das Eine Notwendige bist. Außer Dir gibt es nichts im Himmel oder auf der Erde, dem ich mein Herz geben möchte.[440] Dir nahe sein ist Mein Glück. Behalte Mich in deiner Gegenwart, und lass nicht zu, dass ich mich jemals aus dem Strahlen Deines eucharistischen Angesichts entferne. Amen.*

*Jesus, Jesus, Jesus, gib, dass nichts mich aus dem Strahlen Deines eucharistischen Angesichts herausnimmt; gewähre vielmehr, dass alles zusammenwirkt, um mich zu nötigen, Dein Angesicht aufzusuchen und Dich anzubeten.*

Anbetung! Anbetung! Anbetung! Das ist es, was Ich von dir verlange, denn Anbetung ist praktizierte Liebe, und Liebe erfüllt alles Übrige. Gib keiner anderen Tätigkeit die Wichtigkeit, die Ich dich bitte dem Werk der Anbetung zuzumessen. Nimm es auf dich, bis andere kommen, mit denen du es teilen kannst. Wenn es nicht um das Werk der Anbetung ginge, hätte Ich keinen Grund gehabt, die Geburt dieser kleinen Familie zuzulassen, über die Ich dich als Vater und Diener gesetzt habe. Lass andere das tun, wozu Ich sie jeweils berufen habe – du aber vollbringe das eine Werk, zu dem Ich dich über und vor allem berufen habe.

Weil Ich im Sakrament Meiner Liebe alleingelassen werde, hat sich über die Seelen Meiner Priester eine solche Finsternis herabgesenkt.

---

439 Jes 59,10; Ijob 5,14; Sir 37,15–16.
440 Lk 10,41–42; Ps 73,25.

Das betrübt Mein heiliges Herz mehr als alles andere, denn das Allerheiligste Sakrament des Altares ist der oberste Ausdruck Meiner persönlichen Liebe zu jedem Priester, aber es gibt nur ganz wenige, die das verstehen und auf Meine Liebe mit Liebe reagieren.

Das Werk der Buße ist ein freiwillig aus Liebe geleisteter Ersatz für jene, die sich vom Strahlen Meines eucharistischen Angesichts und von der Wärme Meines heiligen Herzens fernhalten. Die Ursache der Einsamkeit, unter der Ich in so vielen Tabernakeln leide, ist die Gleichgültigkeit Meiner Priester. Ihr Leben wird nicht von Meiner Liebe zu ihnen und ihrer Liebe zu Mir beherrscht, sondern von tausend geschaffenen Dingen, die des Prägemerkmals unwürdig sind, das Ich ihnen in mystischem Feuer auf ihre Seelen geschrieben habe, als sie zum Dienst an Meinem Leib geweiht wurden.

Ach Meine Priester, Priester Meines Herzens, Priester, auf denen der Blick Meines eucharistischen Angesichts ruht, kehrt zu Mir zurück! Kehrt zu Mir zurück und lasst euch vergeben![441] Kehrt zu Mir zurück und lasst euch heilen. Kehrt zu Mir zurück und lasst euch erquicken.[442] Kehrt zu Mir zurück, und Ich werde euch so mit Mir vereinen, dass ihr und Ich vor Meinem Vater als *Ein* Priester und *Ein* Opfer erscheinen werden, Ihm dargeboten zum Lob und Ruhm Seiner Herrlichkeit und aus Liebe zu unserer einen Braut, der Kirche.[443]

Bis jetzt kannten viel zu viele Meiner Priester die kostbare Gnade eucharistischer Anbetung überhaupt nicht. Daher rühren die Schwächen, die Skandale, die Schande und der Abfall so vieler. Die Welt ist kalt geworden, und sie wird noch kälter werden, denn die Finsternis des Feindes breitet sich aus und verwandelt die Herzen, die Ich geweiht habe, auf dass sie für Mich Herzen der Liebe werden, in Eis.[444]

Deshalb flehe Ich dich an, Mich im Sakrament Meiner Liebe anzubeten und durch deine Anbetung viele Meiner Priester in das Licht Meines eucharistischen Angesichts zu bringen. Diese Rückkehr zur Anbetung wird Meine Priester vor der Verwüstung retten, die der Feind gegen sieausheckt. Wenn ein Priester sich zu Meinem Herzen flüchtet und sein Haupt an Meine Brust legt, ist er sicher vor allem, was ihm schaden kann, und die Anschläge des Feindes gegen seine Seele sind abgewehrt und zunichte gemacht.

---

441 Jes 44,22; Jer 4,1; Joel 2,12; Mal 3,7.
442 2 Chr 7,14; Ijob 5,18; Jes 57,18–19; Jer 17,14; 33,6–9; Hos 14,4; Mt 9,21–22; Lk 5,17; 8,43–48.
443 Eph 1,9–14; 5,25–29.
444 Eph 1,9–14; 5,25–29.

Wer von Meinen Priestern wird die bevorstehende Anfechtung überstehen? Nur diejenigen, die auf Meine Bitten gehört haben: um anbetende Priester, um büßende Priester, um Priester, die Mir erlauben, ihr Freund zu sein, und die Mir im entscheidenden Werk der Anbetung ihre Zeit geben, ihren Geist und ihr Herz. Ich nenne dieses Werk entscheidend, denn die richtige Ordnung der Dinge wurde verkehrt, und eine große Unordnung und Verwirrung hat sich in Herz und Geist Meiner geliebten Priester ausgebreitet. Anbetung wird für sie und für dich die Wiederherstellung der einzig richtigen Ordnung sein: der Ordnung göttlicher Liebe, die in die Herzen der Menschen vom Heiligen Geist eingegossen wird, der Liebe ist.[445]

So wichtig ist dieses Werk, dass Ich es – und dich mit ihm – dem mitleidsvollen, glorreichen Herzen Meiner Mutter anvertraut habe. Dieses Werk ist ihr Werk, in der gesamten Kirche und in den Herzen der Priester, die sich ihr durch einen Weiheakt übereignet haben. Zu diesem Meinem Werk und diesem Werk Meiner Mutter habe Ich Meine Heiligen in der Herrlichkeit gesellt, und die Engel, die Mein Angesicht verehren und Meine Tabernakel auf Erden mit himmlischer Anbetung umgeben. Es gibt nichts, das Meinen Plan nun noch aufhalten kann. Für Priester ist die Stunde gekommen, Meinen Aufruf zu hören und büßend und voll Freude zu den Füßen Meines Altars zurückzukehren.[446] Dort warte Ich auf jeden Meiner Priester, voller Barmherzigkeit und der Bereitschaft, sie in Meinem Herzen aufzunehmen.

### Samstag, 28. Januar 2012

*O stärke meine liebende Aufmerksamkeit für Dich, der Du in diesem Sakrament Deiner Liebe liebevoll auf Mich schaust.*

Wichtig ist, dass du in Meine Gegenwart gekommen bist, dass du Mein Angesicht aufgesucht und Mir all die Liebe deines Herzens dargeboten hast. Das ist genug. Mit diesem kleinen Akt der Anbetung und Liebe werde Ich große Dinge vollbringen können. Ich bitte dich nicht um Dinge, die deine Kraft übersteigen. Ich bin kein strenger, fordernder Lehrmeister; Ich bin der liebevollste, dankbarste aller Freunde. Kein in Meiner sakramentalen Gegenwart verbrachter Moment bleibt unbelohnt, denn Ich liebe die, die Mich lieben.[447] Ich zeige Mein Angesicht

---
445 Röm 5,5.
446 Joh 5,25; Ps 43,4.
447 Spr 8,17.

denen, die zu Mir kommen, und Ich gebe Mein Herz denen, die sich nach Meiner Freundschaft sehnen. Es ist eine üble Täuschung Satans, die Seelen glauben zu lassen, Ich sei ein strenger, fordernder Gott; dass die demütigen Opfergaben Meiner Kinder Mich nie zufriedenstellen würden; und dass Ich Meine Gegenwart denen vorenthalten würde, die Mich suchen, ihre Versuche vereitle, Mich zu finden, und all ihre Wünsche enttäusche, Mich und Meine Liebe zu ihnen kennenzulernen. Ich bin von allen Freunden der freundlichste und dankbarste.

Komm also zu Mir, denn Ich warte im Sakrament Meiner Liebe auf dich. Es war nicht nur eine Entwicklung ritueller Praxis, als Meine Kirche begann, Meinen heiligen Leib in den für Mich vorbereiteten Tabernakeln aufzubewahren. Es war eine herrliche, lang erwartete Inspiration des Heiligen Geistes, denn das Sakrament Meines Leibes und Blutes ist mehr als die Fortsetzung Meines ewigen Opfers in der Zeit. Es ist mehr als die Nahrung, durch die Ich in Seelen eintrete, um sie mit Mir und untereinander zu vereinen, auf dass sie einen einzigen Leib bilden. Es ist auch das Versprechen und der Ausdruck Meiner göttlichen Freundschaft und das Zeichen des Wunsches und Entschlusses Meines Herzens, gegenwärtig zu bleiben bis ans Ende der Zeiten,[448] um all derer willen, die Meine Freundschaft suchen und so der Liebe Meines Herzens zu ihnen begegnen würden. Es gibt Leute, die argumentieren, dies sei in der Nacht vor Meinem Leiden nicht Meine Absicht gewesen, als Ich Meinen Aposteln Meinen Leib und Mein Blut zu trinken gab, aber in Wahrheit war es *durchaus* die Absicht Meines Herzens und der Wunsch Meines Herzens, denn Ich sah weit in die zukünftigen Zeitalter hinein, und Ich sah, dass der größte Hunger des menschlichen Herzens derjenige nach Meiner göttlichen Freundschaft sein würde, nach Meiner Gemeinschaft und Gegenwart in diesem irdischen Exil.[449]

---

448 Mt 28,20.
449 Unser Herr bezieht sich auf Liturgiewissenschaftler des 20. Jahrhunderts, die sich mit Hilfe des Arguments gegen die Praxis eucharistischer Anbetung wandten, dass ein Bezug zum Symbolismus des Essens und Trinkens offensichtlich fehle. Das Lehramt der Kirche hat einen solchen auf das Mahl bezogenen Reduktionismus immer entschieden zurückgewiesen und durchgängig die geistliche Fruchtbarkeit der mittlerweile seit Langem bestehenden Praxis der Anbetung von Christi Leib bestätigt, der im heiligen Sakrament wahrhaft gegenwärtig ist. Tatsächlich nährt uns ja unser Herr geistlich bereits schon durch die Macht seiner wirklichen Gegenwart und durch unser liebendes Gebet vor Ihm. Vgl. Papst Benedikt XVI., *Nachsynodales Apostolisches Schreiben Sacramentum Caritatis* (22. Februar 2007), § 66; Alcuin Reid, Hrsg., *From Eucharistic Adoration to Evangelization* (London/New York: Burns & Oates, 2012), vor allem S. 17–40 und 151–166.

Es gibt nichts, das Ich nicht tun würde, um Mich jenen Seelen, die Meine Gegenwart suchen und sich nach Meiner Freundschaft sehnen, zugänglich zu machen. Einsamkeit ist eine Folge der Sünde, denn jede Sünde entfremdet Menschen von ihrem wahren Selbst, von ihrem Schöpfer und Gott, und voneinander. Einsamkeit ist, Ich wiederhole es, die Folge der Sünde, durch welche die Vervollkommnung Meines Plans für das Glück des Menschen aufgebrochen und unverständlich gemacht wird. Die Sünde führt dazu, dass der Mensch sich verzerrt wahrnimmt, wie in einem zerbrochenen Spiegel.[450] Komm also zum Sakrament Meiner Liebe und schaue in den vollkommenen, makellosen Spiegel der Seelen, durch den Ich den Seelen vollständig alles enthülle, was sie in den Augen Meines Vaters und im Leib Meiner Kirche haben sollen.[451] Ich wünsche nichts als dein ewiges Glück. Dafür habe Ich dich erschaffen, habe dich im Augenblick deiner Empfängnis in die Fülle des Lebens mit Mir gerufen, im Schoß des Vaters und in der Liebe des Heiligen Geistes.

Ich möchte, dass jegliches Wissen über Mich dahin führt, Mich zu lieben. Theologie ist nur insofern nützlich, als sie zu einer Vereinigung mit Mir in demütigem Gebet und in der Anbetung führt. Theologie steht im Dienst der Liebe. Abgelöst von Liebe ist sie eine monströse Wissenschaft, die sogar von Mir trennt.

## Sonntag, 29. Januar 2012

*Herr Jesus, Du erbittest Dir von mir nicht das Unmögliche, denn selbst wenn Du etwas erbittest, das in meinen Augen unmöglich scheint, machst Du es durch Deine Gnade möglich. Für Dich und für die, die Dich lieben, ist nichts unmöglich.[452] Ich kann alles vollbringen in Dir, der mich in meinem Vollbringen stärkt.[453]*

## Montag, 30. Januar 2012

*Ein Gebet für Menschen, die eine Stunde Anbetung und Sühne zu Hause, bei der Arbeit, im Krankenhaus, im Gefängnis oder auf Reisen aufopfern wollen:*

---

450 Ps 10,6.
451 Weish 7,24–30; Jak 1,23–25; 1 Kor 13,9–12.
452 Ijob 42,2; Ps 119,91; Weish 7,27; 11,23; Joh 15,5; Mt 17,20; 19,26; Mk 9,23; 10,27; 14,36; Lk 1,37.
453 Phil 4,13; Röm 8,37; vgl. Die heilige Regel des heiligen Benedikt, Kap. 68.

*Herr Jesus Christus, obwohl ich in dieser Stunde
Dir nicht körperlich im Sakrament Deiner Liebe nahen kann,
möchte ich mich Dir durch Sehnsucht und Glauben nähern.
Befördere mich, ich bitte Dich, indem Du meinen Geist und
    mein Herz erhebst,
zu jenem Tabernakel in der Welt, wo Du in dieser Stunde
am einsamsten, gänzlich vergessen und ohne menschliche Gemeinschaft bist.*

*Lass das Strahlen Deines eucharistischen Angesichts Meine
    Seele so durchdringen,
dass, indem ich Dir Anbetung und Sühne darbringe,
selbst während ich mit alltäglichen Dingen auf alltägliche Weise
    beschäftigt bin,
ich von Deinem heiligen Herzen
die Rückkehr wenigstens eines Priesters zu dem Tabernakel erlange,
wo Du heute auf ihn wartest. Amen.*

220  Das war keine Zerstreuung,[454] die dir unterlief, während du Mich heute Morgen angebetet hast; es war Mein Wunsch, und Ich habe dich inspiriert, dieses Werk auszuführen, aus Liebe zu Mir im Sakrament Meiner Liebe zu dir, und zur Heiligung Meiner Priester. Lebe die Botschaft, die Ich dir gegeben habe, und dann mach sie bekannt, denn durch sie will Ich die Herzen vieler Meiner Priester berühren und sie zu Mir zurückbringen. Ich warte auf jeden im Sakrament Meiner Liebe.

Ich sehne Mich danach, Meine Priester um Meine Tabernakel zu versammeln und jeden an Mein Herz zu ziehen. Ich werde es jedem erlauben, an Meiner Brust zu ruhen, auf die Schläge Meines göttlichen Herzens zu lauschen und von Meiner ewigen Liebe zu ihm zu lernen, jener Liebe, mit der Ich ihn erschaffen habe, ihn erwählt habe und ihn auf immer mit Mir vereint habe, als Priester mit *dem* Priester, als Opfer mit *dem* Opfer.

Ich werde bald Meinen Heiligen Geist als ein loderndes Feuer der Reinheit über alle Priester Meiner Kirche kommen lassen. Die, welche sich dieser reinigenden, heiligenden Aktion fügen, werden in Meiner Kirche wachsen und gedeihen, zur Freude Meines Herzens und zur

---

454 Es geht hier um die Konfraternität der priesterlichen Anbeter, auf die gleich unten ausführlicher eingegangen wird, außerdem im Eintrag für den 2. Juni 2012. – Autor.

Verherrlichung Meines Vaters. Die aber dieser reinigenden und heiligenden Aktion Widerstand leisten, werden Ihn betrüben, sie werden Meinem Herzen großen Kummer bereiten, sie werden die Gerechtigkeit Meines Vaters provozieren und vertrocknen wie Reben, die vom Weinstock abgeschnitten sind und bereit liegen, in ein Feuer anderer Art geworfen zu werden.[455] Wer sich den Flammen der göttlichen Liebe verweigert, wird in den Flammen der göttlichen Gerechtigkeit leiden. Das zu hören ist für dich schwer, aber Ich sage es aus Liebe, voll unendlichen Mitleids für jeden Meiner Priester, denn Ich liebe jeden von ihnen in einem Ausmaß, den die Weltmenschen Wahnsinn nennen würden; es ist aber kein Wahnsinn, es ist das Wesen der göttlichen Liebe, die in Meinem heiligen Herzen lodert.

Beginne also das Werk der Konfraternität priesterlicher Anbeter. Es wird Bestandteil der Mission deines kleinen Klosters sein. Und du, lebe die Botschaft. Lebe sie täglich. Lebe sie großherzig. Bete mit heiligem Eifer an, und wisse, dass Ich an Eifer nicht zu übertreffen bin.[456] So sehr du für Mich eiferst, so sehr werde Ich für dich eifern. Wirke für Mich und für Meine Anliegen, das heißt: Bete Mich an, bete Mich an, höre nicht auf, vor Mein eucharistisches Angesicht zu kommen und Meinem eucharistischen Herzen nahe zu sein, und Ich werde in dir wirken, um dich zu läutern, zu heiligen, dich mit Freude in diesem und mit ewiger Seligkeit im nächsten Leben zu erfüllen.

## Dienstag, 31. Januar 2012

Eucharistische Anbetung wird für Meine Priester zum Mittel, durch welches sie endlich aufrichtig und mit unermesslicher Freude in ihrem Herzen sprechen können: »Gott nahe zu sein ist mein Glück, und mein Glück liegt in Dir allein.«[457] Ich möchte, dass Meine Priester glücklich sind, nicht im weltlichen Sinn glücklich (denn das Glück der Welt schwindet schnell dahin und hinterlässt nur Bitternis in der Seele), sondern mit dem Glück, das die Frucht Meiner ersehnten, angebeteten und verherrlichten Gegenwart im Sakrament Meiner Liebe ist. Meine Priester werden in dem Maße glücklich sein, als sie eucharistische Priester sind.

---

455 Mal 4,1; Jdt 16,20–21; Mt 3,7–12; 13,40–43; Lk 3,16–17; Joh 15,1–6; Hebr 6,4–9; 2 Petr 3,10.
456 Ps 69,10; Joh 2,7; Röm 12,11; 1 Petr 3,13; Offb 3,19; vgl. Hlg. Benedikt, *Die heilige Regel*, Kap. 72.
457 Ps 73,28; Ps 16,2. Letzterer Vers kann auch übersetzt werden mit »Meiner Güter bedarfst du nicht« oder »Nichts Gutes habe ich außer Dir«.

Das Glück eines Priesters steht in einem direkten Verhältnis zu seiner Erfahrung Meiner Freundschaft, Meiner Nähe zu ihm im Sakrament Meiner Liebe, und Meiner Bereitschaft, ihn dort zu empfangen, ihn an Mein Herz zu drücken und seine Seele zu erquicken. Ein Priester, der es zulässt, dass Tage und Wochen vergehen, ohne dass er vor Meinem eucharistischen Angesicht verweilt, wird schnell feststellen, dass sich aus seiner Seele das übernatürliche Glück, die Frucht der Anbetung, verflüchtigt hat.

Viel zu viele Priester werden melancholisch und verbittert, weil sie Mich zu ihrem Herzen auf Abstand halten, selbst dann, wenn Ich in einem Tabernakel, der womöglich nur wenige Schritte entfernt ist, sakramental gegenwärtig und für sie zugänglich bin. Priester meinen, ihre Berufung erschöpfe sich im Dienst, und sie vergessen, dass Ich sie vor allem dazu berufe, *bei Mir zu sein*, in Meiner Gegenwart zu verweilen und Meine vertrauten Freunde zu werden, die engsten Freunde Meines heiligen Herzens.

Für viele die ihre priesterliche Tätigkeit nur noch als Job ansehen, hat diese Haltung die Freude vertrieben, die ein unverkennbares Zeichen Meiner Gegenwart im Leben eines Menschen ist. Ich bin bei so vielen Meiner Erwählten nicht mehr der Mittelpunkt des priesterlichen Dienstes: Sie erschöpfen sich in einem beständigen Fluss an Aktivitäten und Unterredungen, nie nehmen sie sich Zeit, in Meiner Gegenwart still zu werden und darauf zu lauschen, was Mein Herz ihrem Herzen so gerne mitteilen möchte. Das gilt nicht nur für Diözesanpriester; es trifft leider auch auf viel zu viele jener Männer zu, die Ich dazu berufen habe, für Mich allein in klösterlichem Schweigen zu leben. Selbst dort ist der Geist des Aktivismus eingedrungen, der Menschen von einer Unternehmung zur nächsten treibt, sie Häuser auf Sand bauen lässt, eitle Nichtigkeiten, die wieder und wieder von der Heftigkeit Meiner Liebe hinweggeschwemmt werden, bis sie begreifen, dass sie ihr Glück nur in Mir finden.[458] Diese Dinge müssen angesprochen werden. Ich sage sie zuerst zu dir, auf dass du dein Leben ändern und um all deiner

---

[458] Priester und Ordensmänner, die versucht sind, einer falschen Philosophie des Aktivismus, Pragmatismus und Utilitarismus zu folgen, oder die ihre Zeit mit Vergnügungen und Zerstreuungen zubringen, werden Gottes liebevoll urteilendes Handeln erleiden müssen. Er wird ihre falschen Freuden in Bitternis verwandeln, ihre Unternehmungen zerstören und die Wirksamkeit ihrer Tätigkeit schwächen, um sie zu ihrer Berufung einer vertrauten Freundschaft mit Ihm aufzuwecken, der Quelle des Glücks und Bedingung jeglicher Fruchtbarkeit.

Priester-Brüder willen der anbetende und sühnende Priester werden kannst, als den Ich dich erwählt habe.

Mach diese Worte bekannt. Sie werden viele Herzen berühren, und Ich werde sie in den Seelen jener fruchtbar werden lassen, die sie mit Einfalt und Glauben lesen. Die Worte, die Ich zu dir spreche, enthalten nichts Neues; neu ist die Art, wie Ich die Wünsche Meines Herzens und Meine beständige Liebe zu Meinen Priestern – zum Wohle vieler – dir gegenüber und durch dich zum Ausdruck bringe. Sei also schlicht; gib weiter, was Ich dir in diesen Zeiten der Anbetung gesagt habe, und vertraue Mir, dass Ich der Saat, die auf diese Weise ausgebracht wurde, Wachstum schenken werde.[459]

## Mittwoch, 1. Februar 2012

Wenn du zur Anbetung kommst, dann halte dich vor Mein eucharistisches Antlitz wie einen Spiegel vor die Sonne. So wirst du das Strahlen Meines Angesichts und das Feuer einfangen, das in Meinem Herzen lodert; so wirst du für in Finsternis gestürzte Seelen, für erkaltete Herzen Licht und Feuer werden.

Wie viele kostbare Seelen gehen zugrunde, weil die Priester, die Ich zu ihnen gesandt habe, keine Männer des Lichts und des Feuers göttlicher Liebe sind! Es gibt unter Meinen Priestern Männer, die agieren, als wären sie Diener Satans: Sie bringen den Menschen Dunkelheit, und die Seelen erschauern wegen des Fehlens übernatürlicher Wärme. Aber das kann sich ändern, wenn nur Meine Priester zu Mir zurückkehren und Mir erlauben würden, sie in dieser eurer Welt, die so finster und so kalt geworden ist, ganz und gar zu Feuer und Licht zu machen. Diese eure Welt ist Meine Welt, denn Ich habe sie erschaffen, und Ich möchte alles, was Ich erschaffen habe, mit Leben und Licht erfüllen. Es sind die Menschen, die Mein Licht in der Welt auslöschen und das Feuer der Liebe ersticken, das auf die Erde zu werfen Ich gekommen bin.[460]

O Meine Priester, wann werdet ihr euch bekehren und zu Mir zurückkommen, Mein Antlitz im Sakrament Meiner Liebe aufsuchen? Wann werdet ihr vor der Kälte der Welt in die Nähe des Feuers fliehen, das nie verlöschen kann, ist es doch das Feuer der Liebe, das in Meinem Herzen brennt? Ich bitte nicht um etwas Schwieriges, etwas, das nur mühsam zu vollbringen wäre; Ich bitte nur darum, dass ihr Mich im

---

459 1 Kor 3,6–7; 2 Kor 9,7–15; Kol 2,19; Jak 5,7–8; Mk 4,26–29.
460 Joh 3,19–20; Lk 12,49.

nächsten Tabernakel aufsucht, wo Ich auf euch warte. Und wenn ihr Mich dort gefunden habt, dann bleibt bei Mir. Stellt eure Seele vor Mich wie einen Spiegel vor die Sonne, und Ich werde in euch und durch euch Großes vollbringen, denn Meine Liebe ist ein verzehrendes Feuer der Lauterkeit und der Erlösung einer kalt gewordenen Welt.

223 Wenn Meine Priester zu Meinen Tabernakeln zurückkehren, Mein Angesicht suchen und sich danach sehnen, an Meinem Herzen Ruhe zu finden, dann wirst du erleben, dass sich in Meiner Kirche wunderbare Dinge entfalten werden – in Meiner Kirche, die sich damit abgefunden hat, in Mittelmäßigkeit und Gleichgültigkeit vor sich hin zu existieren. Das habe nicht Ich bewirkt, denn Ich bin in Meinem Wesen verzehrendes Feuer.[461] Vielmehr ist es das schleichende, erbarmungslose Werk des bösen Feindes, der es darauf abgesehen hat, dass alles, was Ich geschaffen habe, in Finsternis getaucht und in Bosheit erfroren sein soll.

Ich bin Licht und Ich bin Feuer, und wer zu Mir im Sakrament Meiner Liebe kommt, wird in Mir Licht und Feuer werden. Siehst du nicht, dass das geschieht? Ist es nicht deine eigene Erfahrung? Liebe Mich also, und lass es zu, dass die Liebe dich dazu nötigt, zu Mir im Sakrament Meiner Liebe zu dir zu eilen. In einer einzigen Stunde der Anbetung kann mehr Gutes getan werden als in hundert Tagen ununterbrochen Predigens und apostolischen Mühens, denn wenn du bei Mir bist, dann wirke Ich für dich. Zeit, die in Meiner Gegenwart zugebracht wird, ist keine verlorene Zeit. Vielmehr ist es vervielfachte Zeit und die Vergrößerung deiner begrenzten Stärke zu einer Kraft, die von Mir kommt, einer Kraft, durch die Ich durch dich große Dinge vollbringen werde.

Alles, was nicht aus Mir hervorgeht, ist verloren.[462] Alles, was nicht aus Mir hervorgeht, wird am Tag der Anfechtung hinweggefegt. Alles, was nicht aus Mir stammt, ist im Königreich des Himmels wertlos. Strebe also nicht danach, viel zu tun, sondern Mich mehr als alles andere zu lieben. Wer Mich liebt, wird Mein Angesicht suchen und Mein Herz finden, und er wird entflammt mit der Liebe, die Meine sakramentale Gegenwart ausstrahlt.

Ich sehne Mich danach, von überallher priesterliche Anbeter in Meine eucharistischen Gegenwart zurückkehren zu sehen. Ich sehne Mich danach, zu sehen, wie priesterliche Anbeter entdecken, dass es auf Erden keinen besseren Ort gibt als jenen, der vor dem Tabernakel für sie vorgesehen ist. Ich sehne Mich nach priesterlichen Anbetern, die sich selbst sterben und allen Dingen entsagen – aus Liebe zu Mir,[463] der

---

461 Ex 24,17; Dtn 4,24; 9,3; Ps 50,3; Jes 29,6; 30,27–30; 33,14; Hebr 12,29.
462 Unter anderem Koh 2; Jes 49,4; Röm 14,23; Offb 18,13.
463 Mt 10,37–39; 19,27–29; Mk 10,28–30; Lk 9,23–24; 14,33; 18,28–30; Joh 3,30;

Ich Mich aus Liebe zu ihnen im Sakrament des Altars so zerbrechlich, so klein und so unscheinbar gemacht habe.

**Freitag, 3. Februar 2012**

Siehe, Ich stehe vor der Tür und klopfe an.[464]
Angst ist das große Hindernis des inneren Gebets. Gebet und vor allem eucharistische Anbetung ist ein gefährlicher Vorgang, weil sie den Zustand der Mittelmäßigkeit bedroht, in dem man sich eingerichtet hat. In der Anbetung wirke Ich unmittelbar auf die Seele: Die Seele ist Mir in ihrer Armut, ihrer Nacktheit und mit allen ihren Sünden ausgeliefert.
    Anbetung gibt Mir den Raum, in dem Ich in einer Seele wirken kann. Sie ist das große Korrektiv für Menschen, die aufgrund ihrer Persönlichkeit und ihres Charakters in ständiger Bewegung und dauernd rastlos sind. Werde still und wisse, dass Ich Gott bin.[465] Öffne Mir die Tür deines Herzens, und Ich werde eintreten.[466] Ich werde dir Mein Angesicht zeigen und dir die Gedanken Meines Herzens enthüllen. Ich werde von Angesicht zu Angesicht mit dir sprechen, so wie ein Mann mit seinem besten Freund spricht. Manche Menschen halten Mich ihr ganzes Leben hindurch auf Abstand, weil sie Angst vor dem haben, was Ich ihnen antun könnte, wenn sie es Mir erlauben, ihnen nahezukommen.
    Diese Seelen kennen Mich noch nicht, denn wenn sie Mich kennen würden, dann wüssten sie, dass Ich Liebe bin und dass alles, was Ich wirke, Liebe ist. Eucharistische Anbetung ist das Heilmittel gegen die Angst, die Seelen auf Abstand von Mir hält. Warum ist das so? Weil Anbetung dazu zwingt, innezuhalten, die Impulse, Gedanken, Wünsche und Projekte in sich zum Schweigen zu bringen, in Meiner Nähe zu verweilen und von Mir zu lernen, dass Ich sanftmütig und von Herzen demütig bin.[467] In der Anbetung wird der, der sich abmüht, Ruhe finden und Erquickung für seine Seele.
    Ein wenig Lektüre während der Anbetung ist nichts Schlechtes; sie kann die Seele darauf einstimmen, Mir unmittelbar zuzuhören, wenn Ich zum Herzen spreche.

224

---

12,24; Gal 2,20; 5,24, 6,14; Phil 3,8; 1 Petr 2,24.
464 Offb 3,20.
465 Ps 46,11.
466 Offb 3,20; Hld 5,2; Ps 24,7–10.
467 Ps 46,9–12; Mt 11,29.

## Montag, 6. Februar 2012

Du aber: Liebe Mich, halte dich für nichts, und glaube immer daran, dass du in Meiner väterlichen Liebe zu dir sicher geborgen bist. Es gibt Dinge, über die du keine Kontrolle haben wirst. Demütige dich vor Mir, halte an allen Meinen Plänen fest, und vertraue Meiner vollkommenen Liebe zu dir. Ich bin kein grausamer Tyrann. Ich bin der liebevollste Vater, der Vater, von dem jede Vaterschaft auf Erden ihren Namen hat.[468]

## Donnerstag, 9. Februar 2012

Vollbringe eine Sache nach der anderen, ruhig und in Frieden. Ich bin bei dir, um dir in diesem Werk beizustehen, und wenn du auf Meine Inspirationen achtest und dem Klang Meiner Stimme gehorchst, die in deinem Inneren zu dir spricht, dann wirst du entdecken, dass sich alles in Entsprechung zu Meinem Plan der Weisheit und der Liebe zu dir entfaltet.

## Mittwoch, 22. Februar 2012

Alles, was jetzt geschieht, ist in Meinen Händen, und Meine Liebe hat alles geordnet, bis hinunter in die kleinsten Einzelheiten, um Meinen Schutz, unter den Ich dich gestellt habe, vor den Augen aller sichtbar zu machen. So werde Ich die Pessimisten widerlegen, die bezweifeln, dass Ich in dem, was du aufgrund Meiner Inspiration tust, am Werk bin. Geh furchtlos und froh weiter, vertraue Mir vollkommen, dass Ich für dich sorge, dich beschütze, dir Nahrung und Kleidung gebe,[469] und dich über die geheimnisvollen Pläne Meines Herzens mit dir und mit denen, die Ich dir sende, unterrichte.

Einige derer, die das, was Ich tue, am nötigsten brauchen, werden sich gegen Mein Tun wehren und es kritisieren.[470] Lass ihre Widerstände und ihre Kritik das Tempo deines Fortschreitens nicht verlangsamen. Das Werk ist Mein Werk, und Ich möchte sehen, dass es gedeiht, selbst wenn es zeitweise so aussieht, als gäbe es keine Hoffnung und als wären all Meine Versprechen eitle Wahnvorstellungen und leere Erfindungen, die nur deiner Phantasie entspringen. Das ist nicht der

---

468 Eph 3,14–15.
469 Mt 6,25–34; Lk 12,22–32.
470 Joh 16,1–4; Mt 15,7–9; 23,13; Lk 5,30–32; 12,54–56; Apg 7,51–53.

Fall. Ich bin es, der dieses Werk in dir inspiriert hat, und Ich werde es vollenden. Es ist ein Werk Meines heiligen Herzens. Wenn du an dem zweifelst, was Ich hier tue, dann zweifelst du an Meiner Liebe zu dir. Meine Liebe zu dir wird nie aufhören. Sei demütig, und vertraue auf Meine Liebe zu dir. Sei mutig, und handle kühn.[471] Ich bin bei dir, und solange du der Anbetung, um die Ich dich bitte, treu bleibst, wird sich alles entsprechend Meinem Plan entfalten, und Ich stehe dir bei in deinen Entscheidungen und bestätige die Vaterschaft, die Mein Geschenk für dich ist. Bleib Mir nahe und wisse, dass Ich in dir bin, und mit dir, und dass Ich in jedem Augenblick auf deine Gebete höre.

Ich habe in diesem Abendmahlssaal, der ein Hospital Meines heiligen Herzens sein soll, diejenigen versammelt, die gebrochenen Herzens sind, die Trostlosen, die Ängstlichen und die Einsamen. Das werde Ich auch weiterhin tun, denn Mein Herz ist die Zuflucht und Ruhestätte all jener, die Meiner Liebe vertrauen.

## Dienstag, 6. März 2012

Komm zu Mir in Anbetung, und Ich werde vor dir den Weg ebnen.[472] Ich werde die Hindernisse beseitigen, die in der Ferne dräuen, und Ich werde für jedes Bedürfnis sorgen, sobald es sich auftut. Höre Mir zu und schreib Meine Worte auf, denn Ich spreche zu dir, wie Ich es in der Vergangenheit getan habe, und wie Ich es auch weiterhin tun werde. Du bist der Freund Meines Herzens, und Ich habe dich für dieses Werk ausgewählt, das Mein Werk ist.

Meine Mutter beschützt dich auch weiterhin. Sie ist deine Fürsprecherin und deine Verteidigung. Sie hält dich nah an ihrem mütterlichen Herzen, und sie wird sich auf ähnliche Weise all derer annehmen, die Ich dir senden werde. Jeder wird ein Sohn Mariens sein, geformt nach dem heiligen Johannes, dem Ich Meine Mutter vom Kreuz herab anvertraut habe, auf dass sie ihn präge und ihn die Geheimnisse Meines Herzens lehre, die sie in ihrem Herzen birgt wie in einem Tabernakel.[473]

Von ihr empfing Johannes das Wort des Lebens, das in seinem Evangelium zu einem Licht wurde, das die ganze Welt erleuchtet, und ein Feuer eucharistischer Liebe, das den kalt gewordenen Seelen Wärme

---

471 Dtn 31,6–7; 31,23; Jos 1,18; 10,25; 1 Kön 2,1; Ps 27,14; Dan 10,19; Haggai 2,5 (2,4); 1 Makk 2,64; 1 Kor 16,13.
472 Spr 3,6; 4,27 (Vul.).
473 Joh 19,25–27; Lk 1,41–43; 2,19; 2,51; 11,27–28.

gibt.[474] Setze dich häufig, immer wieder Meinen Worten im Evangelium des heiligen Johannes aus. Lass es zu, dass sie in deine Seele dringen und in ihr wirken. Du wirst entdecken, dass das Evangelium des heiligen Johannes, das er aus dem unbefleckten Herzen Meiner Mutter empfangen hat, in sich eine Macht enthält, die Seelen aus der Dunkelheit ins Licht zu ziehen vermag und aus dem Schatten des Todes in den Strahlenglanz Meiner Helligkeit.

Nur wenigen Seelen ist bewusst, dass Meine Evangelien Geist und Leben sind.[475] Man kann Mein Evangelium – vor allem das Evangelium Meines geliebten Jüngers – nicht hören, ohne zu Meinem Herzen gezogen zu werden, aus dem das Sakrament Meiner Liebe entsprang, durch das Ich Meine Kirche ernähre und Mich ihr für alle Tage gegenwärtig mache bis zum Ende dieser vergänglichen Welt.[476]

Es gibt nichts, das Ich für jene, die sich Mir im Sakrament Meiner Liebe nähern, nicht tun würde. Schau Mich an! Hier bin Ich – verletzlich, ausgesetzt, verborgen, und dabei vollständig dir ausgeliefert. Die Eucharistie ist die Erfindung Meiner Liebe, und nichts übertrifft sie von allen Meinen Werken. Die Eucharistie ist mehr als die Schöpfung;[477] sie ist die Krönung Meines Heilswerks in dieser Welt, und der Vorgeschmack auf die Herrlichkeit in der nächsten Welt, die Ich für jene bereitet habe, die Mich lieben.[478]

Wenn die Seelen verstünden, welche Schätze an Liebe freigiebig an jene verteilt werden, die sich Mir im Sakrament Meiner Liebe nähern, wären Meine Kirchen Tag und Nacht gefüllt; es wäre unmöglich, all die Menschenmengen aufzunehmen, die eintreten wollen. Doch der böse Feind hat den Plan geschmiedet, das Geheimnis Meiner Gegenwart unter einem dunklen Schleier der Nachlässigkeit, der Ehrfurchtslosigkeit,

---

474 Phil 2,16; 1 Joh 1,1; Joh 1,9; 3,19–21; 8,12; 9,5; 11,9–10; 12,46; 2 Kor 4,4; Weish 17,19 (17,20).
475 Joh 6,63.
476 Mt 28,20; Eph 5,29; Kol 2,19; Offb 12,14.
477 Der heilige Thomas lehrt, dass Christus als Gott das extrinsische Gut ist, auf das das gesamte Universum hingeordnet ist (vgl. Super I ad Cor., cap. 12, lec. 3), und der ganze Christus ist gegenwärtig in der Eucharistie.
478 Zu liturgischen Texten, die diese Wahrheiten zum Ausdruck bringen, vgl. das von Thomas von Aquin stammende Officium zum Fest Fronleichnam, beispielsweise die Magnificat-Antiphon der Vesper: *O sacrum convivium, in quo Christus sumitur: recolitur memoria passionis eius: mens impletur gratia: et futurae gloriae nobis pignus datur. Alleluia.* »O heiliges Gastmahl, bei dem Christus verzehrt wird: Das Gedächtnis seines Leidens wird erneuert, der Geist wird erfüllt mit Gnade, und uns wird ein Pfand der zukünftigen Herrlichkeit gegeben. Alleluja.«

der Vergesslichkeit und des Unglaubens zu verhüllen. Er hat das Geheimnis Meiner wirklichen Gegenwart verdunkelt, und daher haben sich Meine Gläubigen, angefangen bei Meinen Priestern, von Mir abgewandt, so wie sie es bereits getan haben, als Ich zum ersten Mal offen von Mir als dem lebendigen Brot gesprochen habe, das vom Himmel herabkommt, um der Welt das Leben zu geben.[479]

Satan hasst jene, die seinen Lügen widerstehen und in Meiner Nähe geblieben sind, die Mich im Sakrament Meiner Liebe anbeten und Mein Herz trösten, das von der Undankbarkeit der Menschen und ihrem fehlenden Glauben an das Mysterium Meiner Liebe, also an Meine wirkliche eucharistische Gegenwart, so schmerzlich gequält ist. Wegen dieser Dinge, die Mein Herz so sehr betrüben, habe Ich dich zu einem Leben der Anbetung und der Sühne berufen. Durch deine Anbetung und Sühne werden zahllose Priester zu Meinen Altären und zum Sakrament Meiner Liebe zurückkehren, wo Ich auf sie warte, nie müde werde, auf sie zu warten, und immer bereit bin, sie in der Umarmung Meiner eucharistischen Liebe zu empfangen.

## Samstag, 10. März 2012

*O mein geliebter Jesus, ich bin glücklich, in Deiner Gegenwart zu sein. Dein Psalmist hat es gesagt:* »*Mir aber ist es Wonne, bei Gott zu sein.*«[480] *Mit Worten ist es nicht zu beschreiben, was es bedeutet, Dich – Gott von Gott, Licht vom Licht, wahrer Gott vom wahren Gott – so nah zu haben.*

> *Du bist verborgen, ich aber sehe Dich.*
> *Du schweigst, ich aber höre Dich.*[481]
> *Du bist unbeweglich, doch Du streckst Dich aus, um mich herbeizuholen und an dein Herz zu ziehen.*
> *Wer Dich im Sakrament Deiner Liebe besitzt, besitzt alles.*
> *Weil Du hier bist, fehlt mir nichts.*
> *Weil Du hier bist, muss ich vor nichts Angst haben.*[482]
> *Weil Du hier bist, kann ich nicht einsam sein.*
> *Weil Du hier bist, ist der Himmel hier, und Myriaden von Engeln beten Dich an und bringen Dir ihre Lobgesänge dar.*

---
479 Vgl. Joh 6, vor allem vv. 41–66.
480 Ps 73,28.
481 Zef 3,17 (Vul.); Offb 8,1.
482 Joh 6,20; Jes 12,2, 44,6–8; Jer 1,8.

*Weil Du hier bist, muss ich nirgends sonst nach Dir suchen.*[483]
*Weil Du hier bist, besitzt Dich Mein Glaube, Meine Hoffnung ist in Dir verankert, Meine Liebe umarmt Dich und lässt Dich nicht mehr los.*[484]

228 Schweige du also, weil Ich schweige; sei verborgen, weil Ich verborgen bin; sei demütig, weil Ich demütig bin.[485] Mach dich klein, weil Ich Mich klein mache, um bei dir bleiben zu können, um dir das Strahlen Meines Angesichts in einer Weise darbieten zu können, die deine Seele erleuchtet, ohne dich zu blenden.

Ich halte vor denen, die Mich lieben und Mich in diesem Sakrament Meiner schweigenden, lebendigen Gegenwart aufsuchen, nichts zurück. Diejenigen, die auch nur einmal zu Mir kommen und in Meiner Gegenwart verweilen, werden, wenn sie es Mir erlauben, ihre Seele zu berühren, wieder und wieder zu Mir zurückkehren. Sie werden in Mir alles finden, was zum Glücklichsein in dieser Welt notwendig ist, selbst wenn es so viel Leiden gibt und eine Dunkelheit sich über alles gesenkt zu haben scheint. Im Sakrament Meiner Liebe bin Ich die Perle von großem Wert und der im Acker vergrabene Schatz.[486] Ich bin das bleibende Glück des Mannes, der alles verkauft, was er besitzt, um Mich zu besitzen.

Ich bin hier für dich, geliebter Freund und Priester Meines Herzens. Ich bin hier für dich, und nichts wird Mich davon abhalten, dich nach dem Wunsch Meines Herzens zu beschenken. Komm zu Mir und empfange, was Ich dir geben möchte – Ich warte darauf. Du wirst nie enttäuscht werden, und du wirst nie mit leeren Händen fortgehen.

*Gib mir, Herr Jesus, nach dem Wunsch Deines Herzens. Ich bin ein leeres Gefäß, das auf Dich wartet, auf dass Du mich erfüllst. Ich werde vor Dir verweilen, schweigend und leer, und bereit, erfüllt zu werden mit allem, was Du mir zu geben geruhst. Erfülle mich entsprechend Deinem Wunsch – nicht nur für mich allein, sondern auch für andere, für die Seelen, die Du mir senden willst, auf dass ich ihnen einen reinen, göttlichen Trank geben kann.*

---

483 Joh 20,11–18.
484 Eph 3,17; Hebr 6,19; Hld 3,4.
485 Vgl. zum Schweigen Zef 1,7; 3,17 (Vul.); Sach 2,13; Ijob 6,24; Weish 18,14; Mt 26,63; Mk 14,61; Offb 8,1. Zur Verborgenheit vgl. Jes 45,15; Ps 31,21; Hab 3,4; Joh 8,59, 12,36; 1 Kor 2,7; Kol 2,3; 1 Petr 3,4; Offb 2,17. Zur Demut vgl. Jdt 9,16; Sir 10,17–21; Mt 11,29, 18,4.
486 Mt 13,44–46.

**Dienstag, 13. März 2012**

Kein in Meiner Gegenwart verbrachter Augenblick ist wertlos. Jeder Moment, der Mir gegeben wird, ist in Meinen Augen kostbar und wird fruchtbar für die gesamte Kirche. Es ist keine Frage der Quantität, es ist nicht nötig, lange Stunden in Meiner Gegenwart zu verbringen, wenn die Standespflichten anderes erfordern. Was Ich stattdessen verlange, ist der Augenblick reiner Anbetung und einer Liebe, die Mir aus einfachem, kindlichem Herzen entgegengebracht wird. So wie eine Mutter sich ebenso über eine einzige Wiesenblume freut, die ihr von ihrem Kind geschenkt wird, wie über ein großes Blumenbouquet, so freue auch Ich Mich an dem Augenblick, der Mir aus Liebe dargebracht wird.

Fang also damit an, dass du Mir aufopferst, was du kannst. Du wirst sehen, dass Ich dich dazu bewegen werde, einen Augenblick zum anderen zu fügen, bis du Mir die gesamte Zeit der Anbetung und Liebe gibst, die Ich von dir wünsche. Zu viele Seelen werden entmutigt, wenn sie zu beten versuchen. Sie nehmen fälschlicherweise an, wenn sie nicht viel tun könnten, dann sollten sie gar nichts tun. Und daher hören sie mit dem Beten ganz auf und lassen Mich allein, und Ich warte vergeblich auf ihren kleinen, bescheidenen Augenblick der Anwesenheit, der Mein Herz trösten würde.

Gib Mir deinen kleinen Augenblick der Anbetung und der Liebe, und Ich werde ihn vermehren und es dir ermöglichen, Mir Stunden der Anbetung und Liebe zu geben, so wie sie sich in deinem Leben ergeben und wie Ich sie von dir erbitte. Zu viele Seelen versuchen, zu viel zu tun, und tun letztlich gar nichts. Es ist besser, damit anzufangen, sehr wenig zu tun, und Mir dieses kleine Opfer darzubringen, im Vertrauen darauf, dass Ich es annehme und in Meine Herrlichkeit und die Herrlichkeit Meines Vaters verwandle.

**Donnerstag, 15. März 2012**

Es sind die Kleinen und die Armen, die zu Mir im Sakrament Meiner Liebe kommen und die Mein Herz durch ihre Anwesenheit bei Mir trösten. So war es schon immer. Die Stolzen und weltlich Gesinnten haben keine Zeit für Mich, weil Ich verborgen bin, weil Ich arm bin, weil Ich still bin im Sakrament Meiner Liebe.[487] Die aber, die selbst demütig und arm sind, werden von der Demut und Armut Meiner eu-

---

487 1 Kor 1,18–31.

charistischen Gegenwart angezogen. Ich heiße sie willkommen. Ich bin getröstet durch ihre Anwesenheit, und Ich erkenne sie als jene, die Mein Vater im Himmel gesegnet hat und denen das Himmelreich bereits zugesprochen ist.[488]

## Sonntag, 18. März 2012

*Du hast Mich zu diesem verborgenen Leben der Anbetung und Sühne berufen, weil Du nahe Deinen Tabernakeln auf Erden Männer zu haben wünschst, die Dein verborgenes sakramentales Leben im anbetungswürdigen Geheimnis Deiner wirklichen Gegenwart nachahmen.*

*Vereine mich also, ich bitte Dich flehentlich, mit Deiner eucharistischen Demut, mit Deinem Schweigen, mit Deiner Verborgenheit und mit Deinem unablässigen Gebet zum Vater. Vereine Mich mit der ununterbrochenen Aufopferung Deiner selbst zum Vater im Sakrament Deiner Liebe. Es gibt keinen Augenblick, da Du Dich nicht selbst opferst; keinen Augenblick, in welchem Deine Hingabe am Kreuz dem Vater nicht aus dem Schweigen Deiner Tabernakel dargeboten wird. Gib also, dass nichts mich von Dir trennt,[489] dem Lamm Gottes, dessen Blut die Welt rettet, Seelen von der Sünde reinwäscht und des Vaters Herz zu Mitleid bewegt für die verstocktesten Sünder und für die allergeringsten Seiner Geschöpfe. Amen.*

## Freitag, 20. April 2012

*O mein geliebter Jesus, Ich bete Dein eucharistisches Antlitz an, dessen Strahlenglanz das nie trügende Licht in den Schatten dieses irdischen Exils ist. Solange Du bei mir bist, fürchte ich kein Unheil. Du bist hier, mir nahe, und ich bin hier, Dir nahe, um an Dich zu glauben, auf Dich zu hoffen, Dich zu lieben und Dich anzubeten. Außer Dir begehre ich nichts auf Erden, und selbst der Himmel – was ist er ohne Dich?[490] Hier in Deiner eucharistischen Gegenwart ist der Himmel auf Erden. Hier ist die ewige Freude aller Engel und Seligen. Hier ist die Erfüllung des hoffen-*

---

488 Mt 25,34.
489 Vgl. das zweite Gebet des Priesters vor dem Empfang der heiligen Kommunion im Usus antiquor des römischen Ritus: *Fac me tuis semper inhaerere mandatis, et a te numquam separari permittas.* »Gib, dass ich Deinen Geboten allzeit treu bleibe, und lass nicht zu, dass ich mich jemals von Dir trenne.«
490 Ps 15,2; Ps 72,25; Spr 3,15.

den Sehnens, das wie ein Feuer in den Seelen im Purgatorium brennt.[491] Hier ist das Herz der Kirche auf Erden und die Herrlichkeit der Kirche im Himmel. Hier ist das staunenerregende Wunder Deiner Liebe zu uns: Deine immerwährende Gegenwart als Lamm, das geschlachtet wurde, und der Triumph Deines Kreuzes und Deiner Auferstehung.

Warum nur wirst Du in diesem Allerheiligsten Sakrament alleingelassen? Warum bist du verlassen in Deinen Tabernakeln? Warum sind die Kirchen leer oder werden nur so selten besucht? Offenbare Dich wieder im Sakrament Deiner Liebe! Lass Deine Realpräsenz, Deine hier wirkliche Gegenwart denen aufgehen, die zweifeln, den Unwissenden, den Gleichgültigen und den Kaltherzigen. Zieh alle – Getaufte und Ungetaufte – in das Strahlen Deines eucharistischen Angesichts, und lass nicht zu, dass auch nur eine einzige Seele der Umarmung Deiner eucharistischen Freundschaft entkommt. So wirst Du Deinen Durst nach dem Glauben und der Liebe unserer Seelen stillen, und so wirst Du das Sehnen Deines Herzens nach der Liebe derer stillen, die Du für Dich und keinen anderen geschaffen hast. Amen.

## Montag, 23. April 2012

Die Gabe, die du von Mir erbittest, die Gabe der Anbetung, ist dir bereits gegeben. Du musst nur Gebrauch davon machen. Du wirst sehen, dass sie sich in Seelen in deiner Umgebung vermehren wird. So wird dieser Ort das Haus der Anbetung werden, das Mein Herz bereits so lange ersehnt. Vertraue diesen Meinen Worten und mach Gebrauch von der Gabe, die Ich dir gegeben habe.

## Sonntag, 29. April 2012

231

Erkennst du nicht die Liebe, mit der Ich all diese Dinge für dich vorbereitet habe, indem Ich dich hierher an diesen Ort gebracht habe? Ja, Ich werde daraus einen Ort der Heilung und der Hoffnung für viele machen, angefangen bei denen, die jetzt gerade hier sind. In jedes Herz soll Meine eucharistische Liebe strahlen, die ausgeht von Meinem Angesicht, das, obwohl verborgen, in diesem Sakrament Meiner beständigen Gegenwart unter euch heller leuchtet als die Sonne. Lass Meine Anbeter ihren Platz vor Mir einnehmen. Ihr Glaube, ihre Hoffnung und ihre Unterwerfung

---

491 Vgl. die heilige Katharina von Genua, *Über das Fegefeuer*.

unter Meine barmherzige Liebe werden dazu führen, dass eine große Flut heilender Liebe aus Meiner heiligen Seite strömt und von Meinem Angesicht ausstrahlt. So werden Meine Anbeter, ohne Mein Heiligtum zu verlassen, auch Meine Apostel: Boten und Werkzeuge Meiner barmherzigen Liebe und Meines brennenden Wunsches, die Verlorenen zu sammeln, die Verwundeten zu verbinden, die Verletzten zu pflegen und die zu heilen, deren Herzen gebrochen sind.

Ich spreche jetzt zu dir, wie Ich bereits in der Vergangenheit zu dir gesprochen habe und wie Ich auch weiterhin zu dir sprechen werde, um deiner selbst willen und um derer willen, die Meine Worte lesen werden. Meine Liebe zu dir ist nicht kleiner geworden, und die Absichten Meines Herzens für dich haben sich nicht verändert. Ich liebe Dich mit einer zärtlichen, treuen, barmherzigen Liebe, und Ich werde dich in die Umarmung Meiner Freundschaft ziehen und dich nahe an Meiner heiligen Seite behalten, bis du dann später in Meinem heiligen Herzen verweilen wirst, dem Heiligtum Meiner Erwählten und dem Zufluchtsort armer Sünder.

Vertraue Meiner Liebe zu dir und geh weiter, handle mutig und kühn, denn Ich bin bei dir, und dieses Werk ist durch und durch Mein Werk. Es ist ein Werk Meiner barmherzigen Liebe zu den Priestern, den Männern, die Ich aus Millionen anderer erwählt habe, auf dass sie die geliebten Freunde Meines Herzens seien und Meine Passion der Liebe aufs Innigste mit Mir teilen.[492]

Erlaube Mir, dich zu lieben, indem du vor Mich kommst und in Meiner Gegenwart bleibst. Das ist es, was Ich von dir vor allem anderen verlange. Suche zuerst Mich, und du wirst entdecken, dass Ich dir die Zeit verschaffen werde, dass du vor Mich kommen kannst.[493] Höre genau auf Meine Inspirationen und auf die Hinweise, die Ich dir durch deinen Schutzengel zukommen lasse, durch Meine allreine Mutter und durch unsere Freunde, die Heiligen, die Ich damit beauftragt habe, dich zu unterstützen, zu führen und mit dir durch dieses Leben zu gehen.

Sie alle sind Mitarbeiter des Heiligen Geistes und handeln in Einheit mit der unerschaffenen Liebe, Meinem Band der Einheit mit dem Vater und mit allen Meinen Erwählten, den Heiligen im Himmel und auf Erden. Nichts, was Meine Heiligen im Himmel tun, geschieht ohne den Heiligen Geist, und alles, was Meine Heiligen durch Zeichen und Wunder tun, offenbart die schöpferische Gewalt des Heiligen Geistes, der in der Kirche wirkt – nicht nur durch die Sakramente, die Ich für sie gestif-

---

[492] Hld 5,10; Ps 105,26; Hag 2,24 (2,23); Mt 22,14; Joh 13,18; 15,16; Apg 1,2; 10,41; Hebr 5,1.
[493] Mt 6,33; Lk 12,31.

tet und ihr gegeben habe, sondern auch durch die Vermittlung der Engel und der Heiligen, die im Licht sind.

Liebe Mich also und vertraue Meiner Liebe zu dir. Bitte den Heiligen Geist, in dir dasselbe Feuer der Liebe zu entzünden, das in Meinem heiligen Herzen und in den Herzen aller Meiner Heiligen brennt. In der praktizierten Anbetung wächst diese Liebe, wird stark, ein Feuer, das allen Licht und Wärme gibt, die ihm nahe kommen, und das in den Herzen Meiner geliebten Freunde brennt.

## 17. Mai 2012, Christi Himmelfahrt

Hör auf Mich. Im Schweigen spreche Ich zu den Seelen. Menschen, die vor dem Schweigen die Flucht ergreifen, werden Meine Stimme nie vernehmen. Ermutige zum Schweigen und praktiziere es mit neuer Hingabe selbst, denn der Heilige Geist steigt ins Schweigen herab, und im Schweigen wirkt Er in den Seelen, führt sie in ein heiliges Leben ein und in die Vollkommenheit, die Ich Mir für jeden Menschen ersehne.

Tritt mit Meiner Mutter und mit den Aposteln in den Abendmahlssaal, in das Obergemach ein. Erbitte ihre Hilfe und lebe diese Tage in ihrer Gemeinschaft. Der Geist des Obergemachs ist ein Geist der Liebe, des Schweigens, einer wirklichen Trennung von der Welt und des Verharrens im Gebet. Darum bitte Ich dich. Eine Woche oder mehr, im Schweigen verbracht, bringt nichts als Segen für Geist, Seele und Leib.

Ich liebe das Schweigen – schau auf Mein Leben im Sakrament[494] –, und Ich liebe die, die Mir in das Schweigen Meiner eucharistischen Gegenwart folgen. Die Eucharistie ist von allen Sakramenten das stillste. Wenn die Konsekrationsworte gesprochen sind, bin Ich gegenwärtig, und Meine Gegenwart ist in ein tiefes Schweigen gehüllt. Ich schweige im Sakrament Meiner Liebe, denn dort bin ich gering und demütig. Dort erniedrige Ich Mich zu einem verborgenen und häufig vergessenen Leben, in einem Schweigen, das nur die Menschen demütigen Herzens verstehen können.

## 27. Mai 2012, Pfingstsonntag

*Komm, Heiliger Geist!*
*Komm, lebendiges Feuer!*

---

494 Also die heilige Hostie. – Autor.

*Komm, du Salbung von oben!*
*Komm, lebendiges Wasser!*
*Komm, Atem Gottes!*

233 *Präge mich mit einem Feuermal für das Werk, zu dem ich berufen wurde. Zeichne meine Seele tief und unauslöschlich für die Anbetung des eucharistischen Angesichts des Sohnes und für den Trost Seines eucharistischen Herzens. Brenne mir das Zeichen dieser Berufung so ein, dass ich jedes Mal leide, wenn ich sie verrate oder wenn ich ihr untreu werde. Gib mir ein Siegel für diese Berufung, so dass ich Dich nur dann finde, wenn ich sie erfülle, und in ihrer Vollkommenheit in der immerwährenden Anbetung im Himmel, wo Du mit dem Vater und dem Sohn lebst.*

*Lass die Anbetung des Lammes für mich hier auf Erden heute beginnen, und gewähre, dass sie sich in meinem Leben ausweitet und vertieft, bis sie zu einer ständigen Anbetung wird: einer Quelle der Freude, die aus dem unerschöpflichen Ursprung Deiner in meiner Seele einwohnenden Gegenwart kommt, um den Durst des Bräutigams Christus zu stillen*[495] *und Sein Priestertum in der Kirche fruchtbar zu machen. Amen.*

## Samstag, 2. Juni 2012

Du hast diesen Monat Juni gut begonnen, indem du dich als Opfer der erbarmenden Liebe Meines Herzens dargeboten hast. Ich werde dich in das Strahlen Meines eucharistischen Angesichts aufnehmen, und Ich werde dich im Feuer Meines eucharistischen Herzens verzehren. Verschwende dich in deiner Liebe zu Mir, suche Mein eucharistisches Angesicht, verweile nahe Meinem eucharistischen Herzen, und Ich werde alles Übrige tun. Dir wird nichts fehlen. Ich bin dein Ernährer, dein Geliebter, dein Freund. Ich bin deine Nahrung, dein Trank, dein Gewand und dein Schutz. Ich bin dein Ratgeber in der Ungewissheit, dein Tröster in der Drangsal, dein Gefährte im Exil.

Bring alles zu Mir. Lass dich durch nichts von deinem eigentlichen Werk abhalten: in Meiner Gegenwart zu verweilen; Mich zu lieben für die, die Mich nicht lieben; Mir zu vertrauen für die, die Mir nicht vertrauen; Mir zu danken für die, die Mir nicht danken; und dich Mir aufzuopfern für die, die sich Mir vorenthalten – vor allem für Meine armen Priester, deine Brüder in diesem Tal der Tränen. Bleib diesem eigentlichen Werk treu, und Ich werde ihm Gelingen schenken. Priester

---

495 Jes 12,3; Joh 4,13–14; 19,28; Offb 7,17.

werden zur Liebe Meines Herzens zurückkehren und anfangen, sich im Licht Meines eucharistischen Angesichts aufzuhalten. So wird bald die ganze Kirche in der strahlenden Heiligkeit erneuert, die Meinem Herzenswunsch und Meinem Willen für sie entspricht.

Vernachlässige nicht die Konfraternität priesterlicher Anbeter; gründe sie so bald wie möglich. Durch sie wird Mein Herz von Meinen Priestern getröstet. Der Glanz Meines Angesichts wird von ihren Gesichtern strahlen, und viele derer, die weit weg von Mir in der Dunkelheit gelebt haben, werden zurückkehren, um im Licht Meines Angesichts zu leben und zu wandeln. Es ist an der Zeit, dass du diese Absicht deinem Bischof unterbreitest. Und dann geh weiter, vertraue Mir, dass Ich die Herzen vieler Priester bewege, sich dieser Initiative Meines Herzens und des mütterlichen Herzens Meiner allreinen Mutter anzuschließen.

### Donnerstag, 7. Juni 2012

Indem du Mich anbetest, wird dieses kleine Kloster ins Leben gerufen, und es wird sich zu dem von Mir gewünschten Zentrum der Liebe und der Barmherzigkeit und der Gnade für Priester entwickeln. Hier baust du dieses Kloster auf, indem du Mich anbetest – oder vielmehr: Indem du Mich anbetest, ermöglichst du es Mir, es aufzubauen und für alles zu sorgen, was für die Erfüllung Meines Plans nötig ist.

### Samstag, 9. Juni 2012

Du bist immer in Meiner Gegenwart, und wenn dein Herz auf Mein Herz ausgerichtet ist, dann gibt es keinen Abstand zwischen uns. Meine sakramentale Gegenwart ist zwar einzigartig, wesenhaft und wirklich, doch es ist nicht die einzige Form Meiner Gegenwart.[496] Du kannst nicht jeden Augenblick des Tages im Sakrament Meiner Liebe und vor Meinem Altar in Meiner Nähe bleiben, aber du kannst Mich in jedem Augenblick im inneren Heiligtum deiner Seele anbeten, wo Ich, zusammen mit Meinem Vater und mit dem Heiligen Geist, ebenfalls gegenwärtig bin.

Folge in jedem Augenblick Meinem Willen, und du wirst Mich in jedem Augenblick anbeten. Ich kenne die Schwierigkeiten und Umstände deines Lebens. Sei bei Mir, indem du wünschst, bei Mir zu sein. Der Wunsch, Meine sakramentale Gegenwart nie zu verlassen, ist in

---

496 Vgl. Papst Paul VI., *Enzyklika Mysterium Fidei* (3. September 1965), §§20–21.

Meinen Augen gewissermaßen genau so wertvoll, wie wenn du körperlich vor Mir anwesend wärst, Mich anbeten würdest, auf Mich hören und zu Mir sprechen würdest. Lerne von Meiner Dienerin Mutter Mectilde, wie du Mich ständig anbeten kannst, ohne die Dinge zu vernachlässigen, die deiner Aufmerksamkeit bedürfen. Ich bin innerlich gegenwärtig, im geheimen Heiligtum der Seele, für alle, die wünschen, bei Mir zu sein, für alle, die Mein Angesicht suchen und die an Meinem Herzen Ruhe finden wollen.

Gib Mir deine Unfähigkeit, all das zu tun, was du dir vorgenommen hast, und Ich nehme deine Unfähigkeit entgegen und verwandle sie durch Meine Liebe in ein Opfer, das Mich mehr erfreut als die erfolgreiche Umsetzung deiner Vorsätze. Vertrau Mir auch in deinen Schwächen. Gib Mir sogar deine Unfähigkeit, zu tun, wozu Ich dich inspiriert habe. Deine Armut, deine Unsicherheit, selbst deine Unbeständigkeit ist kein Hindernis für Mein Wirken in deiner Seele – vorausgesetzt dass du alles, mit vollständigem Vertrauen in Meine barmherzige Liebe, Mir anheimstellst. Tu, was du vernünftigerweise tun kannst, und was du nicht tun kannst, das gib Mir ebenfalls. Ich freue Mich über die Darbringung des einen ebenso wie über die Darbringung des anderen. Diese Worte sollen dich trösten. Du sollst wissen, dass Ich kein strenger Lehrmeister bin, sondern ein Freund, ja der liebevollste und aufmerksamste Freund überhaupt. Welcher Freund würde den, den er liebt, mit einem Tadel empfangen statt mit einem herzlichen Willkommensgruß?

Ja, Ich habe dich zu einem Leben der Anbetung und der Sühne berufen, aber Ich berufe dich auch zu Demut, zum kleinen Weg geistlicher Kindschaft und zu grenzenlosem Vertrauen auf Meine Barmherzigkeit. Bete Mich also im Sakrament Meiner Liebe an, so oft du kannst, und wenn du dazu nicht in der Lage bist, dann bete Mich an jenem Ort der Begegnung mit Mir an, der deine Unsicherheit ist, deine Schwäche und die Bedürfnisse des gegenwärtigen Augenblicks.

Bete Mich ohne Unterlass im Heiligtum deiner Seele an, und wisse, dass deine Anbetung dort Mich im Sakrament Meiner Liebe und in der himmlischen Herrlichkeit verherrlicht, wo Ich dich eines Tages auf ewig mit Mir vereinen werde.

**Freitag, 22. Juni 2012**

Hör Mir zu – Ich spreche zu dir jetzt ebenso, wie Ich in der Vergangenheit zu dir gesprochen habe. Du wurdest nicht getäuscht; irgendwelche Ungenauigkeiten in dem, was du geschrieben hast, stammten aus deinen Vorstellungen, nicht vom bösen Feind – und es gibt auch nur wenige solcher Ungenauigkeiten. Ich war es, der zu dir gesprochen hat, um dich zu trösten, in deiner Liebe zu Mir zu stärken, und um dich in das Schweigen zu ziehen, das eine besondere Gnade derer ist, die Ich mit Mir in Liebe vereinen möchte.

Sei also im Frieden, und hab keine Angst vor der Zukunft. Ich spreche jetzt ebenso zu dir, wie Ich es in der Vergangenheit getan habe – aus den Tiefen der Liebe Meines Herzens zu dir. Glaube an Meine Liebe zu dir, und Ich werde dich vor den Irrtümern deiner eigenen Vorstellungen und vor den Täuschungen des bösen Feindes bewahren. Ich möchte, dass unsere Gespräche weitergehen, denn Ich habe dich als den vertrauten Freund Meines Herzens erwählt, und Freundschaft gedeiht im Gespräch und im innigen Austausch des einen Herzens mit dem anderen.

Diese Art von Freundschaft wünsche Ich Mir mit jedem Meiner Priester, aber weil nur so wenige sie annehmen, habe Ich dich erwählt, der Freund Meines heiligen Herzens zu sein, ein zweiter Johannes. So wirst du für deine Priester-Brüder Sühne leisten und Mein Herz trösten, das von ihrer Kälte, ihrer Undankbarkeit, ihrer Ehrfurchtslosigkeit und ihrer Gleichgültigkeit verwundet ist.

Einige werden nicht glauben, dass Ich zu dir gesprochen habe, oder dass Ich es noch tue. Lass dich davon nicht verunsichern. Was Ich dir sage, wird an den Früchten, die es in deinem Leben bringen wird, erkannt werden.[497]

Halte dich nicht mit Ängsten und Befürchtungen auf, in die Irre geführt zu werden. Vertraue Mir und der Führung des Heiligen Geistes, der in dir wohnt und bei dir bleibt.[498] Solange du in Meinen Worten nichts hörst, das von der Lehre Meiner Kirche abweicht, kannst du im Frieden weitergehen. Dass der böse Feind Meine Worte zu verfälschen trachtet, wirst du an der Unruhe erkennen, die sie verursachen. Und du wirst es ebenfalls merken, wenn bestimmte Elemente in unseren Gesprächen aus deinen eigenen Einbildungen, Ängsten oder Wünschen stammen. Sei im Frieden. Höre auf Mich, und ruhe in Meiner Liebe zu dir.

## Donnerstag, 28. Juni 2012

Lass Mich Mein Werk in deiner Seele und an diesem Ort vollbringen, den Ich für dich und für viele andere Seelen erwählt habe. Ich werde

---

[497] Mt 7,16–20.
[498] Joh 16,13; 2 Tim 1,14; 1 Thess 4,8; 1 Petr 4,14; 1 Joh 2,27.

ihn zu einem Ort der Erneuerung, der Heilung und des Friedens machen. Ich werde Seelen im Strahlen Meines eucharistischen Angesichts erneuern, und Ich werde sie in das stille Heiligtum Meines Herzens ziehen. Dort werden sie die Liebe Meines Vaters kennenlernen und das süße Feuer des Heiligen Geistes. Hier werden die Seelen auch die mütterliche Fürsorge des allreinen Herzens Meiner Mutter erfahren.

**Donnerstag, 5. Juli 2012**

Anbetung ist die Seele Meines Wirkens an diesem Ort. Sollte die Anbetung nachlassen, wird der materielle Bau des Klosters sich auflösen, die Kommunität wird auseinanderbrechen, und es wird nichts übrigbleiben als nur eine leere Hülle.

Anbetung setzt die priesterliche Handlung fort, die Mein Teil ist, und sie bezieht dich mit ein. Bete also an, und alles wird gut. Das verspreche Ich dir.

Dieses Kloster soll durch Anbetung aufgebaut werden. Ich werde hier große Dinge vollbringen und die barmherzige Liebe Meines Herzens allen offenbaren, die sich Mir im Sakrament Meiner Liebe nähern.

**Freitag, 6. Juli 2012**

Hätte Ich anderen Männern die Gnade der Anbetung verliehen, die Ich dir gegeben habe, dann wärst du versucht gewesen, sie an deiner Stelle das tun zu lassen, was Mein Herz begehrt, und was es ausschließlich von dir erwartet. Du musst der erste Anbeter in diesem Haus sein. Du wirst Mich anbeten und damit Meinem Herzenswunsch nachkommen, und dann werden andere von dir den Funken der Anbetung empfangen, und so wird ein gewaltiges Feuer der Liebe, der Anbetung und der Sühne vor Meinem eucharistischen Angesicht auflodern. So soll Mein Plan und Mein Wunsch hier in Erfüllung gehen.

Andere werden später kommen, die die Gnade der Anbetung besitzen, aber momentan ist Anbetung dein wesentliches Werk, und Ich wünsche sie an erster Stelle von dir. Der Tag wird kommen, da es in Meinem Haus viele Anbeter Meines eucharistischen Angesichts geben wird, die sich ablösen in einer einzigen langen Nachtwache der Anbetung, der Sühne und der Liebe, nahe Meinem eucharistischen Herzen. An jenem Tag werden die Pläne Meines Herzens für diesen Ort erfüllt sein: zur größeren Freude der Kirche und zum Trost Meines heiligen

Herzens, das von der Gleichgültigkeit, Kälte und Ehrfurchtslosigkeit so vieler Meiner Priester schlimm verwundet ist.

Du wirst für sie Sühne leisten und damit der Vater einer Familie von Seelen werden, die begreifen, dass Sühne die Antwort der Liebe auf Meine schmerzensreiche Liebe ist: schmerzensreich, weil sie von denen zurückgewiesen wird, die Ich mehr als alle anderen Menschen lieben würde: von Meinen Priestern; schmerzensreich, weil genau die Männer, die Ich gerne Meine Freunde nennen wollte, sich von der Freundschaft Meines Herzens abwenden und an anderen Orten nach der Befriedigung ihrer persönlichen Bedürfnisse nach Liebe, nach Gemeinschaft und nach Verständnis Ausschau halten.

Du wirst für sie Sühne leisten, und so sollen ganz allmählich Meine Priester – selbst jene, die sehr weit von Mir entfernt sind – ihren Weg an Meine Altäre zurückfinden, und sie werden entdecken, dass Ich auf sie in den verschlossenen Tabernakeln warte, in die ihre eigenen Hände Mich gestellt haben.

## Sonntag, 15. Juli 2012

Es ist nicht wichtig, was du denkst oder sagst,[499] denn Ich bin dadurch erfreut und getröstet und verherrlicht, dass du einfach nur bei Mir bist. Sei gegenwärtig in Meiner Gegenwart. Das ist es, um was Ich dich bitte. So viele Meiner Priester lassen Mich im Sakrament Meiner Liebe allein. Sie werden kalt, gleichgültig, hartherzig. Eine in Meiner Gegenwart verbrachte Stunde würde ausreichen, um die Flamme in ihren Herzen wieder auflodern zu lassen, sie zu Dankbarkeit und Liebe zu bewegen und ihre Seelen der Gnade Meiner Freundschaft zu öffnen. Ich bitte nur darum, dass Meine Priester zu Meinen Altären zurückkehren, und dass sie Mich in den Tabernakeln aufsuchen, wo Ich wahrhaft gegenwärtig bin und auf sie warte. So viel Sünde kann vermieden, so viele Sünden können wieder gutgemacht werden durch einen schlichten Akt liebender Gegenwart vor Meinem eucharistischen Herzen!

Ich bin hier für Meine Priester. Ich werde sie an Mein Herz ziehen. Ich werde ihnen die unschätzbare Gnade Meiner göttlichen Freundschaft enthüllen. Und vom Sakrament Meiner Liebe aus werde Ich das Angesicht des Priestertums in Meiner Kirche erneuern. Der Priester-

---

[499] Der Kontext zeigt, dass unser Herr zu jemandem spricht, der sich in der eucharistischen Anbetung befindet.

mangel an einigen Orten wurde nicht von Mir verursacht, sondern durch die immer mehr um sich greifende Nachlässigkeit und vor allem durch das schlimme Abnehmen des Gebets in den Herzen und auf den Lippen Meiner Priester.

Wo Meine Priester zum Gebet zurückkehren, dort werde Ich eine ergiebige Ernte an Priesterberufungen aufgehen lassen.[500] Ich werde die Anzahl Meiner Priester vermehren, so wie Ich die Brote und Fische vermehrt habe, um die vielen Menschen in der Wüste zu nähren.[501] Wenn Priester das Gebet aufgeben, dann geben sie Mich auf, und dann ziehe Ich Meinen Segen von ihren Tätigkeiten zurück und überlasse sie sich selbst, denn ohne Gebet – ohne Mich – können sie nichts tun.[502]

**Donnerstag, 26. Juli 2012**

Komm zu Mir, wann immer du kannst, so oft du kannst. Es gibt keinen Augenblick, da Ich nicht auf dich warte, nicht einen Augenblick, da Mein Herz nicht für dich offen stünde, dich zu empfangen. Glaubst du nicht an Meine Freundschaft mit dir? Hast du vergessen, dass Ich dich zum Gefährten und Tröster Meines Herzens erwählt habe, als Sühne für diejenigen Meiner Priester, die Meine Gemeinschaft zurückweisen und die mit ihrer Kälte Mein eucharistisches Herz betrüben?

Heute kam Ich zu dir als eine Gabe in der Gestalt von M. Yvonne-Aimées kleinem König der Liebe. Ich kam hierher als der König der Liebe, um jedem einzelnen von euch Frieden und Heilung zu bringen und auch allen, die diesen Ort besuchen oder dieses Haus betreten. Ich bin gekommen, um dir und deinen Söhnen Mein Herz zu zeigen. Ich kam, um die seit Langem schwärenden Wunden der Kindheit zu heilen und Seelen in der Sicherheit und im Vertrauen auf die erbarmende Güte Meines Herzens zu verankern.

Empfangt Mich als den König der Liebe. Weiht euch Mir. Ehrt Mein Bild, und Ich werde in euch und in diesem Haus Wunder der Heilung wirken, der Heilung und des Mitgefühls. Ich trete als kleines Kind hier ein, als der Kind-König. Empfangt Mich, heißt Mich willkommen,

---

500 Jesus verbindet in Mt 9,37–38 und Lk 10,2 das Gebet der Jünger mit der Zunahme an Berufungen.
501 Alle vier Evangelien berichten vom Wunder der Speisung der Fünftausend mit fünf Broten und zwei Fischen: Mt 14,13–21; Mk 6,31–44; Lk 9,10–17; Joh 6,5–15.
502 Jer 17,13–14; Joh 15,5.

und Ich werde Meinerseits jeden von euch empfangen und willkommen heißen.

Das ist deine Berufung. Verlier sie nicht aus dem Blick. Komm häufiger zu Mir und verweile still in Meiner Gegenwart. Du musst nichts sagen oder tun. Du sollst nur deine Seele dem durchdringenden Strahlen Meines eucharistischen Angesichts hinhalten und glauben und darauf vertrauen, dass Ich in dir handeln werde, um in dir Dinge zu bewirken, die kein Mensch selbst in sich bewirken kann. Ergib dich Meinem göttlichen Wirken. Gib Mir die Erlaubnis, in dir und an dir zu handeln. Fasse den Entschluss, dich Meiner Liebe zu überlassen, und dann sei im Frieden, denn in diesem einen Entschluss besteht das Geheimnis aller Heiligkeit.

Ehre Meine Liebe, indem du Mir erlaubst, dich zu lieben. Es gibt keinen wirkungsvolleren Weg, an Heiligkeit zuzunehmen und die Tugenden zu erwerben, die dich zu Meinem Werkzeug und zu dem Priester machen, als den Ich dich haben möchte. M. Yvonne-Aimée, deine treue Freundin im Himmel, hat dieses Geschenk und diese Gnade für dich erhalten, um dir zu zeigen, dass sie für dich da ist und weiß, was du brauchst. Du bist nicht allein. Meine Heiligen im Himmel folgen dir auf Schritt und Tritt, um dich zu ermutigen und zu ermuntern, zu führen und zu trösten, zu unterweisen und zu korrigieren. Lebe mit Meinen Heiligen, den Dienern Meiner königlichen Hochherzigkeit und Mitarbeitern in allen Werken Meiner barmherzigen Liebe.

Ich bin heute als der kleine Enkelsohn von Joachim und Anna zu euch gekommen. Sagt Mir, dass ihr froh seid, Mich hier in diesem Haus zu haben, und ladet Mich ein, über eure Herzen und in eurem Leben zu herrschen.

## Montag, 12. November 2012
## Im Kloster von ---

*Während dem nächtlichen Gebet vor dem Heiligsten Sakrament:*

Ein großes Werk der Liebe wird hier vollbracht, ein Werk, das direkt aus Meinem eucharistischen Herzen hervorgeht, um Meinen Vater zu verherrlichen und die Welt zu retten – denn das Werk der Rettung wird im Sakrament Meines Leibes und Blutes bis zum Ende der Zeit fortgesetzt.[503] Ich habe dich erwählt, an diesem Meinem eucharistischen

---

503 Vgl. die Secreta für den neunten Sonntag nach Pfingsten: *Concede nobis,*

Werk mitzuwirken, indem Ich dich in dieses Leben der Anbetung und Sühne berufen habe, das du hier siehst.

Ich bin hier im Heiligsten Sakrament, für dich und für die ganze Welt. Nimm deinen Platz hier vor Mir ein und bleibe vor Meinem Angesicht, in der Nähe Meines Herzens, das ganz und gar Liebe ist.

Es ist keine kleine Sache für eines Meiner schwachen menschlichen Geschöpfe, Meine eucharistische Liebe einer Stunde Nachtschlaf vorzuziehen. Erst im Himmel wirst du den Wert einer so verbrachten Stunde erfahren. Komm also zu Mir. Besuch Mich und bleib bei Mir während der Nacht, und Ich werde am Tag für dich und mit dir und durch dich arbeiten. Durch nächtliche Anbetung wirst du von Meinem Herzen Dinge erbitten können, die auf andere Weise nicht zu erhalten sind, vor allem die Befreiung von Seelen aus dem Einfluss und der Unterdrückung der Mächte der Finsternis. Mehr Seelen werden gerettet und befreit durch Anbetung während der Nacht als durch jede andere Form des Gebets: Dieses Gebet vereint dich am innigsten mit Meinen eigenen Nächten, die Ich während Meines Lebens auf der Erde in ununterbrochenem Gebet verbracht habe.[504]

Komm also bei Nacht zu Mir, und du wirst während des Tages neben dir Meine Macht und Meine Gegenwart spüren. Bitte Mich, worum auch immer du willst, wenn du nachts zu Mir kommst, und du wirst bei Tagesanbruch Meine barmherzige Hilfe erfahren. Ich liebe mit einer besonderen Liebe jene, die Ich dazu berufe, Mich während der Stunden der Nacht anzubeten. Die nächtliche Anbetung hat die Macht und Wirksamkeit des Fastengebets, das Ich Meinen Aposteln als das Mittel zur Austreibung von Dämonen aus heimgesuchten, gequälten Seelen empfahl.[505] Aus diesem Grund fürchten und hassen die Dämonen die nächtliche Anbetung, während die Engel frohlocken und sich in den Dienst der Seele stellen, die dazu bereit ist.

---

*quaesumus, Domine, haec digne frequentare mysteria: quia, quoties hujus hostiae commemoratio celebratur, opus nostrae redemptionis exercetur.* »Wir bitten Dich o Herr: Lass uns immer würdig an diesen Geheimnissen teilnehmen, da ja das Werk unserer Erlösung vollzogen wird, so oft man das Gedächtnis dieses Opfers feiert.«

504 Lk 6,12; Mt 26,36.
505 Mt 17,20; Mk 9,28.

## 28. März 2013, Gründonnerstag

Das Erste, worum Ich Meine Priester bat, Meine unmittelbar zuvor geweihten Apostel; und von ihnen die drei, die Meinem Herzen am nächsten waren, war: mit Mir zu wachen und zu beten.[506] Ich sandte sie nicht sofort aus, und Ich vertraute ihnen auch keine priesterliche Aufgabe an – nur diese Eine: mit Mir im Gebet zu wachen, auf dass sie in der Stunde der Versuchung nicht fallen. Ich wollte, dass sie Mir nahe waren, um Mich zu trösten und Mir durch ihre Vereinigung mit Meinem Gebet des Gehorsams und der Hingabe an den Vater in Meiner Agonie beizustehen. Das war ihre erste priesterliche Handlung, ihr erster Auftrag als Priester des Neuen Bundes: nicht zu predigen, nicht zu lehren, nicht zu heiligen, nicht einmal zu taufen, sondern mit Mir zu wachen und zu beten.

Ich wollte ihnen dadurch zu verstehen geben: Wenn ein Priester nicht wacht und im Gebet verharrt, dann ist alles andere umsonst. Er wird die Substanz Meiner Geheimnisse austeilen, aber ohne die Süße himmlischer Salbung, ohne das Feuer und das Licht einer persönlichen Erfahrung Meiner göttlichen Freundschaft. Deshalb bitte Ich Meine Priester inständig, Anbeter zu werden, zu wachen und zu beten, nahe bei Mir im Sakrament Meiner Liebe.

Hättest du doch die schmerzliche Dringlichkeit Meiner flehentlichen Bitte an Petrus, Jakobus und Johannes hören können! Ich habe sie nicht lediglich aufgefordert, zu wachen und zu beten, Ich habe buchstäblich darum gebettelt. Ich brauchte ihr Gebet in jener Stunde, so wie Ich das Gebet all Meiner Priester in dieser letzten Stunde brauche, die kommt und in Meiner Kirche bereits angebrochen ist.[507]

Nur das Gebet Meiner Priester in Vereinigung mit dem Gebet Meines Herzens zum Vater wird fähig sein, Meine Kirche in der bevorstehenden Dunkelheit zu bewahren und zu trösten. Ich bettle um das Gebet Meiner Priester, um Anbetung, um Sühne und um demütige Bittgebete. Ich erflehe ein Gebet von ihnen, das aufrichtig ist und beharrlich, ein Gebet, das in ihrem Herzen zu einem unaufhörlichen Murmeln wird, welches sich zum Vater als geistiges Opfer emporhebt.

Wann werden Meine Priester anfangen zu beten, wie Ich es vor langer Zeit – ach, vor so vielen Jahrhunderten schon! – von ihnen verlangt habe? Ich möchte Priester, die mit Mir wachen und beten. Ich brauche

---

506 Mt 26,41; Mk 14,38.
507 Unser Herr braucht uns nicht in dem Sinn, dass Er schwach ist oder unfähig, bestimmte Ziele zu erreichen, sondern weil Er uns in Seiner Güte brauchen, uns zu seinen Werkzeugen machen möchte. Vgl. Papst Pius XII., *Enzyklika Mystici Corporis Christi* (29. Juni 1943), §44.

solche Priester. Ohne ihr Gebet wird Meine mystische Agonie weitergehen und ohne Trost bleiben von den Freunden, die Ich erwählt habe, auf dass sie in den Prüfungen bei Mir bleiben, die Meine Kirche, Meine arme, gebrechliche Braut, bald heimsuchen werden.

Die Krise in Meinem Priestertum wird sich fortsetzen, sie wird schlimmer werden, wenn nicht Meine Priester, die erwählten Freunde Meines Herzens, den Eitelkeiten und leeren Bestrebungen dieser vergänglichen Welt entsagen und Anbeter im Geist und in der Wahrheit werden.

Ich habe Meine Apostel angefleht, zu wachen und zu beten, sie aber haben geschlafen.[508] Noch immer flehe Ich Meine Priester an, zu wachen und zu beten, und noch immer schlafen sie, sogar noch in dieser Stunde, da Meine Kirche sie einlädt, bei Mir zu bleiben, in der Nähe Meiner wirklichen Gegenwart zu verweilen und Mich in der Dunkelheit und dem Grauen dieser Nacht nicht im Stich zu lassen. Wo sind Meine Priester? Ich warte auf sie. Ich rufe sie. Ich möchte, dass sie alles hinter sich lassen und Mir ihre Gemeinschaft darbringen, ihre Anwesenheit, ihre wortlose Liebe und ihre Tränen.

Es gibt noch zu wenige, die Mein Flehen erhören und dem ersten Auftrag folgen, den Ich Meinen Aposteln gegeben habe. Opfere dich selbst auf, auf dass andere ihren Weg zu Meinen Altären finden und begreifen, dass es keine Süßigkeit, keinen Trost und keine Gegenwart gibt, die mit der Süßigkeit, dem Trost und der Präsenz vergleichbar wäre, die Ich ihnen im Allerheiligsten Sakrament aufopfere, das sie selbst für Meine Kirche konsekriert haben.

Die Worte, die Ich zu dir gesprochen habe, sind nicht nur für dich allein bestimmt, sondern für die Priester, die Ich zu dir senden werde. Teile ihnen diesen Meinen Wunsch nach Priestern mit und teile ihn mit ihnen: den Wunsch Meines Herzens nach Priestern, die nahe Meinen Altären wachen und in Meiner Anwesenheit verweilen, selbst wenn das bedeutet, dass sie sich von Dingen abwenden, die in sich unschuldig, gut und befriedigend sind. Bald bleibt keine Zeit mehr, Mir das Gebet und die Begleitung darzubringen, die Ich von Meinen Priestern immer erlangen wollte und noch immer erlangen möchte. Ich sage das nicht, um Panik oder Angst auszulösen, sondern weil die Priester endlich erkennen müssen, dass das, was Ich von Meinen Aposteln in Gethsemane verlangt habe, nach wie vor notwendig ist. Es ist Meine Aufforderung, hier und jetzt, und sie ist heute nicht weniger dringlich als in jener entsetzlichen Nacht in Gethsemane.

---

508 Mt 26,36–46; Mk 14,32–42.

Lass sie damit anfangen, der ersten Bitte nachzukommen, die Ich an Meine Priester richtete, dem ersten Auftrag, den Ich ihnen gab: zu wachen und zu beten. Erst dann werden sie den Glanz Meiner Herrlichkeit am Tag Meiner Wiederkehr sehen.

*Warum, geliebter Jesus, gab es in meinem Leben so viele verpfuschte Anfänge? So viele Versuche, zu Dir zu gelangen, die in Bitterkeit oder Irrtum oder Scheitern endeten?*

Das alles waren Versuche, dem Schmerz und der inneren Verwirrung zu entkommen, die dir als Kind zugefügt wurden. Ich habe zugelassen, dass dir diese Dinge widerfahren sind; Ich habe dir erlaubt, Fehler zu machen und an die falschen Türen zu klopfen, weil Ich dich so darauf vorbereitete, Meinen Plan für dich anzunehmen. Ich habe dich erniedrigt, um dich zu einem Werkzeug zur Durchführung Meines Plans zu machen.

## 20. Mai 2013, Pfingstmontag

*Warum, geliebter Jesus, hast Du Mutter Mectilde und so viele andere heilige Frauen in mein Leben gebracht? Hast Du mich wirklich in die Schule von Mutter Mectilde genommen? Bin ich in Deinen Augen denn nicht ein Sohn des heiligen Benedikt?*

Von Anfang an habe Ich dich, ebenso wie den heiligen Johannes, erwählt, Mein Anbeter zu sein, und Anbetung fällt Männern eher schwer. So wie Ich den heiligen Johannes in die Schule Meiner Mutter gegeben habe, damit er lernte, was Anbetung bedeutet, so habe Ich dich in die Schule von Mutter Mectilde gegeben, auf dass du lernst, Mich so anzubeten, wie Ich von dir angebetet werden möchte. Die Schule von Mutter Mectilde ist die Schule Meiner Mutter; indem du dich in die Schule von Mutter Mectilde begeben hast, bist du wie der heilige Johannes in die Schule Meiner jungfräulichen Mutter eingetreten.

## Samstag, 15. Juni 2013

Es gibt kein Leiden, das Ich nicht heilen kann, und wenn Ich zulasse, dass bestimmte Seelen über längere Zeit leiden, ohne ihnen ein Zeichen Meiner heilenden Macht zu geben, dann geschieht das, weil Ich aus ihrem Leiden ein großes Gut hervorbringen möchte. Das sollst du glauben, und du sollst anderen helfen, das zu glauben, denn aus dieser Wahrheit ergeben sich Vertrauen und Hoffnung, selbst noch in den dunkelsten Stunden.

Ich messe Zeit nicht, wie Menschen sie messen, und Ich beurteile auch die Intensität des Leidens nicht so wie die Menschen. Ich weiß, was Ich tue, selbst dann, wenn Ich Meine Pläne vor den Menschen verberge, um ihren Glauben an Mich zu prüfen und zu bewirken, dass dieser Glaube stark und unerschütterlich wird.

Leider gibt es viele Seelen, die in der Stunde des Leidens aufhören zu glauben. Sie verlieren ihren Glauben an Mich und versinken in Hoffnungslosigkeit bis hin zur Verzweiflung. Um aus ihrem Leiden herauszukommen, müssen sie nur einen ganz kleinen Akt des Glaubens vollziehen: Er wird die Dunkelheit vertreiben und sie aus ihrer Verzweiflung herausholen. Ein kleiner Akt des Glaubens ist ungemein mächtig; er ist ein Feuer- und Lichtfunke in der riesigen, kalten Dunkelheit der Sünde und des Unglaubens.

Glaube wird Leiden nicht immer beseitigen, aber er wird es erträglich machen und mit übernatürlicher Hoffnung tränken. Andere können diesen Glaubensakt vollziehen für diejenigen, die leiden, bis sie, gestützt von Gebeten, genug Kraft haben, ihn selbst zu vollziehen.

Du tust das, wenn du im Sakrament Meiner Liebe vor Mich kommst. Ist das nicht ein Akt des Glaubens? Drückt deine Anbetung nicht gänzliches Vertrauen in Meinen Plan und vollständige Hingabe an Meinen Willen aus? Du kannst anbeten für jene, die nicht selbst anbeten können. Du kannst glauben für jene, die keinen Glauben haben (oder meinen, keinen Glauben zu haben); für die Menschen ohne Hoffnung und für die, in deren Herz die Liebe erkaltet ist.

Tu es für diesen einen Menschen, den du mit seinen Leiden vor Mich gebracht hast. Tu es und überlass alles Übrige Mir. Folge Meinen Ratschlägen, die Ich dir gebe, und vertraue darauf, dass Ich handeln werde. Es gibt keinen wirkungsvolleren Weg, den Leidenden Trost zu bringen, für die Kranken Heilung zu erwirken und Befreiung für die, die von den Mächten der Finsternis unterdrückt und verfolgt werden.

Ich bin immer hier für dich, und es gibt keinen Zeitpunkt, an dem du nicht mit den Dingen, die dir schwer auf der Seele liegen, zu Mir kommen könntest. Komm zu Mir, und Ich werde dich erquicken. Ich werde dir den Weg zeigen, auf dem du weitergehen sollst. Ich werde von Herz zu Herz mit dir sprechen, so wie ein Mann mit seinem engsten Freund spricht.⁵⁰⁹ Bleibe nicht fern von Mir. Im Gegenteil, komm oft zu Mir, so oft du kannst. Verweile bei Mir. Merke auf Mich. Höre Mir zu, und du wirst Wunder Meiner liebenden Barmherzigkeit in dir und in deiner Umgebung erleben, denn Ich bin der König der Liebe, und dies ist Mein Ort. Ich habe alles hier für Mein Herz in Anspruch genommen und für die Verherrlichung Meines eucharistischen Angesichts durch eine Familie frommer Anbeter und durch Sühneseelen, Seelen mit einer großen Liebesfähigkeit, einer Liebe, die aus Meinem eucharistischen Herzen stammt, wie die Hitze, die aus einem Glutofen abstrahlt, der nie verlöscht.

Ich bin hier für dich. Komm, und sei du hier für Mich. Nimm deinen Platz vor Mir ein und harre auf Mein Handeln. Ich werde wieder zu dir sprechen, wie Ich schon früher zu dir gesprochen habe, und deine Seele wird gedeihen und erblühen im Strahlenglanz Meines Angesichts und aufgrund der Macht Meiner Worte – lauter Worte der Liebe und Äußerungen der Liebe Meines Herzens.

## Samstag, 7. September 2013

*Bei der erneuten Lektüre der Lebensbeschreibung von Pater Antoine Crozier⁵¹⁰ wurde mir zu verstehen gegeben:*

Es ist normal, dass ein Priester stigmatisiert ist; nicht normal ist eher, dass er es nicht ist. Die tägliche wahre Einheit mit dem Gekreuzigten am Altar sollte Spuren Seiner heiligen Wunden in seinen Händen, in seinen Füßen und in seinem Herzen hinterlassen. Indem er das heilige Messopfer darbringt, ist der Priester vollständig in den gekreuzigten Jesus einverleibt. Der Vater sieht es; die Engel sehen es; nur die Menschen sehen es nicht.

---

509 Ex 33,11; 2 Joh 1,12.
510 Antoine Crozier (8. Februar 1850 – 10. April 1916) wurde 1877 zum Priester der Erzdiözese Lyon geweiht. Später wurde er Kaplan eines Karmels und von dessen Priorin ermutigt, *Comment il faut aimer le bon Dieu* »Wie wir den guten Gott lieben sollen« zu veröffentlichen, ein Werk, das große Popularität erlangte. Seine Begegnung mit Antonine Gachon (1861–1945), einer karmelitischen Visionärin, führte dazu, dass er 1888 eine Vereinigung gründete, die der Verehrung des heiligen Herzens geweiht war. Diese Vereinigung und die persönliche Freundschaft mit Pater Crozier spielte später eine wichtige Rolle im Leben des Sel. Charles de Foucauld. Am 10. Januar 1901 empfing P. Crozier während der Messe die Stigmata, bat aber Jesus, die Wunden unsichtbar zu machen; das Gebet wurde erhört. An den Schmerzen der Wunden litt P. Crozier jedoch bis zu seinem Tod.

Die Tiefe des Eindrucks der Wunden Jesu im Herzen und in der Seele des Priesters entspricht dem Ausmaß seiner Hingabe an die Umarmung Jesu, der nichts anderes wünscht, als ihn mit Sich zu vereinen. Bei einigen ist der innere Eindruck so stark, dass er sich sogar im Fleisch des Priesters zeigt; bei anderen bleibt die Identifikation mit dem Gekreuzigten ganz innerlich und verborgen; bei wieder anderen ist sie gerade einmal oberflächlich auf die Seele des Priesters gekritzelt, weil dieser sich gegen die Vorstellung wehrt, sich mit Christus kreuzigen zu lassen, und sein Leben ganz für sich behalten möchte.

Die Stufen des Altars hinaufsteigen, um dort das heilige Opfer darzubringen, ist bereits gleichbedeutend damit, dass der Priester sich dem Durchbohrtwerden mit den Nägeln und der Lanze, und der Dornenkrone aussetzt. Das heilige Messopfer darbringen ist bereits gleichbedeutend damit, für die innere Stigmatisierung bereit zu sein, die der Vater sieht, der das Verborgene sieht; und die Engel sehen sie, denen es vergönnt ist, die Opferung des Lammes im Leib und in der Seele eines Menschen erneuert zu sehen und zu betrachten.

Es entspricht ganz und gar der Logik der Priesterweihe, dass man für eine innere Stigmatisierung bereit ist. Bei einigen lässt Gott es zu, dass sie sich durch das Austreten von Blut sichtbar manifestiert. Bei anderen wird dasselbe Mysterium geheim gelebt, ohne äußerliche Anzeichen. Fest steht auf jeden Fall, dass jeder Priester auserwählt ist, die Zeichen der Leiden Christi zu tragen und Tag für Tag am Altar die lebende Ikone Seiner Opferung zu sein.

*Ich fragte: »Wer erklärt mir all das?«*

245   Ich bin es, Antoine Crozier, Priester von Lyon, der dir das erklärt; darin besteht der ganze Sinn meines Lebens und des deinen, insofern du Priester bist und Opfer. Weise nicht zurück, worum der Herr dich bittet. Opfere dich Ihm jeden Tag auf, auf dass Er in die Tiefe deines Herzens die Male Seiner Wunden einprägen kann, die der Beweis Seiner Liebe sind – jener Liebe, die Er in dich legen möchte, damit du in Ihn verwandelt werden kannst.

**Freitag, 15. November 2013**

Lass die Dinge weg, die dich von Mir ablenken. Ich bin für dich in diesem Leben das eine Notwendige.[511] Bewahre deine Augen, deine Ohren,

---

511 Lk 10,42.

deinen Mund, deine Hände und dein Herz, dein ganzes Sein für Mich, und Ich werde dich Mir vereinen. Verschließe deine Augen vor Eitelkeiten und deine Ohren vor Schmeichelei und Hinterlist. Öffne deinen Mund, um Mich zu preisen, Meine Herrlichkeit zu besingen, von Mir zu sprechen, und deinem Nächsten Gutes zu sagen. Bewahre dich für Mich, so wie Ich Mich im Sakrament Meiner Liebe für dich bewahre.

Wisse, dass Ich auf dich warte. Es gibt einen Trost, den nur du Mir geben kannst. Es ist deine Freundschaft, die Mein Herz wünscht, und diese deine Freundschaft kann durch nichts anderes ersetzt werden. Du bist Mein und Ich bin dein.[512] Bleibe in Mir, und Ich werde in dir bleiben,[513] werde durch dich sprechen und Seelen durch deine Worte berühren.

Erlaube Mir, durch dich Arzt für Seele und Leib zu sein. Ich möchte in dir leben und auf Erden all die Dinge weiterführen, die Ich aus Liebe und Mitleid getan habe, als Ich im Fleisch unter den Menschen wandelte. Du bist jetzt Mein Fleisch, und du bist Meine Gegenwart in der Welt. Durch dich mache Ich Mich den Menschen sichtbar. Durch dich werde Ich zu ihnen sprechen, sie trösten, sie heilen und zu Meinem Vater im Heiligen Geist ziehen.

Es gibt nichts, was Ich für Seelen durch Meine Priester nicht tun würde. Lass sie sichtbar und gegenwärtig sein in der Welt, die sie braucht und die sie, ohne es zu wissen, sucht und auf ein Wort von ihnen wartet: ein Wort des Lebens, ein Wort der Hoffnung, ein Wort des Mitgefühls, ein Wort der Vergebung. Lass Meine Priester sichtbar sein, nicht damit sie von den Menschen gesehen und bewundert werden, sondern auf dass sie *Mich* sichtbar und bekannt machen, und geliebt in ihnen und durch sie.

Die Welt sucht nach Vätern, und in Meinen Priestern habe Ich Seelen die Väter gegeben, die sie brauchen. Es gibt falsche Väter, die die Seelen missbrauchen, sie auf Abwege bringen, sie verführen und Macht über sie ausüben. Das sind nicht die Väter, die Ich in die Welt sende. Die Väter, die Ich zu den Seelen schicke, sind Menschen nach Meinem Bild und Gleichnis: demütig, sanftmütig, aufopferungsvoll, zärtlich und stark. Ich werde den von Mir erwählten und ausgesandten Vätern Weisheit und Mut geben, die die Feinde Meines Kreuzes nicht werden erschüttern können.[514] Meine Priester sollen sich von aller Selbstbezogenheit und weltlichen Selbstherrlichkeit losmachen und so Väter von Seelen werden, die Liebe, Trost, Wegweisung, Führung und Mut brauchen. Durch Meine Priesterväter, in denen sich die Zärtlichkeit und Barmherzigkeit Meines eigenen Vaters vor Seinen Kindern in diesem Tal der Tränen offenbaren wird –

---

512 Hld 2,16.
513 Joh 15,4.
514 Lk 21,15.

durch sie wird die Welt von den Leiden geheilt werden, die durch das Fehlen wahrer Väter verursacht sind. Meine Priester sollen Väter sein! Sie sollen Mich um die Gnade geistlicher Vaterschaft bitten, und Ich werde sie ihnen in reicher Fülle geben.

Ein solcher Mann war der heilige Joseph. Er war das lebende Abbild Meines Vaters, und er war von Meinem Vater erwählt worden, Mir in Meiner heiligen Menschheit ein Vater zu sein. Lass Meine Priester zum heiligen Joseph gehen. Er wird für sie diese kostbare Gabe geistlicher Vaterschaft erwirken, und er wird sie in die heikle, schwierige Aufgabe einführen, wahre Väter für die Seelen zu sein.

**Donnerstag, 16. Januar 2014**

Wichtiger als alles andere ist, dass du zu Mir kommst, dass du in Meiner Nähe verweilst, und dass du auf Meine barmherzige Liebe zu dir vertraust. Es gibt nichts, das dich von Meiner Liebe trennen kann: nicht deine Sünden, nicht deine Ängste, nicht deine Schwächen, nicht deine unnützen Phantasien.[515] Ich bin hier für dich, um dich willkommen zu heißen, zu umarmen, und dich still und in Frieden an Mein Herz zu halten. Das soll dir genügen.

Mach dir keine Gedanken wegen der Weise oder dem Zeitpunkt oder der Form, in der Ich zu dir spreche. Ergib dich Meiner Liebe und vertraue darauf, dass Ich dich nie aufgeben werde, dich nie den Täuschungen des Feindes zum Opfer fallen lasse. Demut ist die Rüstung, die den Feind zurückschlägt und zunichte macht. Bleib demütig und vertraue auf Meine Gegenwart, und der Feind wird keine Möglichkeit haben, deinen Geist oder dein Herz zu vergiften.

Fass dir ein Herz! Vertraue Meiner Liebe zu dir. Ich werde dich nicht aufgeben. Ich werde dich nie im Stich lassen, weil du Mein bist, und Ich habe dir Mein Herz geschenkt. Meinst du tatsächlich, Ich sei wankelmü-

---

515 Vgl. Röm 8,28–39. Durch die Todsünde geht die Seele der heiligmachenden Gnade verlustig, und insofern trennt die Todsünde einen Menschen von Gottes Freundschaft. Dieser defizitäre Zustand auf Seiten des Sünders ändert jedoch nichts an Gottes Liebeswillen und an Seinem Willen, den Sünder entsprechend Seinem Plan in Seine Freundschaft zurückzuholen. Insofern kann tatsächlich gesagt werden, dass wir zwar unserer Rettung Hindernisse in den Weg legen können, dass das aber nichts an Gottes Liebe zu uns ändert.

tig und unzuverlässig? Ich bin unwandelbar, und nichts kann Meinen Willen verändern,[516] denn Mein Wille ist der Ausdruck Meiner Liebe, und Meine Liebe währt ewig.[517] Es gibt keine einzige Einzelheit in deinem Leben, die Ich nicht kennen würde, und Ich sehe dein Leben im Licht Meiner Vorsehung. Ich bin es, der dich führt, korrigiert und auf dem Weg weitergehen lässt, den Ich für dich vorbereitet habe. Sei demütig und vertraue Mir, und Ich werde dich behüten. Ich werde für dich sorgen. Ich werde dir das Licht zeigen, das du brauchst, um gehorsam, vertrauensvoll und in Hingabe an Mein Herz den nächsten Schritt zu tun.

**Sonntag, 26. Januar 2014**

Für dich genügt es, bei Mir zu sein. Das ist alles, was Ich von dir verlange. Ich verlange keine erhebenden Gedanken oder emotionalen Ergüsse oder hübsch gebastelten Sätze. Ich möchte nur, dass du bei Mir bleibst. Ich brauche deine Gesellschaft jetzt genau so, wie Ich die Gesellschaft von Petrus, Jakobus und Johannes in Gethsemane brauchte. Es stimmt, sie schliefen ein, aber Ich wusste, dass sie da waren, und allein nur ihre Anwesenheit war ein Trost für Mein zu Tode betrübtes Herz.

Du fürchtest dich vor Ablenkungen, vor Tagträumen und dummen Gedanken; das alles macht Mir nichts aus, es ist nichts weiter als Fliegengesumm im Hintergrund.

Ich bin völlig eingenommen von deiner Anwesenheit vor Mir. Schockiert es dich, dass Ich so etwas sage? Aber Ich bin tatsächlich eingenommen von dir: Meine Augen ruhen auf dir; Mein Herz gehört ganz dir; Ich höre dir intensiv zu; und all Meine Aufmerksamkeit ist auf dich gerichtet, wenn du Mich aufsuchst. Glaube Mir, dass Ich vollständig von dir eingenommen bin, und bald wirst du von Mir vollständig eingenommen sein. Ich spreche hier mit menschlichen Begriffen, Ich benutze die Sprache der Freundschaft, der Zuneigung, der Liebe. Ich bin hier mit dem ganzen Feingefühl, der ganzen Zärtlichkeit Meiner Menschennatur gegenwärtig. Ich bin hier und biete dir Meine Freundschaft an – und Ich bin bereit, mit dir so viel Zeit zu verbringen, wie du bereit bist, Zeit mit Mir zu verbringen.

Ich möchte dich in Meiner Nähe: so nah wie Johannes Mir damals war, bei Meinem letzten Abendmahl, als sein Kopf an Meiner Brust ruhte. Solches Beten kann nicht in Minuten und Stunden berechnet oder

---

516 Unter anderem Num 23,19; Est 13,9; Ps 110,4; Jes 46,9–10; Mal 3,6; Jak 1,17; 2 Kor 1,17–20.
517 Jer 31,3; Jes 54,8.

gemessen werden. Es ist, was es ist – solange du in Meiner Gegenwart verweilst.

Selbst wenn die Anbetungszeit für dich vorüber ist, bleibe Ich bei dir. Ich bin in dir, ganz aufmerksam für dich, liebevoll, bereit, jederzeit mit dir zu sprechen, dich in der Versuchung zu stärken, dich in deinen Sorgen zu trösten, für dich ein Licht in deiner Dunkelheit zu sein. Es bedarf nur ein wenig Glaubens, um zu bemerken, dass man nie allein ist, um auf Meine Gegenwart aufmerksam zu werden und auf Meine Bereitschaft, Mich dir wortlos mit einer Eingießung Meiner Gnade mitzuteilen.

Nimm das, was Ich dir jetzt sage, um anderen beizustehen, die bei ihrem Beten zu kämpfen haben, die meinen, Gebet sei schwierig und mühevoll und im Leben gewöhnlicher Menschen etwas völlig Außergewöhnliches. Für denjenigen, der Mein Angesicht sucht und an Meinem Herzen ruhen möchte, mache Ich das Gebet zu etwas sehr Einfachem: wortlos, friedvoll, läuternd und himmlisch fruchtbar.

## 29. Mai 2014, Christi Himmelfahrt

Ich bin zu Meinem Vater aufgestiegen, aber Ich bleibe für Meine Kirche gegenwärtig. Dasselbe Verlangen, das Mich mit unaussprechlicher Freude zu Meinem Vater zurückkehren ließ, bewegt Mich, Meiner Kirche mit unaussprechlicher Liebe gegenwärtig zu bleiben. Als Ich sagte »Ich gehe zu Meinem Vater«, meinte Ich damit nicht »Ich gebe Meine Kirche auf«, denn die Kirche ist Meine Braut, und mit ihr bin Ich ein Leib, und Ich bin das Haupt Meiner Kirche.[518] Mein Geist belebt die Kirche in all ihren Gliedern, so dass Ich in Meiner Kirche lebe, und Meine Kirche lebt vereint mit Mir.[519] Meine Gegenwärtigkeit beim Vater ist keine Abwesenheit von Meiner Kirche. Ich bin gegenwärtig in den anbetungswürdigen Geheimnissen Meines Leibes und Blutes, ebenso wie Ich, Leib und Blut, in der Herrlichkeit des Vaters im verborgenen Heiligtum des Himmels gegenwärtig bin, wo Ich als Hoherpriester diene und Mich unaufhörlich als makelloses Sühneopfer darbringe.[520]

Was Ich im Himmel tue, tue Ich ohne Unterlass auf Erden.[521] Jeder Tabernakel, in dem Ich im Sakrament Meines Leibes und Blutes gegen-

---

518 Joh 14,13; Joh 20,17; Mt 28,20; Eph 4,7–16; Eph 5,22–32; 1 Kor 10,16–17; 1 Kor 12,12; Kol 1,24.
519 1 Kor 12,13; Röm 8,9; Apg 9,4.
520 Hebr 7,24–25; 8,1–2; 9,11–28.
521 Hier ist zu beachten, dass es nicht – wie bei den Priestern des alten Bundes –

wärtig bin, ist ein Bild des himmlischen Tabernakels, in den Ich aufgefahren bin und in dem Ich Mich dem Vater in einem immerwährenden Opfer darbringe. Mein Leben in den zahlreichen irdischen Tabernakeln ist genau dasselbe Leben wie Mein Leben im herrlichen Tabernakel des Himmels, im Allerheiligsten, wo Ich Meinen priesterlichen Dienst des Vaters ausübe, indem Ich Mich Ihm als glorreiches Opfer darbringe, als reines Opfer, als heiliges Opfer, das makellose Opfer,[522] durch das die Erde mit dem Himmel versöhnt ist und der Himmel mit der Erde; durch das der vollkommene Plan des Vaters vollendet ist; und durch das das Königreich Gottes für immer begründet ist.

Komm zu Mir im Sakrament Meiner Liebe, und tritt da in das Geheimnis Meiner Hingabe ein. Ich bin nicht inaktiv, und Ich bin nicht in der Art einer Sache gegenwärtig, die in sich kein Leben, keine Bewegung, keinen Atem hat. Ich bin gegenwärtig in all der Herrlichkeit Meiner Menschennatur und in all der Macht Meiner Göttlichkeit; so wie Ich im Himmel gegenwärtig bin, so bin Ich gegenwärtig in den Tabernakeln Meiner Kirche auf Erden.[523] Im Himmel ist Meine Herrlichkeit die Glückseligkeit aller Meiner Heiligen; diese selbe Herrlichkeit ist im Allerheiligsten Sakrament die Glückseligkeit Meiner Heiligen hier unten auf der Erde. Meine sakramentale Freude ist die unerschöpfliche Freude der Heiligen auf Erden. Wenn es immer wieder so wenig Zeichen der Freude bei Meinem Volk auf Erden gibt, dann liegt das daran, dass sie Meine wirkliche Gegenwart geringschätzen und deshalb nicht dahin gelangen, Mich zu suchen, wo Ich zu finden bin: im Sakrament, wo Ich auf die Sünder warte, um sie zu lieben, ihnen zu vergeben, sie zu heilen, mit ihnen zu sprechen und sie sogar mit Mir selbst zu nähren.

Meine Priester – Priester, die Mir in den Heiligtümern Meiner Kirche auf Erden dienen, so wie die Engel Mir im Heiligtum des Himmels dienen; Priester, die Mich auf Erden repräsentieren, so wie Ich Mich vor Meinem

---

darum geht, ein Opfer zu wiederholen, sondern vielmehr das einmal für alle dargebrachte Opfer des Kreuzes immer gegenwärtig zu machen, das irdische Echo des ewigen Stehens des Sohnes vor dem Vater.

522 Ein Anklang an den römischen Kanon: *hostiam puram, hostiam sanctam, hostiam immaculatam.*

523 Das Konzil von Trient (Sitzung 13 und Sitzung 22) und andere Lehrdokumente geben zu verstehen, dass es ein und derselbe Herr Jesus Christus ist – dieselbe Realität, Substanz und Person –, der im heiligen Sakrament und im Himmel gegenwärtig ist, allerdings nicht in derselben Form, in derselben Weise der Gegenwärtigkeit. Im Himmel ist er in Seiner eigentlichen Form und Art gegenwärtig, während er auf Erden in einer einzigartigen sakramentalen Form gegenwärtig ist, unter den Gestalten von Brot und Wein.

Vater im Himmel vorstelle: Ihr Meine Priester, verkündet allen das Geheimnis Meiner Gegenwart! Ruft die Gläubigen zu Meinen Tabernakeln! Sagt ihnen, dass Ich dort auf sie warte, dass Ich kein abwesender Gott bin, und dass Ich selbst im Geheimnis Meiner Himmelfahrt leiblich gegenwärtig bleibe, wenn auch verborgen unter den sakramentalen Schleiern – gegenwärtig für alle, die Mein eucharistisches Angesicht suchen.

Warum sind Meine Kirchen leer? Warum lässt man Mich im Sakrament Meiner Liebe allein? Die Absichten, die Ich in Meinem Herzen hegte, als Ich im Abendmahlssaal das Sakrament Meiner bleibenden Gegenwart in Meiner Kirche stiftete – warum haben Menschen sie fruchtlos gemacht? Soll denn Meine Gegenwart nicht denen nützen, für die Ich ein so gewaltiges Geheimnis eingesetzt habe? Soll Ich im Sakrament Meiner göttlichen Freundschaft zu den Seelen zurückgewiesen und alleingelassen werden? Haben Meine Priester vollständig vergessen, dass sie zur Gleichgestaltung mit Mir erhoben sind, um Meine sakramentale Gegenwart zu erwirken, um Mich dem Vater im vollkommenen Opfer Meines Todes am Kreuz darzubringen, und um die Seelen der Gläubigen mit Meinem eigenen Leib und Blut zu nähren? Warum sind Meine Priester Mir gegenüber im Sakrament Meiner Liebe so kalt?

250   Warum bleiben Meine Priester Meinen Altären fern? Der Priester ist für den Altar da, und der Altar ist für den Priester da. Es ist der Böse, der Feind Meiner Kirche auf Erden, der einen Keil zwischen zu viele Meiner Priester und die Altäre getrieben hat, an denen sie mit Mir in heiliger Opfergesinnung, als vollkommene Opfergabe vereint sind. Nichts darf zwischen Meine Priester und ihre Altäre kommen, so wie nichts zwischen Mich und das Holz Meines Kreuzes kam, den Altar Meines blutigen Opfers auf Golgotha.

Die Herzen Meiner Priester sollen jeden Augenblick zum Altar hin orientiert sein, wo sie sich im Opfer mit Mir dem Vater darbringen, wo Ich gegenwärtig bin, und wo Ich warte, schweigend und demütig, auf ihre Gemeinschaft, ihre Anbetung, ihre dankbare Liebe.

Wenn die Wirklichkeit des Himmels im Denken so vieler Menschen in Meiner Kirche verschwommen wurde und weit in die Ferne gerückt ist, dann liegt das daran, dass sie sich von dem Geheimnis des Himmels abgewandt haben, der im Allerheiligsten Sakrament des Altars bereits gegenwärtig ist und ihnen gereicht wird. Die Eucharistie ist der Himmel auf Erden; die Eucharistie ist Meine Kirche auf Erden, die bereits in den Himmel aufgenommen ist. Der Himmel ist überall da, wo die Konsekrationsworte über Brot und Wein im heiligen Opfer ausgesprochen worden sind, denn dort bin Ich gegenwärtig, ebenso wie Ich in der Herrlichkeit Meiner Himmelfahrt gegenwärtig bin, angebetet von den

Engeln, gepriesen von allen Heiligen, aufgenommen in den göttlichen Blick Meines Vaters und brennend im Feuer des Heiligen Geistes.

Amen. Amen. Glaube das, und du wirst den Himmel auf Erden finden, während du darauf wartest und hoffst, Mein Angesicht in Herrlichkeit zu schauen.

**Freitag, 28. November 2014**

Vertraue Mir, wenn du aus dem einen oder anderen Grund auf Abstand zu Mir gehst und nicht mehr kommst, um Mein Angesicht im Sakrament Meiner Liebe aufzusuchen; auch nicht, um nahe Meinem eucharistischen Herzen zu verweilen: Wenn du nicht zu Mir kommst, werde Ich Mich auf die Suche nach dir machen und dich zu Mir zurückbringen, auf dass auch du dort sein mögest, wo Ich bin.[524] Deine Abwesenheit bedeutet für Mich größeres Leiden als Meine Abwesenheit für dich, denn Ich liebe dich mehr, und Mein göttliches Herz ist unendlich einfühlsam für die Handlungen und Entscheidungen derer, auf die Ich Meine Liebe gesetzt habe.

Es ist an Mir, die Dinge so anzuordnen, dass diejenigen, deren Ort aufgrund ihrer Berufung vor Meinem eucharistischen Angesicht sein soll, dazu genötigt sein werden, dorthin zurückzukehren, selbst wenn Ich Mich auf die Suche nach ihnen machen und sie zu Meinem Tabernakel zurückbringen muss, wo Ich die ganze Zeit geduldig, schweigend und bekümmert auf ihre Rückkehr gewartet habe. Ich bin Hüter und Garant der Berufung, die Ich dir gegeben habe. Ereignisse und Umstände, Krankheit und Zerstreuungen können möglicherweise deine Antwort auf Meinen Ruf beeinträchtigen, Mein Ruf aber bleibt unverändert, und Ich werde zu Meiner Zeit die Dinge so ordnen, dass du zu Mir zurückkommen wirst, Mich mit deinem ganzen Herzen anbetest, und auf Meine eucharistische Liebe mit deiner reumütigen und vertrauensvollen Liebe antwortest.

Ich fälle kein strenges Urteil über dich, genauso wenig wie der Hirte das Schaf streng verurteilen würde, das sich in seiner Torheit von der Herde getrennt und seinen Weg verloren hat. Ich sehe all die Umstände, die zwischen Mich und deinen Wunsch kommen, bei Mir zu sein. Ich hege keinen Unmut in Meinem heiligen Herzen, und Ich grolle auch denen nicht, die es aus menschlicher Schwäche oder Krankheit oder Erschöpfung schwierig finden, ihr Versprechen zu halten, häufig und sogar täglich in Meiner Gegenwart zu verweilen.

---

524 Joh 12,26.

Das Leben ist nicht linear; es besteht aus Drehungen und Kehren, aus Umwegen und Rückschlägen, aus Hindernissen und Prüfungen. Der Mensch, der sich beharrlich bemüht, all diesen Widrigkeiten zum Trotz zu Mir zu kommen, er ist es, der Mein verwundetes Herz tröstet, indem er Mir eine würdige und kostbare Liebe darbringt.

Es gibt eine Art von Schuld, welche die Seele weit von Mir fernhält. Sie ist die Auswirkung eines verletzten Stolzes, einer tiefen Enttäuschung über das eigene beschädigte Selbst. Sie flüstert: »Bleib weg. Es hat keinen Sinn. Du richtest hier nichts aus. Du bist unfähig zu der Berufung, die du meinst empfangen zu haben. Akzeptiere, dass du es nicht schaffst, diese Berufung zu leben, und gib zu, dass du getäuscht worden bist.« Gib dieser Stimme nie nach. Das ist nicht Meine Stimme. Vielmehr ist es die Stimme des Anklägers, der sich sämtlicher Stimmen deiner Vergangenheit bedient, die noch in deiner Erinnerung lebendig sind, und sie dazu verwendet, dich mit einem Haufen Lügen anzugreifen, die darauf abzielen, dich zu Fall zu bringen und zur Verzweiflung zu verführen.

Meine Stimme ist immer eine Stimme des Trostes und der Liebe, sie lässt Frieden in der Seele einziehen – auch wenn Meine Worte schneidend sind, auch wenn sie das Herz durchbohren wie das Skalpell des Chirurgen. Vertraue also Meinen Worten, die Ich zu dir spreche, und verschließe allem anderen das Ohr deiner Phantasie und deines Herzens. Ich bin der, der dich tröstet, nicht derjenige, der dich angreift, beschuldigt, verdammt und verstößt. Ich bin der, welcher dich freudig willkommen heißt. Ich bin der Vater, der sich freut, das Gesicht seines Sohnes zu sehen und seine Stimme zu hören.[525] Ich bin der Bräutigam, der auf die süße Gesellschaft seiner geliebten Braut wartet. Ich bin der Freund, der sich freut am Gespräch mit dem Freund, den er erwählt hat und mit dem er sich durch ein beständiges Freundschaftsversprechen verbunden hat. Komm also ohne Angst zu Mir, denn bei Mir findest du jederzeit ein göttliches Willkommen, eine liebende Umarmung, tröstende Unterredung und den Mut, auf dem Lebensweg weiterzugehen, den Ich für dich vorgesehen habe.

### 252 Nachmittag

Hier bist du sicher. Du bist unter Meinem Schutz und unter dem Schutzmantel Meiner allheiligen Mutter. Lass den Sturm draußen wüten; bleib du hier verborgen im Geheimnis Meines eucharistischen Angesichts. Nichts wird dich verstören, denn du bist Mein, und Ich be-

---

525 Lk 15,20–24.

schütze jene, die auf Meine Liebe zu ihnen vertrauen und sich in der Zeit der Schwierigkeiten und der Verwirrung zu Mir flüchten.

N., Mein treuer Diener und Freund, hatte viel zu leiden. Er wurde fälschlich angeklagt, verdächtigt, verleumdet und von denen verdammt, die ihn liebevoll hätten aufsuchen müssen, ihn gegen seine Ankläger verteidigen und ihn in seinem Kummer trösten. So hat er Meine Leiden mit Mir geteilt, und das, ohne sich der Verzweiflung hinzugeben. Du hast gelitten und wirst auch weiterhin etwas von dem erleiden, was N. in Sanftmut, Schweigen, Demut, ja sogar Freude durchmachte, war er doch im Sakrament Meiner äußersten Erniedrigung mit Mir vereint, musste also ebenfalls die Schmach der heiligen Hostie erdulden, wenn Sie in die Hände Meiner Feinde fällt.

Ich werde dich beschützen. Ich werde dich vor der Arglist des bösen Feindes bewahren, der durch den Mund der Neider spricht und immer nur Spaltung und Angst zu verbreiten sucht. Vertrau Mir. Komm zu Mir im Sakrament Meiner Liebe als einem sicheren Ort, einer Zuflucht, einer Festung,[526] und Ich werde dich in Meinem Angesicht verbergen und in Meinem Herzen festhalten, dir Ruhe geben in Meiner Liebe.

## Dienstag, 2. Dezember 2014

Es gibt kein Problem, nichts Schweres, das nicht durch das treue Beten des kostbaren heiligen Rosenkranzes Meiner Mutter behoben werden könnte. Der Rosenkranz ist das Geschenk Meiner Mutter für die Armen und die Einfachen, für die Kleinen, die als Einzige fähig sind, das Evangelium in all seiner Reinheit zu vernehmen und darauf mit großzügigem Herzen zu reagieren. Diesen, den Kindlichen und Schwachen, den Armen und Arglosen, ist der Rosenkranz gegeben. Ihnen gehört der Rosenkranz.

Es gibt kein Leiden, das nicht friedvoll getragen werden kann, solange eine Seele den Rosenkranz betet. Durch den Rosenkranz werden alle Gnade und alle Macht Meiner Geheimnisse durch das allreine Herz Meiner Mutter in die Herzen der Kleinen geleitet, die sie anrufen und immer und immer wieder das »Ave« des Engels wiederholen. Es gibt Krankheiten, die durch den Rosenkranz geheilt werden können. Es gibt Wolken der Dunkelheit und der Verwirrung, die nur der Rosenkranz aufzulösen vermag. Er ist ja das Lieblingsgebet Meiner Mutter, ein Gebet, das oben in den Höhen des Himmels seinen Ursprung hat und von Meinem Erzengel zur Erde gebracht wurde, ein Gebet, das in der Kirche

---

526 Ps 18,1–2.

253  durch die Jahrhunderte hindurch wiederholt und erweitert wurde, ein von allen Meinen Heiligen geliebtes Gebet, ein Gebet von entwaffnender Macht und unermesslicher Tiefe.

Es gibt Menschen, die den Rosenkranz schwierig finden. Schwierig ist aber nicht der Rosenkranz, sondern die Kompliziertheit derer, die sich dagegen sträuben, sich auf seine Einfachheit einzulassen. Lade Seelen ein, den Rosenkranz zu beten; Ich werde durch ihn die Kranken an Geist und Leib heilen, Ich werde durch ihn Frieden bringen, wo Streit ist, Ich werde durch ihn aus großen Sündern große Heilige machen, und durch ihn werde Ich Meine Priester heiligen, den Mir Geweihten Freude bringen und eine Überfülle neuer Berufungen entstehen lassen.

Höre also auf das Flehen Meiner Mutter an so vielen Orten.[527] Höre auf sie, nimm dir ihr Flehen zu Herzen, bete ihren Rosenkranz, dann wird Mein Vater für dich wie für sie Wunderbares vollbringen.

**Mittwoch, 3. Dezember 2014**

Wenn du in Meine Gegenwart kommst, dann gieß dein Herz vor Mir aus: alles, was du leidest, was du in Frage stellst; alles, wovor du Angst hast – gib alles Mir. Du tust das bereits, wenn du die Psalmen betest. Ich habe durch die Psalmen Meinem Vater Mein Herz ausgeschüttet, und in den Gebeten Davids und der Heiligen Israels hörte der Vater Meine Stimme und neigte Sein Ohr dem Gebet Meines Herzens.

Das tut Mein Vater auch jetzt, wenn Meine Braut, die Kirche, ihr Herz im Breviergebet ausschüttet. Ich nehme das Gebet Meiner Kirche entgegen, das sich in der jahrhundertealten Psalmodie ausdrückt und Meiner Seele so vertraut und so lieb ist, und vereine das Gebet der Kirche mit Meinem eigenen unaufhörlichen Flehen vor dem Vater im himmlischen Heiligtum. Das verleiht dem Psalmengebet Meiner Kirche eine so flehentliche Macht, solche Vehemenz und so große Resonanz im Heiligtum des Himmels.

Wenn du die Psalmen betest, gibst du Mir alles, was du im Herzen trägst, und alles, was dein Leben ausmacht. Es gibt keine menschliche Erfahrung, kein Leiden – nicht einmal das Böse der Sünde –, das Mir durch die Psalmodie Meiner Kirche nicht dargeboten werden kann.

Deshalb ist es ein tragischer Verlust und ein unermesslicher Schmerz, wenn der Psalmengesang Meiner Kirche in einem Land oder

---

527 Am markantesten in Fátima in Portugal, wo unsere Liebe Frau in jeder ihrer sechs Erscheinungen zwischen dem 13. Mai 1917 und dem 13. Oktober 1917 die Gläubigen dringend beschwor, täglich den Rosenkranz zu beten.

in einer Diözese verstummt. Es ist das Schweigen des Todes, wie dasjenige in der Unterwelt, wo kein Lobgesang erklingt, keine Reueklage, keine Dankeshymne, kein Liebeslied.[528] Meine Kirche wird gesunden, wenn der Klang ihrer Preisgesänge, der Ausdruck Meines eigenen Lobpreises vor dem Vater im Himmel, wieder von einem Ort zum anderen ertönt und die Länder der Erde mit dem *sacrificium laudis* erfüllt.[529]

254

Ich kam vom Himmel, um die Liturgie aus dem himmlischen Heiligtum – wo Ich, das Wort, Priester und großer Verherrlicher Meines Vaters bin – auf die Erde zu bringen, auf dass Meine Kirche dem unvordenklichen Mysterium Meines Lebens eine Stimme geben möge, der Ich vor dem Angesicht des Vaters stehe und Ihn verherrliche und Mich Ihm in einer unablässigen Opferung der Liebe für Seine Liebe darbringe.

Keiner darf die einzigartige Wirksamkeit des Breviergebets anzweifeln. Wenn das Breviergebet an einem Ort verstummt ist, dann ist die Kirche stumm geworden; sie hat ihre Stimme verloren, ihr fehlt dann das Mittel, durch das sie Meinem Wunsch gemäß in Meiner Gegenwart ihr Herz ausschütten kann. Wenn die Kirche Meinen Vater nicht mehr anfleht, preist und Ihm dankt, wenn sie nicht mehr über ihre Sünden weint, dann breitet sich allmählich ein dem Tod ähnliches Schweigen aus – nicht das Schweigen anbetender Liebe, sondern das Schweigen eines Grabes voller Verwesung.[530]

Die Erneuerung der Kirche in allen Ländern hängt wesenhaft mit der Wiedereinführung der öffentlichen Feier Meiner Lobgesänge zusammen: mit der Wiedereinführung des *Divinum Officium*, und sei es noch so demütig und schlicht, an all den Orten, wo es aufgegeben wurde. Meine Bischöfe haben die Pflicht, für den feierlichen öffentlichen Kult der Kirchen in ihrer Obhut zu sorgen. Aus diesem Grund tat Meine im Konzil vereinte Kirche gut daran, zu lehren und daran festzuhalten, dass all die Kirchen, in denen es keine Form kontemplativen klösterlichen Lebens gibt, unterentwickelt bleiben, dass sie verkümmern in dem Wachstum, das Ich ihnen geben möchte.[531] Ich verspreche,

---

528 Ps 6,5; Ps 88,11–13; Ps 115,18; Jes 38,18; Bar 2,17.
529 »Das Opfer des Lobes« ist eine in der heiligen Schrift häufig vorkommende Wendung: Ps 50,14; 23; Ps 107,22; Ps 116,17; Amos 4,5; Jon 2,10; Hebr 13,15; Tobit 8,19. Vgl. Papst Paul VI., *Apostolisches Schreiben Sacrificium Laudis* (15. August 1966).
530 Mt 23,27.
531 Zweites Vatikanisches Konzil, Verfügung über die missionarische Aktivität der Kirche Ad Gentes (7. Dezember 1965), § 18: *Cum enim vita contemplativa ad plenitudinem praesentiae Ecclesiae pertineat, oportet apud novellas Ecclesias ubique instauretur.* »Das beschauliche Leben gehört zur vollen Anwesenheit der Kirche und muss deshalb überall bei den jungen Kirchen Eingang finden.«

jedes Land und jede Kirche zu segnen, in der die feierliche Zelebration des Gebets Meiner Braut, der Kirche, wieder eingeführt und gepflegt wird. Darin werden Meine Gläubigen, vor allem diejenigen, die Leidenskämpfe zu bestehen haben und im Schatten des Todes sitzen, eine Stimme finden, um all das auszudrücken, was sie in ihren Herzen tragen, und darin einen Quell der Freude finden: auf Erden den Klang der Liturgie, die Ich ohne Unterlass am himmlischen Hof feiere.

Zweifle nicht daran, dass Ich dir diese Worte gegeben habe: Ich habe dich ein Leben lang darauf vorbereitet, sie zu empfangen und weiterzugeben.

## 255 Samstag, 6. Dezember 2014

Dies sind Tage der Gnade für die Kirche und für die Welt, denn das Geheimnis der Unbefleckten Empfängnis Meiner Mutter ist ein Quell reinen Lichtes für alle, die in den Schatten dieses irdischen Exils leben, wo die Kirche, Meine Kirche, Meine kostbare Braut, ihren Weg als Pilgerin durch große Unbilden, Verfolgungen und Angriffe von unten gehen muss.

Alle, die ihren Blick auf Meine Mutter richten, die ganz und gar Schöne, die Unbefleckte, werden sich innerlich erleuchtet und gewärmt fühlen. Meine Mutter teilt allen, die ihren Namen anrufen, etwas von der Fülle der ihr eigenen Gnade mit, selbst noch jenen, die nichts weiter tun, als voller Liebe und Hoffnung ihr Bild anzuschauen.

Meine Mutter ist in Meiner Kirche in dieser Welt gegenwärtig. Ihre glorreiche Aufnahme in den Himmel hat keinen Abstand zwischen ihr und Meiner Kirche entstehen lassen; sie hat es ihr im Gegenteil ermöglicht, überall dort zu sein, wo die leidenden Glieder Meines mystischen Leibes ihrer Dienste und ihrer schlichten trostvollen Gegenwart am meisten bedürfen.

Meine Mutter macht mit ihrer strahlenden Schönheit noch die dunkelsten Nächte hell und tröstet so Seelen, die um sich herum nichts als Dunkelheit wahrnehmen; sie geleitet sie sicher weiter, in einen großen inneren Frieden.

Seelen, die auf Meine Mutter als ihren in der Nacht leuchtenden Leitstern schauen, werden nie in die Irre gehen und werden nie den Weg aus dem Blick verlieren, der zu Mir und zur Herrlichkeit Meines Königreichs führt. Es gibt keinen sichereren Weg zu Mir als durch Meine Mutter und unter dem Mantel ihres Schutzes. Diejenigen, die meinen, sie könnten diese Lebensreise ohne die Begleitung und Fürsprache Meiner Mutter bestehen, lassen sich von einem erschreckenden Hochmut verblenden, und sie sündigen gegen das, was Ich vom Kreuz herab verfügt habe: »Frau, siehe dein Sohn. Siehe deine Mutter.«[532] Es ist Mein ausdrücklicher Wille, dass *alle* Seelen von Meiner Mutter lernen und mit ihr als Gefährtin leben sollen. Es ist Mein ausdrücklicher Wille, dass Seelen sich so vollständig der Obhut Meiner Mutter überlassen, dass sie wie kleine Kinder werden, die sie fest an ihr unbeflecktes Herz drückt.

Wer wird zu den Seelen von Meiner Mutter sprechen? Wer wird ihnen sagen, dass sie sich vor der Dunkelheit der Nacht nicht fürchten müssen, solange Meine Mutter in ihrer Nähe ist? Wer wird ihnen sagen, dass Meiner Mutter anvertraute Seelen beschützt sind und geführt, und dass sie von dem Weg nicht abkommen können, den Ich für jede Seele vorgesehen habe? Es gibt keine bessere Weise, den je eigenen Auftrag in diesem Leben zu erfüllen, als indem man sich vollständig, in einem Akt unwiderruflicher und vollständiger Weihe, Meiner Mutter überlässt.

Diejenigen, die eine solche Weihe vollzogen haben, wissen, wovon Ich spreche. Meine Mutter honoriert jede Weihe an ihr schmerzensreiches, unbeflecktes Herz, und selbst wenn jemand vergessen sollte, dass er ein solches Weihegebet gesprochen hat – Meine Mutter vergisst es nicht. Sie bleibt ihren Kindern treu, selbst wenn diese durch weltliche Dinge abgelenkt werden und sich von ihrem Glanz abwenden, der wie ein Stern über dem stürmischen Lebensmeer strahlt.

Meine Mutter wartet auf Seelen, die an sie denken und zu ihrem mütterlichen Herzen zurückkehren, und wenn sie zu ihr zurückkehren, dann heißt sie sie mit unermesslicher Zärtlichkeit und Freude willkommen. Nie spricht sie ein Wort des Tadels aus gegenüber dem Kind, das zu ihr zurückkehrt, das an ihrem Tor Wache hält, das sich um ihren liebenden Blick bemüht. Meine Mutter ist die Königin der Barmherzigkeit. Sie ist die Zuflucht der Sünder. Sie ist der sichere Unterschlupf derer, die davor Angst haben, von den Mächten der Finsternis angegriffen oder verletzt, oder im geistlichen Kampf verwundet zu werden.

All das muss man den Seelen sagen – aber zuerst und vor allem muss es von allen Meinen Priestern gelebt werden, denn Meine Priester sind Marias bevorzugte Söhne, die Kinder, für welche ihr Herz eine Vorliebe hat, die Ich ihr ins Herz gegeben habe, als Ich ihr Meinen geliebten Freund, Meinen Jünger, den heiligen Johannes, vom Kreuz herab übergab. In jener Stunde gab Ich Meiner Mutter eine die Zeiten überdauernde Zärtlichkeit für alle Priester; eine unerschöpfliche

---

532 Joh 19,26–27.

Zärtlichkeit, in die sie alle Meine Priester einbezieht, jetzt und bis zum Ende der Zeit.

**Donnerstag, 10. Dezember 2015**

Ich möchte einen Schleier zwischen dich und die Welt ziehen. Ich möchte dich Mir allein vorbehalten, dich verbergen, weit entfernt vom Blick der Dämonen und der Menschen. Ich möchte dich mit einem Schleier bedecken und in das Heiligtum Meines Herzens ziehen, um dort mit Mir, durch Mich und in Mir ein verborgenes Priestertum, ein verborgenes Opferdasein zu vollziehen.

Es ist die Verborgenheit, in die Ich Meine allheilige Mutter hineinnahm, angefangen bei ihrer Darstellung im Tempel und vollendet in ihrer glorreichen Aufnahme in den Himmel. Es ist auch die Verborgenheit, in die Ich den Freund des Bräutigams, den heiligen Johannes den Täufer, hineinnahm,[533] und den heiligen Johannes, den Jünger, den Mein Herz liebt. Es ist die Verborgenheit, in die Ich noch heute Seelen ziehe, die damit einverstanden sind, auf alles weltliche Ansehen zu verzichten, und in den Zustand eines scheinbaren Todes einzugehen, einen Zustand des Schweigens, der Nutzlosigkeit, des Nichts in den Augen der Welt.

Es ist die Verborgenheit der Hostie, Meines wahren Leibes, der jetzt vor deinen Augen ausgestellt ist und dann im Tabernakel verborgen wird. Die Welt, wenn sie auf die Hostie schaut, sieht nichts: keine Handlung, keinen Nutzen, keine Botschaft, keine Bedeutung. Wenn aber du mit den Augen des Glaubens auf dieselbe Hostie schaust, was siehst du? Siehst du nicht, und sei es auch noch so schwach und unklar, was der Vater und die himmlischen Heerscharen sehen: das Lamm Gottes, geschlachtet vor der Erschaffung der Welt;[534] das eigentliche, sich entfaltende Werk der Rettung; die Herrlichkeit Meines Angesichts, die das Universum mit dem Strahlen Meiner Göttlichkeit erfüllt; das Eine Angesicht, das alle Welt zu sehen wünscht?

Sag Ja dazu, verborgen zu sein, so wie auch Ich verborgen bin, und es soll dir an nichts fehlen. Sag Ja dazu, verborgen zu sein, und Ich gebe

---

533 Joh 3,29.
534 Offb 13,8.

dir alles, was du gemäß Meinem Schöpfungsplan mit dir von Mir empfangen sollst, alles, was Mein Vater dir geben will, denn Er liebt dich so wie Er Mich liebt: dich in Mir und Mich in dir.[535]

**Donnerstag, 28. Januar 2016**

Dein ganzes Leben war eine Vorbereitung für diesen gegenwärtigen Augenblick. Alles, was du erfahren hast, all deine Leiden, alles, was du gelernt hast, was du getan oder unterlassen hast, sogar all deine Sünden – all diese Dinge sind eine Vorbereitung für diesen gegenwärtigen Augenblick. Es gibt nichts in deinem Leben, das Ich nicht gewollt oder zugelassen hätte, um dich zu diesem Augenblick zu bringen. So oft du zum Altar hinzutrittst, um das heilige Messopfer darzubringen, bringst du alles mit, was du in diesem Augenblick bist, und auch all das, was du bis zu diesem Augenblick gesagt und getan hast.

Jeder Augenblick deines Lebens ist eine Vorbereitung für das heilige Messopfer, so wie auch jeder Augenblick Meines Lebens eine Vorbereitung und ein langsamer Aufstieg zum Kreuzesopfer war. Versteh das, und du wirst sehen, dass es in deinem Leben nichts gibt, das nicht mit Meinem Plan für dich zusammenhinge: Alles, was du getan hast, jeder Ort, an dem du je gewesen bist, jede Person, mit der du verbunden warst oder bist, ist Teil Meines Planes für dein Leben. Dein ganzes Leben bewegt sich auf den Altar hin, so wie sich Mein ganzes Leben zum Kreuz hin bewegte. Selbst die Dinge, die du erlitten hast, sind Teil Meiner Vorbereitung deines Priestertums, Teil der Dinge, durch die Ich dich darauf vorbereitet habe, an Meiner Stelle als Opfer und Priester zu stehen.

Wenn du in deine Messe alles einbringst, was du je erfahren hast – deine gesamte Lebensgeschichte –, dann erlaubst du Mir, die Dinge zu heilen, die am dunkelsten, bittersten und schmerzhaftesten sind, indem Ich sie in das Geheimnis Meines Opfers mit hineinnehme. Komm zum Altar mit deinen Sünden, auch noch mit denen, für die du dich am meisten schämst, und Ich werde dir zeigen, dass Ich sie schon auf Mich genommen und in Meinem Blut gesühnt habe. Komm zum Altar mit jeder krummen und zerbrochenen Beziehung aus deiner Vergangen-

---

[535] Joh 14,20.

heit, mit jedem Treuebruch, jedem Scheitern und jedem Frevel, und Ich werde all diese Dinge in den Ozean Meiner Barmherzigkeit werfen, aus dem sie nie wieder herausgeholt oder erwähnt oder vom Ankläger gegen dich verwendet werden sollen.

Lebe für die nächste heilige Messe, die du zelebrieren wirst, für die nächste heilige Messe, die Ich in dir, Meinem Priester und Opfer, zelebrieren werde – dem Priester und Opfer, in dem und durch den Ich Mein Opfer auf unblutige Weise erneuere und erneut Meiner Braut, der Kirche, Meinen Leib und Mein Blut gebe.

Bezweifle nie, dass jeder Augenblick deines Lebens eine Vorbereitung für deine nächste heilige Messe ist, immer war und immer sein wird. Dafür bist du Mein Priester: dass du das Geheimnis Meines Opfers erneut gegenwärtig machst, und dass du an Meiner Stelle als sichtbarer Repräsentant Meines Priestertums und Meiner Opfergesinnung in der Kirche stehst.

## Später

Nicht einer Meiner Heiligen ist in dein Leben getreten, ohne dass es Meinem Plan und Meinem Willen entsprochen hätte, zu dir zu sprechen, dich zu trösten und dich durch jeden dieser Heiligen zu belehren. Höre also auf die Heiligen, die Ich mit einer Mission in deinem Leben betraut habe. Sie achten aufmerksamer auf dich, als du je auf sie achten könntest. Das liegt daran, dass sie in der Liebe vollkommen sind und vereint mit Meinem Herzen in der Herrlichkeit des Paradieses. Es gibt Heilige, die Ich in dein Leben als Meine Boten geschickt habe, wie die senpectae, die der barmherzige Abt entsendet, um den in die Irre gehenden Bruder zu trösten, auf dass dieser nicht in zu große Trübsal verfalle.[536]

## Donnerstag, 4. Februar 2016

Um dieser einen Sache willen habe Ich dich aus deinem früheren Leben herausgeholt. Um dieser einen Sache willen habe Ich dich erst nach ⸺ geführt und dann hierher: dass du dich in Meiner Gegenwart aufhältst und Mir in Liebe aufwartest, so wie Ich dir in Liebe in diesem Sakrament Meiner Liebe aufwarte. Jetzt gerade tust du das, wofür Ich dich

---

536 Vgl. *Die Heilige Regel des heiligen Benedikt*, Kap. 27.

hierher gebracht habe. Selbst wenn du nichts anderes tun müsstest, wäre diese Anbetung genug, denn *das* ist es, worum Ich dich gebeten habe. Tu diese eine Sache. Bete Mich an, warte Mir auf, und du wirst staunend sehen, dass Ich alles Übrige vollbringen werde. Es gibt nur ein einziges Hindernis für Meinen Plan: dass du die Gnade, wegen der Ich dich hierher gebracht habe, verlierst, indem du dich zerstreust und von einer Vielzahl anderer Dinge aufzehren lässt. Bleib dem Wesentlichen treu, deinem Zusammensein mit Mir, und der Rest wird dir hinzugegeben werden.[537]

Ich habe nichts anderes von dir verlangt, als dass du Mich anbetest und in Meiner Gegenwart verweilst: Alles Übrige habe Ich dir versprochen, und Ich halte Meine Versprechen. Übergib dich Mir, und Ich werde dir nichts verweigern. Deine Liebe ist es, was Ich wünsche, und Liebe ist das Geschenk deiner selbst, ausgegossen in Meiner Gegenwart. Selbst deine Heilung, die Heilung, um die du durch die Fürsprache von Mutter Mectilde betest, selbst sie wird dir durch Meine eucharistische Gegenwart gegeben.

Du hast noch nicht verstanden, dass du dich, indem du zu Mir kommst, um Mich anzubeten, für Gnadenwunder und für eine starke Entfaltung Meiner Macht in deiner Gebrechlichkeit öffnest. Was Ich zu dir sage, möchte Ich zu allen Meinen Priestern sagen: Kommt zu Mir.[538] Bleibt in Mir.[539] Gib Mir deine Zeit, denn Zeit ist die Währung der Freundschaft und der Beweis deiner Liebe zu Mir.

Komm zu Mir, und Ich werde die Dinge möglich machen, die du in deiner Kurzsichtigkeit für unmöglich hältst. Dem Menschen, der Meine Freundschaft höher als alles andere schätzt, werde Ich nichts verweigern. Dem Menschen, der keine Zeit für Mich hat, kann Ich nichts geben, denn er ist ja nicht bei Mir, um Meine Gaben zu empfangen, auf Meine Worte zu lauschen, Mich zu kennen, wie Ich wünsche, dass er Mich kennt.

### Donnerstag, 25. Februar 2016

*Jesus aber antwortete ihnen: »Die Stunde ist gekommen, dass der Menschensohn verherrlicht wird. Amen, amen, Ich sage euch: Wenn das Weizenkorn nicht in die Erde fällt und stirbt, bleibt es allein. Wenn es aber stirbt, bringt es viele Frucht. Wer*

---

537 Mt 6,33; Lk 12,31.
538 Mt 4,19, 11,28; 14,29; 22,4; Joh 1,39; 7,37; 21,12.
539 Joh 15,4.

*sein Leben liebt, verliert es; wer aber sein Leben in dieser Welt hasst, wird es für das ewige Leben bewahren. Wer Mir dienen will, folge Mir nach, und wo Ich bin, dort wird auch Mein Diener sein. Wenn einer Mir dient, wird ihn der Vater ehren.«*

JOHANNES 12,23–26

Es hat einen sehr konkreten Sinn, wenn es heißt, dass Anbetung den Verlust des Lebens bedeutet. Es ist eine Art des In-die-Erde-Fallens, um zu sterben. Daran sollst du denken, wenn du zu Mir kommst, um Mich anzubeten. Schau die heilige Hostie an und sieh Mich, der Ich das Weizenkorn bin, das in die Erde gefallen und zum Leben auferstanden ist, und das zur Nahrung einer großen Menge an Seelen geworden ist, und das bis zum Ende der Zeit. Das Weizenkorn, das Ich war, ist zur Hostie geworden, die Ich bin.

Wenn du Mich anbetest, um Meinetwillen dich selbst vergisst und allen Dingen entsagst, dann ahmst du Mich nach, denn Anbetung ist eine Art Tod. Es bedeutet, sich von allem abzukehren, was die Sinne erregt, und sich in der strahlenden Dunkelheit des Glaubens allein an Mir festzuhalten. So wird es auch in der Stunde deines Todes sein.

Je tiefer du in der Anbetung versinkst, desto tiefer wirst du in die Erde gepflanzt, um dort zu sterben, um dort zu keimen, und um endlich viel Frucht zu bringen.

Versinke in die Erde der Anbetung. Sag Ja zum Verschwinden, zum Verzicht auf äußeren Schein, zum Sterben. Tritt in das Schweigen der Hostie ein. Werde durch Gnade, was du im Glauben betrachtest. Hier bin Ich verborgen, schweigend, und von allen verlassen, außer nur von den sehr wenigen, die Ich erwählt habe, in Meine Verborgenheit, Mein Schweigen und Meine Einsamkeit einzutreten. Wenn du Mir dienen willst, dann folge Mir in Mein eucharistisches Dasein. Lass alles hinter dir, was in der Welt als etwas gilt, und werde mit Mir zu etwas, das in der Welt als nichts gilt.

»Wo Ich bin, dort soll auch Mein Diener sein.«[540] Du bist hier, weil Ich hier bin, und weil Ich hier war, schon vor dir. Anbetung ist der demütigste und gleichzeitig der fruchtbarste Ausdruck von Dienst. Mich anbeten heißt Mir zu dienen, und »wenn jemand Mir dient, wird Mein Vater ihn ehren«.[541] Wenn du Mich anbetest, dann dienst du Mir, und indem du Mir dienst, bist du mit Mir vereint, der Ich Mich verberge und Mich hingebe und Mich in diesem Sakrament offenbare. Das ist

---

540 Joh 12,26.
541 Ibid.

das Leben der Anbetung: das Geheimnis des Weizenkorns, das in der Dunkelheit der Erde begraben und verborgen ist. Es ist die Verheißung des Lebens in Fülle und ein Vorgeschmack auf das Sehen von Angesicht zu Angesicht, das in der Herrlichkeit auf dich wartet.

## Donnerstag, 3. März 2016

*Euer Herz erschrecke nicht. Glaubt an Gott und glaubt an Mich!*
JOHANNES 14,1

Ein erschrecktes Herz ist immer ein Hinweis darauf, dass ein Mensch Mir nicht genügend vertraut. Sorge, innere Unruhe rührt daher, dass man Dinge kontrollieren und zustande bringen will, die besser der Vorsehung Meines Vaters überlassen werden. In jedem Augenblick versorge Ich dich mit Gelegenheiten, Mir zu vertrauen und Mir die Dinge zu übergeben, von denen du gern hättest, dass sie anders sind, als sie tatsächlich sind. Wenn dir etwas widerfährt, das deinen Plänen zuwiderläuft oder deinen Erwartungen nicht entspricht, dann übergib diese Sache, diese Situation, diese Enttäuschung Mir. Vertrau sie Meinem Herzen an, und dann hör vollständig damit auf, dich damit herumzuquälen.

Ich bin nicht fern von dir, und Ich bin auch deinem Leben nicht fern und allem, was deine Tage bestimmt. Es fällt dir kein Haar vom Kopf, ohne dass Mein Vater es zulässt. Vollbringe häufig Akte des Vertrauens und der Hingabe. Lass die Dinge los, an denen du am stärksten hängst. Komm mit leeren Händen zu Mir. Halte dich an nichts fest, nicht einmal an deinen eigenen Plänen und deinen Wünschen nach an sich guten Dingen. Auch wenn die Dinge, die du für dich wünschst, gut sein mögen – sei dennoch gewiss, dass die Dinge, die Ich für dich wünsche, unendlich viel besser sind.

Wenn du etwas schwierig findest oder das Gefühl hast, dass es deine Kräfte übersteigt, dann bitte Mich, es in dir zu vollbringen, oder unterlasse es ganz, so wie Ich es als angemessen sehe. Es gibt Dinge, die du tun willst, die aber Meinen Plänen nicht entsprechen; und es gibt Dinge, von denen Ich möchte, dass du sie tust, die du dir aber selbst nie zutrauen würdest. Dein Festhalten an der Gewohnheit, zu tun was du willst, verhindert die schnelle Erfüllung Meiner vollkommenen Pläne für dich und für diesen Ort.

Ich habe dich hierher berufen, damit du Mich anbetest. Du hast andere Dinge gefunden, mit denen du deine Tage und Nächte ausfüllst, aber all diese Dinge werden Meine Pläne nicht befördern, und sie werden auch nichts dazu beitragen, dass sich das, was Mein Herz sich für diesen Ort vorgenommen hat, entfalten kann. Gib den ersten Platz der Anbetung, zu der Ich dich aufgefordert habe und immer noch auffordere, und du wirst Wunder erleben.

Das Werk muss Mein Werk sein. An dir ist es, Mir zu vertrauen, vor Mir auszuharren, nahe Meinem Herzen zu verweilen, so wie es der geliebte Jünger getan hat. Wenn du etwas tun sollst, das zu Meinem Plan für dich gehört, dann wirst du feststellen, dass es leicht zu vollbringen ist, denn Ich werde dir Licht und Kraft und Beharrlichkeit in der Durchführung geben.

Weihe Mir die Stunden des Gebets, die Ich von dir verlangt habe. Folge deiner Regel, und alles Übrige wird sich von selbst ergeben. Wenn du Mir im Sakrament Meiner Liebe nahe bist, dann arbeitest du mit Mir zusammen, und Ich arbeite und wirke in dir: auf eine Weise, die göttlich wirksam und übernatürlich fruchtbar ist. Wenn es Zeit ist, die Anbetung zu beenden, dann nimm mit derselben Freiheit und Freude von Mir Abschied, mit der du in Meine Gegenwart getreten bist. Wenn du deiner Regel folgst, lässt du Mich nicht im Stich; du hältst dich an Mir fest und erlaubst Mir zu sprechen, zu handeln, in dir Dinge zu vollbringen, die sonst für dich unmöglich wären.

Die Dinge, die dich am meisten belasten, die Dinge, die dir am meisten Furcht und Kummer verursachen, sind eben die Dinge, die Ich dich bitte, Mir zu überlassen. Wenn ein bestimmter Bruder für dich zum Grund für Sorge und Unruhe wird, dann übergib diesen Bruder Mir und stelle ihn vor Mein eucharistisches Angesicht. Du wirst Veränderungen an ihm bemerken, die nur Meine Gnade verursachen kann. Wenn etwas Angst oder Furcht verursacht oder deinem Herzen den Frieden raubt, dann gib es sofort Mir, und wenn du es Mir gegeben hast, denk nicht mehr daran.

Ich ordne alle Dinge machtvoll und sanft. Komm deinen Pflichten in Freiheit und Einfachheit nach. Mach eine Sache nach der anderen. Übergib Mir alle Dinge zu Beginn, und opfere Mir alle auf, wenn du sie beendest. Arbeite ruhig in Meiner Gegenwart, und dann kehre zu Meiner Gegenwart hier im heiligen Sakrament des Altars zurück, wo du Ruhe findest für deine Seele und Mein Herz mit deiner Freundschaft tröstest.

## 24. März 2016
### Gründonnerstag

In dieser Nacht bin Ich Meinen leidenden Priestern am nächsten. Dies ist die Nacht des leidenden Priestertums. Ich schicke Meine Engel in großer Zahl aus – unermessliche, strahlende Engelscharen –, auf dass sie Meine leidenden Priester trösten, einige heilen, alle vor den Angriffen des Feindes beschützen, und einige auch zu Mir geleiten.

Es ist eine besondere Gnade, in der Nacht Meiner Todesangst zu sterben; es bedeutet Teilhabe an Meinen erlösenden Leiden. Vereine alles, was du leidest, mit Meinen Leiden; und vereine bereits jetzt deine Todesangst und deinen Tod mit Meiner Todesangst im Garten und mit Meinem Tod am Kreuz.

Meine Augen halten auf der ganzen Erde nach Priestern nach Meinem Herzen Ausschau:[542] Priestern, die mit Mir leiden, Priestern, die Mir erlauben, in ihnen und durch sie all das zu beten, was Ich in Gethsemane und dann am Kreuz gebetet habe.

Wenn Ich einen Priester finde, der leidet – der mit Mir leidet, indem er mit Mir im heiligen Messopfer und in jedem Augenblick seines Lebens zum Opfer wird –, dann umarme Ich diesen Priester mit all der göttlichen Zärtlichkeit Meines Herzens, und Ich ziehe ihn zu der Wunde in Meiner Seite, auf dass er dort tief aus dem erquickenden Strom trinke, der ewig aus Meinem Herzen quillt.

In Meinen leidenden Priestern lebe Ich Meine Opfergesinnung und bringe vielen Seelen Heil, die, gäbe es Meine in Meinen Priestern fortgesetzten Leiden nicht, für Meine Liebe zu ihnen verloren gehen würden. Ich werde Seelen retten durch die Leiden Meiner Opferpriester. Sie sind die Lämmer, die zur Schlachtbank geführt werden, Ich aber bin ihr Leben, und ihre Leiden und ihr Tod sind in Meinen Augen kostbar.

### Donnerstag, 31. März 2016

Du bist zu Mir gekommen, um über deine Sünden zu sprechen, aber deine Sünden interessieren Mich nicht. Schau nicht auf deine Sünden; schau auf Mein Angesicht und auf die Wunde in Meiner Seite. Schau auf die Wunden in Meinen Händen und in Meinen Füßen, und empfange aus ihnen die Ströme der Gnade, die die Wunden der Sünde

---

542 1 Sam 13,14; Jer 3,15; Apg 13,22.

heilen, die sie reinigen werden, und die sie zu Zeichen des Triumphs Meiner in dir wirkenden Barmherzigkeit werden lassen.

Ich leugne die Sünde nicht. Ich kenne sie in all ihrer Scheußlichkeit und ihrem Grauen. Ich kenne die Sünde, weil Ich ihre Folgen in Meinem Fleisch getragen habe, weil Ich zugelassen habe, dass sie Mein Angesicht entstellte und Mich zum Gegenstand der Verachtung machte, von dem die Menschen ihren Blick abwandten.[543]

263 Auch Meine allreine Mutter kannte die Sünde in all ihrer Scheußlichkeit und ihrem Grauen. Sie sah, was die Sünde mit Meinem Leib anrichtete, demselben Leib, den sie in ihrem jungfräulichen Schoß getragen hatte; und indem sie die Verwüstungen der Sünde an Meinem Leib und in Meinem Angesicht sah, durchbohrte ein Schwert des Jammers ihr Herz, so wie Simeon es prophezeit hatte.[544]

Wir kennen die Sünde, und weil wir ihr Wesen genau kennen, bitten wir die Freunde unserer Herzen, sich von der Sünde in ihrer Scheußlichkeit und ihrem Grauen abzuwenden und stattdessen den göttlichen Glanz anzuschauen, der Mein im Sakrament Meiner Liebe verborgenes Antlitz erleuchtet, und die sanfte Anmut Meiner Mutter, die diesen göttlichen Glanz auf so vollkommene Weise widerspiegelt.

Zu wenige Seelen richten ihren Blick auf uns. Ein einziger Blick auf Mein eucharistisches Angesicht, ein einziges Erheben der Augen zu Meiner Mutter, reicht aus, um eine Seele von den Krankheiten zu heilen, die sie verdunkeln und entstellen. Darin besteht die Gnade des heiligen Rosenkranzes: Er ist ein langer, ununterbrochener Austausch von Blicken. Er ist die Begegnung unseres Blicks mit dem Blick der Seelen, die unsere Geheimnisse erwägen und in beharrlichem, demütigem Gebet zu uns rufen.

Aus diesem Grund ist der Rosenkranz zu einem Heilgebet für Seelen geworden, die von den Auswirkungen der Sünde verwüstet sind. Er ist die Anwendung einer göttlichen Arznei gegen alles, was Seelen entstellt, die nach Meinem Bild und Gleichnis erschaffen wurden. Benutze dieses demütige Gebet, wenn du dich mit den Sünden herumquälst, die dir so viel Kummer bereiten, und du wirst darin die Medizin und die Verteidigung finden, die du brauchst und suchst.

---

543 Ps 31,12; Ps 109,25; Jes 53,2–3.
544 Lk 2,35.

**Donnerstag, 7. April 2016**

*Wer in Mir bleibt, und in wem Ich bleibe, der bringt viel Frucht.
Denn ohne Mich könnt ihr nichts tun.*
JOHANNES 15,5

Wenn du, gemäß Meinem Wort, in Mir bleiben willst, dann musst du damit anfangen, *bei* Mir zu bleiben. Die Vereinigung, zu der Ich dich berufen habe, eine fruchtbringende Vereinigung mit Mir, wird in der Zeit anfangen, die du ausschließlich Mir und Meiner Gemeinschaft widmest.

*Ich stehe vor der Tür und klopfe an. Wer Meine Stimme hört und die Tür öffnet, bei dem werde Ich einkehren und Mahl mit ihm halten und er mit Mir.*
APOKALYPSE 3,20

Die Seelen, die nie bei Mir verweilen, bleiben gegenüber den Gnaden der Vereinigung mit Mir verschlossen, die Ich ihnen so sehr zu geben wünsche. Zeit, die man in Meiner Gegenwart verbringt, besänftigt das Herz und macht es für die Liebe durchlässig, die aus Meinem eucharistischen Herzen strahlt. Zeit, die man in Meiner Gegenwart verbringt, erlaubt es den Augen der Seele, sich glaubend an den Glanz Meines eucharistischen Angesichts anzupassen.

Liebe Mich und zeige Mir deine Liebe, indem du Mir das Geschenk deiner Zeit aufopferst. Sei wie die Kerze, die nur existiert, um in Meiner Gegenwart herabzubrennen. Es ist genug, dass du hier in Meiner Gegenwart bist, Mir die Flamme deiner Liebe darbringst und zulässt, dass du in schweigender Anbetung verzehrt wirst.

Sprich frei zu Mir, oder bleibe einfach im Schweigen. Ich verlange nicht viele Worte; Ich bitte um deine Gesellschaft, deine Gegenwart und die liebende Aufmerksamkeit deines Herzens. So wirst du zu der Vereinigung mit Mir gelangen, die Ich für dich wünsche: eine fruchtbringende Vereinigung, durch die du in Mir bleibst und Ich in dir.

Gib Mir das Opfer deiner in Meiner Gegenwart verbrachten Zeit, und Ich werde dir alles andere geben, selbst solche Dinge, die jetzt im Augenblick unmöglich zu sein scheinen. Das Kloster wird nicht aus Unrast und vielen Befürchtungen erbaut, sondern in Stille und in der Hingabe an Mein Handeln und an die Liebe, die aus Meinem eucharistischen Herzen strahlt.

Bewege deine Söhne dazu, wie du es ja auch schon getan hast, in demütiger Anbetung und in Unterordnung unter Mein Wirken vor Meinem eucharistischen Angesicht zu wachen. Du wirst sehen, dass das Kloster um dich herum aus dem Boden wachsen wird wie das neue Gras im Frühjahr, und du wirst wissen: Es entsteht aus deiner Bereitschaft, dich der Entfaltung Meiner Macht durch dein Schweigen, deinen Gehorsam und dein ruhiges Vertrauen in Mich zu öffnen.

Womöglich denkst du, der Tag habe nicht genug Stunden, um alles zu tun, was getan werden muss. Ich verspreche dir, dass jede Stunde, die du ausschließlich Mir widmest, wie der Same einer überreichen Ernte sein wird. Die Früchte, die du ernten wirst, werden bei Weitem das Wenige übertreffen, das du Mir gegeben hast, indem du in Meiner Gegenwart verweiltest.

Diese Worte kannst du mit deinen Söhnen teilen. Es ist etwas, das sie selbst erfahren können. Sie sollen Mir nur das Wenige geben, das Ich von dir erbitte, und Ich für Meinen Teil werde alles vollbringen, was Ich versprochen habe.

An einem Tag gibt es mehr Zeit, als was in Stunden und Minuten messbar ist. Ich bin der Herr über die Zeit, und Zeit, die Mir gewidmet wird, ist von größerem Wert als Zeit, die auf ermüdende Arbeiten verwendet wird. Ich verlange nicht, dass du die vor dir liegenden Aufgaben gar nicht anpackst, sondern nur, dass du Mich allem vorziehst, indem du die besten Stunden deiner Zeit und den größeren Teil Mir widmest.

## Donnerstag, 14. April 2016

Weihe dich Meiner Mutter und erhebe deine Augen zu ihrem allreinen Antlitz. Sie ist der Stern, den Ich an das dunkle Firmament gestellt habe, auf dass diejenigen, die zu Mir gehören, nicht die Hoffnung verlieren und in dem Sturm untergehen, der das Überleben alles dessen bedroht, was Ich gewirkt habe, und alle Werke Meiner Heiligen. Diejenigen, die zu Meiner allreinen Mutter fliehen und sich unter ihrem Schutzmantel bergen, werden den Leiden dieser Zeit entkommen und nach dem Toben des Sturms über einen Frieden frohlocken, wie ihn die Welt nicht geben kann.

*Amen, amen, Ich sage euch: Ihr werdet weinen und klagen, die Welt aber wird sich freuen. Ihr werdet traurig sein, aber euere Trauer wird sich in Freude verwandeln.*

JOHANNES 16,20

Betet in der Nähe Meines verwundeten Herzens und verweilt im Strahlenglanz Meines eucharistischen Angesichts. So werdet ihr Söhne der Hostie für die Hostie sein und die Saat einer neuen Generation von Anbetern im Geist und in der Wahrheit. Bleibt einfach bei Mir. Haltet Wache vor Meinem Angesicht und hört auf alles, was Mein Herz euch sagen will. Ich bin hier für euch. Seid hier für Mich und tröstet damit Mein Herz, das so viele der Meinen im Stich gelassen haben.

## Donnerstag, 2. Juni 2016

*Wandle mich vollkommen um, o mein geliebter Jesus, auf dass ich in jedem Augenblick – bis hin zum Augenblick meines Todes – meine Augen auf Dein anbetungswürdiges Antlitz gerichtet lasse und mein Herz verborgen bleibe in Deinem durchbohrten Herzen. Mache Du aus mir das, ich bitte Dich, wozu du mich berufen hast.[545]*

*Lass mich Dich so lieben und anbeten, dass ich für Dein gequältes Herz der tröstende Freund sein kann, auf den Du so lange gewartet hast. Lass mich nicht allein, gib mich nie auf, auf dass ich Dich nie allein lassen, Dich nie aufgeben kann.[546] Befestige mein unstetes Herz vor Deinem Tabernakel – vor jenem Tabernakel, in dem Du am wenigsten angebetet, am vergessensten bist –, auf dass ich in einer Anbetungswache, einer Wache der Sühne und der Liebe vor Deinem eucharistischen Angesicht verharre.*

*Was kann ich Dir geben, was ich nicht von Dir empfangen hätte?[547]*

*Deshalb gib mir überreich, auf dass ich Dir überreich zurückgeben kann.*

*Gib Mir, ich flehe Dich an, nur einen Funken Deines glühenden Eifers für die Herrlichkeit des Vaters; gib, dass dieser Eifer mich vollständig verzehrt, als Brandopfer zum Ruhm Seiner Herrlichkeit.[548]*

*Gib Du mir, Ich flehe Dich an, einen Anteil an Deiner bräutlichen Liebe für die Kirche, Deine Braut im Himmel und auf Erden.[549] Gewähre mir, gleich Dir, mit Dir, in Dir mein Leben für sie dahinzugeben.[550]*

---

545 1 Kor 1,26–30; Eph 2,10; 1 Thess 5,23–24; Jer 31,18; Lam 5,21.
546 Ps 27,9; Ps 38,22; Ps 71, 9 und 18; Ps 119,8; Ps 140,9; Sir 51,14.
547 1 Kor 4,7; Röm 8,32; 2 Petr 1,3; 1 Chr 29,14.
548 Eph 1, vv. 6, 12, und 14.
549 Joh 3,29; 2 Kor 11,2; Eph 5,22–32; Offb 19,7; 21,2; 21,9.
550 Eph 5,25.

*Gib Du mir, ich flehe Dich an, die Sohnesliebe Deines Herzens zu Deiner allreinen Mutter, auf dass ich sie lieben möge, wie Du wünschst, dass ich sie liebe; auf dass ich ihr mit einer Hingabe zu dienen vermag, die wahr ist, rein und beständig.*

*Gib Du mir, ich flehe Dich an, das zärtliche Mitgefühl, mit dem ich mich, Deinem Wunsch gemäß, der Seelen annehmen kann, auf dass sie in meiner Sorge für sie die Fürsorge Deines heiligen Herzens spüren.*

*Mache mich, wenn es irgend möglich ist, heute mehr zu Deinem Priester, als ich es zuvor gewesen bin. Bestätige und bestärke mich in der unaussprechlichen Gnade einer wirklichen Teilhabe am Geheimnis des Kreuzes, wo Du zugleich Priester und Opfer bist. Brenne das unauslöschliche Siegel Deines Priestertums tiefer in meine Seele ein, und mit demselben Feuer verzehre und zerstöre alles, was sein herrliches Strahlen trübt, behindert oder aufhält, so dass das Licht Deines Opfers vor den Menschen erstrahlen kann und seine Heilkraft von mir ausgeht, so wie sie von Dir ausging, denn Du, o barmherziger Retter, hast mich zu Deinem Priester auf ewig gemacht.*

*Tausend mal tausend Lebenszeiten würden nicht hinreichen, um Dir zu danken, Dich zu loben und zu preisen für eine so unermessliche Gabe. Gib mir daher, wenn Du mich zu Dir rufst, eine Ewigkeit, in der ich Dich jenseits des Schleiers preisen kann, wo Du jetzt noch in der Herrlichkeit des Vaters und im Glanz des Heiligen Geistes verborgen bist.*[551] *Amen.*

---

551 Vgl. Hebr 6,19–20; 9,24; 10,19–21; Phil 2,11; 1 Petr 4,14; 5,10; Joh 1,14; 17,24; 2 Kor 4,6; 2 Petr 1,17; Mt 17,2; Mk 9,1.

*So schaue ich aus nach Dir im heiligen Zelt.*
                                                    PSALM 62,3

Schweigen der heiligen Hostie, durchdringe mich.
Verborgenheit der heiligen Hostie, umhülle mich.
Demut der heiligen Hostie, beschirme mich.
Armut der heiligen Hostie, sei mir alles.
Lauterkeit der heiligen Hostie, läutere mich.
Glanz der heiligen Hostie, erleuchte mich.
Antlitz, verborgen in der heiligen Hostie, enthülle Dich mir.
Ganz in Brand stehendes Herz in der heiligen Hostie, entzünde
    mich mit Deiner Liebe.

O heilige Hostie,
lebendiges Fleisch und Blut
des geopferten Lammes,
ich bete Dich an.

O heilige Hostie,
lebendiges Fleisch und Blut
des geopferten Lammes,
ich bringe Dich dem Vater dar.

O heilige Hostie,
lebendiges Fleisch und Blut
des geopferten Lammes,
ich flehe Dich an, vereinige mich mit Dir
jetzt und in der Stunde meines Todes.
Amen.

# Anhang I
*Gebete aus* In Sinu Jesu

### Sühne-Rosenkranz
*oder: Aufopferung des kostbaren Blutes für die Priester*

> *Dieser fürbittende Sühnerosenkranz wird mit einem normalen Rosenkranz mit fünf Gesätzen gebetet.*
> O Gott (+), komm mir zu Hilfe; Herr, eile mir zu helfen.
> Ehre sei dem Vater und dem Sohn und dem Heiligen Geist;
> Wie es war im Anfang, so auch jetzt und allezeit, und in Ewigkeit. Amen.
> *Alleluja. (Nach Septuagesima: Lob sei dir, Christus, König der ewigen Herrlichkeit.)*

*Bei den Vaterunser-Perlen:*
> Ewiger Vater, ich opfere dir auf
> das kostbare Blut Deines geliebten Sohnes, unseres Herrn Jesus Christus,
> dem Lamm ohne Fehl und Makel,
> als Sühne für meine Sünden
> und für die Sünden all Deiner Priester.

*Bei den Ave Maria-Perlen:*
> Durch Dein kostbares Blut, o Jesus,
> reinige und heilige Deine Priester.

*Anstelle des Ehre sei dem Vater:*
> O Vater, von dem alle Vaterschaft im Himmel und auf Erden ihren Namen hat,
> erbarme Dich aller Deiner Priester, und wasche sie im Blut des Lammes.

(VGL. 8. MÄRZ 2010)

O Jungfrau Maria,
meine Mutter der Immerwährenden Hilfe,
meine Hände sind in deinen Händen,
und mein Herz ist in deinem Herzen,
und das gelte für immer.

(5. Oktober 2007)

O mein Jesus,
ich begebe mich im Geist vor Dein eucharistisches Angesicht,
um Dich anzubeten,
um Sühne zu leisten,
um Dir all das zu sagen,
 was Dein Geist der Liebe in meinem Herzen aufkommen lässt.
Ich komme, um Dich anzuschauen.
Ich komme, um Dich zu hören.
Ich komme, um von Dir alles zu empfangen,
 was Dein offenes Herz mir sagen und geben möchte.
Ich danke Dir, dass Du mich Dir so nahekommen lässt.
Ich rühme Deine Barmherzigkeit.
Ich bekenne die heilende Kraft Deines kostbaren Blutes.
Amen.

(10. Oktober 2007)

O süße Jungfrau Maria,
ich bin dein Kind.
Behalte meine Hände in deinen Händen
und mein Herz in deinem Herzen,
den ganzen Tag lang
und auch noch in der Nacht.
So möchte ich leben und sterben.
Amen.

(10. Oktober 2007)

O Jesus,
ich möchte mich im Geist zu dem Tabernakel begeben, wo Du auf der
 ganzen Welt am meisten alleingelassen, am vergessensten bist.
Ich möchte dorthin gehen, wo keiner Dich anbetet, wo keiner sich vor
 Dir neigt,
  wo Du nur Deine Engel hast, die Dich anbeten und bei Dir verweilen.

Aber es ist ja doch ein menschliches Herz,
> wonach Du Dich sehnst, und vor allem das Herz eines Priesters.

Ich gebe Dir mein Herz als ein Opfer der Anbetung und der Sühne.

> (10. O<small>KTOBER</small> 2007)

Herr Jesus,
ich komme heute vor Dein eucharistisches Angesicht und stelle mich
> im Geist vor den Tabernakel auf der Welt,

wo Du am einsamsten bist, am meisten ignoriert, am vergessensten.

Da Du mich darum gebeten hast, opfere ich Dir mein Herz, das Herz
> eines Priesters, auf, um Gemeinschaft mit Deinem priesterlichen
> und eucharistischen heiligen Herzen zu halten.

Ich bete Dich an in einem Geist der Sühne für alle Priester der Kirche,
> vor allem aber für jene, die nie, oder fast nie, in Deiner Gegenwart innegehalten haben,
> um dort ihre Lasten abzulegen und von Dir neue Kraft zu empfangen, neues Licht,
> neue Fähigkeiten der Liebe, der Vergebung, des Segnens.

Ich möchte diesen Tabernakel heute nicht verlassen.

Ich möchte in jedem Augenblick in der Anbetung versunken bleiben,
> auf die Du von Deinen Priestern wartest.

> (10. O<small>KTOBER</small> 2007)

Ich vereine mich mit der Allerheiligsten Jungfrau Maria,
> der Mittlerin aller Gnaden und ersten Anbeterin Deines eucharistischen Angesichts.

Mögen durch ihr allreines Herz die Gebete, die aus meinem Herzen
> aufsteigen, Dein offenes Herz erreichen,

das im herrlichen Sakrament Deiner Liebe verborgen und so oft alleingelassen ist.

Amen.

> (11. O<small>KTOBER</small> 2007)

O mein geliebter Jesus,
ich leide darunter, dass ich Deinem Tabernakel nicht nahe sein kann.

Ich fühle mich Deiner wahren Gegenwart beraubt, und dennoch freue
> ich mich, weil mir das zeigt, wie stark Du mich an das anbetungswürdige Mysterium Deines Leibes und Blutes angezogen hast.

Du willst, dass ich ein anbetender und sühnender Priester Deines eucharistischen Herzens sei,

ein Anbeter Deines Angesichts, das für uns durch die Hostie leuchtet.
Gewähre, dass dies einzig nach den Wünschen Deines Herzens geschieht.
Amen.

(13. Oktober 2007)

O liebster Jesus,
die Wirkmacht und Fruchtbarkeit dieser Zeit der Anbetung kommt
    nicht von mir, sondern von Dir.
Alles kommt von Dir.
Ich trete vor Dich als Gefäß, das erfüllt werden möchte.

(10. April 2008)


O mein geliebter Jesus,
ich komme vor Dein eucharistisches Antlitz,
und ich nähere mich Deinem offenen Herzen
in diesem Sakrament Deiner Liebe, um auf das zu antworten,
was Du von mir verlangt hast.
Mit Vertrauen in Deine unendliche Güte,
und ohne Furcht, außer vor der Sünde
und der Gefahr, von Dir getrennt zu werden,
sage ich Ja zu allem, was Dein Heiligstes Herz von mir wünscht.
Für mich will ich nur das, was Du für mich willst.
Ich wünsche das, was Du für mein Leben wünschst, und sonst nichts.

Mit meinem freien Willen, den Du mir gegeben hast,
gebe ich Dir, meinem großen, allmächtigen Gott,
die Freiheit, mich ganz und gar an Leib, Seele und Geist zu heiligen.
An diesem Fest Deines Heiligsten Herzens erlaube ich Dir,
mich zu verwunden und zu formen
    in eine lebendige Darstellung Deiner selbst
vor Deinem Vater und in der Mitte der Kirche.

Verwunde mich,
    auf dass ich am Altar Deines Opfers ein zweites Du werde.
Verwunde mich mit jener Liebe,
    die in irdischen Worten nicht beschreibbar ist,
    und heile so alle Wunden meiner Sünden.
Durchdringe meine Seele mit Deinem göttlichen Licht.
Gewähre, dass keine Spur von Dunkelheit in mir bleibt.

Ich erneuere meine vollkommene Weihe
an das reine und sündenlose Herz Deiner unbefleckten Mutter
und erhoffe mir aus ihren mütterlichen Händen
alles, was Du mir schenken willst.
Ich danke Dir für das unvergleichliche Wirken Deiner Mutter
in meiner Seele und in den Seelen aller Deiner Priester.
Durch sie bin ich ganz und gar Dein.
Vollende alle Pläne Deines Heiligsten Herzens mit meinem Leben.
Ehre sei Deinem eucharistischen Herzen
aus meinem ganzen Herzen
und aus dem Herzen von jedem Deiner Priester.
Amen.

(30. Mai 2008)

Mein geliebter Jesus,
ich danke Dir,
    dass Du mich zu einem Leben der Anbetung berufen hast.
Ich danke Dir dafür, dass Du willst, dass ich Unwürdiger
    vor Deinem eucharistischen Angesicht verweilen
    und mich Deinem offenen Herzen
    im Sakrament Deiner Liebe nähern darf.

Ich danke Dir, dass Du mich berufen hast, Buße zu tun,
vor allem für all meine eigenen zahllosen Sünden
und für all jene Beleidigungen,
mit denen ich Dein liebendes Herz betrübt
und Seelen verletzt habe, die Dir lieb sind
und die Du mit Deinem kostbaren Blut erkauft hast.

Du rufst mich auch auf, Buße zu tun
für alle Sünden meiner Priester-Brüder,
arme Sünder wie ich,
die sich oft in den Schlingen des Bösen verfangen haben
und nicht mehr für die Freude und den Frieden zugänglich sind,
den Du ihnen in Deiner Gegenwart schenken möchtest.

Ich danke Dir, dass Du mich erwählt hast,
für die Kälte zu büßen, die Gleichgültigkeit,
    die Ehrfurchtslosigkeit und die Isolierung,
die Du im Sakrament Deiner Liebe erdulden musst.

Deiner Gegenwart möchte ich meine Gegenwart darbieten;

Deinem durchbohrten Herzen mein Herz;
Deiner göttlichen Freundschaft
möchte ich alles Sehnen meiner Seele opfern
für die Gemeinschaft mit Dir,
die jede vergängliche irdische Liebe übertrifft
und die tiefsten Bedürfnisse und Wünsche meines Herzens befriedigt.

(3. Juli 2008)

Ich bitte Dich: Lass mich rein, transparent, demütig und frei bleiben,
    damit ich mit Redlichkeit, Gelassenheit und Freude
    die geistliche Vaterschaft umsetzen und leben kann,
    zu der Du mich berufen hast.
Ich bitte darüber hinaus um die Gnade,
    mich allen, die zu mir kommen,
    wie ein Vater zu seinem Sohn,
    wie ein Bruder zu seinem Bruder verhalten zu können.
Ich bitte Dich, jedes Freundschaftsband
    im Feuer Deines eucharistischen Herzens zu läutern und zu stärken.

Ich überlasse Dir mein Menschsein
    mit seinen Wunden, seiner Gebrochenheit und seinen Narben.
Ich übergebe Dir meine gesamte Vergangenheit.
Ich bitte Dich um die Gnade, in dem neuen Leben wandeln zu können,
    von dem ich weiß, dass Du es für mich wünschst.

Und damit all das
    auf die wirkungsvollste, fruchtbarste Weise geschieht,
übergebe ich in die ganz reinen Hände Deiner Mutter, meiner Mutter,
    alles, was ich bin, alles, was ich gewesen bin, und alles, was Du
    in der grenzenlosen Gnade Deines eucharistischen Herzens
    wünschst, dass ich es für Dich, o mein geliebter Jesus, sein soll,
    für Deinen mystischen Leib, Deine Braut, die Kirche,
    und zum Lob und Ruhm Deines Vaters.
Amen.

(3. Juli 2008)

Herr Jesus Christus, Priester und Opfer,
Lamm ohne Fehl und Makel,
Ich komme vor Dein Angesicht,
    beladen mit den Sünden und Treulosigkeiten meiner Priester-Brüder
    und mit der Last meiner eigenen Sünden und Treulosigkeiten.
Gewähre mir, Dir jene Priester vorzustellen,

die Deiner Barmherzigkeit am meisten bedürfen.
Lass mich für sie vor Deinem eucharistischen Antlitz verweilen,
Deinem offenen Herzen nahe sein.
Durch das trauernde, unbefleckte Herz Deiner Mutter,
    unserer Fürsprecherin und Mittlerin aller Gnaden,
lass über alle Priester Deiner Kirche
    den Strom des Erbarmens kommen,
    der alle Zeit aus Deinem Herzen quillt,
    um sie zu reinigen und zu heilen,
    zu heiligen und zu erquicken,
    und sie in der Stunde ihres Todes
    würdig zu machen, sich zu Dir zu gesellen und vor dem Vater zu stehen
    an dem heiligen Ort im Himmel jenseits des Vorhangs.
Amen.

(10. November 2008)

O geliebter Jesus,
vereine mich mit Dir,
meinen Leib mit Deinem Leib,
mein Blut mit Deinem Blut,
meine Seele mit Deiner Seele,
mein Herz mit Deinem Herzen,
alles, was ich bin, mit allem, was Du bist:
Und mache so aus mir, o Jesus,
einen Priester und ein Opfer mit Dir,
dargebracht der Herrlichkeit Deines Vaters
aus Liebe zu Deiner Braut, der Kirche:
Für die Heiligung Deiner Priester,
die Bekehrung der Sünder,
die Anliegen des Papstes,
und in zerknirschter Sühne für meine zahllosen Sünden
gegen Dich in Deinem Priestertum
und im Sakrament Deiner Liebe.
Amen.

(15. April 2009)

Mein Jesus, nur was Du willst,
wann Du willst,
und wie Du willst.

Dir sei aller Ruhm und Dank,
der Du alles mit mächtiger, gütiger Hand regierst,
und der Du die Erde mit Deinen mannigfachen Gnaden erfüllst.
Amen.

(8. Januar 2010)


Tu Du in mir und durch mich, o mein geliebter Jesus,
alles, was Du in mir finden, was Du durch mich tun willst,
auf dass trotz meines Elends, meiner Schwächen,
    ja sogar meiner Sünden
mein Priestertum Dein Priestertum ausstrahlen möge
und mein Gesicht die barmherzige Liebe widerspiegelt,
    die alle Zeit von Deinem heiligen Angesicht strahlt,
für Seelen, die Dir vertrauen
    und sich Deinem göttlichen Wirken überlassen.

(26. Januar 2010)


Mein Jesus, wie könnte Ich Dir etwas verweigern?
Ich vertraue Dir vollkommen.
All meine Hoffnung ruht auf Dir.
Ich bin ganz Dein,
und Deine Freundschaft
garantiert mir Glück und Deine unfehlbare Gnade.
Ich gebe Dir mein aus tiefstem Herzen kommendes »Ja«.
Ich bin ganz Dein, geliebter Jesus:
ein Priester in Deinem Priestertum
und ein Opfer mit Dir
in Deiner reinen, heiligen, makellosen Opfergabe für den Vater.
Amen.

(27. Januar 2010)


O mein geliebter Jesus,
ich gebe Deinem heiligen Herzen
alles hin, was ich liebe.

(9. Februar 2010)


Mein geliebter Jesus,
ich ergebe mich der Liebe Deines Herzens zu mir,
und ich biete mich Dir

als Opfer der Anbetung und Sühne für alle dar,
die ich verletzt oder gekränkt habe,
auf dass sie geheilt
und zur Freundschaft mit Dir in Deiner Kirche zurückfinden mögen;
und für alle Deine Priester,
vor allem für jene, die noch in Sünden verstrickt
und blind sind für das süße Licht Deines Angesichts.
Mein Jesus, ich gebe mich Dir als Opfer der Liebe hin,
der Du Dich als Opfer der Liebe für mich hingegeben hast.
Ich möchte keinen anderen Willen mehr haben als Deinen Willen,
den vollkommenen Ausdruck der Liebe Deines Herzens zu mir
und zu allen Deinen Priestern.
Ich opfere mich Dir auch für alle Anliegen des Papstes auf.
Ich bitte Dich, ihn zu stärken und zu trösten,
und ich empfehle ihn dem allreinen Herzen Deiner Mutter an.
             (20. M&auml;rz 2010)


Ja, mein Herr Jesus,
ich willige ein, alles zu verlieren außer Dir,
denn wenn ich Dich besitze,
verliere ich nichts,
und indem ich Dich liebe,
werde ich von Dir geliebt,
und in dieser Liebe finde ich das vollkommene Glück
und empfange die Gnade, andere so lieben zu können,
wie Du mich geliebt hast.
             (22. September 2011)


Mir geschehe nach Deinem Wort.
Herr Jesus, ich nehme Deinen Plan an.
Ich gebe meine freie, vollständige Zustimmung zu Deinem Willen.
Ich will allem anderen entsagen und alles andere hinter mir lassen.
Ich bin Dein Knecht
und aufgrund Deiner unendlichen Barmherzigkeit
der Freund Deines Herzens. Amen.
             (25. September 2011)


O mein geliebter Herr Jesus, wahrhaft hier gegenwärtig,
ich bete Dich mit aller Liebe meines Herzens an.
Dafür und für nichts anderes

hast Du mich hierher gebracht:
Dich anzubeten, in Deiner Gesellschaft zu verweilen,
Dein Angesicht zu suchen und an Deinem Herzen zu ruhen.
Gib, dass ich dieser Berufung, die Du mir gegeben hast, treu bleibe,
und lass nicht zu, dass irgendetwas mich von Dir ablenkt,
der Du das Eine Notwendige bist.
Außer Dir gibt es nichts im Himmel oder auf der Erde,
dem ich mein Herz geben möchte.
Dir nahe sein ist mein Glück.
Behalte mich in Deiner Gegenwart,
und lass nicht zu, dass ich mich jemals
aus dem Strahlen Deines eucharistischen Angesichts entferne.
Amen.

(27. Januar 2012)


Jesus, Jesus, Jesus,
gib, dass nichts mich aus dem Strahlen
Deines eucharistischen Angesichts herausnimmt;
gewähre vielmehr, dass alles zusammenwirkt,
um mich zu nötigen, Dein Angesicht aufzusuchen
und Dich anzubeten.

(27. JANUAR 2012)


O stärke meine liebende Aufmerksamkeit für Dich,
der Du in diesem Sakrament Deiner Liebe
liebevoll auf mich schaust.

(28. JANUAR 2012)


Herr Jesus,
Du erbittest Dir von mir nicht das Unmögliche,
denn selbst wenn Du etwas erbittest,
das in meinen Augen unmöglich scheint,
machst Du es durch Deine Gnade möglich.
Für Dich und für die, die Dich lieben,
ist nichts unmöglich.
Ich kann alles vollbringen in Dir,
der mich in meinem Vollbringen stärkt.

(29. JANUAR 2012)

Herr Jesus Christus,
obwohl ich in dieser Stunde
Dir nicht körperlich im Sakrament Deiner Liebe nahen kann,
möchte ich mich Dir durch Sehnsucht und Glauben nähern.
Befördere mich, ich bitte Dich,
indem Du meinen Geist und mein Herz erhebst,
zu jenem Tabernakel in der Welt, wo Du in dieser Stunde
am einsamsten, gänzlich vergessen
    und ohne menschliche Gemeinschaft bist.

Lass das Strahlen Deines eucharistischen Angesichts Meine Seele so
    durchdringen,
dass, indem ich Dir Anbetung und Sühne darbringe,
selbst während ich mit alltäglichen Dingen
    auf alltägliche Weise beschäftigt bin,
ich von Deinem heiligen Herzen
    die Rückkehr wenigstens eines Priesters zu dem Tabernakel erlange,
    wo Du heute auf ihn wartest.
Amen.
                        (30. Januar 2012)


O mein geliebter Jesus,
Ich bin glücklich, in Deiner Gegenwart zu sein.
Dein Psalmist hat es gesagt: »Mir aber ist es Wonne, bei Gott zu sein.«
Mit Worten ist es nicht zu beschreiben, was es bedeutet,
Dich – Gott von Gott, Licht vom Licht,
    wahren Gott vom wahren Gott – so nah zu haben.

Du bist verborgen, ich aber sehe Dich.
Du schweigst, ich aber höre Dich.
Du bist unbeweglich, doch Du streckst Dich aus,
um mich herbeizuholen und an dein Herz zu ziehen.
Wer Dich im Sakrament Deiner Liebe besitzt,
besitzt alles.

Weil Du hier bist, fehlt mir nichts.
Weil Du hier bist, muss ich vor nichts Angst haben.
Weil Du hier bist, kann ich nicht einsam sein.
Weil Du hier bist, ist der Himmel hier,
und Myriaden von Engeln beten Dich an
und bringen Dir ihre Lobgesänge dar.
Weil Du hier bist, muss ich nirgends sonst nach Dir suchen.

Weil Du hier bist, besitzt Dich Mein Glaube,
Meine Hoffnung ist in Dir verankert,
Meine Liebe umarmt Dich und lässt Dich nicht mehr los.

(10. MÄRZ 2012)


Gib mir, Herr Jesus,
nach dem Wunsch Deines Herzens.
Ich bin ein leeres Gefäß, das auf Dich wartet, auf dass Du mich erfüllst.
Ich werde vor Dir verweilen, schweigend und leer,
und bereit, erfüllt zu werden
mit allem, was Du mir zu geben geruhst.
Erfülle mich entsprechend Deinem Wunsch –
nicht nur für mich allein, sondern auch für andere,
für die Seelen, die Du mir senden willst,
auf dass ich ihnen einen reinen,
einen göttlichen Trank geben kann.

(10. MÄRZ 2012)


Vereine mich also, ich bitte Dich flehentlich,
mit Deiner eucharistischen Demut,
mit Deinem Schweigen, mit Deiner Verborgenheit
und mit Deinem unablässigen Gebet zum Vater.
Vereine Mich mit der ununterbrochenen Aufopferung
Deiner selbst zum Vater
im Sakrament Deiner Liebe.
Es gibt keinen Augenblick, da Du Dich nicht selbst opferst;
keinen Augenblick, in welchem Deine Hingabe am Kreuz
dem Vater nicht dargeboten wird
aus dem Schweigen Deiner Tabernakel.
Gib also, dass nichts mich von Dir trennt,
dem Lamm Gottes, dessen Blut die Welt rettet,
Seelen von der Sünde reinwäscht
und des Vaters Herz zu Mitleid bewegt
für die verstocktesten Sünder
und für die allergeringsten Seiner Geschöpfe. Amen.

(18. MÄRZ 2012)


O mein geliebter Jesus,
ich bete Dein eucharistisches Antlitz an,
dessen Strahlenglanz das nie trügende Licht

in den Schatten dieses irdischen Exils ist.
Solange Du bei mir bist, fürchte ich kein Unheil.
Du bist hier, mir nahe,
und ich bin hier, Dir nahe,
um an Dich zu glauben, auf Dich zu hoffen,
Dich zu lieben und Dich anzubeten.

Außer Dir begehre ich nichts auf Erden,
und selbst der Himmel – was ist er ohne Dich?
Hier in Deiner eucharistischen Gegenwart ist der Himmel auf Erden.
Hier ist die ewige Freude aller Engel und Seligen.
Hier ist die Erfüllung des hoffenden Sehnens,
das wie ein Feuer in den Seelen im Purgatorium brennt.
Hier ist das Herz der Kirche auf Erden
und die Herrlichkeit der Kirche im Himmel.
Hier ist das staunenerregende Wunder Deiner Liebe zu uns:
Deine immerwährende Gegenwart als Lamm, das geschlachtet wurde,
und der Triumph Deines Kreuzes und Deiner Auferstehung.

Warum nur wirst Du
in diesem Allerheiligsten Sakrament alleingelassen?
Warum bist Du verlassen in Deinen Tabernakeln?
Warum sind die Kirchen leer oder werden nur so selten besucht?
Offenbare Dich wieder im Sakrament Deiner Liebe!
Lass Deine Realpräsenz, Deine hier wirkliche Gegenwart
denen aufgehen, die zweifeln,
den Unwissenden, den Gleichgültigen und den Kaltherzigen.
Zieh alle – Getaufte und Ungetaufte –
in das Strahlen Deines eucharistischen Angesichts,
und lass nicht zu, dass auch nur eine einzige Seele
der Umarmung Deiner eucharistischen Freundschaft entkommt.
So wirst Du Deinen Durst
nach dem Glauben und der Liebe unserer Seelen stillen,
und so wirst Du das Sehnen Deines Herzens
nach der Liebe derer stillen,
die Du für Dich und keinen anderen geschaffen hast.
Amen.

(20. April 2012)


Komm, Heiliger Geist!
Komm, lebendiges Feuer!
Komm, du Salbung von oben!

Komm, lebendiges Wasser!
Komm, Atem Gottes!

Präge mich mit einem Feuermal
für das Werk, zu dem ich berufen wurde.
Zeichne meine Seele tief und unauslöschlich
für die Anbetung des eucharistischen Angesichts des Sohnes
und für den Trost Seines eucharistischen Herzens.
Brenne mir das Zeichen dieser Berufung so ein,
dass ich jedes Mal leide, wenn ich sie verrate
oder wenn ich ihr untreu werde.
Gib mir ein Siegel für diese Berufung,
so dass ich Dich nur dann finde, wenn ich sie erfülle,
und in ihrer Vollkommenheit in der immerwährenden Anbetung im
    Himmel,
wo Du mit dem Vater und dem Sohn lebst.

Lass die Anbetung des Lammes
für mich hier auf Erden heute beginnen,
und gewähre, dass sie sich in meinem Leben ausweitet und vertieft,
bis sie zu einer ständigen Anbetung wird:
einer Quelle der Freude, die aus dem unerschöpflichen Ursprung
Deiner in meiner Seele einwohnenden Gegenwart kommt,
um den Durst des Bräutigams Christus zu stillen
und Sein Priestertum in der Kirche fruchtbar zu machen.
Amen.

(27. Mai 2012)

Wandle mich vollkommen um,
o mein geliebter Jesus,
auf dass ich in jedem Augenblick –
bis hin zum Augenblick meines Todes –
meine Augen auf Dein anbetungswürdiges Antlitz gerichtet lasse
und mein Herz verborgen bleibe in Deinem durchbohrten Herzen.

Mache Du aus mir das, ich bitte Dich, wozu du mich berufen hast.
Lass mich Dich so lieben und anbeten,
dass ich für Dein gequältes Herz
der tröstende Freund sein kann, auf den Du so lange gewartet hast.
Lass mich nicht allein, gib mich nie auf,
auf dass ich Dich nie allein lassen, Dich nie aufgeben kann.

Befestige mein unstetes Herz vor Deinem Tabernakel –
vor jenem Tabernakel, in dem Du am wenigsten angebetet,
    am vergessensten bist –,
auf dass ich in einer Anbetungswache,
einer Wache der Sühne und der Liebe
vor Deinem eucharistischen Angesicht verharre.

Was kann ich Dir geben, was ich nicht von Dir empfangen hätte?
Deshalb gib mir überreich,
auf dass ich Dir überreich zurückgeben kann.
Gib Mir, ich flehe Dich an, nur einen Funken
Deines glühenden Eifers für die Herrlichkeit des Vaters;
gib, dass dieser Eifer mich vollständig verzehrt,
als Brandopfer zum Ruhm Seiner Herrlichkeit.

Gib Du mir, Ich flehe Dich an,
einen Anteil an Deiner bräutlichen Liebe für die Kirche,
Deine Braut im Himmel und auf Erden.
Gewähre mir, gleich Dir, mit Dir, in Dir
mein Leben für sie dahinzugeben.
Gib Du mir, ich flehe Dich an,
die Sohnesliebe Deines Herzens zu Deiner allreinen Mutter,
auf dass ich sie lieben möge, wie Du wünschst, dass ich sie liebe;
auf dass ich ihr mit einer Hingabe zu dienen vermag,
die wahr ist, rein und beständig.

Gib Du mir, ich flehe Dich an,
das zärtliche Mitgefühl,
mit dem ich mich, Deinem Wunsch gemäß,
der Seelen annehmen kann,
auf dass sie in meiner Sorge für sie
die Fürsorge Deines heiligen Herzens spüren.

Mache mich, wenn es irgend möglich ist,
heute mehr zu Deinem Priester, als ich es zuvor gewesen bin.
Bestätige und bestärke mich in der unaussprechlichen Gnade
einer wirklichen Teilhabe am Geheimnis des Kreuzes,
wo Du zugleich Priester und Opfer bist.

Brenne das unauslöschliche Siegel Deines Priestertums
tiefer in meine Seele ein,
und mit demselben Feuer verzehre und zerstöre alles,
was sein herrliches Strahlen trübt, behindert oder aufhält,

so dass das Licht Deines Opfers vor den Menschen erstrahlen kann
und seine Heilkraft von mir ausgeht,
so wie sie von Dir ausging,
denn Du, o barmherziger Retter,
hast mich zu Deinem Priester auf ewig gemacht.

Tausend mal tausend Lebenszeiten würden nicht hinreichen,
um Dir zu danken, Dich zu loben und zu preisen
für eine so unermessliche Gabe.
Gib mir daher, wenn Du mich zu Dir rufst,
eine Ewigkeit, in der ich Dich jenseits des Schleiers preisen kann,
wo Du jetzt noch in der Herrlichkeit des Vaters
und im Glanz des Heiligen Geistes verborgen bist.
Amen.

(2. Juni 2016)

# Anhang II

*Worte über diese Worte:*
*Exzerpte aus* In Sinu Jesu

Ich werde zu dir sprechen, Ich werde zu deinem Herzen sprechen, auf dass du Meine Stimme hörst, zur Freude deines Herzens. Du wirst Meine Stimme vor allem dann hören, wenn du vor Mein Angesicht kommst, wenn du Mein eucharistisches Angesicht anbetest und Meinem offenen Herzen nahe bist. Ich werde zu deinem Herzen sprechen, so wie Ich zum Herzen Meines geliebten Jüngers Johannes, dem Freund Meines Herzens und Priester Meines offenen Herzens gesprochen habe.

(8. Oktober 2007)

Wenn Ich nun auf diese Weise zu dir spreche, dann tue Ich das, weil du Meine Stimme hören sollst. Du warst zu lang weit weg von Mir, unfähig, bei Mir zu verweilen, unfähig, auf das zu hören, was Ich dir sagen wollte. Aber nun ist der Augenblick gekommen. Nun und von jetzt an spreche Ich zu dir, und Ich werde zu dir sprechen, damit viele zu Mir zurückfinden und in Mir Heilung und Frieden finden.

(11. Oktober 2007)

Hier in Meiner Gegenwart werde Ich dich erfüllen, nicht nur für dich, sondern auch für all jene, die dazu ausersehen sind, dass du ihnen Meine Botschaften der Liebe und Barmherzigkeit übermittelst. ... Was Ich vor allem anderen wünsche, das ist, dass Meine Priester Heilige seien, und dafür schenke Ich ihnen Meine Gegenwart in der Eucharistie. Ja – das ist das gewaltige Geheimnis priesterlicher Heiligkeit. Du musst ihnen das sagen, du musst wiederholen, was Ich dir sage, auf dass die Seelen getröstet und dazu angespornt werden, nach Heiligkeit zu streben.

(29. Oktober 2007)

Ich möchte, dass du den Priestern die Wünsche Meines Herzens mitteilst. Ich werde dir viele Gelegenheiten dafür geben. Sprich zu ihnen von den Dingen, die Ich dir bekannt gemacht habe. ... Die Gnaden für Priester in Meinem Herzen sind unerschöpflich, doch nur wenige öffnen sich für deren Empfang. Du, Mein Freund, Mein auserwählter Priester, bleibe in Meiner Gegenwart und öffne deine Seele all dem, was Ich dir schenken möchte. Öffne allem, was Ich dir zu sagen habe, das Ohr deines Herzens. Hör Mir zu. Schreib nieder, was du hörst. Bald werde Ich dich das, was Ich zu dir im Schweigen gesprochen habe, mit anderen teilen lassen.

(17. Januar 2008)

Mein geliebter Freund, Priester Meines Herzens, Ich möchte, dass du die Worte nochmals betrachtest und überarbeitest, die Ich zu dir gesprochen habe. Ich bitte dich, sie dir im Geist präsent zu halten und in deinem Herzen zu bewahren, denn der Tag wird kommen, und er kommt schon bald, an dem Ich dich bitten werde, mit deinen Brüdern die Dinge zu teilen, die Ich dir eröffnet habe.

(15. Mai 2008)

Schon ganz zu Beginn – seit der Nacht im Abendmahlssaal, als Ich die Geheimnisse Meines Leibes und Blutes preisgab – waren Mein Angesicht und Mein Herz in der Heiligsten Eucharistie zugegen. Dies ist nun aber tatsächlich eine Offenbarung in dem Sinn, dass Ich jetzt den Vorhang zurückziehen möchte, und um das zu tun, werde Ich dich als Werkzeug benutzen. Es gibt nichts Neues in dem, was Ich dir sage, aber vieles wurde vergessen, abgetan, ja sogar aus Verhärtung des Herzens zurückgewiesen. Du sollst Mein Werkzeug sein, dass der Vorhang vor dem, was ist, zurückgezogen wird – überall dort, wo Ich sakramental gegenwärtig bin: Mein Angesicht, das im vollen Glanz Meiner Göttlichkeit strahlt, und Mein durchbohrtes Herz, das ewig offensteht, ein Quell heilender Gnade und unerschöpflichen Lebens für die Seelen.

(26. Juni 2008)

Ich habe dir vieles zu sagen. Warum zögerst du? Warum greifst du nicht zur Feder und schreibst die Worte nieder, die von Meinem Herzen an dich gerichtet sind? Ich bin dir treu. Ich werde dich nicht verlassen, und Ich nehme keines der Versprechen zurück, die Ich dir gegeben habe.

(24. August 2008)

Hör nicht damit auf, Meine Worte, die Ich zu dir spreche, aufzuschreiben. Ich spreche zu dir, um dich zu ermuntern und zu erleuchten, um dir zu zeigen, wie sehr Ich dich liebe, wie sehr Ich wünsche, dass du in jedem Augenblick Meinem offenen Herzen nahe bist; doch Ich spreche auch für deine Priester-Brüder zu dir und für jene Seelen, die für sie beten und sich für sie hingeben würden, auf dass Priester in der Wahrheit geheiligt werden.

(29. November 2008)

Der Sinn aller Worte, die Ich zu dir spreche, besteht darin, dich mit Mir im Schweigen der Liebe zu vereinen. Freunde und Liebende sprechen miteinander, um auszudrücken, was sie in ihrem Herzen bewegt. Wenn diese Dinge erst ausgedrückt sind, dann reicht es für sie, miteinander im Schweigen vereint zu bleiben, das ein vollkommenerer Ausdruck ihrer Liebe ist. ... Es gibt Zeiten, in denen Worte nützlich und notwendig sind, weil du ein schwacher Mensch bist und weil du es brauchst, Meiner Liebe zu dir versichert zu werden, aber letztlich ist Schweigen der reinste Ausdruck Meiner Liebe zu dir und deiner Liebe zu Mir. Schritt für Schritt werde Ich dich in das Schweigen der geeinten Liebe führen. Ich werde nicht ganz aufhören, zu dir zu sprechen, weil du Meine Worte brauchst und weil sie außerdem nützlich sein werden für andere Seelen, aber Ich werde dich lehren, Meinen geliebten Jünger Johannes nachzuahmen, indem du dein Haupt – das so voller Gedanken und Sorgen und Ängste und Wörter ist – an Mein Allerheiligstes Herz legst.

(21. MÄRZ 2009)

Schau auf die Veränderungen, die Ich in dir bewirkt habe, und erschließe dir aus diesen Dingen die Wahrheit unserer Unterredungen, denn es ist und bleibt Mein Wunsch, zu deinem Herzen zu sprechen, so wie ein Mann mit seinem Freund spricht. Wenn Zweifel kommen, mach dich davon frei. Wisse, dass Ich zu dir in einer Sprache spreche, die sich aus deiner Erfahrung nährt und aus den Beständen deiner eigenen Vorstellungskraft und deines Geistes. Trotzdem stammt die Botschaft von Mir. Ich bin es, der mit dir auf diese Weise kommuniziert, um dich in Meiner göttlichen Freundschaft festzuhalten und dich in das Heiligtum Meines Herzens zu ziehen, um dort mit Mir den Vater zu verehren und zu verherrlichen, die Quelle aller Gaben des Himmels. ... Gib keiner Angst nach, keinem Zweifel, und keiner rein menschlichen Überprüfung bei einer Sache, die von Mir kommt und die Ich dir frei, aus Liebe, mitteile.

(7. JULI 2009)

Ich wünsche, dass Meine Worte und diejenigen Meiner Mutter eine große Zahl priesterlicher Seelen erreichen, um ihnen Trost und Mut und Licht zuzusprechen. Ich habe nicht nur zu dir gesprochen, um dich zu ermutigen und dir Meine barmherzige Liebe und Freundschaft zu versichern; sondern auch, damit durch Meine an dich gerichteten Worte andere Priester von Meiner glühenden Liebe zu ihnen erfahren und von Meinem Wunsch, sie in die Umarmung Meiner göttlichen Freundschaft aufzunehmen. Opfere die Messe zum Heiligen Geist heute für diese Intention auf. Ich werde weiterhin zu dir sprechen, weil Ich dich mit Meinen Worten unterweisen möchte, unterstützen, und durch Meine Worte mit Mir vereinen. Sei nicht furchtsam, wenn du auf den Klang Meiner Stimme in deinem Herzen lauschst. Du wirst Meine Worte erkennen, ohne Furcht oder Anstrengung. Sei im Frieden. Du wirst die Worte empfangen, von denen Ich möchte, dass du sie hörst; und jene, die Ich dir sage zum Trost deiner Priester-Brüder und der Söhne, die Ich dir gebe. Dass diese Worte aus Meiner zärtlichen Liebe zu dir stammen und nicht aus deinen eigenen Gedanken, kannst du unter anderem daran erkennen, dass du, wenn du sie erneut liest, und wenn du sie meditierst, den Frieden und die Freude Meiner Gegenwart erfahren wirst.

(18. JANUAR 2010)

Ja, vieles von dem, was Ich zu dir sage, muss andere Seelen erreichen. Geh dabei klug vor und im Gehorsam gegenüber deinem Vater, dem Bischof. Er wird lesen und verstehen, dass dieses kleine Licht nicht unter den Scheffel gestellt werden sollte. Es sollte beschützt und sorgsam von Hand zu Hand weitergegeben werden, damit mehr Seelen sich an Meiner Wärme und im Licht Meines Angesichts freuen können.

(13. MÄRZ 2010)

Wenn Ich diese Gnade der Unterredung mit Mir eine Zeitlang von dir nehme, dann geschieht das, damit du sie nicht für ein Produkt deiner Einbildung hältst, und auch, damit du dich nicht an Meine Worte gewöhnst und so allmählich aufhörst, sie dir zu Herzen zu nehmen und hochzuschätzen. Ich spreche zu dir, damit du Meine Worte mit anderen teilen kannst, wenn sich die Möglichkeit dafür ergibt. Teile Meine Worte demütig mit, ohne an dich selbst zu denken.

(15. APRIL 2010)

Wenn Ich etwas zu dir sagen möchte, dann kann das Wort, das Ich dir geben möchte, durch nichts aufgehalten werden, abgesehen nur von deiner fehlenden Vorbereitung oder deiner Weigerung, Meine innere Stimme zu vernehmen. Es ist die Stimme, die du in deinem Inneren vernimmst, die aber von Mir kommt. Es ist der Ausdruck Meines Herzenswunsches für dich – Ausdruck der Dinge, die Ich mit dir teilen möchte, von Herz zu Herz, wie ein Mann mit seinem Freund spricht. Bleib also offen für den Klang Meiner Stimme, und lass dich nicht zu dem Gedanken verführen, Ich hätte dich verlassen, oder unsere Unterredungen seien beendet. Ich habe dir so viel zu sagen, dass dein restliches irdisches Leben nicht ausreichen würde, alles zu vernehmen, aber du wirst trotzdem alles hören, von dem Ich wünsche, dass du es hörst. Alles Übrige wird im Paradies für dich klar werden.

(16. MAI 2010)

Mein Herz spricht zu dir, auf dass du Meine Worte zu den Herzen vieler anderer sprechen kannst, derer, die Ich dir senden werde, und derer, zu denen Ich dich sende, dass du vor ihnen predigst. Solange du treu weiterhin vor Meinem eucharistischen Angesicht wachst, werde Ich dir Meine Worte geben und dafür Sorge tragen, dass sie im Schatzhaus deiner Seele aufgehoben bleiben, auf dass sie hervorgeholt und anderen Seelen dargeboten werden können, an jenem Tag und in jener Stunde, die in der Absicht Meiner Vorsehung liegen.

(29. MAI 2010)

Ich spreche zu dir auf diese Weise nicht nur für dich, geliebter Freund Meines Herzens, sondern auch für die, die diese Worte hören, sie erwägen und aus ihnen die Inspiration empfangen, Mich großherziger, fruchtbarer und froher zu lieben. Um Meiner Priester willen spreche Ich zu dir. Du wirst darüber staunen, wie diese Meine Worte aufgenommen werden. Viele Priesterseelen werden durch sie erquickt und getröstet. Viele Priester werden dazu bewegt werden, Zeit im Strahlenglanz Meines eucharistischen Angesichts zu verbringen und nahe Meinem durchbohrten Herzen zu verweilen. Das ist es, was Ich Mir für sie wünsche. Ich möchte alle Meine Priester in das Strahlen Meines Angesichts ziehen und dann in das Heiligtum Meines geöffneten Herzens.

(26. August 2010)

Wenn du Mir nahe bleibst, im Licht Meines eucharistischen Angesichts, nahe Meinem eucharistischen Herzen verweilst, dann werde Ich nicht zulassen, dass du in den Worten, die du von Mir hörst, getäuscht wirst; und Ich lasse auch nicht zu, dass du andere in die Irre führst. Du musst nur Meine Gesellschaft jeder anderen Gesellschaft vorziehen, die Liebe Meines Herzens der Liebe jedes anderen Herzens, und den Klang Meiner Stimme im Schweigen deiner Seele jeder anderen Stimme.

(1. September 2011)

Die Worte, die Ich dir gebe, sollen dich unterweisen, trösten und dein Herz zur Liebe bekehren, aber sie sind nicht für dich allein gesprochen. Andere werden sie lesen, und auch sie werden zu Umkehr und Reue bewegt. Sie sollen getröstet werden, und sie werden beginnen, Mein Angesicht zu suchen und nahe zu Meinem Herzen im Sakrament Meiner Liebe zu kommen.

(23. September 2011)

Ich spreche zu dir, weil du die Versicherung Meiner Freundschaft und die Führung brauchst, die nur Ich dir auf diese Weise geben kann. Vielleicht erinnerst du dich nicht an alles, was Ich zu dir sage, doch Meine Worte sind nicht ohne eine bleibende Wirkung, auch wenn du sie vergisst oder nicht mehr liest. Keines Meiner Worte ist vergeblich. Jedes Wort, das Ich äußere, ist in der Seele, die ihm keinen Widerstand entgegensetzt, fruchtbar. Du hast Meinen Worten keinen Widerstand entgegengesetzt – ganz im Gegenteil: Du hast sie entsprechend deiner Fähigkeit aufgenommen, daher mache Ich sie nun in deiner Seele und in deinem Predigen und in deinem weiteren Leben fruchtbar.

(6. November 2011)

Die Vision wurde dir gezeigt; du hast sie aufgeschrieben. Es ist an der Zeit, sie bekannt zu machen. Es werden Herzen bewegt werden, und durch die Freundlichkeit einer Vielzahl von Kleinen werde Ich für das sorgen, was gebraucht wird, damit Mein Werk weitergeht.

(21. November 2011)

Lebe die Botschaft, die Ich dir gegeben habe, und dann mach sie bekannt, denn durch sie will Ich die Herzen vieler Meiner Priester berühren und sie zu Mir zurückbringen. Ich warte auf jeden im Sakrament Meiner Liebe.

(30. Januar 2012)

Mach diese Worte bekannt. Sie werden viele Herzen berühren, und Ich werde sie in den Seelen jener fruchtbar werden lassen, die sie mit Einfalt und Glauben lesen. Die Worte, die Ich zu dir spreche, enthalten nichts Neues; neu ist die Art, wie Ich die Wünsche Meines Herzens und Meine beständige Liebe zu Meinen Priestern – zum Wohle vieler – dir gegenüber und durch dich zum Ausdruck bringe. Sei also schlicht; gib weiter, was Ich dir in diesen Zeiten der Anbetung gesagt habe, und vertraue Mir, dass Ich der Saat, die auf diese Weise ausgebracht wurde, Wachstum schenken werde.

(31. Januar 2012)

Komm zu Mir in Anbetung, und Ich werde vor dir den Weg ebnen. Ich werde die Hindernisse beseitigen, die in der Ferne dräuen, und Ich werde für jedes Bedürfnis sorgen, sobald es sich auftut. Höre Mir zu und schreib Meine Worte auf, denn Ich spreche zu dir, wie Ich es in der Vergangenheit getan habe, und wie Ich es auch weiterhin tun werde. Du bist der Freund Meines Herzens, und Ich habe dich für dieses Werk ausgewählt, das Mein Werk ist.

(6. März 2012)

Ich spreche jetzt zu dir, wie Ich bereits in der Vergangenheit zu dir gesprochen habe und wie Ich auch weiterhin zu dir sprechen werde, um deiner selbst willen und um derer willen, die Meine Worte lesen werden. ... Höre genau auf Meine Inspirationen und auf die Hinweise, die Ich dir durch deinen Schutzengel zukommen lasse, durch Meine allreine Mutter und durch unsere Freunde, die Heiligen, die Ich damit beauftragt habe, dich zu unterstützen, zu führen und mit dir durch dieses Leben zu gehen.

(29. April 2012)

Ich spreche zu dir jetzt ebenso, wie Ich in der Vergangenheit zu dir gesprochen habe. Du wurdest nicht getäuscht; irgendwelche Ungenauigkeiten in dem, was du geschrieben hast, stammten aus deinen Vorstellungen, nicht vom bösen Feind. ... Einige werden nicht glauben, dass Ich zu dir gesprochen habe, oder dass Ich es noch tue. Lass dich davon nicht verunsichern. Was Ich dir sage, wird an den Früchten, die es in deinem Leben bringen wird, erkannt werden. Halte dich nicht mit Ängsten und Befürchtungen auf, in die Irre geführt zu werden. Vertraue Mir und der Führung des Heiligen Geistes, der in dir wohnt und bei dir bleibt. Solange du in Meinen Worten nichts hörst, das von der Lehre Meiner Kirche abweicht, kannst du im Frieden weitergehen.

(22. Juni 2012)

Die Worte, die Ich zu dir gesprochen habe, sind nicht nur für dich allein bestimmt, sondern für die Priester, die Ich zu dir senden werde. Teile ihnen diesen Meinen Wunsch nach Priestern mit und teile ihn mit ihnen: den Wunsch Meines Herzens nach Priestern, die nahe Meinen Altären wachen und in Meiner Anwesenheit verweilen, selbst wenn das bedeutet, dass sie sich von Dingen abwenden, die in sich unschuldig, gut und befriedigend sind.

(28. März 2013)

Meine Stimme ist immer eine Stimme des Trostes und der Liebe, sie lässt Frieden in der Seele einziehen – auch wenn Meine Worte schneidend sind, auch wenn sie das Herz durchbohren wie das Skalpell des Chirurgen. Vertraue also Meinen Worten, die Ich zu dir spreche, und verschließe allem anderen das Ohr deiner Phantasie und deines Herzens.

(28. November 2014)

Zweifle nicht daran, dass Ich dir diese Worte gegeben habe: Ich habe dich ein Leben lang darauf vorbereitet, sie zu empfangen und weiterzugeben.

(3. Dezember 2014)

# Personen- und Sachregister

Abel, 91
Abendgebet, *siehe* Vesper
Abendmahlssaal, *siehe* Zönakulum
Abgeschiedenheit, 14, 54, 72, 81, 84, 177, 188, 206, 230, 260; *siehe auch* Einsamkeit
Abraham, v, 144
*Ad Gentes* (II. Vatikanisches Konzil), 254 FN
*Adoro te devote* (Thomas von Aquin), vi, 37 FN
Advent, 94–95
Aktivismus, 75, 81, 101–2, 106, 120, 150, 163, 169–70, 181–82, 201, 207, 209, 221, 223–24, 237–38, 264
Altar, 2, 7, 14, 18, 22, 24–25, 32, 35, 38–39, 41–45, 48, 52, 60–61, 64, 66, 83, 92–93, 95, 102, 115, 117, 125–26, 140, 144, 146, 148, 150, 152, 155–56, 160, 165, 167–69, 172, 175–78, 184, 186, 193, 204–6, 210, 214, 216–17, 223, 227, 234, 237, 241, 244, 250, 257, 261, 273, 292
Anbetung, immerwährende, 63, 85, 169, 176 FN, 204, 212, 234, 236
Anbetung, nächtliche, 40–42, 48, 55, 58, 63, 68, 82, 100, 204–5, 213–14, 226, 239–41, 262
Angst, 38, 52, 69, 76, 79, 97, 100, 103, 109, 135–36, 141, 143, 167, 171, 179, 182, 187, 191, 199, 200, 213, 243, 260–61, 289; *siehe auch* Sorgen
Anna Katharina Emmerick, Sel., 110 FN
Antonius, Hl., Abt, 26
Apostel, 4, 9, 15, 42, 49, 56–57, 62, 70, 74, 97, 101, 103, 106, 114, 116, 132, 147, 163, 174, 202, 209, 211, 218, 232, 240, 241
Armut, v, 4, 51, 57, 91, 96, 106, 115, 117–18, 120, 167, 177, 189–90, 200, 207, 224, 229, 234, 252, 267 praise, 6, 10, 13, 16, 18, 20, 26, 78, 80, 85, 93, 120, 135, 141–42, 176, 178, 185, 194, 204, 210, 213, 216, 227, 245, 250, 253–54, 266, 270, 281, 285, 286
Arznei, 2, 28, 124, 263
Arzt, 4, 14, 117, 148, 163, 192, 203, 205–6, 225, 245
Augustinus, Hl., 11 FN

Ausdauer, 19, 31, 44 FN, 79, 95, 111–12, 125, 180, 191, 204, 220, 232, 239–41, 251–52, 261, 263, 266, 285; *siehe auch* Treue

*Ave Maris Stella,* 19, 21, 26, 59, 70, 81, 166 FN

Barmherzigkeitssonntag, 54, 159–60

Bartolo Longo, Sel., 3, 195

Basilius der Große, Hl., 121 FN

Begierde, 27, 30, 73, 110, 117, 149, 152, 161, 162, 205, 208–9

Beichte, Sakrament, *siehe* Buße

Benedikt XVI., 13 FN, 89, 108, 110 FN, 114, 118, 147, 157, 164–65, 169 FN, 173 FN, 218 FN

Benedikt, Hl., 21 FN, 76–77, 80, 81 FN, 82, 97 FN, 108, 136 FN, 136 FN, 158, 164 FN, 174–77, 179 FN, 179 FN, 180 FN, 181 FN, 210 FN, 219 FN, 220 FN, 242, 258 FN;
   Medaille des Hl. Benedikt, 76–77

Benediktiner, 1 FN, 1 FN, 3, 129, 192–93

Benson, Robert Hugh, 150 FN

Bernardin von Siena, Hl., 69 FN

Bernhard von Clairvaux, Hl., 69 FN

Berufung, 2, 4, 15, 19, 35, 64, 79, 106, 114, 123, 125, 130–31, 145–46, 149, 151, 156, 180–81, 190–92, 194, 213, 215, 219, 221, 233, 238–39, 250–51, 279, 284

Berufungen, 27, 34, 128, 148, 154, 206– 7, 237, 253

Beständigkeit der Liebe Gottes, 20, 26, 29, 50, 58, 77, 154–55, 168, 189, 199– 200, 202–3, 225, 227, 246–47

Bischöfe, 5, 25, 35, 56, 82, 112, 135, 154, 157, 161, 169, 170, 233, 254, 289

Blindheit, 148, 157, 180, 183, 185, 190, 205, 228, 255, 278

Blut und Wasser, 8, 16, 30, 37, 49, 50, 61, 68, 73, 129

Bonaventura, Hl., 69 FN

Braut, Kirche als *siehe* Kirche

Bräutigam, *siehe* Christus

Breviergebet, 2, 10, 29, 45–46, 80 FN, 81, 88, 93, 107 FN, 129, 141, 176 FN, 204, 213, 226 FN, 245, 253, 254; *siehe auch* Laudes; Vesper

Brot und Wein, 100, 111–12, 132 FN, 175–76, 210 FN, 214, 227, 249 FN, 250; *siehe auch* Essen und Trinken

Bruderschaft priesterlicher Anbeter, 220, 233

Bruno, Hl., 4, 196
Buße, Sakrament, 2, 30, 36 FN, 37 FN, 60, 78–80, 115; *siehe auch* Reue
Cassant, Marie-Joseph, 13
Catanoso, Gaetano, Hl., 13
Caterina von Siena, Hl., 37 FN
Catherine-Mectilde de Bar, *siehe* Mectilde, Mutter
Cavanagh, Bartholomew, 36–37
Charbel Makhlouf, Hl., 79
Charismen, 3, 5 FN, 9, 68–69, 108, 117–18, 121, 126, 146–47, 170–72, 192–93, 207, 212 FN, 213, 262
Christi Himmelfahrt, 18, 33, 59, 61, 202, 232, 248–50
Christus,
  Agonie in Gethsemane, 48, 124 FN, 240–41, 247, 262
  Auferstehung, 33, 81, 110 FN, 112, 140, 230, 259, 283
  als Bräutigam, 31, 114, 133, 152, 162, 181, 233, 251, 256, 284
  als Brücke, 91–92
  Königtum, 11, 33, 43, 47, 62, 79 FN, 96, 116, 194 FN, 199, 210 FN, 238–39, 243, 269
  als Lamm Gottes, 34 FN, 35–37, 48, 55, 90, 157, 181, 185, 194, 230, 232, 244, 257, 262, 267, 269, 276, 282–84
  Leiden, 14, 42, 44 FN, 47, 64, 98, 115, 123–24, 134, 138–39, 146, 161, 213, 226 FN, 231, 244, 262, et passim
  als Neuer Adam, 36
  Priestertum, 16, 53, 60, 68, 71, 74, 76, 91–93, 114–15, 124, 130, 139–40, 155, 158, 172, 176, 195, 201, 204, 206, 216, 233, 256, 258, 277
  Süße, 18, 23, 49, 51–52, 54, 83, 96, 188, 191, 213, 240, 241
  Umbildung in, 4, 11, 51, 64, 90, 92, 95, 111–12, 114, 118, 120, 126, 139, 148, 155, 168, 178, 189, 219, 222, 238, 246, 249, 263, 277
  Vereinigung mit, vi, 44 FN, 61–62, 70– 71, 75, 85, 90, 93, 96, 105, 109, 114, 119–20, 122, 126–27, 133–34, 138, 140, 142–44, 146, 151, 155, 163, 165, 175–76, 200, 219, 240, 244, 263–64, 274
  Verklärung, 65, 74, 141, 187, 266
  Vertrautheit mit, 15, 23, 43, 53–54, 58–59, 62, 65, 67–68, 83, 87, 106, 108, 115, 130, 133, 144, 151–53, 201, 221, 231, 234–35
  Wiederkunft, 33–35, 42, 85, 95, 124, 147, 183, 226, 241–42
  Wunden, 1, 4, 11, 15–16, 24, 27, 32, 38–39, 41–42, 45, 49, 52, 56– 57, 61–62, 64–66, 68, 70, 72–73, 75–76, 81, 89–90, 94, 113, 115–16, 118,

124, 137–38, 140, 152, 154–55, 157, 159–62, 166–67, 171, 202, 210, 213, 235, 237, 244–45, 251, 262, 265, 274, 285, 288, 290, 292
*siehe auch* Heiligstes Herz
Columba Marmion, Sel., 1, 5, 13, 32, 107 FN, 142, 194
*Compendium theologiae* (Hl. Thomas von Aquin), 189 FN
Cosmas und Damian, Hl., 192
Crozier, P. Antoine, 244–45
Damasus, Hl., 121 FN
Dämonen, 30, 59, 95, 149, 157, 167, 193, 197, 239–40, 243, 256, 265; *siehe auch* Satan
Danksagung, 2, 6, 20, 33, 38, 43, 46– 47, 53, 55, 57, 62, 66, 72, 75–78, 82, 93, 101, 103, 105–7, 116, 120–22, 126, 131, 153–55, 166, 178–79, 185, 211, 217–18, 237, 250, 253, 266, 270, 273–74, 277, 286
David, König, 253
Demut, 5, 10–11, 25–26, 30, 37 FN, 43, 45, 59, 68–69, 73–75, 77–78, 80, 87–88, 96, 101, 103, 105–6, 115– 18, 120–21, 128–30, 137, 139, 146, 150–52, 161–62, 164, 167 FN, 168, 170, 175, 177, 185–86, 190, 192, 194, 198–99, 204, 208–10, 214, 218–19, 224–25, 228–29, 232, 235, 242, 246–47, 250, 252, 254, 260, 263– 64, 267, 275, 282, 290
*Deus Caritas Est* (Benedikt XVI.), 173 FN
Diakone, 36, 37, 74–75, 78
Dialog, *Der Dialog* (Hl. Caterina von Siena), 37 FN
Disziplin, 51, 98, 117, 261
*Divinum Illud Munus* (Leo XIII.), 143 FN
Donnerstag, Besonderheit 2, 7, 20, 24, 26, 28, 30, 33, 38, 45, 57–58, 78, 81, 98
Dornenkrone, 64, 244
Doxologie, 142 FN, 254
Dreifaltigkeit, heiligste, 13, 71 FN, 85, 107, 114 FN, 142 FN, 133, 155, 198, 233–34, 254, 284; *siehe auch* Heiliger Geist
Duft, 51–52, 165, 168, 204, 213; *siehe auch* Weihrauch
Dunkelheit, 3, 48, 59, 64, 66, 95, 105, 110, 112–13, 130, 142, 147–49, 152, 157, 161, 165, 167, 169, 176, 180–82, 184, 187, 190, 193, 196–97, 201, 203, 205–6, 209, 215–16, 222–23, 226, 228, 233, 239–41, 243, 247, 252, 255–56, 259–60, 264–65, 273
Ehrfurcht, 18, 45, 70, 124, 175, 184– 85; *siehe auch* Ehrfurchtslosigkeit

Ehrfurchtslosigkeit gegenüber der Eucharistie, 72, 91, 104, 124, 155, 184, 227, 235, 237, 258, 274; *siehe auch* Sakrileg

Eifer, 53, 102, 118, 124, 147–48, 197, 220, 266, 285

Einfachheit, 17, 37, 58, 71, 78, 88, 101–2, 110, 118, 125–26, 139, 150–51, 153, 166, 179, 190, 204, 209, 212, 214, 222, 228, 237, 248, 252–55, 261, 291; *siehe auch* Armut

Einsamkeit, 7, 14, 26, 27, 32, 36, 40, 55, 84–86, 100, 104, 150, 158, 203–6, 210, 214–16, 218, 225, 227, 238, 248, 281, 285; *siehe auch* Abgeschiedenheit

Eitelkeit, 25, 27, 51, 63 FN, 73, 200, 225, 240–41, 245–46, 249, 291

Elisabeth von der Dreifaltigkeit, Hl., 71 FN, 114 FN, 198 FN

Emmaus, 170

Engel, 7, 33, 65, 84, 93, 115, 126, 172–73, 194, 197, 210–11, 217, 227, 230–32, 240, 244, 249–50, 252, 257, 262, 271, 281, 283, 292

Entmutigung, 5n3, 79, 162, 194, 207, 229; *siehe auch* Angst; Scheitern; Unvollkommenheiten

Ephesus, 110

Epiphanie, Lehransprache zum Fest (Mutter Mectilde), 212

Erneuerung, *siehe* Kirche, Erneuerung; Priestertum, Erneuerung

Erweichung des Herzens, 62, 263

Essen und Trinken, 27, 55, 58, 62, 78, 83, 149, 162, 194, 199, 205–6, 218, 228, 233, 259, 281

Eucharistisches Hochgebet, *siehe* Römischer Kanon

Ewigkeit, 4, 26, 28, 32, 52–53, 60, 62, 72, 76, 79, 94, 109, 111, 116, 121, 127, 139, 185, 214, 254, 266, 286, 288

Exil, 132, 196, 218, 230, 233, 255, 283

Fastenzeit, 172

Fatima, Unsere liebe Frau von, *siehe* Maria

Faustina, Hl., 3, 124 FN, 187 FN, 195

Fegefeuer, 10, 52, 230, 283

Feierlichkeit, 64, 66, 108 FN, 204, 254

Feuer der Liebe Gottes, vi, 14, 17–18, 23–25, 32, 34, 39, 48–50, 55, 63–64, 73, 80, 85, 89, 104, 110–11, 117, 123–24, 130, 133, 141, 144, 147, 154, 160–61, 168, 170, 181, 190, 195, 197–99, 201–2, 208, 216, 220, 222–23, 226, 230, 232–33, 236–37, 240, 243, 250, 264, 266–67, 275, 283

Franz von Assisi, Hl., 2, 40

Franz von Sales, Hl., 30
Freiheit, 12, 65–66, 77, 131, 139, 181, 200, 205, 261, 273
Freundlichkeit, 5, 18, 22, 27, 78, 128, 136, 166, 174, 189, 199, 207, 291
Frieden, v, vi, viii, 8, 11, 17, 20, 24, 26–27, 33, 39, 41–43, 45–46, 52, 64, 67–69, 72, 74, 76, 83, 87–88, 97, 109, 122, 127, 129, 131, 134–35, 139, 141–43, 155, 159, 171–72, 176, 178, 181, 185, 188–90, 194, 198–200, 208, 212–13, 235–36, 238, 246, 248, 251–53, 255, 261, 265, 274, 287, 289, 292
Fronleichnam, Offizium für das Fest, 226 FN
Fruchtbarkeit, vii, 24, 45, 56, 59, 67, 73–74, 94–95, 103, 112, 115, 118, 130–31, 133, 144, 152, 158, 170, 200, 209, 213, 215, 218 FN, 221 FN, 222, 228, 233, 248, 260–61, 263–64, 272, 275, 284, 290–91
Frühling, 127, 131, 149, 264
Fürbittgebet, 6–7, 9, 22, 31– 32, 36–37, 41–42, 45, 52–53, 56, 59, 64, 69 FN, 73, 76, 89, 91–93, 96, 108, 110, 114, 128, 134–35, 137, 142, 144, 147, 149, 157, 165–67, 176, 182–83, 194–95, 198, 213–14, 232, 241, 254–55, 259, 269, 276, 278, 289
Fußwaschung, 30, 50, 69, 80
Gaben des Heiligen Geistes, 60, 103, 117, 189
Gabriel, Erzengel, 252
Gastfreundschaft, 2, 3, 51, 70, 73, 81, 130, 136, 199
Gaudete, Sonntag, 128
Gebetsschule, 39, 78, 83, 175, 191, 201, 242
Geheimnisse, 1 FN, 9, 16, 18, 23, 29, 43, 45, 50, 72, 81, 83, 86, 88, 91, 93, 103, 106, 124, 133, 165, 175, 185, 209–10, 212, 239–40, 248, 252, 263, 288
Gehorsam, 13, 21, 43, 44 FN, 46, 58, 71, 73, 80, 87, 97 FN, 111, 117, 137, 144, 147, 154–55, 162, 172–73, 177, 208, 224, 240, 247, 289
geistliche Kleidung, 51, 245
geistlicher Kampf, 59, 161, 170, 203, 256
Gelassenheit, 73, 90, 102, 157, 275
Gertrud die Große, Hl., 176 FN, 203, 210 FN
*Geschichte einer Seele* (Hl. Thérèse), 194 FN, 196 FN
Gewänder, 2, 45, 87 FN, 93, 199, 233
geweihtes Leben *siehe* religiöses Leben, Ordensleben
Gleichgültigkeit gegenüber der Eucharistie, 16, 20, 55, 63, 68, 72, 99, 105, 122, 124, 149, 155, 160, 180, 205, 210, 215–16, 230, 237, 274, 283
Gloria (der Messe), 93 FN

Göttliches Offizium, *siehe* Breviergebet
Gregor der Große, Hl., 121 FN
Großzügigkeit, 98–99, 101–2, 104, 131, 146–47, 149, 153, 163, 170, 184, 192, 212–13, 220, 239, 252, 290
Gründonnerstag, 48, 240, 262; *siehe auch* Zönakulum
Heilige Jungfrau Maria, *siehe* Maria, die heilige Jungfrau
heilige Kommunion, 5 FN, 22, 63, 105– 6, 114, 184, 230 FN
*Heilige Regel* (Hl. Benedikt), 21 FN, 76, 80 FN, 82, 97 FN, 136 FN, 136 FN, 164 FN, 175, 179 FN, 179 FN, 180 FN, 181 FN, 219 FN, 220 FN, 258 FN; *siehe auch* Benedikt; Benediktiner
heilige Stunde, 24, 26, 45, 69, 78, 80, 122– 23, 150, 204, 213, 219, 223, 228–29, 237, 239, 264, 280
Heiliger Geist, 4, 6, 8–11, 13, 15, 16–18, 23, 28, 29 FN, 32–33, 36, 41, 51–53, 60–61, 65, 68, 70–71, 73–75, 79–81, 83, 85, 88, 90, 92, 94, 98– 100, 101 FN, 102–3, 105–8, 110–11, 114 FN, 116, 118–28, 132–33, 135, 137, 139, 141, 143–44, 147, 149, 151, 155, 164–66, 168, 179, 181, 183, 187, 189, 191, 198, 202, 209, 217–20, 231–32, 234–36, 245, 248, 250, 266, 269, 270, 284, 286, 289, 292
Heiliger Name Jesu, 5–6, 21, 27, 33, 39, 44, 92, 96, 196; *siehe auch* Christus
Heiliger Name Mariens, 24, 60, 76, 96, 255; *siehe auch* Maria
Heiliger Rosenkranz, *siehe* Rosenkranz
Heiliges Messopfer, *siehe* Messe
Heiligstes Herz Jesu, 7, 10, 11 FN, 14 FN, 16–17, 20–21, 23, 27, 29, 32, 42–43, 49, 51–52, 53, 59, 62, 67–69, 71, 74, 86, 89–90, 96, 105 FN, 108 FN, 109, 118, 120, 131, 137, 143, 145, 151, 154 FN, 156, 158, 160,163, 167–68, 177, 196, 198, 201, 203, 213, 216, 219–21, 225, 231–32, 235, 237, 244 FN, 251, 266, 271, 273, 277, 280, 286, 289, u.ö.
   Fest, 1 FN, 64, 66, 117
   Litanei, 143 FN, 167 FN
Herz Jesu-Freitag (1. Freitag im Monat), 3, 47
Herzenshärte, 48–49, 62, 72, 79– 80, 94, 131, 159, 165, 196, 205, 230, 237, 282, 288
Himmel, vii, 7, 15–16, 18, 20, 24, 26, 36–37, 43, 52–54, 64, 74, 76, 84, 88, 90, 92–93, 96, 98, 100, 107 FN, 109, 112, 126–129, 131–32, 139–40, 142–43, 156, 158–59, 164, 172, 176, 183, 185, 187–88, 190–91, 195, 197–99, 201, 204, 206, 210 FN, 210 FN, 212 FN, 213, 215, 223, 226–27, 229–33,

235, 238–40, 248–50, 252–54, 258, 260, 266, 269, 276, 279, 281, 283–85, 289–90

Hindernisse, 1, 54, 76, 86, 89–90, 98, 104, 126, 129, 139, 158, 179, 203–4, 212, 223, 225, 234, 246 FN, 251, 258, 291

Hingabe, Andacht, Haltung der, 5 FN, 13 FN, 22, 25, 32, 36 FN, 42, 45, 69 FN, 85, 87, 95, 99, 169, 176 FN, 187 FN, 210 FN, 266, 285

Hirte, 54–55, 193–94, 251, 264

Hoffnung, 23, 27, 28, 32, 37, 39–40, 42–43, 44 FN, 46, 51, 64, 76, 81–82, 88, 94, 97–98, 109, 124 FN, 125, 128–29, 135, 140–41, 143, 147, 151, 159, 171, 181, 183, 185, 200, 203, 205, 208, 210–11, 215, 225, 227, 230–31, 242–43, 245, 255, 265, 277, 281, 283

Hölle, 23, 64, 108, 113, 134–35, 142, 159, 165, 176, 203, 220, 253

Immerwährende Anbetung, *siehe* Anbetung

Inkarnation, v, 71, 85, 114, 127, 173, 245, 262

Irland, 34–36, 38, 157, 178, 194–96

Isaak, 144

Israel, 95, 253

Jahr der Priester, 108, 112–13, 119, 122, 124, 148

Jakobus, Hl., 121 FN, 240, 247

Jerusalem, 110 FN

Joachim und Anna, Hl., 239

Johannes Bosco, Hl., 31

Johannes Chrysostomos, Hl., 121 FN

Johannes der Evangelist, Hl., 1, 3–7, 9, 15, 17–18, 21, 23, 26, 28, 32, 34–38, 40, 42–44, 47, 49, 53, 56–58, 61–62, 67–68, 70, 73, 78, 81, 83, 86, 100, 103, 107, 109–11, 116–17, 130, 133–34, 137–38, 157, 167, 180, 208–11, 226, 235, 240, 242, 247, 256, 287, 289; *siehe auch* Johannesevangelium

Johannes der Täufer, Hl., 119, 256

Johannes Eudes, Hl., 29 FN

Johannes Paul II., Hl., 1, 9, 25, 50, 69 FN, 108, 110 FN

Johannes Vianney, Hl., 13, 108 FN, 118, 120, 123

Johannesevangelium, 28, 47, 55, 58, 61, 81, 91–93, 127, 133–34, 138, 174, 226, 259, 260, 263, 265

Joseph, Hl., 17, 34 FN, 35–38, 96, 153, 157, 167, 186, 246

Juan Diego, Hl., 95

Judas Iskariot, 30, 152, 156, 159, 184, 208, 211, 264
Karfreitag, 156
Karmel, 77, 192, 244 FN
Katharina von Genua, Hl., 230 FN
Kerze, 87 FN, 264
Keuschheit, 67, 117; *siehe auch* Reinheit
Kind, Kinder, kindlich, 4, 6, 10–11, 14, 18–19, 32, 43, 52, 65, 68, 71, 85, 91–92, 96, 101, 128–29, 137, 154, 173–74, 189–90, 194, 199, 204, 206–7, 218, 228, 235, 238–39, 242, 246, 252, 255–56, 270, 291
Kirche,
    als Braut, 12, 50, 54, 73–74, 87, 95, 102, 114–15, 118, 123, 149, 154, 159, 177, 193, 207, 211, 216, 241, 248, 251, 253–55, 258, 266, 275–76, 285
    Erneuerung in der, vii, 12, 15, 23, 25, 27, 33, 49, 113, 120, 126, 139, 146–47, 157, 178, 193, 204, 211, 237, 254
    als mystischer Leib, 21, 40, 57, 73, 85, 91, 98, 115, 163, 255, 275
Kirchen, verschlossen, 54–55, 184, 206
kleiner Weg, 117, 189, 235
Kniebeuge, 14, 87; *siehe auch* Knien
Knien, 69, 91, 117; *siehe auch* Kniebeuge
Knock, Unsere liebe Frau von, *siehe* Maria
Kommunion, *siehe* Heilige Kommunion
König der Liebe, 11, 79 FN, 116, 194 FN, 199, 238, 243
Königreich Gottes, viii, 24, 33, 43, 65, 83, 88, 105, 131, 141, 199, 223, 229, 249, 255
Königtum Christi, *siehe* Christus
Konsekrationsworte, 232, 250
Konzil von Trient, 249 FN
Krankheit, vi, 4, 14, 22, 28, 69, 95, 98, 105, 138–40, 146, 148, 153, 167, 183, 202, 205–6, 235, 250–53
Krise, vii, 17, 35, 49, 85, 89, 106, 152, 183–85, 201, 205, 215, 223, 237, 240–41, 252, 253, 264–65
Kühnheit, *siehe* Vertrauen, Zuversicht
Kuss, 24, 26, 33–34, 64, 156
Laudes, 12, 45; *siehe auch* Breviergebet
Lauheit, vii, 99, 108, 124 FN, 154, 201, 205, 214, 223

*lectio divina*, viii, 28, 30–31, 58, 61, 81, 115, 133–34, 224, 226
Leere, 27, 100, 105, 214–15, 265
Leiden Christi, *siehe* Christus, Leiden
Leo der Große, Hl., 88, 121 FN
Leo XIII, 143 FN
Letztes Abendmahl, *siehe* Zönakulum
Liebe, erkaltete, 16, 20, 27, 38–39, 54–55, 63, 68, 72, 85, 87, 99, 105, 122, 124–25, 127, 149, 152, 154– 55, 180, 184, 187, 201, 205, 208, 210–12, 215–16, 222–23, 226, 230, 235, 237–38, 243, 249, 254, 274, 283
Liebe, *siehe* Treue; Feuer; Beständigkeit
Liturgie, vi, vii, 1 FN, 2, 5 FN, 5 FN, 29 FN, 74, 80 FN, 87, 107 FN, 121, 129, 156, 165, 204, 215
    Gebete, 53 FN, 121 FN, 156, 226 FN
    himmlische, 16, 18, 52, 64, 74–76, 92–93, 159, 204, 248–49, 253–54
Liturgiewissenschaftler, 218n2
Louis Marie de Montfort, Hl., 25 FN, 69 FN, 127 FN, 163 FN
*Lumen Gentium* (II. Vatikanisches Konzil), 44 FN
Magnificat, 103, 226 FN
Margareta Maria Alacoque, Hl., 83
Maria, die heilige Jungfrau, v, vii, 3–4, 6, 8–9, 62, 80, 98, 107 FN, 110 FN, 128, 183, 186, 191–93, 195, 197, 203, 206, 232–33, 242, 263, 266, 270, 272
    allreines Herz, 9, 15–21, 23, 28, 34–35, 37, 43, 59–61, 66, 71, 73, 78, 80, 89–90, 94–96, 109– 10, 121, 127–28, 149, 157, 163, 168, 183, 185, 201–2, 226, 236, 252, 255, 276, 278
    Aufnahme in den Himmel, 255–56
    als jungfräuliche Braut, 35–36
    als Co-Redemptrix, 44, 168
    in Fatima, 10–12, 253 FN
    als Fürsprecherin, 80, 82, 89, 90, 225, 276
    in Knock, 34–38, 157, 178, 194
    als Königin, 24, 33, 43, 62, 77–78, 96, 98, 178, 194, 256
    als Mittlerin, 3, 8, 18, 21–25, 32, 34, 36, 38, 44, 56, 62, 69, 71, 76, 80, 89–90, 98, 107 FN, 127, 272, 276
    als Mutter der Barmherzigkeit, 18–19, 61, 256
    als Mutter der immerwährenden Hilfe, 3, 17 FN, 18, 33–34, 38, 43, 56, 69, 71, 76, 82, 89, 95, 270;
    als neue Eva, 36, 71 FN

als Stern, 255–56, 265
Tempelgang, 206, 256
Unbefleckte Empfängnis, 94, 99, 128, 255
Verkündigung, 109, 111, 252–53
Vertrautheit mit, 4, 9, 17, 21, 25, 35– 36, 38, 127, 165
Weihe an, 17–18, 25 FN, 35–38, 66, 68, 70, 77, 80, 96, 99, 107, 128, 157, 163, 201–2, 217, 255, 265, 273, 278
als Zuflucht der Sünder, 43, 45, 110, 256
Schutzmantel, 20–21, 42, 45, 65, 75, 77, 95, 109, 252, 255, 265
Sieben Schmerzen, 183–85
*siehe auch* Rosenkranz

Mariensamstag, 81

Marmion, Abt, *siehe* Columba Marmion

Martha, Hl., 81

Martin von Tours, Hl., 199n3

Märtyrer, 8 FN, 29 FN, 149, 161, 192

Matutin, 213

Mechtild von Hackeborn, 210 FN

Mectilde, Mutter, 176, 190–94, 197 FN, 212, 234, 242, 259

Melchisedek, 120

Menéndez, Sr. Maria Josefa, 105

Mercier, Kardinal, 107

Messe als wahres und eigentliches Opfer, 7, 24–25, 35, 44, 54–55, 60, 67, 85, 95, 100, 115, 125, 140, 147, 155, 172, 176, 185, 206, 218, 229, 244, 248– 50, 258, 282

Messopfer, *siehe* Messe

Mitleid, Mitgefühl, v, 1, 22, 44 FN, 48, 58, 68, 110, 118, 121, 124 FN, 127, 189, 195, 199, 207, 217, 238, 245, 266, 286

Montag, Tag des Heiligen Geistes, 13, 15, 81, 119

Morgengebet, *siehe* Laudes

Mysterien, siehe Geheimnisse

*Mysterium Fidei* (Paul VI.), 234 FN

*Mystici Corporis* (Pius XII.), 240 FN

Mystischer Leib, *siehe* Kirche

Nacht, Gebet in der, *siehe* Anbetung, nächtliche

Nahrung, siehe Essen und Trinken; Brot und Wein

Nazareth, 111
neues Leben, 73, 111–12, 275
Niederwerfung, Prostration 87, 210 FN
Obergemach, *siehe* Zönakulum
Obergemach, *siehe* Zönakulum
Opfer des Lobes, 80n2, 93, 120, 204, 213, 253–54; *siehe auch* Breviergebet; Liturgie
*opus Dei*, 80
Orden (-shäuser, -sleben), v, 1–3, 5 FN, 11 FN, 13 FN, 39, 82 FN, 105 FN, 129, 137–38, 151, 154, 163, 166, 169 FN, 176–78, 181, 184, 193, 197 FN, 209, 215–16, 220–21, 234, 236, 253–54, 264–65
Ordnung, 25, 80, 86, 88, 115, 166, 179, 200, 204, 206–7, 209, 217, 225, 226 FN, 261; *siehe auch* Schönheit
Ostern, 81, 84 FN, 111–12
Paul VI., 110 FN, 234 FN, 254 FN
Paul vom Kreuz, Hl., 84
Paulus, Hl., 56, 151 FN
Peter Julian Eymard, Hl., 5, 13, 32
Petrus, Hl. 141, 147, 211, 240, 247
Pfarrer von Ars, *siehe* Johannes Vianney
Pfingsten, 9, 23, 53 FN, 60–61, 67, 81, 106 FN, 107, 110, 124, 147, 168, 190, 202, 209, 232, 239 FN, 242
Pilgerfahrt, vii, 34, 36 FN, 44 FN, 143, 157, 210, 255
Pius X., Hl., 63 FN, 118 FN
Pius XI., 11 FN, 118 FN
Pius XII., 11 FN, 240 FN
Predigen, 19, 24, 41–42, 46, 69, 86, 94, 96, 105–6, 118 FN, 130, 135, 147, 162, 165, 168, 170, 172–73, 175, 182, 185, 200, 209, 223, 240, 290–91
Priesterhände, 6, 15, 17, 24, 30, 37, 44, 50, 64, 86, 97, 201, 205, 214, 237, 244–45
Priesterliche Anbeter, 2, 4, 8, 11–12, 14–16, 19, 24, 27–28, 32–33, 37–38, 42, 45, 48, 54, 63, 67, 71, 78, 80, 82–84, 88, 94, 97, 113, 119, 123, 125, 129, 132, 136, 146, 148, 159, 173, 188, 193, 208, 211–13, 217, 220, 222–23, 233, 236, 240–42, 272

Priestertum, Priesterschaft, 20, 24, 37, 43–44, 56, 59, 62, 94, 130, 162, 197–98, 202–3, 257, 262, 276
    Einsetzung, 2, 81, 209, 232, 240
    Erneuerung, 9, 13, 15, 23–25, 27, 30–31, 33–34, 49, 64–65, 77, 83, 91, 99, 108, 113, 117, 120, 123, 125– 26, 139, 146–50, 154, 160–61, 178, 207, 211, 237, 241, 284
    und Segen, 6–7, 69
    Sichtbarkeit, 51, 197, 245, 258
    Unauslöschlichkeit, 52, 60, 70, 92, 112, 159, 172, 216, 266, 286
*siehe auch* Christus, Priestertum
Priesterweihe, 14 FN, 17, 25, 70– 71, 81, 92, 106, 120, 124, 169 FN, 203, 206, 216, 240, 244
Psalmen, Psalter, viii, 1, 3–4, 45–46, 55, 91, 197, 213, 227, 253–54, 267, 281; *siehe auch* Breviergebet
Quinquagesima, Sonntag, 145
Ralph Sherwin, Hl., 8 FN
Ratzinger, Joseph, *siehe* Benedikt XVI.
Realpräsenz, wirkliche Gegenwart, vi, 5 FN, 6, 8–10, 12–16, 20–21, 31, 33, 38, 40, 47, 49, 54, 58, 63, 67, 76, 85, 97, 99–100, 132, 153– 54, 157, 169, 178–79, 183–84, 191, 205, 210, 214–15, 218 FN, 227, 229, 234, 237, 241, 248–49, 272, 279
Regel (Hl. Benedikt), *siehe* Heilige Regel
Reid, Alcuin, 218 FN
Reinheit, 23, 25, 30, 35, 37, 43, 45, 50, 52, 56, 60, 73, 78–80, 89, 94, 101, 103, 108, 111, 113, 115, 118, 124, 137, 148, 150, 152, 157, 162, 176, 198, 209, 220, 222, 275; *siehe auch* Keuschheit
Reinigung, vii, 9, 16, 18, 23–24, 30, 32–33, 36–37, 48–50, 64, 68, 73, 83, 89–90, 99, 104, 110, 112–13, 115, 117, 119–20, 125, 130, 132–33, 139, 148, 150, 153, 157, 159–61, 169 FN, 178, 195, 204–5, 208, 220, 251, 262, 269, 275–76
Reliquien, 7
Reue, 3, 37 FN, 45, 80–81, 104, 126, 143, 159, 190, 202, 209 FN, 217, 251, 253, 291
Romanos der Melode, Hl., 121 FN
Römischer Kanon, 167 FN, 177 FN, 248 FN
Rosenkranz, 9–10, 16, 18–19, 21, 25, 28, 32, 34, 43, 59, 60, 62, 81, 96, 194, 252–53, 263

Rubriken, 64, 87

Ruhe, 28–29, 32, 41, 43, 55, 58, 77, 81, 83–84, 96, 102, 109–110, 113, 116, 133, 141, 144, 160, 163, 181, 184, 186, 191, 194, 198 FN, 200–1, 205, 208, 214–15, 217, 220–21, 223–25, 234, 246–48, 252, 261, 279, 289

Ruotolo, Don Dolindo, 101

*Sacra Tridentina* (Pius X.), 63 FN

*Sacramentum Caritatis* (Benedikt XVI.), 169 FN, 218 FN

*Sacrificium Laudis* (Paul VI.), 254 FN

Sakrileg, 91, 104, 124, 258; *siehe auch* Ehrfurchtslosigkeit

Salbung, gesalbt, 4, 51, 63, 68, 144, 232, 240, 284; *siehe auch* Ordination; priesterlich; Priestertum

*Salve Regina*, 19 FN, 156, 210, 233, 246

Satan, 9–10, 19, 30, 52–53, 59, 72, 77, 95, 98, 104, 117, 119, 125, 134–35, 142, 149, 161–62, 167, 169, 176, 185, 194, 196, 198–99, 203, 207–8, 216–18, 222, 226–27, 235–36, 240, 246, 250–52, 256, 258, 262, 265, 274, 292

Scham, 29, 51, 69, 100, 104, 147, 202, 216, 257, 265

Scheitern, 27, 43, 58, 102, 115–16, 127, 146, 151, 169, 206, 242, 251, 258, 260

Schläfrigkeit, 29, 56, 126, 145–46, 151– 52, 158, 241, 251

Schleier, verhüllt, vi, 18, 50, 63–64, 72, 74–75, 87 FN, 90, 130, 132 FN, 177, 185, 194, 227, 249, 256, 266, 276, 286, 288

Schönheit, 2, 3, 5 FN, 9, 49, 59, 88, 104–5, 125, 160, 165, 177–78, 207, 210, 255; *siehe auch* Ordnung

Schutzengel, 172, 231, 292

Schwäche, v, 22, 28–29, 40, 45, 51, 63–64, 69, 74, 76, 80, 92, 98, 107, 109–10, 115–16, 120, 129, 138–40, 146, 149, 163, 167, 174, 177, 192, 198, 200, 202, 212, 216, 234–35, 246, 251, 277, 288

Schweigen, vii, 9, 15, 18, 22, 24, 28, 38, 41, 44, 48, 53, 60, 63, 67–68, 80–81, 91, 93, 97, 103–5, 108–9, 112, 117, 128, 143, 158, 160, 162, 170, 177, 180, 182, 185–86, 189–90, 205, 207– 8, 221, 227–30, 232, 236, 250, 252–54, 256, 260, 264, 267, 281–82, 288, 291

Segnung, 87

Seminaristen, 201–2

*Senpectae*, 258

Simeon, 263

Sohnschaft, 5, 12, 16, 18, 45, 61, 71, 81, 86, 109–10, 127, 155, 173–74, 187, 202, 266, 285

Sonntag Septuagesima, 171, 269

Sonntag Sexagesima, 144

Sonntag, 81

Sorgen, 74, 76, 101, 136, 246, 260–61, 264; *siehe auch* Angst

Stigmata, Stigmatisierung, 52, 61–62, 64–66, 76, 160–61, 244–45, 273

Stolz, 9, 87, 139, 229, 251, 255

Stundengebet, *siehe* Breviergebet

Sühne-Rosenkranz, viii, 150, 269

*Summa theologiae* (Hl. Thomas von Aquin), 206 FN, 210 FN

Tabernakel, 6–10, 12, 14, 32, 48, 54– 55, 58, 63, 70, 72, 74–75, 85, 90, 106, 130, 153–54, 160, 169, 179–81, 184, 186–91, 193, 195, 205–6, 208, 210, 212–14, 216–23, 226, 229–30, 237, 248–50, 256, 266, 271–72, 280, 282–83, 285

Täuschung, 23, 38, 119, 122, 162, 164, 180, 185, 205, 235, 245–46, 251, 265, 290, 292

Teresa von Avila, Hl., 176 FN, 192, 197, 199

Teufel, *siehe* Satan; Dämonen

Theologie, 219

Thérèse von Lisieux, Hl., 193–196, 198 FN

Thomas von Aquin, Hl., vi, 37 FN, 121 FN, 189 FN, 206 FN, 210 FN, 226 FN, 226 FN

Tod, 6, 20, 33, 44 FN, 90, 97, 112, 135, 156, 159, 160, 162, 164–65, 169, 171–72, 174, 177, 184, 204–5, 210, 223, 226, 249, 253–54, 256, 259–60, 262, 265, 267, 270, 276, 285

Transsubstantiation, 232, 250; *siehe auch* Realpräsenz

Treue, 9, 15, 29, 31–33, 39, 42– 43, 44 FN, 49, 53, 58–59, 62, 65, 67, 69, 76, 79, 82, 87, 97 FN, 98, 100, 108, 111–18, 123, 125, 128–31, 137–38, 142, 146, 149, 151, 154, 156, 159, 163, 166, 168, 171–72, 175, 178, 181, 186, 191, 195, 200, 204, 209, 211, 215, 225, 231, 233, 243, 252, 256, 258–59, 265, 279, 288, 290

Treulosigkeit, Untreue, vii, 9, 39, 54, 65, 211, 227, 233, 284

Trient, *siehe* Konzil von Trient

Trost, 1, 10, 13, 16, 20, 24, 46, 63, 67–69, 78, 83, 86–87, 94, 96– 97, 100, 107 FN, 123–26, 131, 136, 138, 145, 149, 152–58, 161, 170, 172, 180, 184–85, 188–90, 200, 208, 210, 213, 215, 227, 229, 233, 235, 237–38, 240–41, 245, 247, 251, 255, 261, 265, 278, 284–85, 290–91

Tröster, *siehe* Heiliger Geist

Umkehr, vii, 5 FN, 48, 108, 114, 157, 164, 169, 177, 189–90, 197, 201, 222, 265, 276, 285, 291

Undankbarkeit, 68, 155, 184, 205, 215, 227, 235

Unvollkommenheiten, 29, 40, 58, 79, 80, 98, 107–8, 110, 115–16, 120, 126, 146, 163–64, 167, 198, 202, 234–35, 246, 251

*usus antiquior*, 106n4, 209n1, 230 FN

Vandeur, Dom Eugène, 1, 2, 6, 13, 32

Vaterschaft, Väterlichkeit, 4, 12, 13, 22, 73, 76, 86, 128, 140, 144–45, 173–75, 177, 211, 216, 224–25, 246, 269, 275

Vaticanum II, *siehe* Zweites Vatikanisches Konzil

Verbitterung, Bitterkeit, 23, 25, 27, 42, 47, 123–24, 132, 134, 161–62, 187–88, 221, 242, 257

Verborgenheit, 185–90, 194, 207, 228– 29, 256, 260, 267, 282, u.ö.

Verdammnis, *siehe* Hölle

Verderbnis, v, 134, 161, 185, 254, 265; siehe auch Verrat; Krise

Verfolgung, 91, 148, 161, 195, 208–9, 217, 233, 243, 255

Verheißungen des Herrn, 16, 20–21, 42–43, 46, 55, 58, 60, 63, 67–68, 76–77, 82, 84 FN, 86, 92, 98–99, 102, 107, 112, 116, 118, 125, 128, 137, 141, 146, 149, 159, 164, 166–67, 180, 188, 200, 213, 225, 236, 254, 259, 260, 264, 288

Verrat, 48–49, 89–90, 123–24, 152, 156, 159, 184, 208, 211, 233, 258, 264, 276, 284

Versöhnung, Sakrament der

Versuchung, 7, 10, 17, 30–31, 35, 45, 74, 89, 97, 107 FN, 127, 162, 165, 197– 200, 203, 205, 211, 223, 240–42, 247, 251

Vertrauen, 4, 6, 8–9, 11, 17, 22, 24, 26, 29, 33–34, 41, 43, 46, 52, 58, 65, 71, 73–74, 78–80, 88–89, 92, 94, 96–98, 101, 103, 105–6, 110, 116, 126–27, 135–37, 140, 150, 155–56, 163, 168, 173–75, 178–79, 182–83, 192, 194–96, 198–200, 202–4, 211, 213–14, 229, 234, 238, 242–43, 246, 251

Verwundbarkeit, 64, 70, 91, 160, 226

Vesper, 13, 78, 94, 117, 119, 171, 175, 177, 226 FN; *siehe auch* Breviergebet

Vinzenz von Paul, Hl., 193 FN
Visitation des allerheiligsten Sakraments, 7, 14, 32, 55, 63, 136, 160, 214, 230, 239, 243, 271, 283
Vorsehung, vii, 47, 52, 68, 72, 76–77, 81–82, 86, 90, 95–96, 100–2, 125, 128, 131, 136, 146–47, 151, 163, 165– 66, 168, 172–73, 178–79, 182, 186, 190–93, 199, 207, 224–25, 231, 233– 34, 247, 260, 290–91
*Wahre Andacht zur allerseligsten Jungfrau Maria* (Hl. Louis de Montfort), 25 FN, 69 FN, 127 FN, 163 FN
Wasser, lebendiges, 8, 10, 13, 16, 30, 35, 37, 49–50, 61, 63–64, 68, 72–73, 121, 129, 154, 159, 194, 206, 211, 214, 232–33, 262, 284
Weg, *Der Weg göttlicher Liebe* (Sr. Josefa), 105 FN
Weihen, *siehe* Priesterweihe
Weihrauch, 52, 74, 87 FN, 121, 165; *siehe auch* Duft
Widerstand, 2, 88, 119, 150, 167, 200–1, 225, 291
Wunden Christi, *siehe* Christus, Wunden
Wunden der Sünder, 1–4, 19, 37, 48, 50, 73, 105, 119, 123, 138, 149, 154, 157, 160–61, 167, 173–74, 181, 196– 97, 203, 214, 231, 238, 256, 273, 275; *siehe auch* Verwundbarkeit; Krankheit
Wunder, 10–14, 25, 80, 85, 95–96, 101, 118, 146–47, 160, 164, 183–84, 205, 226, 230–32, 237, 259–60, 283
Yvonne-Aimée, Mutter, viii, 5, 11, 79 FN, 101, 116, 194, 238
Zeit, 14–16, 24, 26, 28, 31, 33, 35, 40, 47, 54–55, 57–59, 62–64, 70, 85–88, 91–93, 96–97, 100–4, 112–13, 118, 122–26, 131, 135–37, 140–41, 146– 47, 152, 158, 160, 164, 166, 168–70, 178–79, 181, 183, 188–90, 193, 202, 207, 209, 211–13, 217–18, 221–23, 229, 231, 239, 241–42, 247, 259, 263–64, 286, 290
Zerstreuungen, 16, 60, 75, 88, 126, 151–52, 215, 220, 221 FN, 233, 245, 247, 250–51, 256, 258, 279
Zönakulum, 23, 60, 67, 72–74, 76, 78, 80–81, 97, 107, 110, 114, 116, 119, 123, 169 FN, 123, 155, 191, 209, 211, 225, 232, 247, 249, 288
Zweifel, vi, 39–40, 42, 45–47, 50, 58, 65, 76, 83–84, 89, 116–17, 122, 137, 142, 146, 150, 154, 174–75, 193, 200, 202–3, 207, 225, 230, 254, 258, 260, 283, 289, 292
Zweites Vatikanisches Konzil, 44 FN, 254 FN

## Liturgische Fest- und Heiligengedenktage

*Hier sind nur die liturgischen Feste und Heiligengedenktage aufgelistet, die in den Überschriften der Tagebucheinträge explizit genannt werden. (Zu internen oder indirekten Bezügen vgl.* das Personen- und Sachregister.*) Einige Daten entsprechen dem revidierten römischen Kalender, andere dem traditionellen römischen Kalender. Uniformität war nicht angestrebt, wenn sie vom Manuskript selbst nicht vorgegeben war.*

Advent, Dritter Sonntag, *siehe* Gaudete-Sonntag
Advent, Erster Sonntag   130
Antonius, Abt, Hlg. (17. Januar)   49
Barmherzigkeitssonntag   82, 208
Bartolo Longo, Sel. (5. Oktober)   21, 251
Benedikt, Hlg. (11. Juli)   148, 228, 232
    Hinübergang (21. März)   226
Bruno, Hlg. (6. Oktober)   23, 252
Charbel Mahklouf, Hlg. (24. Juli)   112
Columba Marmion, Sel. (3. Oktober)   19, 146 (Fn)
    Todestag (30. Januar)   189
Cosmas und Damian, Hlg. (26. September)   247
Darstellung der seligen Jungfrau Maria (21. November)   264
Erster Fastensonntag   224
Fátima, Großes Wunder von (13. Oktober)   30, 31, 320
Faustina, Hlg. (5. Oktober)   21
Franz von Assisi, Hlg. (4. Oktober)   20, 66
Franz von Sales, Hlg. (24. Januar)   53
Fünfzehnter Sonntag nach Pfingsten   245
Gaudete-Sonntag   171, 367
Gertrud die Große, Hlg. (16. November)   228 (Fn), 261, 269 (Fn)
Gründonnerstag   75, 305, 331
Heiligster Name Jesu   43
Heiligstes Herz Jesu   22, 24–35
Herz-Jesu-Freitag   74
Himmelfahrt   89, 91, 259, 295, 315–317
Ignatius von Loyola, Hlg. (31. Juli)   113
Johannes Bosco, Hlg. (31. Januar)   55
Johannes der Täufer, Hlg., Geburt (24. Juni)   160, 325
Leo der Große, Hlg. (10. November)   123, 162 (Fn)
Margarete Maria Alacoque, Hlg. (17. Oktober)   118
Osterdienstag   151

Paul vom Kreuz, Hlg. (19. Oktober)   119
Pfingstmontag   307
Pfingstsonntag   295
Pius von Pietrelcina, Hlg. (23. September)   139 (Fn), 244
Quatemberfreitag im September   244
Raymond von Peñafort, Hlg. (7. Januar)   175
Sieben Schmerzen der seligen Jungfrau Maria (15. September)   237
Sonntag Quinquagesima   192
Sonntag Septuagesima   223
Sonntag Sexagesima   190
Teresa von Avila, Hlg. (15. Oktober)   228 (Fn), 254
Thérèse von Lisieux, Hlg. (1. Oktober)   250 (Fn), 252, 254
Unbefleckte Empfängnis der seligen Jungfrau Maria (8. Dezember)   130, 171, 279, 322
Unsere liebe Frau von Fátima, *siehe* Fátima
Verkündigung (25. März)   149, 151

# Verzeichnis der Tage

| Jahr | Tag | Seite |
|---|---|---|
| 2007 | Mittwoch, 3. Oktober | 19 |
| | Donnerstag, 4. Oktober | 20 |
| | Freitag, 5. Oktober | 21 |
| | Samstag, 6. Oktober | 23 |
| | Montag, 8. Oktober | 23 |
| | Mittwoch, 10. Oktober | 25 |
| | Donnerstag, 11. Oktober | 27 |
| | Freitag, 12. Oktober | 29 |
| | Samstag, 13. Oktober | 32 |
| | Sonntag, 28. Oktober | 32 |
| | Montag, 29. Oktober | 33 |
| | Freitag, 7. Dezember | 36 |
| | Samstag, 8. Dezember | 37 |
| | Sonntag, 9. Dezember | 37 |
| | Montag, 10. Dezember | 39 |
| | Dienstag, 11. Dezember | 40 |
| | Mittwoch, 19. Dezember | 41 |
| 2008 | Donnerstag, 3. Januar | 42 |
| | Dienstag, 8. Januar | 45 |
| | Donnerstag, 10. Januar | 46 |
| | Donnerstag, 17. Januar | 49 |
| | Donnerstag, 24 Januar | 53 |
| | Donnerstag, 31. Januar | 55 |
| | Freitag, 1. Februar | 57 |
| | Dienstag, 5. Februar | 59 |
| | Mittwoch, 6. Februar | 57 |
| | Freitag, 8. Februar | 63 |
| | Samstag, 9. Februar | 65 |
| | Sonntag,10. Februar | 67 |
| | Donnerstag, 14. Februar | 68 |
| | Donnerstag, 21. Februar | 69 |
| | Donnerstag, 6. März | 72 |
| | Freitag, 7. März | 74 |

| | |
|---|---|
| Donnerstag, 13. März | 74 |
| Donnerstag, 20. März | 75 |
| Donnerstag, 27. März | 78 |
| Freitag, 28. März | 80 |
| Samstag, 29. März | 81 |
| Sonntag, 30. März | 82 |
| Donnerstag, 3. April | 85 |
| Donnerstag, 10. April | 85 |
| Donnerstag, 17. April | 87 |
| Donnerstag, 24. April | 87 |
| Donnerstag, 1. Mai | 89 |
| Donnerstag, 8. Mai | 90 |
| Donnerstag, 15. Mai | 92 |
| Donnerstag, 22. Mai | 93 |
| Donnerstag, 29. Mai | 94 |
| Freitag, 30. Mai | 97 |
| Mittwoch, 11. Juni | 97 |
| Donnerstag, 12. Juni | 99 |
| Dienstag, 17. Juni | 100 |
| Donnerstag, 19. Juni | 100 |
| Donnerstag, 26. Juni | 102 |
| Donnerstag, 3. Juli | 104 |
| Donnerstag, 10. Juli | 107 |
| Donnerstag, 17. Juli | 110 |
| Donnerstag, 24. Juli | 112 |
| Donnerstag, 31. Juli | 113 |
| Donnerstag, 7. August | 113 |
| Sonntag, 24. August | 116 |
| Montag, 25. August | 117 |
| Donnerstag, 17. Oktober | 118 |
| Sonntag, 19. Oktober | 119 |
| Samstag, 25. Oktober | 120 |
| Montag, 10. November | 123 |
| Mittwoch, 12. November | 126 |
| Donnerstag, 13. November | 127 |
| Samstag, 29. November | 130 |
| Dienstag, 9. Dezember | 132 |

| | | |
|---|---|---|
| **2009** | Donnerstag, 8. Januar | 133 |
| | Montag, 26. Januar 2009 | 134 |
| | Dienstag, 27. Januar | 135 |
| | Donnerstag, 29. Januar | 135 |
| | Freitag, 30. Januar | 136 |
| | Sonntag, 1. Februar | 138 |
| | Dienstag, 3. Februar | 138 |
| | Freitag, 6. Februar | 141 |
| | Mittwoch, 11. Februar | 141 |
| | Donnerstag, 12. Februar | 141 |
| | Freitag, 13. Februar | 142 |
| | Freitag, 13. März | 144 |
| | Samstag, 14. März | 145 |
| | Sonntag, 15. März | 146 |
| | Montag, 16. März | 146 |
| | Samstag, 21. März | 148 |
| | Montag, 23. März | 148 |
| | Mittwoch, 25. März | 149 |
| | Dienstag, 14. April | 151 |
| | Mittwoch, 15. April | 153 |
| | Dienstag, 12. Mai | 156 |
| | Mittwoch, 17. Juni | 157 |
| | Donnerstag, 18. Juni | 158 |
| | Montag, 22. Juni | 160 |
| | Dienstag, 23. Juni | 160 |
| | Dienstag, 7. Juli | 162 |
| | Mittwoch, 8. Juli | 164 |
| | Donnerstag, 9. Juli | 165 |
| | Freitag, 10. Juli | 167 |
| | Samstag, 11. Juli | 168 |
| | Sonntag, 12. Juli | 168 |
| | Donnerstag, 3. Dezember | 169 |
| | Dienstag, 8. Dezember | 171 |
| | Sonntag, 13. Dezember | 171 |
| **2010** | Samstag, 2. Januar | 172 |
| | Donnerstag, 7. Januar | 174 |
| | Freitag, 8. Januar | 175 |

| | |
|---|---:|
| Samstag, 9. Januar | 176 |
| Sonntag, 10. Januar | 179 |
| Montag, 18. Januar | 179 |
| Dienstag, 19. Januar | 180 |
| Freitag, 22. Januar | 183 |
| Sonntag, 24. Januar | 183 |
| Dienstag, 26. Januar | 184 |
| Mittwoch, 27. Januar | 185 |
| Donnerstag, 28. Januar | 186 |
| Samstag, 30. Januar | 188 |
| Samstag, 6. Februar | 189 |
| Sonntag, 7. Februar | 190 |
| Montag, 8. Februar | 190 |
| Dienstag, 9. Februar | 191 |
| Sonntag, 14. Februar | 191 |
| Montag, 1. März | 192 |
| Dienstag, 2. März | 193 |
| Mittwoch, 3. März | 196 |
| Freitag, 5. März | 197 |
| Montag, 8. März | 198 |
| Freitag, 12. März | 199 |
| Samstag, 13. März | 200 |
| Montag, 15. März | 202 |
| Dienstag 16. März | 203 |
| Samstag, 20. März | 205 |
| Montag, 22. März | 206 |
| Sonntag, 11. April | 208 |
| Mittwoch, 14. April | 209 |
| Donnerstag, 15. April | 210 |
| Sonntag, 2. Mai | 212 |
| Freitag, 7. Mai | 213 |
| Sonntag, 16. Mai | 214 |
| Dienstag, 25. Mai | 217 |
| Donnerstag, 27. Mai | 217 |
| Freitag, 28. Mai | 218 |
| Samstag, 29. Mai | 218 |
| Dienstag, 1. Juni | 219 |
| Donnerstag, 26. August | 219 |

| | | |
|---|---|---|
| **2011** | Samstag, 19. Februar | 222 |
| | Sonntag, 13. März | 224 |
| | Dienstag, 15. März | 225 |
| | Montag, 21. März | 226 |
| | Freitag, 29. April | 226 |
| | Sonntag, 10. Juli | 227 |
| | Montag, 11. Juli | 229 |
| | Sonntag, 7. August | 230 |
| | Dienstag, 9. August | 231 |
| | Montag, 22. August | 231 |
| | Dienstag, 23. August | 232 |
| | Samstag, 27. August | 232 |
| | Donnerstag, 1. September | 233 |
| | Montag, 5. September | 234 |
| | Dienstag, 6. September | 235 |
| | Mittwoch, 7. September | 235 |
| | Donnerstag, 15. September | 237 |
| | Freitag, 16. September | 239 |
| | Dienstag, 20. September | 240 |
| | Donnerstag, 22. September | 241 |
| | Freitag, 23. September | 243 |
| | Sonntag, 25. September | 245 |
| | Montag, 26. September | 247 |
| | Mittwoch, 28. September | 248 |
| | Samstag, 1. Oktober | 250 |
| | Mittwoch, 5. Oktober | 251 |
| | Donnerstag, 6. Oktober | 251 |
| | Sonntag, 9. Oktober | 252 |
| | Samstag, 15. Oktober | 253 |
| | Montag, 17. Oktober | 254 |
| | Samstag, 29. Oktober | 255 |
| | Donnerstag, 3. November | 256 |
| | Sonntag, 6. November | 257 |
| | Samstag, 12. November | 259 |
| | Mittwoch, 16. November | 261 |
| | Samstag, 19. November | 263 |
| | Montag, 21. November | 264 |
| | Dienstag, 20. Dezember | 266 |

| | Dienstag, 27. Dezember | 268 |

| 2012 | Sonntag, 7. Januar | 271 |
| | Mittwoch, 10. Januar | 273 |
| | Freitag, 27. Januar | 275 |
| | Samstag, 28. Januar | 277 |
| | Sonntag, 29. Januar | 279 |
| | Montag, 30. Januar | 279 |
| | Dienstag, 31. Januar | 281 |
| | Mittwoch, 1. Februar | 283 |
| | Freitag, 3. Februar | 285 |
| | Montag, 6. Februar | 286 |
| | Donnerstag, 9. Februar | 286 |
| | Mittwoch, 22. Februar | 286 |
| | Dienstag, 6. März | 287 |
| | Samstag, 10. März | 289 |
| | Dienstag, 13. März | 291 |
| | Donnerstag, 15. März | 291 |
| | Sonntag, 18. März | 292 |
| | Freitag, 20. April | 292 |
| | Montag, 23. April | 293 |
| | Sonntag, 29. April | 293 |
| | Donnerstag, 17. Mai | 295 |
| | Sonntag, 27. Mai | 295 |
| | Samstag, 2. Juni | 296 |
| | Donnerstag, 7. Juni | 297 |
| | Samstag, 9. Juni | 297 |
| | Freitag, 22. Juni | 298 |
| | Donnerstag, 28. Juni | 299 |
| | Donnerstag, 5. Juli | 300 |
| | Freitag, 6. Juli | 300 |
| | Sonntag, 15. Juli | 301 |
| | Donnerstag, 26. Juli | 302 |
| | Montag, 12. November | 303 |

| 2013 | Donnerstag, 28. März | 305 |
| | Montag, 20. Mai | 307 |
| | Samstag, 15. Juni | 307 |

|      | Samstag, 7. September | 309 |
|------|----------------------|-----|
|      | Freitag, 15. November | 310 |
| **2014** | Donnerstag, 16. Januar | 312 |
|      | Sonntag, 26. Januar | 313 |
|      | Donnerstag, 29. Mai | 314 |
|      | Freitag, 28. November | 317 |
|      | Dienstag, 2. Dezember | 319 |
|      | Mittwoch, 3. Dezember | 320 |
|      | Samstag, 6. Dezember | 322 |
| **2015** | Donnerstag, 10. Dezember | 324 |
| **2016** | Donnerstag, 28. Januar | 325 |
|      | Donnerstag, 4. Februar | 326 |
|      | Donnerstag, 25. Februar | 327 |
|      | Donnerstag, 3. März | 329 |
|      | Donnerstag, 24. März | 331 |
|      | Donnerstag, 31. März | 331 |
|      | Donnerstag, 7. April | 333 |
|      | Donnerstag, 14. April | 334 |
|      | Donnerstag, 2. Juni | 335 |